# 目　次
― Contents ―

はじめに……………………………………………… 3
HSK概要……………………………………………… 4

## ■ HSK6級 試験概要

HSK6級について……………………………………… 8
試験当日の流れ……………………………………… 10
試験の流れ…………………………………………… 11
問題形式の確認……………………………………… 16
聴力試験のスクリプト……………………………… 19
解答用紙……………………………………………… 20

## ■ 過去問題

第1回………………………………………………… 23
◎ disk1 track 1～5
第2回………………………………………………… 51
◎ disk1 track 6～10
第3回………………………………………………… 79
◎ disk2 track 1～5
第4回………………………………………………… 107
◎ disk2 track 6～10
第5回………………………………………………… 135
◎ disk3 track 1～5

## ■ 解答・解説

第1回………………………………………………… 163
第2回………………………………………………… 221
第3回………………………………………………… 279
第4回………………………………………………… 337
第5回………………………………………………… 397

# はじめに

## 1. 本書について

○ 本書には、2012年に実施された新HSKの試験5回分の問題を収録しています。聴力問題は添付CDに収録されていますのでご活用ください。

○ 163ページからの解答・解説には、聴力問題のリスニングスクリプトと和訳、読解問題の和訳と解説を掲載しています。

○ 本書では、逐語訳を基本としていますが、訳文がなるべく自然な日本語となるよう、各文法要素が読み取れるような表現を使用しています。

## 2. 文法用語

解説では次の用語を使用しています。

### 文を構成するもの及び文の成分
・単語、連語(=フレーズ)、節
・主語、述語、目的語、状語(=連用修飾語)、定語(=連体修飾語)、補語(様態補語、程度補語、結果補語、方向補語、可能補語、数量補語)

### 品詞等
名詞、時間詞、場所詞、方位詞、数詞、量詞(名量詞、動量詞)、数量詞、代詞(人称代詞、指示代詞、疑問代詞)、動詞、助動詞、形容詞、副詞、介詞、接続詞、助詞(構造助詞、動態助詞、語気助詞)、感動詞、擬声詞、離合詞、成語、慣用語、接頭辞、接尾辞

## HSK 概要

### HSK とは？？

　HSKは中国語能力検定試験"**汉语水平考试**"（Hanyu Shuiping Kaoshi）のピンインの頭文字をとった略称です。HSKは、中国政府教育部（日本の文部科学省に相当）が認定する世界共通の中国語の語学検定試験で、母語が中国語ではない人の中国語の能力を測るために作られたものです。現在、中国国内だけでなく、世界各地で実施されています。

**H**anyu　**S**huiping　**K**aoshi
汉语　水平　考试

中国政府認定
世界共通のテスト

## 新HSKの導入と試験内容

　HSKは、1990年に中国国内で初めて実施され、翌1991年から、世界各国で実施されるようになりました。

　2010年から導入された新HSKでは、これまで以上にあらゆるレベルの学習者に対応できるよう、試験難易度の幅を広げ、各段階での学習者のニーズを満たすことを目指しました。また、HSKは、中国語によるコミュニケーション能力の測定を第一の目的とした実用的な試験です。そのため、実際のコミュニケーションで使用する会話形式の問題や、リスニング、スピーキング能力の測定に重点をおいた試験となっています。

リスニング

会話形式の問題

コミュニケーション能力を重視

## HSK 受験のメリット

　HSKは、中国政府の認定試験であるため、中国において中国語能力の公的な証明として通用し、HSK証書は中国の留学基準や就職の際にも活用されています。

　また、2010年のリニューアルでは、ヨーロッパにおいて外国語学習者の能力評価時に共通の基準となるCEF[※1]と合致するよう設計されたため、欧米各国の外国語テストとの互換性から難易度の比較がしやすく、世界のどの地域でも適切な評価を受けることが可能となりました。

### 中国語能力の測定基準

⮕ 自分の中国語能力を測定することで、学習の効果を確認するとともに、学習の目標として設定することでモチベーション向上につながります。

### 企業への中国語能力のアピール

⮕ 企業採用選考時の自己アピールとして中国語能力を世界レベルで証明できるだけでなく、入社後の実務においても中国語のコミュニケーション能力をアピールする手段になり、現地（中国）勤務や昇進等の機会を得ることにつながります。

### 中国の大学への留学や中国での就職

⮕ HSKは大学への本科留学の際に必要な条件となっています。また、中国国内での就職を考える際にも、中国語能力を証明するために必要な資格であると言えます。

### 日本国内の大学入試優遇

⮕ 大学入試の際にHSKの資格保有者に対し優遇措置をとる大学が増えてきています。
　　（詳細はHSK事務局HP：http://www.hskj.jp）

---

※1
CEF（ヨーロッパ言語共通参照枠組み：Common European Framework of Reference for Languages: Learning, teaching, assessment）は、ヨーロッパにおいて、外国語教育のシラバス、カリキュラム、教科書、試験の作成時、および学習者の能力評価時に共通の基準となるもので、欧州評議会によって制定されたもの。学習者個人の生涯にわたる言語学習を、ヨーロッパのどこに住んでいても断続的に測定することができるよう、言語運用能力を段階的に明記している。

## HSK 各級のレベル

新HSKでは、1級から6級までに級が分けられ、合否およびスコアによって評価されます。

| 難易度 | 級 | 試験の程度 | 語彙量 | CEF | |
|---|---|---|---|---|---|
| 高 | 6級 | 中国語の情報をスムーズに読んだり聞いたりすることができ、会話や文章により、自分の見解を流暢に表現することができる。 | 5,000語以上の常用中国語単語 | C2 | 熟達した言語使用者 |
| | 5級 | 中国語の新聞・雑誌を読んだり、中国語のテレビや映画を鑑賞したりでき、中国語を用いて比較的整ったスピーチを行うことができる。 | 2,500語程度の常用中国語単語 | C1 | |
| | 4級 | 中国語を用いて、広範囲の話題について会話ができ、中国語を母語とする相手と比較的流暢にコミュニケーションをとることができる。 | 1,200語程度の常用中国語単語 | B2 | 自律した言語使用者 |
| | 3級 | 生活・学習・仕事などの場面で基本的なコミュニケーションをとることができ、中国旅行の際にも大部分のことに対応できる。 | 600語程度の基礎常用中国語単語及びそれに相応する文法知識 | B1 | |
| | 2級 | 中国語を用いた簡単な日常会話を行うことができ、初級中国語優秀レベルに到達している。大学の第二外国語における第一年度履修程度。 | 300語程度の基礎常用中国語単語及びそれに相応する文法知識 | A2 | 基礎段階の言語使用者 |
| 低 | 1級 | 中国語の非常に簡単な単語とフレーズを理解、使用することができる。大学の第二外国語における第一年度前期履修程度。 | 150語程度の基礎常用中国語単語及びそれに相応する文法知識 | A1 | |

# HSK6級 試験概要

## HSK6級について

　HSK筆記6級は、受験生の日常中国語の応用能力を判定するテストで、「中国語の音声情報や文字情報を不自由なく理解することができ、自分の意見や見解を流暢な中国語で口頭または書面にて表現することができる」レベルが求められます。主に5,000語かそれ以上の常用単語を習得している者を対象としています。

## 試験内容

### 聴力（聞き取り）：約35分・放送回数1回

| パート | 形　　式 | 問題数 |
|---|---|---|
| 第1部分 | 放送される短文の内容に一致する選択肢を選ぶ | 15題 |
| 第2部分 | 放送される短文の内容に関する問いに答える | 15題 |
| 第3部分 | 放送される長い会話の内容に関する問いに答える | 20題 |

### 読解：50分

| パート | 形　　式 | 問題数 |
|---|---|---|
| 第1部分 | 間違っている文を選ぶ | 10題 |
| 第2部分 | 短文の空所に文脈に合う適切な語句を補う | 10題 |
| 第3部分 | 長文の空所に文脈に合う適切な文を補う | 10題 |
| 第4部分 | 長文の内容に関する問いに答える | 20題 |

### 書写：問題黙読10分・作文35分

| パート | 形　　式 | 問題数 |
|---|---|---|
| 作文 | 与えられた文章を読み、400字程度で要約する | 1題 |

〇試験開始の前に、解答用紙に個人情報を記入する時間が与えられます。
〇聴力試験終了後に、解答用紙に記入する時間が予備として5分間与えられます。

## 成績および有効期間

○聴力、読解、書写の配点はそれぞれ100点、合計300点で評価されます。

○HSK 6級の成績証には、聴力、読解、書写のそれぞれの得点および総得点が明記されます。

○成績証は受験者全員（試験無効者を除く）に送付され、発送には試験後約60日を要します。

○試験の約1カ月後から、HSK公式ホームページ（http://www.hskj.jp）にて成績照会を行うことが可能（受験番号と姓名の入力が必要）です。

○HSK 6級の成績は長期有効です。ただし、外国人留学生が中国の大学に入学するための中国語能力証明とする場合、その有効期間は受験日から起算して2年間とされています。

## 試験当日の流れ

ここでは、試験当日の注意事項や、試験の概要を紹介します。

### 持ち物

試験当日の持ち物を確認しておきましょう。

- □ 受験票（顔写真を貼りつけたもの）
- □ 身分証明書（顔写真付きのもの）
- □ 鉛筆（HB以上の濃いもの）
- □ 消しゴム
- □ 時計（携帯電話等は不可）

※**身分証明書（顔写真付きのもの）**を忘れると受験ができません。必ず持参しましょう。

### 集合時間

受験票に記載されている集合時間を確認しておきましょう。

試験開始時刻の20分前に受付が開始されます。

試験開始時刻から試験の事前説明が始まり、これ以降は入室できなくなりますので注意しましょう。

### 試験の流れ

試験開始から終了までは次のような流れで進行します。

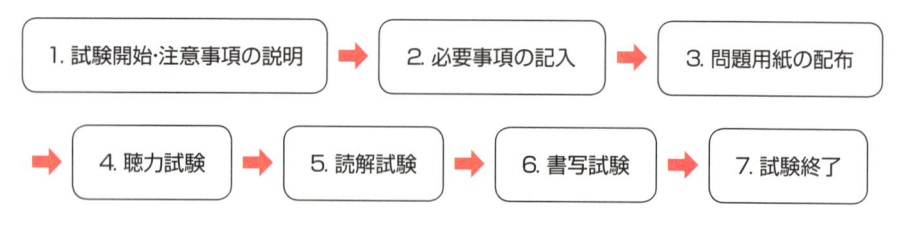

1. 試験開始・注意事項の説明 ➡ 2. 必要事項の記入 ➡ 3. 問題用紙の配布 ➡ 4. 聴力試験 ➡ 5. 読解試験 ➡ 6. 書写試験 ➡ 7. 試験終了

次ページ以降では、試験の流れを詳しく見ていきます。

※6級の試験では、試験開始以降の指示は**全て中国語**で行われます（事前説明および試験終了後の指示は日本語）。質問することも可能ですが、その場合も中国語で応対をします。指示内容は12〜15ページ、聴力試験の放送内容は19ページで紹介していますので、事前に確認しておきましょう。

## 試験の流れ

### 1. 試験開始・注意事項の説明

試験開始時刻になると、事前説明が始まります。

試験中の注意事項および試験の内容に関して、説明が行われます。

この説明開始以降は、原則として試験終了まで入退室できませんので注意しましょう。

### 2. 必要事項の記入

試験開始時間になると、解答用紙が配布されます。

試験官の指示に従い、受験票に記載されている番号などを参考にして必要事項の記入を行いましょう。

① 姓名（名前）
② 中文姓名（中国語の名前：記入不要）
③ 考生序号（受験番号）
④ 考点代碼（受験地番号）
⑤ 国籍（国籍：番号）
⑥ 年齢（年齢）
⑦ 性別（性別）

※③〜⑥は左側の空欄に数字を記入したうえで、その横に並んでいる番号のうち、該当するものをそれぞれマークしてください。

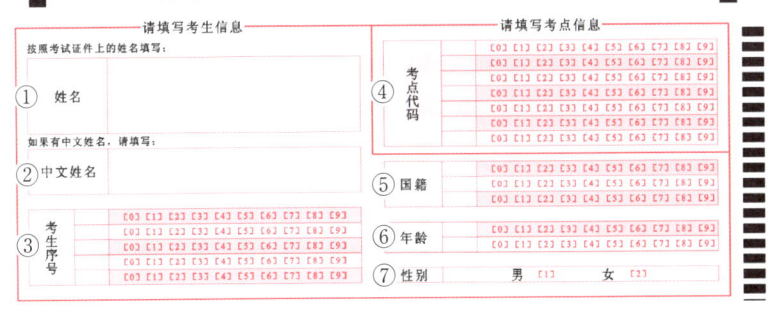

## 3. 問題用紙の配布

必要事項の記入が始まると、問題用紙が配布されます。問題用紙は試験官から指示があるまで開封できません。問題用紙にも受験番号を記入し、指示を待ちましょう。

問題用紙に記載してある注意事項について、試験官から次のような説明があります。

> ① HSK6級の試験は3つの部分に分かれています。
>  1. 聴力（聞き取り）試験（50題、約35分間）
>  2. 読解試験（50題、50分間）
>  3. 書写試験（1題、45分間）
> ② 解答は直接解答用紙に記入してください。聴力試験の後、解答用紙を記入するための予備時間が5分間与えられます。
> ③ 試験時間は全部で約150分間です。（事前説明および個人情報を書き込む時間を含む）

※説明の後、会場ごとに聴力試験、読解試験、書写試験の開始時間および終了時間が記入・掲示されますので、終了時間は会場ごとに異なる場合があります。

## 4. 聴力試験

説明の後、試験官より聴力試験開始の合図があります。

> "请打开试卷的第一页。"
> "现在，开始做听力考试。请直接在答题纸上回答。"
> 「問題用紙を開封し、1ページを開いてください。」
> 「今から、聞き取り試験を開始します。解答は解答用紙に直接記入してください。」

その後、放送が開始します。聴力試験の試験時間は約35分間です。
※聴力試験の放送内容は19ページで紹介しています。

放送終了後、試験官より次のような指示があります。

> "请停止作答。听力考试到此结束。"
> "现在给大家5分钟时间作为将答案写入答题卡的预备时间，请没有填完答题卡的考生继续填写。"
> 「やめてください。以上で聞き取り試験を終了いたします。」
> 「ただいまより5分間、解答用紙に解答を記入するための予備時間を提供しますので、解答を書ききれなかった方は引き続き解答を記入してください。」

その後5分間が与えられますので、解答を書ききれなかった場合は、この時間で解答の記入を行います。

## 5. 読解試験

解答用紙の記入時間が終了すると、次の指示があり、読解試験が開始します。
読解試験の試験時間は50分間です。

> "请停止作答。接下来，开始做阅读题。请打开试卷，开始答题。请直接在答题纸上回答。阅读考试的答题时间是50分钟。"
> 「やめてください。引き続き、読解試験を開始します。問題用紙を開き、解答を開始してください。解答は解答用紙に直接記入してください。読解試験の試験時間は50分です。」

読解試験終了の5分前に、次のアナウンスがあります。

> "阅读考试剩下5分钟。"
> 「読解試験の残り時間は5分です。」

## 6. 書写試験

読解試験終了時間になると、次の指示があり、書写試験に関する説明が行われます。全て中国語の指示です。以下には指示文の日本語訳を載せますが、本番では日本語は読まれませんので注意してください。

> "请停止作答。阅读考试到此结束。接下来，开始准备书写考试。"
> 「以上で読解試験を終了いたします。引き続き、書写試験の準備に入ります。」

> "请合上试卷，并放于答卷之上。考试开始信号发出前，请大家不要打开试卷。现在，开始发书写考试的试卷。书写考试，指的是阅读书写试卷后，对该文进行总结陈述的考试。并不是指写读后感。书写考试的时间为45分钟。
> 首先，请利用10分钟的时间阅读书写试卷，时间一到，将回收书写试卷。
> 接下来，请利用剩下的35分钟，总结陈述书写试卷的内容，并将其写到答题纸上。阅读书写试卷时，请不要在答题纸或者试卷上做任何标记。"
>
> 「問題用紙を閉じてください。次に解答用紙の上に問題用紙を重ねてください。開始の合図があるまで、内容を見てはいけません。それでは、問題文を配布いたします。
> 書写試験は、問題文を読み、その内容を要約する試験です。読んだ感想を書くものなどではありません。書写試験時間は45分間です。初めに、10分間問題文を読んでいただき、その後、問題文を回収します。残り35分間で問題文の内容を要約したものを、解答用紙に記入してください。問題文を読んでいる時間に、解答用紙に記入したり、問題用紙に書き写してはいけません。」

その後、試験官から追加の問題用紙が配布されます。問題用紙は試験官から指示があるまで開封できません。

問題用紙が配布されると、次の指示があり、問題文を読む時間となります。問題を読むのに与えられる時間は10分間です。

> "下面，请打开书写试卷。"
> 「それでは、問題文を開いてください。」

問題を読む時間の終了5分前に、次のアナウンスがあります。

> "阅读书写试卷的时间，还剩下5分钟。"
> 「問題文を読む時間の残り時間は5分です。」

次に、試験官の指示に従い、追加の問題用紙が回収されます。
この間、解答の記入はできません。

> "时间到。请把书写试卷翻过来。下面开始回收书写书卷。座位中间的考生请把试卷放在右边或左边（被发放的位置）。考试开始信号发出前，请不要作答。"
> 「終了です。問題用紙を裏返しにしてください。それでは問題用紙を回収いたします。真ん中席の方は右側もしくは左側（配布された側）に問題用紙を置いてください。合図があるまで、解答用紙を記入してはいけません。」

問題用紙の回収が終わると、次の指示があり、解答用紙の記入の時間となります。解答を行うのに与えられる時間は35分間です。

> "请开始作答。"
> 「それでは解答用紙の記入を開始してください。」

読書写試験終了の5分前に、次のアナウンスがあります。

> "书写考试还剩下5分钟。"
> 「書写試験の残り時間は5分です。」

## 7. 試験終了

試験終了時間になると、試験官が問題用紙と解答用紙を回収します。
これで試験は終了です。試験官の指示に従って退出しましょう。

> 問題形式の確認

ここでは、HSK 6 級の各パートの問題形式を確認しておきましょう。

|  | パート | 問題数 | 時間 | 配点 |
| --- | --- | --- | --- | --- |
| 听力<br>（聴力） | 第 1 部分 | 15 題 | 約 35 分間 | 100 点 |
|  | 第 2 部分 | 15 題 |  |  |
|  | 第 3 部分 | 20 題 |  |  |
| 阅读<br>（読解） | 第 1 部分 | 10 題 | 50 分間 | 100 点 |
|  | 第 2 部分 | 10 題 |  |  |
|  | 第 3 部分 | 10 題 |  |  |
|  | 第 4 部分 | 20 題 |  |  |
| 书写<br>（書写） | 作文 | 1 題 | 45 分間 | 100 点 |

# 1 听 力

**第1部分** 请选出与所听内容一致的一项。音声の内容と一致するものを選びなさい。

第1部分は、文の内容に関する問題です。
まとまった長さの文がそれぞれ1回だけ読み上げられます。その内容と一致するものを、与えられた4つの選択肢から選びましょう。あらかじめ4つの選択肢に目を通しておきましょう。

**第2部分** 请选出正确答案。正しい答えを選びなさい。

第2部分は会話の内容に関する問題です。
2人の会話が読み上げられ、その後、その内容に関する問いがそれぞれ1回だけ読み上げられます。問いに対する答えとして正しいものを、与えられた4つの選択肢から選びましょう。1つの問題文に対して問いは5問ずつあるので注意しましょう。問題文は3つあり、問いは全部で15問（3×5問）あります。あらかじめ4つの選択肢に目を通しておきましょう。

| 第3部分 | 请选出正确答案。正しい答えを選びなさい。

第3部分は長文の内容に関する問題です。
長文が1回読み上げられ、その後、その内容に関する問いがそれぞれ1回だけ読み上げられます。問いに対する答えとして正しいものを、与えられた4つの選択肢から選びましょう。1つの問題文に対して、問いは複数問あるので注意しましょう。問題文は6つ程度あり、問いは全部で20問あります。あらかじめ4つの選択肢に目を通しておきましょう。

# 2 阅 读

| 第1部分 | 请选出有语病的一项。語句や文法上の誤った文を選びなさい。

第1部分は、間違っている文を選択する問題です。4つの文をそれぞれよく読み、使われている語句の意味や用法、文全体の意味や文法などに誤りがある文を選びましょう。

| 第2部分 | 选词填空。語句を選んで空所を埋めなさい。

第2部分は、空所補充問題です。短文の空所部分に適切な語句を補い、意味の通る文を作りましょう。1つの短文に対し、空所が複数あるので、全ての語句が正しい選択肢を選びましょう。空所に当てはまらない語句がある選択肢を除いていくとスムーズに解答できます。

| 第3部分 | 选句填空。文を選んで空所を埋めなさい。

第 3 部分は、長文の空所補充問題です。
長文の空所部分に適切な文を補い、意味の通る文章を作りましょう。1 つの長文に対して空所は 5 つあり、与えられている文の選択肢も 5 つありますので、全ての文が 1 回ずつ選ばれます。前後の文脈をよく確認し、分かりやすい文から当てはめていきましょう。

| 第4部分 | 请选出正确答案。正しい答えを選びなさい。

第 4 部分は、長文読解問題です。
問題文とその内容に関する問いが与えられています。問題文の内容をよく読み、問いに対する答えとして正しいものを与えられた 4 つの選択肢から選びましょう。長文の内容をしっかり理解できているかを問う問題になっています。

## 3 书 写

缩写。要約しなさい。

書写の問題は、長文を要約する問題です。まず問題用紙が配られ、問題文を読む時間が10分間与えられます。(この時間はメモや解答の記入はできません。)その後、問題用紙が回収され、35分間で問題文の内容を400字前後で要約しましょう。作文の内容は自分の意見などを含める必要はありませんので、読み取った内容を簡潔にまとめましょう。解答は直接解答用紙に記入しましょう。

## 聴力試験のスクリプト

　ここでは、聴力試験の放送内容を紹介しています。問題のスクリプトは解答・解説を参照してください。実際の試験で日本語は読み上げられません。

"大家好！欢迎参加HSK六级考试。"
「みなさん、こんにちは。HSK6級の試験にようこそ。」
（3回読み上げられます。）

"HSK六级听力考试分三部分，共50题。请大家注意，听力考试现在开始。"
「HSK6級の聴力試験は3つの部分に分かれており、全部で50題です。それでは、今から聴力試験を始めますので、注意して聴いてください。」

その後、問題説明文が読み上げられ、

"现在开始第○题。"
「それでは、第○題から始めます。」

というアナウンスの後、すぐに問題が始まります。

複数の問題が続いている場合には、

"第○到○题是根据下面一段话（采访）。"
「第○題〜第○題は次の話（インタビュー）から出題します。」

という指示があります。

全ての問題が終わると、

"听力考试现在结束。"
「これで聴力試験は終わります。」

とアナウンスがあり、試験官の指示が続きます。

## 6级　解答用纸

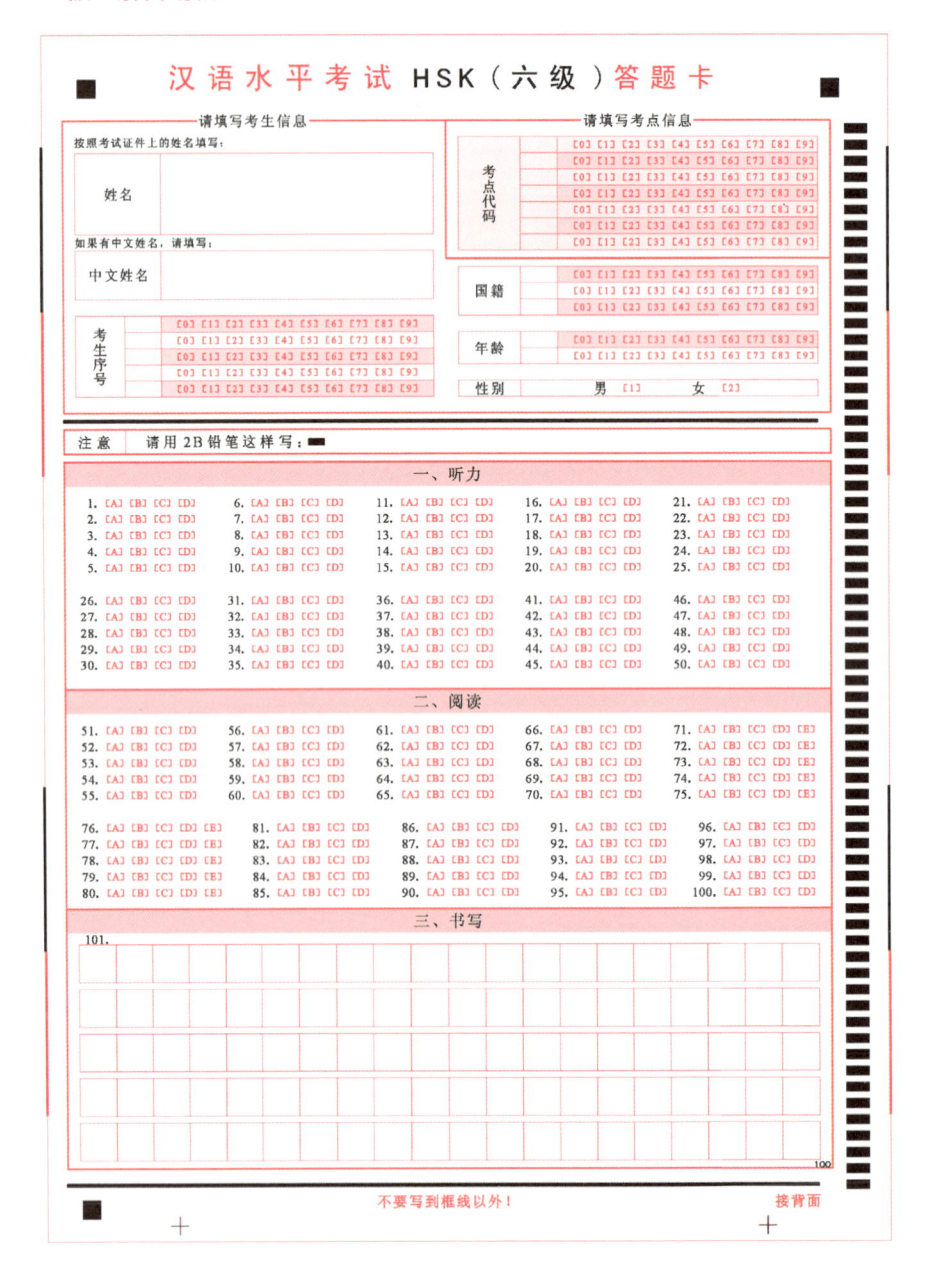

### 汉语水平考试 HSK（六级）答题卡

请填写考生信息　　　　　　请填写考点信息

按照考试证件上的姓名填写：

姓名

如果有中文姓名，请填写：

中文姓名

考点代码 [0][1][2][3][4][5][6][7][8][9]
[0][1][2][3][4][5][6][7][8][9]
[0][1][2][3][4][5][6][7][8][9]
[0][1][2][3][4][5][6][7][8][9]
[0][1][2][3][4][5][6][7][8][9]
[0][1][2][3][4][5][6][7][8][9]

国籍 [0][1][2][3][4][5][6][7][8][9]
[0][1][2][3][4][5][6][7][8][9]
[0][1][2][3][4][5][6][7][8][9]

考生序号 [0][1][2][3][4][5][6][7][8][9]
[0][1][2][3][4][5][6][7][8][9]
[0][1][2][3][4][5][6][7][8][9]
[0][1][2][3][4][5][6][7][8][9]
[0][1][2][3][4][5][6][7][8][9]

年龄 [0][1][2][3][4][5][6][7][8][9]
[0][1][2][3][4][5][6][7][8][9]

性别　男 [1]　　女 [2]

注意　请用2B铅笔这样写：■

### 一、听力

1. [A][B][C][D]　　6. [A][B][C][D]　　11. [A][B][C][D]　　16. [A][B][C][D]　　21. [A][B][C][D]
2. [A][B][C][D]　　7. [A][B][C][D]　　12. [A][B][C][D]　　17. [A][B][C][D]　　22. [A][B][C][D]
3. [A][B][C][D]　　8. [A][B][C][D]　　13. [A][B][C][D]　　18. [A][B][C][D]　　23. [A][B][C][D]
4. [A][B][C][D]　　9. [A][B][C][D]　　14. [A][B][C][D]　　19. [A][B][C][D]　　24. [A][B][C][D]
5. [A][B][C][D]　　10. [A][B][C][D]　　15. [A][B][C][D]　　20. [A][B][C][D]　　25. [A][B][C][D]

26. [A][B][C][D]　　31. [A][B][C][D]　　36. [A][B][C][D]　　41. [A][B][C][D]　　46. [A][B][C][D]
27. [A][B][C][D]　　32. [A][B][C][D]　　37. [A][B][C][D]　　42. [A][B][C][D]　　47. [A][B][C][D]
28. [A][B][C][D]　　33. [A][B][C][D]　　38. [A][B][C][D]　　43. [A][B][C][D]　　48. [A][B][C][D]
29. [A][B][C][D]　　34. [A][B][C][D]　　39. [A][B][C][D]　　44. [A][B][C][D]　　49. [A][B][C][D]
30. [A][B][C][D]　　35. [A][B][C][D]　　40. [A][B][C][D]　　45. [A][B][C][D]　　50. [A][B][C][D]

### 二、阅读

51. [A][B][C][D]　　56. [A][B][C][D]　　61. [A][B][C][D]　　66. [A][B][C][D]　　71. [A][B][C][D]
52. [A][B][C][D]　　57. [A][B][C][D]　　62. [A][B][C][D]　　67. [A][B][C][D]　　72. [A][B][C][D]
53. [A][B][C][D]　　58. [A][B][C][D]　　63. [A][B][C][D]　　68. [A][B][C][D]　　73. [A][B][C][D]
54. [A][B][C][D]　　59. [A][B][C][D]　　64. [A][B][C][D]　　69. [A][B][C][D]　　74. [A][B][C][D]
55. [A][B][C][D]　　60. [A][B][C][D]　　65. [A][B][C][D]　　70. [A][B][C][D]　　75. [A][B][C][D]

76. [A][B][C][D][E]　　81. [A][B][C][D]　　86. [A][B][C][D]　　91. [A][B][C][D]　　96. [A][B][C][D]
77. [A][B][C][D][E]　　82. [A][B][C][D]　　87. [A][B][C][D]　　92. [A][B][C][D]　　97. [A][B][C][D]
78. [A][B][C][D][E]　　83. [A][B][C][D]　　88. [A][B][C][D]　　93. [A][B][C][D]　　98. [A][B][C][D]
79. [A][B][C][D][E]　　84. [A][B][C][D]　　89. [A][B][C][D]　　94. [A][B][C][D]　　99. [A][B][C][D]
80. [A][B][C][D][E]　　85. [A][B][C][D]　　90. [A][B][C][D]　　95. [A][B][C][D]　　100. [A][B][C][D]

### 三、书写

101.

不要写到框线以外！　　　　　接背面

# 汉语水平考试 HSK（六级）答题卡

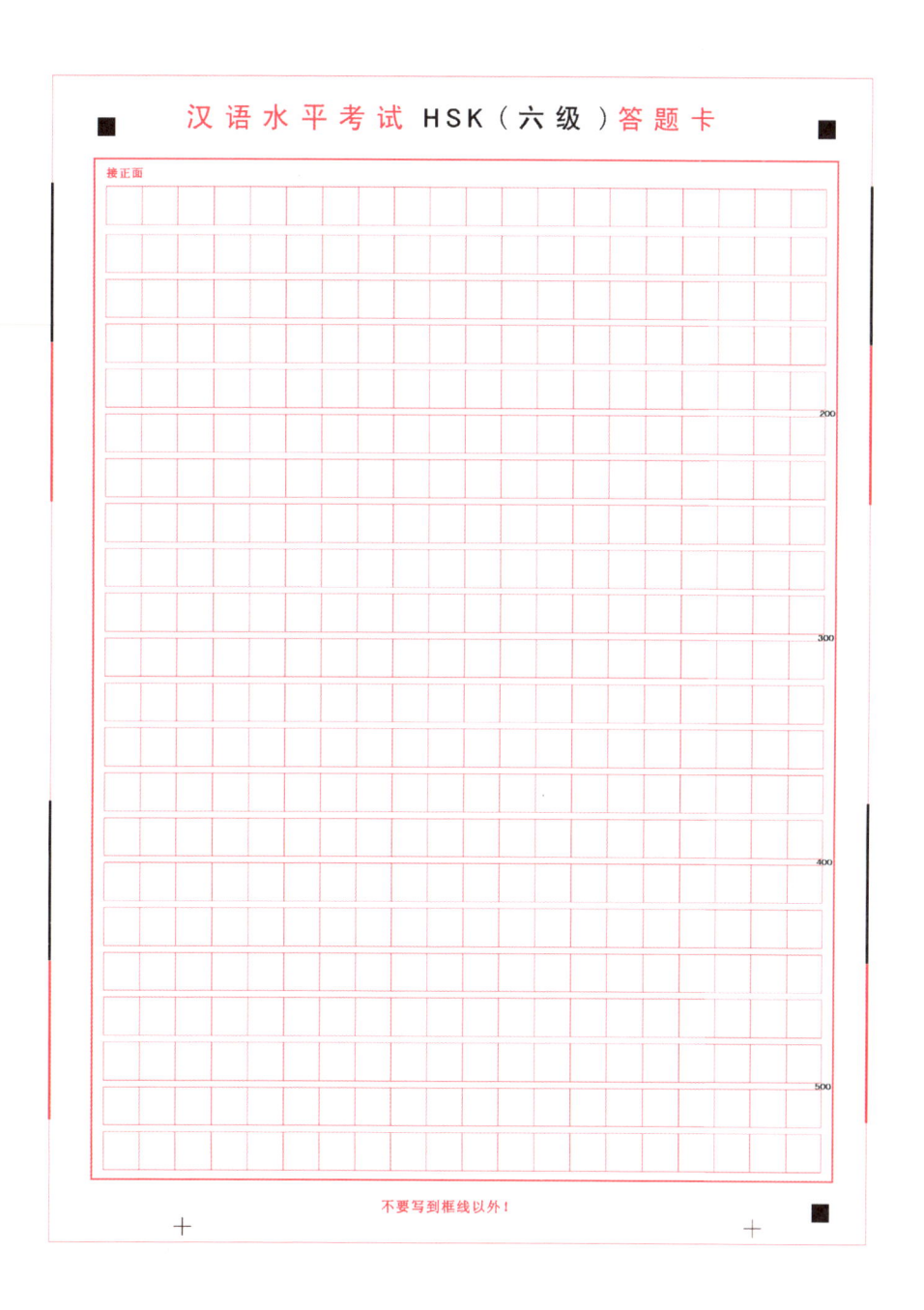

## 6級第1回

# 問題

聴力試験・・・・・・・・・・ P.24 ~ P.29
　　　　　　　　　　　disk1 track 1~5

読解試験・・・・・・・・・・ P.30 ~ P.47

書写試験・・・・・・・・・・ P.48 ~ P.49

# 第1回　1 听力

## 第1部分

第1-15题　请选出与所听内容一致的一项。

1. A 房租要涨了
   B 他们俩刚搬家
   C 女的想买新家具
   D 男的想贷款买房

2. A 要有同情心
   B 拥抱能消除沮丧
   C 拥抱能赢得尊重
   D 要提高沟通能力

3. A 武则天寿命很长
   B 武则天晚年很孤独
   C 武则天非常宠爱女儿
   D 武则天从小就当了皇帝

4. A 要有正义感
   B 生活需要规则
   C 不要急于求成
   D 做人应该知足常乐

5. A 妈妈觉得很抱歉
   B 医生让小明跳绳
   C 医生不能马上赶到
   D 小明应该喝矿泉水

6. A 乘坐小型飞机很安全
   B 机舱后方是最安全的
   C 坐在机舱后方更容易晕机
   D 坐在靠近机翼处最容易晕机

7. A 不能以貌取人
   B 夫妻应该互相体谅
   C 恋爱中的人很挑剔
   D 恋人间会有光环效应

8. A 企业发展靠团结
   B 企业管理是关键
   C 企业可以跨越式发展
   D 企业在成熟期状态最好

9. A 应该向前看
   B 不打无准备之仗
   C 坏习惯很难改变
   D 回忆总是美好的

10. A 要三思而后行
    B 要学会统筹兼顾
    C 要正视自己的缺点
    D 要借鉴他人的经验

11. A 军官和蔼可亲
    B 军官非常固执
    C 士兵的枪法很准
    D 军官没有打中目标

12. A 比赛讲究团队合作
    B 运动员的心理素质好
    C 运动员受教练影响很大
    D 运动员主场比赛更易焦虑

13. A 左撇子更聪明
    B 植物多是左撇子
    C 右撇子植物更强壮
    D 植物也有左右撇子之分

14. A 天山雪莲色彩鲜艳
    B 天山动物种类众多
    C 天山雪莲不畏严寒
    D 天山雪莲需要温室培育

15. A 村长身体不太好
    B 村长在讽刺老人
    C 村长今年99岁了
    D 村长来给老人贺喜

## 第2部分

**第16-30题** 请选出正确答案。

16. A 下一个
    B 第一个
    C 都非常满意
    D 获奖的那一个

17. A 相互冲突
    B 核心是技术
    C 艺术更重要
    D 属于同一层面

18. A 实现阶段
    B 概念阶段
    C 评估阶段
    D 维护阶段

19. A 成本较低的
    B 可行性强的
    C 绿色环保的
    D 有较大利润空间的

20. A 正打算跳槽
    B 面临资金困难
    C 后悔之前所做的选择
    D 认为建筑需要想象力

21. A 收入不高
    B 尚不规范
    C 发展比较慢
    D 是服务行业

22. A 细致
    B 学识渊博
    C 学习能力强
    D 有收藏经验

23. A 危机意识
    B 奉献精神
    C 良好的交流能力
    D 熟悉相关法律知识

24. A 是著名主持人
    B 拍卖经验丰富
    C 喜欢稳定的工作
    D 拿到了律师资格证

25. A 视野窄
    B 不够谦逊
    C 判断力不够
    D 欠缺整体规划能力

26. A 海拔很高
    B 地震频繁
    C 已被过度开发
    D 不适合科学考察

27. A 很镇定
    B 当时很绝望
    C 觉得很幸运
    D 觉得非常遗憾

28. A 能量不大
    B 移动速度极快
    C 发生在陆地上
    D 影响范围很大

29. A 酷爱摄影
    B 去过南极
    C 是位资深记者
    D 是位气象专家

30. A 极昼
    B 极光
    C 龙卷风
    D 紫外线

## 第 3 部分

**第 31-50 题** 请选出正确答案。

31. A 不宜过快
    B 不能过量
    C 不能空腹喝
    D 不宜混着喝

32. A 导致失眠
    B 加速衰老
    C 引起肠胃不适
    D 血液循环加快

33. A 付出才有回报
    B 学会享受生活
    C 矛盾不可避免
    D 做事情要把握度

34. A 儿子把小羊放了
    B 儿子竟然睡着了
    C 儿子抓到了一只鹿
    D 儿子一直在那儿坐着

35. A 很孝顺
    B 很自责
    C 想要一支新猎枪
    D 忘记了父亲的叮嘱

36. A 别因小失大
    B 别丢三落四
    C 别舍近求远
    D 别半途而废

37. A 消除误会
    B 让人感动
    C 摆脱不良情绪
    D 获得别人的好感

38. A 保持沉默
    B 找人聊天儿
    C 听流行歌曲
    D 调整肢体语言

39. A 运动可以调节情绪
    B 假装快乐能改善心情
    C 很多人不善于管理情绪
    D 深呼吸无法缓解紧张情绪

40. A 性格开朗
    B 进步非常大
    C 考上了名牌大学
    D 原来成绩就很好

41. A 数量惊人
    B 目中无人
    C 一视同仁
    D 另眼看待

42. A 自己的优势
    B 家人的鼓励
    C 积极乐观的心态
    D 明确的奋斗目标

43. A 要多赞美别人
    B 不要轻易放弃
    C 怎样建立自信心
    D 怎样与孩子交朋友

44. A 含辣椒素
    B 没有种子
    C 可以做药材
    D 绿色的更辣

45. A 喜欢群居
    B 不喜食辣
    C 攻击性强
    D 繁殖很快

46. A 鸟
    B 昆虫
    C 肉食动物
    D 爬行动物

47. A 辣椒的用途
    B 辣椒为什么会辣
    C 辣椒的种植方法
    D 辣椒的分布范围

48. A 精通琴艺
    B 爱好文学
    C 喜欢垂钓
    D 博览群书

49. A 没有灵感了
    B 没有知音了
    C 身体状况欠佳
    D 被对手打败了

50. A 音乐的作用
    B 古琴的传说
    C 守时的可贵
    D "高山流水"的故事

# 2 阅 读

**第1部分**

第 51-60 题　请选出有语病的一项。

51. A 幸福是需要分享的，而痛苦是需要分担的。
    B 能否保持谦虚的态度，可以让我们学到更多东西。
    C 闻过则喜，能够坦然接受批评，是自信的一个突出标志。
    D 如果一个人不知道他要驶向哪个码头，那么任何风都不会是顺风。

52. A 越是成熟的稻穗，越懂得弯腰。
    B 我父亲热情好客，家里经常来客人很多。
    C 下面我们有请王校长来给获奖选手颁发荣誉证书。
    D 这本书是去年年底出版的，现在销量已达300万册。

53. A 他在这部戏中扮演的是一个反面角色。
    B 狡猾和聪明的差距体现在道德上，而非智力上。
    C 先行一步，也许是冒险，所以谁敢说冒险不是一种成功的契机？
    D 蝶泳是游泳项目之一，从泳姿上看好像蝴蝶展翅飞舞，所以称为"蝶泳"。

54. A 一个人的伟大之处在于他能够意味着自己的渺小。
    B 戒指是一种装饰品，它戴在哪根手指上代表着不同的意思。
    C 洋流是地球表面热环境的主要调节者，它可以分为暖流和寒流。
    D 经过20年的发展，他们的分公司已经遍布全球100多个国家和地区。

55. A 鲸鱼其实不是鱼,而是生活在海里的一种巨型哺乳动物。

B 陕西历史博物馆以其丰富的文物藏品,被誉为"华夏宝库"。

C 大麦茶是将大麦炒制后再经过沸煮,喝起来有一股浓浓的麦香味。

D 普洱茶,属于黑茶,因产地旧属云南普洱府(今普洱市),故得名。

56. A 若要躲避燃烧的痛苦,火柴一生都将黯淡无光。

B 这个世界上,没有比人更高的山,没有比心更宽的海。

C 八达岭长城位于北京延庆,是明长城最具代表性的一段。

D 虽然我在报社实习了一年的经验,但并不是说我就会进媒体这个行业。

57. A 快乐的人不是没有痛苦,而是不会被痛苦所左右。

B 九寨沟有"童话世界"的美称,已被列入世界遗产名录。

C 一个人的财富不是他口袋里有多少钱,而是他脑袋里有多少知识。

D 有时候,恰恰是那些带给你烦恼和不幸的人在促使地你不断地前进。

58. A 这本书讲述了东汉开国皇帝刘秀从一个底层农民成为天下雄主的传奇经历。

B 人生可以没有很多东西,却唯独不能没有希望。有希望之处,生命就会生生不息。

C 人一旦记住的事情,要几乎遗忘是不可能的;看似遗忘的事情,其实只是被锁在记忆的深处罢了。

D 奋斗令我们的生活充满生机,责任让我们的生命充满意义,常遇困境说明你在进步,常有压力说明你有目标。

59. A 要了解一个人,不妨看他读些什么书,这跟观察与他来往的朋友一样有效。

B 人生就是一场旅行,不在乎目的地,在乎的而是沿途的风景以及看风景的心情。

C 老舍一生创作了许多脍炙人口的文学作品,如《四世同堂》《骆驼祥子》《茶馆》《龙须沟》等。

D 三角洲是河流流入海洋或湖泊时,因流速减慢,所携带的泥沙大量沉积,逐渐发展成的冲积平原。因为从平面上看像一个三角形,所以叫三角洲。

60. A "单木不成林"是说一棵树成不了一座森林,只有一个人也没有办法做成大事。

B 人生的最大遗憾,莫过于轻易地放弃了不该放弃的,固执地坚持了不该坚持的。

C "妥协"二字的珍贵之处,不在于我们放弃了什么,而在于我们坚持了什么,哪怕只坚持了一点点。

D 有些网站可以免费申请个人主页的功能,这样,只要你将自己的信息放在网上,全世界的人都可以了解你了。

# 第 2 部分

第 61-70 题　选词填空。

61. 不应该让经验和习惯束缚了我们的思维和_____。有时候，也许我们一_____身，收在眼里的就会是另一_____风景。

    A 视线　　扭　　株　　　　B 眼色　　拐　　幅
    C 目光　　拧　　艘　　　　D 眼光　　转　　番

62. 滇池位于云南省昆明市西南，海拔1886米，面积300多平方公里，_____水深5米多，是西南地区最大的高山淡水湖。它水面宽阔，烟波浩淼，_____秀丽，被称为云贵高原上的一_____明珠。

    A 平均　　风光　　颗　　　　B 平常　　作风　　串
    C 平行　　风气　　罐　　　　D 平衡　　风格　　枝

63. 生活可能不像你想象得那么好，但也不会像你想象得那么_____。人的脆弱和_____都超乎自己的想象。有时，我们可能脆弱得因为一句话就泪流满面；有时，我们会发现自己已经_____着牙走了很长的路。

    A 丑　　顽强　　啃　　　　B 糟　　坚强　　咬
    C 腥　　顽固　　揉　　　　D 棒　　坚定　　眨

64. 分散生长的树木因为没有竞争存在，就懒散地_____生长，这往往使它们长得奇形怪状，最终不会成材；而聚集在一起的树木，每个_____要想生存，就必须让自己长得高大强壮，这样才能争得有限的阳光、水分等生存_____，从而存活下来，最终长成栋梁之材。竞争的力量，让生命_____。

    A 随意　　个体　　资源　　自强不息
    B 随即　　团体　　物资　　饱经沧桑
    C 随身　　集体　　资产　　自力更生
    D 随手　　个性　　资本　　一如既往

33

65. 公元500年左右，曾是丝绸之路上重要_____中转站的楼兰古国，从中国史册上_____地消失了。迄今为止，关于楼兰古国消失的原因仍然_____。而楼兰古城却只是静静地躺在距离若羌县城200多公里的地方，_____更多的人们去关注它。

| | | | | |
|---|---|---|---|---|
| A | 外交 | 神圣 | 不言而喻 | 等候 |
| B | 交易 | 秘密 | 博大精深 | 期待 |
| C | 贸易 | 神秘 | 众说纷纭 | 等待 |
| D | 交际 | 神奇 | 不可思议 | 看待 |

66. 包围地球的空气称为大气。人类生活在地球大气的_____，一刻也离不开大气。大气为地球生命的_____、人类的发展提供了理想的环境。它的_____和变化，时时处处影响着人类的_____与活动。

| | | | | |
|---|---|---|---|---|
| A | 局部 | 孕育 | 动态 | 并存 |
| B | 局面 | 生育 | 姿态 | 储存 |
| C | 底部 | 繁衍 | 状态 | 生存 |
| D | 表面 | 诞生 | 现状 | 保存 |

67. 宽恕别人，就是善待自己。_____只会让我们的心灵永远生活在黑暗之中，而宽恕，却能让我们的心灵获得_____。宽恕别人，可以让生活更轻松、愉快；宽恕别人，可以让我们_____更多朋友；宽恕别人，就是_____自己。

| | | | | |
|---|---|---|---|---|
| A | 恩怨 | 安宁 | 拥抱 | 解除 |
| B | 悔恨 | 自主 | 拥护 | 放大 |
| C | 厌恶 | 飞跃 | 封锁 | 释放 |
| D | 仇恨 | 自由 | 拥有 | 解放 |

68. 川菜是中国八大菜系之一，在中国烹饪史上_____重要地位。它取材广泛，调味多变，菜式多样，以_____用麻辣著称，_____了东南西北各方的特点，并以其_____的烹调方法和浓郁的地方风味享誉中外。

A 占领　　巧　　融化　　风土人情
B 占有　　善　　融会　　别具一格
C 占据　　勿　　领会　　喜闻乐见
D 占线　　擅　　凝聚　　得天独厚

69. 在生活中，有许多的"不可能"_____在我们心头，它无时无刻不在_____着我们的理想和意志，许多本来的可能便在这"不可能"中悄悄_____去。其实，这些"不可能"大多是人们想象出来的东西，只要能拿出_____主动出击，许多"不可能"就会变成可能。

A 萦绕　　腐蚀　　逝　　勇气
B 缠绕　　侵略　　折　　气势
C 围绕　　感染　　拽　　欲望
D 环绕　　消耗　　挪　　志气

70. 研究显示，穿裙装的女性通常比较有信心，在_____上能给人留下较好的第一印象，_____容易成功，同时能_____到更优厚的薪资。研究者指出，短时间内留下的第一印象，准确度通常很高。裙装能_____出专业、有吸引力但又不会_____强势的效果。

A 现场　　商业　　吸取　　掠夺　　格外
B 岗位　　行业　　争夺　　经营　　十分
C 职务　　产业　　录取　　争论　　过度
D 职场　　事业　　争取　　营造　　过于

## 第3部分

**第71-80题** 选句填空。

71-75.

黑猩猩堪称动物世界的"医学家"。如果哪只黑猩猩肚子痛,其同类会到几公里以外寻找一种植物,其叶子又硬又苦。但是黑猩猩知道,吃了它可以减轻痛苦。(71)_____,发现它含有抗病毒、驱虫和抗霉菌的物质。

我们知道,大象、河马和水牛会经常泡在水里,这不仅是图凉快,(72)_____。它们特别喜欢洗泥浴,这可以避免寄生虫的骚扰,可以减轻风湿痛和阳光直射下的灼痛。

除了水浴和泥浴外,有的动物还会在石头和树干上蹭擦来清除跳蚤和虱子等寄生虫。(73)_____。一只森林红蚁可以生产2毫克的蚁酸,相当于它体重的18%,在必要时它可以喷射出20厘米远。许多鸟知道这种蚁酸的好处,于是它们用嘴捣毁蚁穴,并且张开翅膀,盖住蚁穴。蚂蚁在仓皇出逃时喷射出鸟需要的蚁酸,(74)_____。

城市居民也许会发现,猫和狗有时也会在草地上吃草。过去人们以为,家畜这样做是为了清理肠胃,但是现在许多动物学家认为,(75)_____,促使体内产生血红蛋白,有利于健康生长。

A 而且是为了清除身上的寄生虫
B 它们这样做是为了得到绿色植物中才有的维生素
C 清除皮肤寄生虫最有效的东西是蚁酸
D 科学家对这种叶子进行化验
E 这样小鸟就巧妙地洗了一次免费的"药物浴"

76-80.

所谓"情绪周期",是指一个人的情绪高潮和低潮的交替过程所经历的时间。(76)_____,亦称"情绪生物节律"。人如果处于情绪周期的高潮,就会表现出旺盛的生命力,对人和蔼可亲,感情丰富,做事认真,(77)_____,具有心旷神怡之感;(78)_____,则容易急躁和发脾气,易产生反抗情绪,喜怒无常,常感到孤独与寂寞。

情绪周期就像是人们情感的晴雨表,我们可以据此安排好自己生活的节律。比如,情绪高涨的时候安排一些难度大、繁琐、棘手的任务,(79)_____,可以淡化畏难情绪;而在情绪低落时就不要勉强自己,先做些简单的工作,也可以放下手头的事情,出去走走,多参加群体活动,放松心情。有了烦恼的事情,多向信任的亲人和朋友倾诉,学会化解不良情绪,寻求心理上的支持,(80)_____。如果情绪低迷时还要坚持做复杂而艰难的工作,不仅效率不高,还会加重失败情绪,严重打击自信心。

A 容易接受别人的规劝
B 若处于情绪周期的低潮
C 它反映出人体内部的周期性张弛规律
D 因为人在良好的情绪状态下迎接挑战
E 安全地度过情绪危险期

## 第 4 部分

**第 81-100 题** 请选出正确答案。

81-84.

　　指纹是人类手指末端指腹上由凹凸的皮肤所形成的纹路。受遗传影响，每个人的遗传基因均不相同，所以每个人的指纹也是独一无二的。如果警察在犯罪现场找到罪犯留下的指纹，而它又和指纹档案中的某一指纹相吻合，那就立刻能确定罪犯的身份了。

　　当警察检查一个犯罪现场的时候，幸运的话，能发现肉眼可见的指纹，如沾了血迹或油污后留在物件上的指纹，这样他们只需拍摄下指纹的照片就行了。但更多的时候，指纹是隐蔽或难以分辨的。对这样的指纹，有两种方法能将它们变得清晰可见。如果指纹是印在硬物上的，如木质或金属物品，可以在上面洒一些极细的粉末，然后用柔软的小毛刷轻轻刷几下，这样，留在物品上的粉末就能将指纹显现出来。如果指纹留在纸张、皮革等较软的物品上，必须经过化学处理才能在化验室显形。常用的化学法有碘熏法，就是使用碘晶体加热产生蒸气，它与指纹残留物产生反应后，便会出现黄棕色的指纹，然后立即拍照或用化学方法固定。

　　现在，利用一种名为"红外光谱成像"的精密技术，可在用胶带提取到的指纹中找到爆炸残余、毒品以及化妆品成分，还可以凭指纹中尿素（汗液成分之一）的含量判别出嫌疑犯的性别，因为总的来说男性的汗液分泌比女性更旺盛，所以释放的尿素也更多。

81. 关于指纹,可以知道:
    A 婴儿没有指纹
    B 由遗传基因决定
    C 反映人的健康状况
    D 年纪越大指纹越浅

82. 怎样分辨留在软物上的指纹?
    A 洒粉末
    B 喷酒精
    C 用碘熏法
    D 用胶带提取

83. 第2段主要谈什么?
    A 如何提取指纹
    B 怎样保护现场
    C 指纹的保存方法
    D 怎样利用指纹破案

84. 关于"红外光谱成像"技术,下列哪项正确?
    A 能绘制指纹
    B 尚未投入使用
    C 可以鉴定疑犯性别
    D 主要应用于医学领域

85-88.

　　按资历深浅，人们在职场中大致会经历三种角色：进入社会不久的新人、中层干部与高层主管。在这三个阶段工作的人，可以比拟为三种动物：鸟、骆驼、鲸鱼。

　　刚进入社会不久的新人，像是一只鸟——刚刚孵化，开始学习飞翔。小鸟的优势，就是机会无穷，各种新奇的尝试与可能，都在双翼之下。你可以选择成为家鸟，驻足别人屋檐下；你也可以选择成为林鸟，生活在茂密的森林里；你还可以选择成为候鸟，随季节的变化而周游各地。但是，你也要小心，太多新奇的选择，会让你眼花缭乱；或者，你选择成为一种你体力无法适应的鸟；或者，你不停地变换自己的生存方式，最后连你都忘了自己是一只什么样的鸟；或者，你选择方便的离人群很近的觅食方式，结果成为弹弓下的猎物。

　　工作了一段时间，成为公司或组织里的中坚干部之后，你就成了一头骆驼。你的公司、你的上司愿意信任你、重用你，一再把沉重的工作交付下来，让你承担。这时候的骆驼，已经不像小鸟那样可以任意飞翔，甚至即使有变动的机会出现，你也已经不敢轻易尝试。骆驼的优势在于平稳，看起来几乎没有任何风险。骆驼的风险，也在于平稳，看起来几乎没有任何机会。

　　有幸从中坚干部更上层楼，成为一个公司或组织的高层决策者、领导者，那就成了一条鲸鱼。就从枯燥无际的沙漠，跃入了广阔自由的大海。长风万里，别人祝贺你；海天无垠，你期许自己。然而，进入了海洋，你就要接受海洋的一切。阳光灿烂的日子是你的，<u>狂风暴雨</u>的日子也是你的。最重要的是，你要永远前进，没有停歇。你没有上岸休息的权利——上岸的鲸鱼，就搁浅了，是要死亡的。

85. 关于刚进入社会的新人，可以知道什么？
    A 有很多选择
    B 集体观念不强
    C 对工作缺乏热情
    D 承担着很大的责任

86. 骆驼与中层干部的共同点在哪里？
    A 值得信赖
    B 追求刺激
    C 朝气蓬勃
    D 有冒险精神

87. 第4段用"狂风暴雨"来比喻什么？
    A 辉煌的成就
    B 与别人的分歧
    C 千载难逢的机会
    D 可能遇到的风险

88. 最适合做上文标题的是：
    A 天高任鸟飞
    B 鸟、骆驼、鲸
    C 船到桥头自然直
    D 活到老，学到老

89-92.

北宋初年，民间流通的货币有两种，一种是官银，另一种是陕西制造的铁钱。宋仁宗当政的时候，国家财政极为紧张，两种钱币同时流通，国家难以控制市场。于是，便有大臣上书仁宗，请求罢掉陕西铁钱，由国家统一铸币。仁宗接到奏折，交大臣们议论。大多数人觉得罢掉铁钱会造成市场混乱，所以没有实行。但消息传了出去，一时间，京都汴梁开始盛传："朝廷要罢掉陕西铁钱了，要赶快脱手，晚了就一文不值了。"几乎一夜之间，京城到处传说着铁钱要作废的消息。

那时，陕西铁钱在全国十分通行。大家听说自己辛辛苦苦挣来的血汗钱快要作废了，都纷纷拿铁钱到店铺抢购货物。而店铺老板比他们得到消息还早，纷纷挂出"不收陕西铁钱"的牌子。这下大家更急了，一些脾气火暴的人竟跑到店铺强行买货。一时间，市场大乱。

得知消息的宋仁宗大为恼火，一边追查是谁传出的消息，一边责令宰相文彦博迅速处理此事，平定市场，安定民心。出人意料的是，文彦博并没有像人们想的那样用行政手段强制商家收购陕西铁钱，而是将家中的布匹珍玩送到京城几家大的商户代卖，并且只用陕西铁钱进行交易。

消息传出来，所有的人都傻了眼。大家看到当朝宰相将这么大笔家产代卖，而且只收陕西铁钱，心中立刻有了底：原来铁钱不会作废，家里的铁钱不会变成一堆破铁。谣言很快不攻自破，陕西铁钱又畅通无阻地流通起来。

后来，仁宗问文彦博是怎样想到如此妙计的，他回答："谣言如风，恐慌如水，风借水势，水助风行。谣言四起，就像奔腾咆哮着的洪流扑面而来。这时候，采用行政干涉，这就好比用巨石堵住洪水，只能暂时缓解，却不能在根本上起到作用。洪水是无法堵截的，只有靠疏通的办法才能从根本上解决问题。"

89. 人们为什么去店铺抢购？
    A 物资紧张
    B 货币要贬值
    C 听说铁钱要作废
    D 担心会爆发战争

90. 关于陕西铁钱，下列哪项正确？
    A 携带方便
    B 属于官银的一种
    C 一度被请求废除
    D 只能用来购买布匹珍玩

91. 文彦博是怎样解决问题的？
    A 严惩造谣者
    B 给店铺提供补偿
    C 自己继续使用铁钱
    D 限制官银的发行量

92. 最适合做上文标题的是：
    A 货币战争
    B 文彦博智辟谣言
    C 当局者迷，旁观者清
    D 水能载舟，亦能覆舟

93-96.

　　有一位医生，在战争中为了抢救伤病员，连续奋战了几天几夜。好不容易安排他睡觉之后，突然从前线又运来了一批伤病员，需要立即叫醒这名医生。可是，不管人们用手推他，还是往他脸上喷水，都叫不醒他。这时一个卫生员在医生的耳边轻轻叫道："医生，伤员到了，快醒来吧。"医生便立刻醒来了，又去抢救伤病员。

　　这是什么道理呢？原来人在酣睡期间，抑制便扩散到整个大脑皮质，但其中有某个不受抑制并处于兴奋的部位称为"警戒点"。通过这个"警戒点"，睡着的人就可以与外界保持联系。

　　下面这些有趣的现象能使你更容易理解"警戒点"。一天晚上，有户人家的妻子和小孩儿都已经睡着了，丈夫下班回来，因为没有钥匙，无法进屋。无论丈夫趴在窗户上怎样喊，也叫不醒妻子。忽然，丈夫灵机一动，嘴贴在窗玻璃上叫了声："妈妈，我要尿了。"果不其然，妻子惊醒了，从床上爬起，为丈夫开了门。除此之外，有的工人能在机器轰鸣中熟睡，但机器声突然停止时，他会马上醒来。这些都与"警戒点"有关。

　　"警戒点"的神经细胞没有被抑制，对外界保持一定程度的警觉能力，这种能力与外界信息的某些意义有密切关系。有一个有趣的实验，给睡眠者反复播放有许多人名的磁带，睡者唯有听到正与他热恋的少女的名字时，脑电图才发生变化，皮肤电也有变化。真可谓心有所系，睡眠难忘，警觉灵敏。

　　"警戒点"是人类在长期进化过程中形成的一种自我保护能力。在古代，人们常受到野兽的威胁，即使睡觉时也要保持高度的警惕性。久而久之，人的大脑中便保留了一个奇妙的"警戒点"，这个部位甚至在人酣睡时也是清醒的。

93. 关于那名医生，可以知道：
    A　很脆弱
    B　不能吃苦
    C　受了重伤
    D　十分疲惫

94. 关于"警戒点"，下列哪项正确？
    A　与睡眠质量有关
    B　会让人变得兴奋
    C　能让人保持警觉
    D　只能在安静的环境中起作用

95. 第4段的那个实验想说明什么？
    A　警觉性未必越高越好
    B　通过训练能提高警觉性
    C　警觉性与特定信息相关
    D　热恋中的人警觉性更强

96. "警戒点"是怎样形成的？
    A　人类进化的结果
    B　是睡眠缺乏造成的
    C　是工作压力造成的
    D　源于对孩子的关爱

97-100.

《墨子·节用》中说:"古人因丘陵掘穴而处。"从考古发现的50万至60万年前的三棱大尖状石器推断,古人可能从那时起就开始在黄土高原挖掘洞穴。他们在天然黄土断崖上凿洞而居的居住形式,直接影响了今天在黄土高原随处可见的形制相似的窑洞建筑群。据了解,直至今天,在中国西北部的黄土高原地区,大约有4000万人居住在各种类型的窑洞中,靠着古老的窑洞,适应着特殊气候和地理环境。

黄土高原冬天十分寒冷,最低温度可达零下二三十摄氏度,地面植被稀疏,缺乏建筑用材和取暖用材。但是黄土高原的土层深厚,土壤结构紧密,直立性好,适于凿挖。先民们因地制宜,创制了这种居住方式。他们利用黄土层本身的保暖性能,安然度过一个个寒冷的冬天,也使窑洞成了黄土高原上最具代表性的民居。

那么,黄土高原为什么适合挖窑洞呢?地质专家的研究表明,这是黄土的特性和当地的气候条件决定的。经历过不同的地质年代和气候条件,黄土的性质发生了变化。在早期的干冷气候环境中,黄土高原上的土质还比较疏松,黄土中的胶结物含量也非常少,所以抗侵蚀的强度较低,一旦遇水就会崩解湿陷。雨水汇集径流在疏松的黄土地上切割,在黄土高原形成深浅不一的切沟。到了后来,气候变得温暖潮湿,大量的生物开始在黄土高原生长繁殖,它们促进了黄土高原成壤,并使古壤的有机质与胶结物含量得到提高,从而使黄土具备了较强的抗侵蚀力,这就为古人在黄土层上挖凿窑洞创造了条件。

97. 根据第1段，下列哪项正确？
    A 窑洞的历史很长
    B 窑洞建筑形态各异
    C 现在的窑洞已经无人居住
    D 窑洞的发展受经济因素的影响

98. 第2段中的"因地制宜"最可能是什么意思？
    A 分布广泛
    B 发挥聪明才智
    C 地理条件十分优越
    D 根据具体情况选择合适的办法

99. 关于早期的黄土，可以知道：
    A 不含胶结物
    B 土质比较疏松
    C 有机质含量很高
    D 有较好的抗侵蚀力

100. 上文主要谈的是：
    A 黄土高原的成因
    B 黄土高原上的窑洞
    C 黄土抗侵蚀的原因
    D 黄土高原的地理坏境

47

# 第1回 3 书写

**第101题** 缩写。

（1）仔细阅读下面这篇文章，时间为10分钟，阅读时不能抄写、记录。
（2）10分钟后，监考收回阅读材料，请你将这篇文章缩写成一篇短文，时间为35分钟。
（3）标题自拟。只需复述文章内容，不需加入自己的观点。
（4）字数为400左右。
（5）请把作文直接写在答题卡上。

　　16岁那年，他对电影产生了浓厚的兴趣，立志要从事电影事业，所以高考前，他对父亲说："爸，我想考北京电影学院。"听儿子这么一说，父亲说道："考电影学院不是那么容易的，你别想什么是什么。"

　　虽然表面上否定了儿子，但父亲还是尊重儿子的意愿。他想试试儿子是不是搞电影那块料，第二天就从单位请了一位年轻的女导演到家里来，想为儿子把把关，看儿子能不能吃电影这碗饭。儿子放学回家后，父亲对他说："这是我们单位新来的导演，让她看看你适不适合做影视。"那位女导演看了看他，说："你给我演一个小品吧。"他满脸通红，低声问："小品是什么啊？我没演过啊。"女导演看他手足无措的样子，就说："那你随便给我演些什么吧。"从没在别人面前表演过的他，羞涩地低下了头。见此情形，女导演就笑着说："做导演是吃开口饭的，我看你这性格，好像不适合做这个。"女导演的一句话，宣判了他的前途，他的父亲也因此认为他不是搞电影的料，便不同意他考北京电影学院。

　　按照父亲的愿望，他考入了另外一所大学。毕业后，他成为一名翻译。但在内心深处，他并没有放弃自己的电影梦。

　　1994年的冬天，他偶然经过北京电影学院，在墙上看到一份招生简章，他的电影梦再次燃烧起来。他对父亲说："爸，我要考电影学院导演系的研究生。"父亲一听就急了，说："你的工作是多少人羡慕的，哪能说扔就扔了呢。"但这回他没有听父亲的话，他发了疯似地学起了电影专业知识，并参加了考试，最终被电影学院录取。

　　1997年，他毕业后被分配到北京电影制片厂导演组，做了一段时间打杂

的工作，又做了一段时间的副导演。在工作之余，他写了剧本《寻枪》，并打算亲自拍这部电影。他想请某著名演员来演，但他一个小人物，跟人家连话都说不上。他的朋友帮忙联系了那位演员，对方看过剧本后，和他见了面，最终答应出演。演员问题解决了，但更严重的问题是资金，他无数次去找人投资，但都因为没有名气而被拒绝了。后来，有个人看了他的剧本，决定赌一把。就这样，他的处女作开拍了。《寻枪》公映后，立即引起了轰动，他也一举成名。紧接着，他又拍了几部电影，接连震动中国电影界，取得了巨大成功。

  他就是陆川，一个炙手可热的新锐导演。他心中始终有个向上的梦想，要开花结果。在遭到否定的判决之后，他没有接受这个判决结果，而是继续坚持自己的梦想，终于把它变成了现实。生活中，每个人都有可能被别人否定，被别人否定并不可怕，可怕的是自己否定自己。敢于拒绝别人对自己的宣判，是走向成功的第一步。

## 6級 第2回

# 問題

聴力試験・・・・・・・・・・ P.52 〜 P.57
disk1 track 6 〜 10

読解試験・・・・・・・・・・ P.58 〜 P.75

書写試験・・・・・・・・・・ P.76 〜 P.77

# 1 听力

## 第 1 部分

**第 1-15 题** 请选出与所听内容一致的一项。

1. A 苹果还没熟
   B 大苹果未必甜
   C 只有一个学生吃到了苹果
   D 学生都不满意自己的选择

2. A 葡萄酒易变质
   B 现代酿酒技术发达
   C 葡萄酒开瓶后不要马上喝
   D 葡萄酒分白酒和红酒两种

3. A 不要忽略细节
   B 习惯要从小养成
   C 做事要分轻重缓急
   D 制订计划越详细越好

4. A 父母是孩子的榜样
   B 要保护孩子的求知欲
   C 要帮助孩子树立理想
   D 要鼓励孩子学习天文知识

5. A 知足常乐
   B 善于总结才能进步
   C 要用平常心对待挫折
   D 要吸取别人的经验教训

6. A 老李嫌房子太小
   B 房子还没装修好
   C 老李的儿子很机智
   D 房东的儿子要回国了

7. A 内向的人更仔细
   B 工作要追求完美
   C 和同事相处要融洽
   D 选适合自己的工作

8. A 博物馆面积不大
   B 工作人员都是专业演员
   C 人们能亲自尝试制作电影
   D 博物馆每周对外开放一次

9. A 网络文学很流行
   B 童话需要丰富的想象
   C 写实作品的读者不多
   D 小说是对生活的真实反映

10. A 买戒指送哨子
    B 第二个戒指更贵
    C 他们买了一对戒指
    D 妻子对戒指不满意

11. A 实践出真知
    B 人需要了解自己
    C 要学会换位思考
    D 不要轻易下结论

12. A 主动摔倒能保护自己
    B 初学滑雪者速度最快
    C 老年人最好不要滑雪
    D 失控时要主动向前摔

13. A 白杨树四季常青
    B 白杨树生命力旺盛
    C 白杨树通常很矮小
    D 白杨树在西北很少见

14. A 噪音也有好处
    B 噪音无处不在
    C 消除噪音的方法很多
    D 判断噪音要考虑主观感受

15. A 泰山冬季多雨
    B 泰山冬季游客最多
    C 泰山夏季气候干燥
    D 泰山观日出的最佳季节是秋季

# 第2部分

**第16-30题** 请选出正确答案。

16. A 可以重录
    B 一天三次
    C 无法提前拿到稿子
    D 两个手语主播同时进行

17. A 体力要好
    B 语速要慢
    C 形象要出众
    D 对数字更敏感

18. A 资料较少
    B 准备时间短
    C 没有字幕提示
    D 得到观众的认可

19. A 略过
    B 询问同事
    C 参考国外的解释
    D 用类似的词来意译

20. A 是手语主播
    B 有听力障碍
    C 以前是翻译
    D 正在编订手语词典

21. A 平民化
    B 夸张的手法
    C 搞笑的台词
    D 会摧毁旧的东西

22. A 自我表扬
    B 积蓄自身能量
    C 培养坚强的意志
    D 好的心态可以培养

23. A 没有套路
    B 快节奏更好
    C 有自身的规律
    D 强调人物关系

24. A 并不冲突
    B 完全一样
    C 喜剧是基础
    D 不能混为一谈

25. A 演过歌剧
    B 正在读博
    C 青睐悲剧
    D 早已退出演艺舞台

26. A 军事
    B 科幻
    C 探险
    D 都市爱情

27. A 故事感人
    B 通俗易懂
    C 风格多变
    D 充满悬念

28. A 文字要美
    B 要重视结构
    C 要图文并茂
    D 视角要独特

29. A 生活的体验
    B 旅行的见闻
    C 历史的启发
    D 家庭的熏陶

30. A 不喜欢变化
    B 喜欢古典诗词
    C 游历过很多国家
    D 从小就擅长写作

## 第 3 部分

**第 31-50 题** 请选出正确答案。

31. A 增加分红
    B 开个人专场
    C 三人同台演出
    D 自己的名字排在前面

32. A 提高报酬
    B 张贴空白海报
    C 改变了海报形式
    D 增加了演出场次

33. A 做人要谦逊
    B 要尊重别人
    C 思维方式要灵活
    D 金钱不是万能的

34. A 寡不敌众
    B 自然条件恶劣
    C 飞行员过度疲劳
    D 飞行员操作失误

35. A 求胜心切
    B 缺乏责任感
    C 精神高度集中
    D 有战友的配合

36. A 周期很长
    B 无法避免
    C 出现于精神松懈时
    D 表现为对工作的热情

37. A 万事开头难
    B 不要太在乎得失
    C 解决问题要讲究技巧
    D 越接近成功越要警惕

38. A 金子很硬
    B 金子不会生锈
    C 金子不会被嫉妒
    D 是金子就会发光

39. A 非常朴素
    B 默默无闻
    C 不引人注目
    D 不会让自己被埋没

40. A 不能急于求成
    B 别只顾眼前利益
    C 要积极地展现自己
    D 自信是成功的保障

41. A 勤能补拙
    B 成长环境很重要
    C 做事要全力以赴
    D 要虚心向他人学习

42. A 化解矛盾
    B 激发人的潜力
    C 使人见多识广
    D 改变人的性格

43. A 你和谁在一起
    B 你缺少了什么
    C 如何决胜职场
    D 谁是真正的朋友

44. A 近似停滞
    B 越长越慢
    C 快速生长
    D 只长茎不长叶

45. A 根系发达
    B 土壤肥沃
    C 雨量充沛
    D 光合作用充分

46. A 有刺
    B 存活率低
    C 需人工培育
    D 会出现"成长的爆发"

47. A 基础是关键
    B 目标要明确
    C 要知难而进
    D 从实际出发

48. A 愤怒
    B 无动于衷
    C 坐到别的地方
    D 和心理学家聊天儿

49. A 持续了数月
    B 进行了很多次
    C 结果受到质疑
    D 采取小组讨论的形式

50. A 对别人要大方
    B 阅读时间不宜过久
    C 与人交往要保持距离
    D 人与人之间需要信任

## 2 阅 读

### 第 1 部分

第 51-60 题 请选出有语病的一项。

51. A 锡是一种很柔软的金属，易于加工。
    B 每个人，都与众不同，有了自己独特的美丽。
    C 马在松软的土地上容易失蹄，人在甜言蜜语中容易摔跤。
    D 这里是著名的温泉胜地，每逢假日，就有许多游客前来度假。

52. A 萱草，又叫忘忧草，俗称黄花菜。
    B 说"不"既然是一种权利，更是一种艺术。
    C 每次出差，他总会给孩子们带许多当地的风味小吃回来。
    D 成功有个副作用，就是会使人认为过去的做法同样适用于将来。

53. A 看了这封信后，他显得非常激动。
    B 通过游戏的过程，让孩子可以培养敏锐的观察力。
    C 生活是美好的，需要改变的不是身边的环境，而是我们的心态。
    D 中国古代把一天划分为12个时辰，一个时辰相当于现在的两个小时。

54. A 幸福是自己内心的感觉，而不是别人的评论。
    B 一个不懂得珍爱自己的人，也不会懂得珍爱别人。
    C 随着日益互联网普及，网购的便捷性等优势已经获得消费者的认同。
    D 提起深圳，很多人首先想到的是美丽的海滩和刺激好玩儿的大型游乐园。

55. A 每年五月的第二个星期日,是国际母亲节。

B 辽东半岛在于辽宁省南部,是中国第二大半岛。

C 考古学家从这艘沉没的古船中发现了大量的明代瓷器。

D 刚出生的熊猫宝宝体重只有90到150克,大小是妈妈体重的1/900。

56. A 研究发现,人类最早进化的是嗅觉。

B 绿色植物是天然的空气调节器和净化器的作用。

C 有人说,不一定选择正确的,而应选择不会让你后悔的,你同意吗?

D 画蛇添足的意思是画蛇时给蛇添上脚,比喻做了多余的事反而弄巧成拙。

57. A 电动车,简而言之就是以电力为能源。

B 喝茶,是有一些讲究的,茶叶因种类不同,其功效也各异。

C 他年轻时是一名非常优秀的体操运动员,曾经两次成为奥运会冠军。

D 凡事都应讲究"度",如果不懂得适可而止,最终遭受损失的必然是自己。

58. A 快乐是一种习惯,忧伤也是一种习惯,而习惯是可以养成的,也是可以摒弃的。

B 俗话说"隔行如隔山",说的是倘若你不干这一行,就很难理解这一行的内容和规则。

C 有弟兄两个人,各自在地里种了一些黄豆。在他们的精心栽培中,黄豆的长势非常好。

D 循环赛是指每个队都能和其他队比赛一次或两次,最后按成绩计算名次的一种比赛。这种方法比较公平合理,有利于各队相互学习和交流经验。

59. A 长江流域的南昌、重庆、武汉、南京四个城市,夏季炎热,被称为中国的"四大火炉"。

　　B 中国古典名著《水浒传》塑造了许多栩栩如生的人物形象,如鲁智深、林冲、花荣、戴宗等。

　　C 在搜索引擎上输入"故事"得到的搜索结果比输入"结局"得到的多得很多,可见,并不是每个故事都有结局。

　　D 地球表面大约有70%被海洋覆盖,然而人类探测的海洋大约只有5%,就是说地球上95%的海洋至今还是不为人知的陌生领域。

60. A 读书时要有怀疑精神,应该辩证地分析问题,不能盲目地迷信或拘泥于书本知识。

　　B 摊主是一位40多岁的汉子,与人说话时,喜欢咧开嘴巴笑,一副憨厚老实的样子。

　　C 据气象台消息,18日到20日淮河以南大部分地区将陆续阴雨天气,福建西部、浙江东部等地将有大雨。

　　D 温州地名中很多都以桥命名,如将军桥,八字桥等。虽然有些桥已经不复存在,但这些地名依然被人们沿用至今。

## 第 2 部分

**第 61-70 题** 选词填空。

61. 刚毕业的大学生在积累职场经验的_____，也要认识到相对_____的从业经历是今后发展所需的重要资历之一，频繁辞职是一种_____的做法。

    A 同时　稳定　得不偿失　　B 时光　镇定　急功近利
    C 时刻　坚定　半途而废　　D 时期　固定　拔苗助长

62. 吃鱼的时候小刺要比大刺更麻烦，因为大刺容易被发现，小刺就必须耐心寻找然后_____。做人也是如此，小毛病比大毛病难于_____，因为大差错很容易被察觉，小缺点却必须_____留意才会被发现。

    A 废除　纠正　固然　　B 清理　改良　特殊
    C 消除　改进　极端　　D 清除　改正　格外

63. 李清照，宋代女词人，号易安居士。她的词语言清丽，崇尚典雅。前期多写其_____生活；后期的词多悲_____身世，情调感伤，也_____出对故乡的怀念。

    A 悠久　哼　泄露　　B 休闲　诵　暴露
    C 悠闲　叹　流露　　D 安宁　吟　揭露

64. 有些人以为平时累积的劳累可通过一次长时间的睡眠补回来，其实不是这样的。_____的时间和高质量的睡眠是缺一不可的。平时睡眠质量差、周末"恶补"的做法偶尔为之_____大碍，但长此以往将打乱生物钟，_____睡眠节律紊乱，甚至可诱发心脑血管_____、神经衰弱症等，严重影响健康。

    A 充足　尚无　造成　疾病
    B 充实　毫无　导致　弊病
    C 充沛　未必　致使　障碍
    D 丰盛　未免　以致　隐患

61

65. 古代，有些皇帝由于年幼，无法正常处理国事，太后就_____皇帝处理政务。因为太后必须坐在皇帝理政厅堂_____的房间里，听官员们与皇帝谈论政务，而且在房间和厅堂之间要挂一帘子，于是，这种由母亲帮助皇帝辅政的_____，就被人们_____地称为"垂帘听政"。

| | | | | |
|---|---|---|---|---|
| A | 辅助 | 迎面 | 规范 | 抽象 |
| B | 依赖 | 反面 | 惯例 | 体贴 |
| C | 代理 | 平面 | 规章 | 生动 |
| D | 代替 | 侧面 | 制度 | 形象 |

66. 朱鹮是一种珍稀物种，它们有着洁白的羽毛，艳红的头冠和黑色的长嘴，翅膀下方_____着朱红色的光辉，_____典雅而迷人，加上它们性格_____，民间都把它们看做是吉祥的_____，称为"吉祥之鸟"。

| | | | | |
|---|---|---|---|---|
| A | 照耀 | 姿势 | 温柔 | 模范 |
| B | 闪耀 | 姿态 | 温和 | 象征 |
| C | 闪烁 | 神态 | 和睦 | 符号 |
| D | 照应 | 形态 | 和蔼 | 特征 |

67. 老书虫书店，_____北京市朝阳区三里屯南街，藏书丰富，_____，如同一家小型图书馆。老书虫书店目前_____约1.6万本图书，还有各类外文杂志。此外，老书虫书店还提供餐饮服务，这也是它的一大_____。

| | | | | |
|---|---|---|---|---|
| A | 设置 | 层出不穷 | 占据 | 专利 |
| B | 居住 | 博大精深 | 占有 | 特长 |
| C | 存在 | 饱经沧桑 | 拥护 | 专长 |
| D | 位于 | 包罗万象 | 拥有 | 特色 |

68. 电影《桃姐》上映后，获得了观众的_____好评，并获得了国内外多项大奖，其实它的故事很简单，没有紧张的_____，只是_____了一个老仆人和她带大的孩子之间的情感故事，却_____了一个人在进入生命暮年时的内心世界，让人为之动容。

| | | | | |
|---|---|---|---|---|
| A | 一致 | 情节 | 讲述 | 展现 |
| B | 一度 | 情景 | 阐述 | 展开 |
| C | 一贯 | 情形 | 陈述 | 展览 |
| D | 一向 | 情理 | 叙述 | 展示 |

69. 如果没有一个好的开始，_____试试一个坏的开始吧。因为即使是一个坏的开始也总比没有开始_____。开始可以让人丢下令人不满的_____，进入到一个全新的境界。无论你有什么_____，都请给自己一个新的开始吧。

| | | | | |
|---|---|---|---|---|
| A | 不惜 | 妙 | 现实 | 设想 |
| B | 不妨 | 强 | 现状 | 梦想 |
| C | 不免 | 巧 | 症状 | 抱负 |
| D | 不禁 | 棒 | 状况 | 野心 |

70. 扭转经营局面不能只靠降低成本，还要通过_____改变困境。顾客并非要"买便宜"，而是想"占便宜"。你真正便宜了，他们_____不买了，认为便宜没好货。如果你能提供绝佳的品质和诱人的_____，让他们觉得_____，像_____了个大便宜，再贵也会争相购买。

| | | | | | |
|---|---|---|---|---|---|
| A | 创立 | 从而 | 验证 | 称心如意 | 扑 |
| B | 发明 | 进而 | 体会 | 物美价廉 | 捞 |
| C | 更新 | 反倒 | 考验 | 爱不释手 | 掏 |
| D | 创新 | 反而 | 体验 | 物超所值 | 捡 |

## 第 3 部分

**第 71-80 题** 选句填空。

71-75.

在地球上,我们可以听到各种不同的声音,但据我们所知,(71)_____,因为月球表面没有空气,无法传播声音。但是,在月球上真的一点声音都听不到吗?

其实,(72)_____,那声音像是地球上的风雨声。虽然声音很小,但月球确实不是我们想象中的那么静。也许你想不通了,月球上没有空气,也不会刮风下雨,为何会有风雨声传到耳中呢?

情况是这样的:太阳系的天体都沐浴在太阳风之中,急速的太阳风带电粒子流碰撞到月球表面,向四面八方辐射。(73)_____,但它的速度很快,地球上12级台风的最大风速是每秒68米,太阳风的最大速度却可达每秒2000公里,约是台风风速的3万倍。如此快的粒子流突然撞击在宇航服上,所产生的声音可以通过宇航服传递到耳中。要知道,(74)_____,固体、液体同样可以。

据科学家分析,即使人不穿宇航服,把耳朵贴近月球表面,也是可以听到声音的。带电的粒子流,(75)_____,这种波动也会通过太阳风本身传递到耳中,也就是说拥有带电粒子流成分的太阳风本身也可以传递声音。

A 虽然太阳风的密度十分稀薄
B 会在太阳风内引起波动
C 月球是个非常寂静的地方
D 在月球上活动的宇航员是可以听到声音的
E 声音并不是仅通过空气传递

76-80.

现代医学研究发现，笑对身心健康十分有益。俗话说："笑一笑，十年少；愁一愁，白了头。"当你笑的时候，（76）_____，从而使大脑有更多的休息时间。

人生来就会笑，但也许有人并不知道，（77）_____。只要发笑，嘴角和颧骨部位的肌肉便跟着运动，将嘴和两眼向上提拉，这可以阻止面部线条下坠。笑，不正是一种保持青春的美容操吗？每笑一声，从面部到腹部约有80块肌肉参与运动。笑100次，对心脏的血液循环和肺功能的锻炼，相当于划10分钟船的运动效果。可惜，人成年以后，每人每天平均只笑15次，比孩童时代每天笑400次左右少多了。对健康来说，（78）_____。

笑有助于调养身心，可以降低血压，促进消化。最新科研成果表明，糖尿病患者也能从笑中得益。（79）_____，其血糖水平随之下降。

但是，（80）_____。医学认为，对高血压或心肌梗塞患者来说，过分激烈的笑对身体有害。

A　这至少是令人遗憾的损失
B　笑也是一种很好的健身运动
C　笑也应该适量
D　大脑神经会放松一会儿
E　当他们笑逐颜开的时候

## 第 4 部分

**第 81-100 题** 请选出正确答案。

81-84.

春秋时期，楚王请了很多大臣来喝酒吃饭，席间歌舞曼妙，美酒佳肴，烛光摇曳。楚王还命令他最宠爱的两位美人许姬和麦姬轮流向大臣敬酒。

忽然一阵狂风刮来，吹灭了所有的蜡烛，屋里顿时漆黑一片，席上一位官员乘机摸了许姬的手。许姬一甩手，扯下了他的帽带，匆匆回到座位上并在楚王耳边悄声说："刚才有人乘机调戏我，我扯断了他的帽带，你赶快叫人点上蜡烛，看谁没有帽带，就知道是谁了。"

楚王听了，连忙命令手下先不要点燃蜡烛，然后大声向各位臣子说："今天晚上，我一定要与各位一醉方休，来，大家都把帽子摘了，痛快饮一场。"众人都没有戴帽子，也就看不出是谁的帽带断了。

后来楚王攻打郑国，有一健将独自率领几百人，为三军开路，过关斩将，直通郑国的首都，此人就是当年摸许姬手的那一位。他因为楚王曾经施恩于他，而发誓毕生孝忠于楚王。

"人非圣贤，孰能无过。"很多时候，我们都需要宽容，因为宽容不仅是给别人机会，更是为自己创造机会。同样，老板在面对下属的微小过失时，也应该有所容忍和掩盖，这样做既保全了他人的体面，也维护了企业的利益。

81. 楚王为什么让大臣把帽子摘了？
    A 宫殿里很热
    B 想保护那个人
    C 以此威胁大臣
    D 表达对客人的尊敬

82. 关于那个健将，可以知道什么？
    A 知恩图报
    B 对楚王有偏见
    C 受到别人的诬陷
    D 公开承认自己的过失

83. 上文中的"人非圣贤，孰能无过"最可能是什么意思？
    A 熟能生巧
    B 每个人都会犯错
    C 每个人都有过去
    D 要做个贤惠的人

84. 根据上文，下列哪项正确？
    A 楚王喝醉了
    B 楚王对大臣很严厉
    C 人的容忍力是有限的
    D 老板要原谅员工的小错

85-88.

　　三彩釉陶始于南北朝而盛于唐朝，它以造型生动逼真、色泽艳丽和富有生活气息而著称，因为常用黄、褐、绿三种颜色，又在唐代形成特点，所以被后人称为"唐三彩"。唐三彩自诞生以来已有1300多年的历史了，它吸取了中国国画、雕塑等艺术的特点，采用堆贴、刻画等形式的装饰图案，线条粗犷有力。

　　唐三彩的特点可以归纳为两个方面，首先是釉色，其次是造型。唐三彩是一种低温铅釉陶器，在色釉中加入不同的金属氧化物，经过焙烧，便形成浅黄、赭黄、浅绿、深绿、天蓝、褐红、茄紫等多种色彩，但多以黄、褐、绿三色为主。唐三彩在色彩的相互辉映中，显出富丽堂皇的艺术魅力。

　　唐三彩造型丰富，一般可以分为动物、器具和人物三大类，而其中尤以动物居多，这可能和当时的时代背景有关。在中国古代，马是重要的交通工具之一，战场上需要马，农民耕田需要马，交通运输也需要马，所以唐三彩出土的马比较多。其次是骆驼，这可能和当时中外贸易有关，骆驼是长途跋涉的交通工具之一，丝绸之路沿途需要骆驼作为交通工具。所以，匠人们把它反映在工艺品上。

　　烧制唐三彩的窑主要分布在长安和洛阳两地，在长安的称西窑，在洛阳的则称东窑。唐代盛行厚葬，达官贵族是这样，百姓也如此，已形成一股风气。古人多把唐三彩作为冥器用来殉葬，因为它的胎质松脆，防水性能差，实用性远不如当时已经出现的青瓷和白瓷。现代社会，随着人们对唐三彩关注的增多以及唐三彩复原工艺的发展，唐三彩逐渐成为文房陈设、馈赠亲友的良品。

　　唐三彩是唐代陶器中的精华，在盛唐时达到高峰。安史之乱以后，随着唐王朝的逐步衰弱，加之瓷器的迅速发展，三彩釉陶制作逐步衰退。

85. 关于"唐三彩",可以知道:
    A 造型单一
    B 诞生于唐朝
    C 防水性能极好
    D 主要颜色为三种

86. 唐三彩的造型为什么以马居多?
    A 制作工艺简单
    B 马比较吃苦耐劳
    C 马在古代用途很广
    D 代表了皇帝的权威

87. 现在,唐三彩:
    A 已成为馈赠佳品
    B 只有洛阳在生产
    C 不被收藏家所重视
    D 已经很难在市场上见到

88. 下列哪项是造成唐三彩衰退的原因?
    A 价格昂贵
    B 瓷器的盛行
    C 手艺逐渐失传
    D 审美观念改变

89-92.

鸟类每年定期且大规模的迁徙，在很早以前就引起了人类的注意。候鸟为什么要迁徙？从哪里来？到哪里去？是否所有族群都会迁徙？它们用什么方法确保迁徙方向的正确？这些一直是科学家关注的课题。

行为生态学常以"代价与利益"来说明某一行为为什么会发生。要解答"候鸟为什么要迁徙"，我们也可以从这个角度来解释。

鸟类在温带地区繁殖的好处是温带地区夏季昼长夜短，有更长的时间可以觅食、哺育幼雏，避免在物种繁多的热带地区繁殖所面临的地盘与食物竞争，并且温带地区夏季的昆虫量也比热带地区丰富，同时温带地区天敌较少，捕食压力相对较低。但是温带地区冬季气候严寒，经常面临食物缺乏的问题。这种情况在热带地区则刚好相反，夏季对地盘与食物的竞争激烈，被天敌捕杀的风险也较大，但是冬季气候温和，且冬季食物资源也比温带地区丰富得多。因此，为了兼取两地的好处，候鸟形成了夏天在温带地区繁殖，冬天在热带地区过冬的生活习惯。

既然如此，为什么不是所有的鸟类都是候鸟呢？答案是迁徙是必须付出代价的。例如迁徙过程需要消耗大量的能量、可能遇到恶劣的天气、迁徙方向定位错误、要适应不熟悉的新环境、与其他候鸟及该地原有的鸟类竞争资源等问题。这也是为什么有些鸟类会部分族群迁徙，部分族群不迁徙。

进一步说，同一族群中冬季不迁徙的个体可能要忍受食物缺乏的危机，但可以在下个繁殖季来临前尽早占据较好的繁殖位置，提高繁殖成功率；相反，迁徙的个体则可以在冬季温暖的热带获得较丰富的食物资源，但须冒迁徙时的危险及付出繁殖位置可能较差的代价。

是否迁徙是个体生存与繁殖策略的问题，正因为这两种策略的繁殖成功率差不多，所以，鸟类的这两种行为在进化中都被保留了下来。

89. 鸟类在温带地区过冬的弊端是什么？
    A 食物短缺
    B 天敌较多
    C 昼夜温差大
    D 地盘竞争激烈

90. 关于候鸟，可以知道：
    A 每年定期迁徙
    B 对食物更挑剔
    C 对配偶非常忠诚
    D 比其他鸟类更强壮

91. 同一族群中冬季不迁徙的个体，可以：
    A 延长繁殖期
    B 扩展族群领地
    C 不必消耗大量脑力
    D 优先选择繁殖位置

92. 上文主要谈的是：
    A 鸟类的生存现状
    B 鸟类的繁殖方式
    C 候鸟迁徙的利与弊
    D 候鸟迁徙的时间与规模

93-96.

　　人们在冷天游泳时，适应冷水的方法一般有三种。有些人先蹲在池边，将水撩到身上，等自己能适应冷水之后，再进入池子游；有些人则可能先站在浅水处，再试着一步步向深水走，或逐渐蹲身进入水中；还有一些人，做完热身运动，便由池边一跃而下。

　　据说最安全的方法，是置身池外，先行试探；其次则是置身池内，渐次深入；至于第三种方法，则可能导致抽筋甚至引发心脏病。

　　但是相反地，感觉冷水刺激最强烈的也是第一种，因为置身池边，每撩一次水，就造成一次沁骨的寒冷；倒是一跃入池的人，由于马上要应付眼前游泳的问题，反倒能忘了周身的寒冷。

　　与游泳一样，当人们要进入陌生而困苦的环境时：有些人先小心地探测，以做好万全的准备，但因为知道困难重重，而再三延迟行程，甚至取消原来的计划；又有些人，先一脚踏入那个环境，但仍留许多后路，看着情况不妙，就抽身而返；当然还有些人，心存破釜沉舟之念，打定主意，便全身投入，由于急着应付眼前重重的险阻，反倒能忘记许多痛苦。

　　在生活中，我们该怎么做呢？如果是年轻力壮的人，不妨一跃而下。虽然可能有些危险，但是你会发现，当别人还在池边犹豫，或站在池里喊冷时，那敢于一跃入池的人，早已自由自在地游来游去，把这周遭的冷，忘得一干二净了。

　　在陌生的环境里，由于这种敢于一跃而下的人比别人快，比别人果断，也比别人敢于冒险，因此，能把握更多的机会，获得成功。

93. 关于第一种方法，可以知道：
    A 危险性最高
    B 冷水刺激最强
    C 准备时间最短
    D 适合游泳初学者

94. 第4段中"破釜沉舟"的意思最可能是：
    A 行动迟缓
    B 下决心做到底
    C 做事小心翼翼
    D 保存自己的实力

95. 根据上文，年轻人面对陌生的环境时应该：
    A 敢于冒险
    B 先统筹规划
    C 有合作精神
    D 做好万全准备

96. 最适合做上文标题的是：
    A 三思而后行
    B 生命在于运动
    C 冬天游泳的诀窍
    D 勇于"一跃而下"

97-100.

　　参观各式建筑往往是旅游中的重头戏，从帝王宫殿到普通民居，从万里长城到亭台楼阁，每一处建筑都有它看不够、道不完的精致与美妙。在福建的西部我见到了最令人震惊的民居建筑——客家土楼。土楼由于其独特的造型、庞大的气势及防潮抗震等优势被誉为世界上独一无二的神话般的民居建筑。

　　土楼是以土作墙而建造起来的集体建筑，呈圆形、半圆形、方形、四角形、五角形等，各具特色，其中圆形的建筑最引人注目，当地人称之为圆楼或圆寨。

　　土楼最大的特点在于体积大，无论从远处看还是走到跟前看，土楼都以其庞大的单体式建筑令人震惊，其体积之大，堪称民居之最。在我们参观的土楼中，最普通的圆楼，其直径大约为50米，三四层楼的高度，共有百余间住房，可住三四十户人家，可容纳二三百人。而大型圆楼直径可达七八十米，高五六层，内有四五百间住房，可住七八百人。土楼的这种民居建筑方式体现了客家人聚族而居的民俗风情。

　　从历史学及建筑学的研究角度来看，土楼是出于族群安全考虑而采取的一种自卫式的居住样式。举族迁移的客家人不远千里来到他乡，这种既有利于家族团聚，又能防御战争的建筑方式便被采纳。同一个祖先的子孙们在一幢土楼里形成一个独立的社会，共存共荣。所以御外凝内大概是土楼作用最恰当的归纳。

　　土楼结构有许多种类型，其中一种是内部有上、中、下三堂沿中心轴线纵深排列的三堂制，在这样的土楼内，一般下堂为出入口，放在最前边；中堂居于中心，是家族聚会、迎宾待客的地方；上堂居于最里边，是供奉祖先牌位的地方。

　　除了结构上的独特外，土楼内部窗台、门廊、檐角等也极尽华丽精巧。土楼，实为中国民居建筑中的奇葩。

97. 关于圆楼，可以知道：
    A 体积较小
    B 依山而建
    C 是集体建筑
    D 是用竹子盖的楼

98. 客家人最初为什么采取这种建筑方式？
    A 方便搬家
    B 防洪抗旱
    C 保卫族群安全
    D 节省建筑材料

99. 第5段主要讲了什么？
    A 土楼的出入口
    B 土楼类型单一
    C 三堂制土楼特点
    D 土楼内不同房间的作用

100. 根据上文，可以知道：
    A 土楼设计追求简洁
    B 土楼又被称为圆寨
    C 对土楼的研究还不够
    D 土楼在建筑史上地位很高

## 3 书 写

**第 101 题** 缩写。

（1）仔细阅读下面这篇文章，时间为 10 分钟，阅读时不能抄写、记录。
（2）10 分钟后，监考收回阅读材料，请你将这篇文章缩写成一篇短文，时间为 35 分钟。
（3）标题自拟。只需复述文章内容，不需加入自己的观点。
（4）字数为 400 左右。
（5）请把作文直接写在答题卡上。

有人送我一幅山水画，虽然并不名贵，但是我很喜欢，就把它挂在墙上。每当觉得疲倦时，我就会抬头欣赏一会儿，让身心得到放松。

时常有朋友到我这里来，他们看到这幅画也十分喜欢，一个个爱不释手、恋恋不舍的样子。于是，有个朋友向我讨价说："给你1000元，你把它卖给我吧？"我摇摇头拒绝了。虽然这幅画就值几百块，但我怎能为了多赚几百块就忍痛割爱呢？

过了几天，这位朋友又来了，进门就盯住那幅山水画，主动跟我谈价格说："我知道，这幅画上次给你开价1000元太低了，这样吧，我今天给你开价5000元，卖给我怎么样？"我笑着拒绝他说："这不是卖不卖的问题，再说，它怎么能值那么多钱呢？"任他怎么说，我还是婉言拒绝了。

又过了几天，他又来了，进门连茶也顾不得喝一口，就又同我谈起那幅画的价格来了，他豪爽地说："这次你也别推辞说卖不卖了，瞧，我给你拿来了一万块，不低了吧？这钱归你了，这幅画我现在就带走。"一万块的确是不少了，我自己都不相信这幅画能值一万元，但作为朋友，我并不想赚他的钱，让他破费一万元却买了幅并不名贵的画。另外，我也不喜欢他今天的态度。我拒绝他说："跟你说过的，这幅画根本不值这么多钱，我只是喜欢它，并不指望靠它来赚钱，你出多高的价格，我都不会卖的。"见我这么坚决，朋友只好失望地走了。

过了几个月，他忽然带着一个人来了，并向我介绍说那人是一个大老板，十分痴迷于收藏山水画，愿意出价10万元买我的那幅画。那人见了那幅画，也是赞叹不已，他说10万元现金他已随身带来了，只要我点头同意，我们便

可立即成交。我忙向他们解释说:"这只是幅普通的山水画,根本不值那么多钱。"但任凭我怎么解释,朋友和那位老板都不相信,他们说:"如果不是件宝物,你能这么珍惜它,连10万元都不愿意卖吗?"

我感到自己没法向他们解释清楚,就带着那幅画,带他们去拜访一位对山水画极有造诣的专家。专家看了那幅画就笑了:"这幅画最多值500元。""500元?"朋友和那位老板都大吃一惊,他们不相信这幅画竟然这么不值钱,我笑着说:"这是专家估的价,你们没理由不相信吧?"

他们两个人带着疑惑走了。我和那位专家相视大笑。专家说:"你无意间运用了古玩交易技巧,一件并不贵重的东西,你珍惜它,它就具有价值了,你越珍惜它,在别人看来它的价值就越大。"

其实,对于我们喜欢的东西,只要注入自己内心的珍惜,那么它们对我们来说就是价值连城的。

# 6級第3回

## 問題

聴力試験‥‥‥‥‥ P.80～P.85
　　　　　　　　　disk2 track 1～5

読解試験‥‥‥‥‥ P.86～P.103

書写試験‥‥‥‥‥ P.104～P.105

# 第3回 1 听 力

## 第1部分

**第1-15题** 请选出与所听内容一致的一项。

1. A 那个女生是记者
   B 那个女生很有才干
   C 那个女生打算辞职
   D 那个女生没找到工作

2. A 要学会认真倾听
   B 说话要注意场合
   C 不要轻易否定他人
   D 人际交往贵在真诚

3. A 孩子要主动学习
   B 要鼓励孩子独立思考
   C 家长要成为孩子的榜样
   D 要培养孩子读书的兴趣

4. A 回忆总是美好的
   B 对未来要充满信心
   C 人不应沉迷于过去
   D 要树立远大的理想

5. A 邓亚萍个子不高
   B 邓亚萍现在是教练
   C 邓亚萍已经退役了
   D 邓亚萍业余爱好丰富

6. A 逆境出人才
   B 快乐需要分享
   C 困难让人变得更成熟
   D 幽默的人往往比较乐观

7. A 不宜多吃甜食
   B 挑食会导致营养不良
   C 要养成良好的饮食习惯
   D 口味能反映人的身体状况

8. A 仙人掌四季常青
   B 仙人掌能够吸收辐射
   C 仙人掌喜欢潮湿环境
   D 仙人掌最好放在室外

9. A 要善于把握机会
   B 期望越高失望越大
   C 不要盲目坚持目标
   D 做事要考虑他人感受

10. A 爸爸觉得很遗憾
    B 他们还在山脚下
    C 他们爬山用了三个小时
    D 儿子觉得山顶景色更好

11. A 长跑需要激情
    B 学习要懂得反思
    C 短跑有益心脏健康
    D 求知需要冲劲和耐力

12. A 平谷地势较高
    B 平谷重视旅游业
    C 平谷大桃远近闻名
    D 平谷不适合种植果树

80

13. A 地下水用途不大
    B 地下水水质较好
    C 地下水水位逐年下降
    D 地下水资源分配不均

14. A 每个人都有缺点
    B 要合理利用时间
    C 要善于发挥自己的优势
    D 缺点有时也会变成优点

15. A 三脚架不实用
    B 三脚架很昂贵
    C 三脚架能稳定相机
    D 白天拍照不需要三脚架

## 第2部分

**第16-30题** 请选出正确答案。

16. A 绘画
    B 诗歌
    C 摄影
    D 雕塑

17. A 北京的变化
    B 苗族的民歌
    C 城市和农村的不同
    D 凤凰近十年发展历程

18. A 突出专业性
    B 挖掘社会价值
    C 关注少数民族
    D 扩大宣传范围

19. A 提高理论水平
    B 多关心慈善事业
    C 更注重艺术本身
    D 充分利用商业运作

20. A 是免费的
    B 呈现方式多样
    C 组织者是大学生
    D 全国各地巡回展出

21. A 花了两年时间
    B 和朋友结伴同行
    C 分为陆路和海路
    D 穿越亚非欧三个洲

22. A 结识更多人
    B 感觉更刺激
    C 学会了珍惜
    D 对金钱认识更深刻

23. A 写游记
    B 锻炼身体
    C 收藏纪念品
    D 了解各地文化

24. A 是种享受
    B 充满竞争
    C 充满诱惑
    D 非常浪漫

25. A 穿着时髦
    B 擅长音乐创作
    C 曾骑车游世界
    D 热爱登山运动

26. A 创新性
    B 作品风格
    C 是否畅销
    D 是否忠实于原著

27. A 脱离现实
    B 强调娱乐性
    C 关注故事情节
    D 过分追求思想意义

28. A 缺乏想像力
    B 关注的人少了
    C 写武侠的作家少了
    D 没有出版社愿意出版

29. A 改正错误
    B 入选文学史
    C 提高知名度
    D 满足市场需求

30. A 会功夫
    B 当过演员
    C 欣赏侠义之人
    D 很在意别人的评价

## 第3部分

**第31-50题** 请选出正确答案。

31. A 声音动听
    B 记住了声音
    C 被声音迷惑了
    D 天生对声音敏感

32. A 条件反射
    B 新陈代谢
    C 遗传变异
    D 模仿学习

33. A 鱼没时间观念
    B 鱼的听觉发达
    C 鱼的繁殖能力强
    D 鱼的记忆长达5个月

34. A 随身携带
    B 由银行保管
    C 置于隐蔽处
    D 使用带密码的装置

35. A 字符太多
    B 容易遗忘
    C 会被破解
    D 使用频率低

36. A 无规律
    B 简单易懂
    C 只用于军事领域
    D 只有特定人士能辨认

37. A 像吃不饱的孩子
    B 一颗耀眼的新星
    C 如同汹涌的波涛
    D 仿佛初升的太阳

38. A 评委数量最多
    B 嘉宾超过1000人
    C 参赛作品数量最多
    D 评出两部最佳影片

39. A 多元包容
    B 回归自然
    C 倡导科技
    D 展现传统文化

40. A 关心下属
    B 辞退了部门经理
    C 很少参与公司管理
    D 能够听取他人意见

41. A 总裁生活朴素
    B 公司要倒闭了
    C 自己的计划未被批准
    D 很多决策总裁并不完全认同

42. A 派人监督
    B 完全否决
    C 让经理决定
    D 同意并给予指导

43. A 要懂得妥协
    B 学会赞美别人
    C 凡事要有计划
    D 要有自知之明

44. A 心态友善
    B 话语简练
    C 服装整洁
    D 姿态自然

45. A 频繁点头
    B 直视对方
    C 适当运用手势
    D 提高说话音量

46. A 愈挫愈勇
    B 求同存异
    C 坚持己见
    D 换位思考

47. A 外交礼节
    B 谈话的技巧
    C 语言的魅力
    D 演讲的语速

48. A 调查教育情况
    B 根据人口密度
    C 参考交通状况
    D 观察夜晚照明度

49. A 由政府主持开展
    B 由天文学家独立完成
    C 受经济危机影响而中断
    D 对比了卫星照片和经济数据

50. A 准确度更高
    B 可代替经济数据
    C 会引起很大争议
    D 结果有很大误差

## 第 1 部分

第 51-60 题 请选出有语病的一项。

51. A 真诚的声音拥有温暖人心的力量。
    B 要了解一种文化,亲身体验是很重要的。
    C 睡眠品质的好坏比睡眠时间的长短更为重要。
    D 批评也要讲究方法和艺术,那么结果只会与初衷适得其反。

52. A 音乐有舒缓情绪和缓解疼痛的作用。
    B 他的膝盖受伤了,医生告诉他要休息6周至少。
    C 在日常饮食中,控制食盐的摄入量是十分必要的。
    D 抱歉,现在系统繁忙,您的申请未被接受,请稍后再试。

53. A 有些事情是急不来的,等到条件成熟时,自然会水到渠成。
    B 宽容别人就是善待自己,耿耿于怀只能加深对自己的伤害。
    C 没有人富得可以不要别人的帮助,也没有人穷得不能给他人帮助。
    D 再长的路,一步一步也能走完;再短的路,不迈开双脚也无法终点。

54. A 反省不是去后悔,而是为前进铺路。
    B 小时候,我很盼望过端午节,因为能吃到母亲亲手包的粽子。
    C 夫妻之间出现矛盾时,忍耐或吵架都不是解决问题的好办法。
    D 苏州园林里的门和窗,图案设计和精良做工都是工艺美术的精品。

55. A 马拉松是国际著名的长跑比赛项目,全程42195米。

　　B 东北虎,分布亚洲东北部,是现存体型最大的猫科动物。

　　C 茶贵乎新,这是对一般的绿茶而言,普洱茶却是越陈越好。

　　D 近年来,一批被称作"微电影"的网络故事短片引起了人们的广泛关注。


56. A 我坐在沙发上,隔着玻璃窗欣赏外面的雨景。

　　B 时间是世界上最稀缺的资源,既无法用金钱买到,也无法储存。

　　C 彩虹是由于阳光在水滴中发生反射和折射造成的自然现象的缘故。

　　D 夏季,汽车发动机容易过热,因此应加强对发动机冷却系统的检查。


57. A 红酒中富含抗氧化物质,可以降低心血管病患者的几率。

　　B 教育孩子时,除了赞美,还要有惩罚,不过惩罚不等于简单的体罚。

　　C 海藻不仅能食用,还能药用,其功效在古代的医书上有详细的记载。

　　D 广州地处亚热带,一年四季草木常绿、花卉常开,享有"花城"的美誉。


58. A 旅行的意义在于发现,发现外面大千世界的美好,同时也会发现家的美好。

　　B 几部国产影片选在同期公映,给观众提供了更多的选择,但也造成了观众分流。

　　C 行为心理学研究表明,多于21天以上的重复会形成习惯,90天的重复会形成稳定的习惯。

　　D 人们对于越是容易得到的东西,越不知道珍惜;而对于那些难以企及的东西,却往往羡慕不已。

59. A 生活有时会让我们伤痕累累，但到后来，那些受伤的地方往往会变成我们最强壮的。

B 巴中地处四川、陕西、湖北、重庆四省市接壤地带，森林覆盖率达56%，自然生态良好。

C 现有超过1/4的现代药物是由热带雨林植物所提炼的，所以热带雨林也被称为"世界上最大的药房"。

D 生活中很多东西都是相对的，是好是坏，关键看你用什么样的标准来衡量或以什么样的心态来面对。

60. A 很大程度上，人类精神文明的成果是以书籍的形式保存的，而读书就是享用这些成果的过程。

B 脖子和手腕是最佳降温点，把冰袋放在这些部位，或是用凉水冲3至5秒，可迅速降低血液温度。

C "车到山前必有路，船到桥头自然直。"这句话常用来安慰处于困境中的人。比如事情到了最后，总会有办法解决。

D 断桥是位于西湖的一座石桥，在民间故事《白蛇传》中，这里是男女主人公相遇的地方，因此它在西湖所有桥中最富盛名。

# 第 2 部分

**第 61-70 题** 选词填空。

61. "富贵险中求"这句话很有道理。虽然我们不_____盲目地冒险,但我们的确需要一种冒险精神。因为安于现状、_____是不会进步的,成功的_____往往最青睐敢于冒险的人。

    | A | 赞同 | 不思进取 | 机遇 | B | 赞扬 | 无动于衷 | 机密 |
    | C | 赞助 | 无精打采 | 动机 | D | 赞叹 | 迫不及待 | 机关 |

62. 五子棋是一种两人对弈的棋类游戏,它_____于中国古代的传统黑白棋。五子棋易于学习,适合不同年龄段的人群,而且能够增强人的_____能力,_____智力发展。

    | A | 起草 | 灵感 | 督促 | B | 起源 | 思维 | 促进 |
    | C | 诞生 | 信念 | 改进 | D | 来源 | 思想 | 促使 |

63. 人的承受能力远远超过我们的想象,不到关键时刻,我们很少能认识到自己的_____有多大。同样,在没有_____痛苦的时候,我们_____不知道自己能承受多大的打击。

    | A | 毅力 | 面临 | 居然 | B | 威力 | 遭受 | 基本 |
    | C | 实力 | 对待 | 简直 | D | 潜力 | 遭遇 | 根本 |

64. 辣椒是人们常用的调味品,也是_____价值很高的蔬菜。不论是青辣椒还是红辣椒,其维生素和矿物质的_____都很高。辣椒还有帮助消化的功能,但有胃肠_____的人还是要少吃或不吃,_____加重病情。

    | A | 内涵 | 成分 | 毛病 | 未免 |
    | B | 营养 | 含量 | 疾病 | 以免 |
    | C | 风味 | 能量 | 缺陷 | 不免 |
    | D | 要素 | 分量 | 弊病 | 难免 |

89

65. 人一定要想清楚三个问题：第一你有什么，第二你要什么，第三你能放弃什么。_____多数人而言，有什么，很容易评价自己的现状；要什么，内心也有_____的想法；最难的是，你能放弃什么，没有人可以不放弃就得到_____，这点_____能决定你能否获得自己想要的东西。

| | | | | |
|---|---|---|---|---|
| A | 对于 | 明确 | 一切 | 恰 |
| B | 相对 | 确切 | 任何 | 偏 |
| C | 至于 | 确定 | 所有 | 正 |
| D | 针对 | 精确 | 其余 | 皆 |

66. 颜真卿是唐代著名的书法家，他_____历代书法之精华，勇于创新，形成了自己独特的_____，其书法被称作"颜体"。由于他品德_____，为人正直，再加上对书法艺术_____，所以一直受到后人的推崇。

| | | | | |
|---|---|---|---|---|
| A | 吸取 | 风格 | 高尚 | 精益求精 |
| B | 招收 | 格局 | 高明 | 一丝不苟 |
| C | 摄取 | 格式 | 崇高 | 津津有味 |
| D | 征收 | 风气 | 高超 | 爱不释手 |

67. 有些花不但能美化环境，还能预报天气。在西双版纳生长着一种_____的花，每当暴风雨_____来临时，便会_____出大量的花朵，人们根据它的这一特性，可_____知道天气的变化，因此大家叫它"风雨花"。

| | | | | |
|---|---|---|---|---|
| A | 美妙 | 随即 | 盛开 | 原先 |
| B | 奇妙 | 即将 | 开放 | 预先 |
| C | 美观 | 及早 | 开发 | 事先 |
| D | 神奇 | 将近 | 敞开 | 首先 |

68. 除夕是春节的前夜，又叫"年三十"。_____古时候有个凶恶的怪兽叫"夕"，每到岁末便出来害人，后来，人们知道"夕"最怕红色和大的声响，于是年三十晚上，家家户户_____红春联，燃放鞭炮，把"夕"赶走，以求新的一年_____。这种_____从此流传下来，年三十晚上便被称为"除夕"了。

| | | | | |
|---|---|---|---|---|
| A | 传说 | 贴 | 安宁 | 习俗 |
| B | 据说 | 折 | 安详 | 风俗 |
| C | 据悉 | 抄 | 平静 | 观念 |
| D | 依据 | 粘 | 寂静 | 典礼 |

69. 人们常说"行动比语言更响亮"。只是心动却没有行动注定会_____。所以，如果你有一个_____，或者决定了要做一件事情，就应该_____行动起来。要知道，一百次心动_____一次行动，一个实干者胜过一百个空想家。

| | | | | |
|---|---|---|---|---|
| A | 一举两得 | 幻想 | 连忙 | 不堪 |
| B | 自力更生 | 联想 | 立即 | 犹如 |
| C | 一事无成 | 梦想 | 立刻 | 不如 |
| D | 无能为力 | 妄想 | 尽快 | 仿佛 |

70. 6月22日，"吃在北京——2012北京旅游美食大集"在奥林匹克公园拉开_____。这次美食大集以北京传统特色小吃为_____，展示了北京各区县、老字号及餐饮_____推出的特色美食产品。_____，大集还把老北京的曲艺相声搬上舞台，让游客在享受美食的同时，_____老北京传统文化的魅力。

| | | | | | |
|---|---|---|---|---|---|
| A | 前景 | 课题 | 机构 | 以及 | 感慨 |
| B | 序幕 | 专题 | 集团 | 以便 | 忍受 |
| C | 字幕 | 标题 | 团体 | 从而 | 体验 |
| D | 帷幕 | 主题 | 协会 | 此外 | 感受 |

## 第 3 部分

**第 71-80 题** 选句填空。

71-75.

北宋大将军周侗，叱咤疆场，战功赫赫。他解甲归田后，迷上了古董收藏，视古董如生命。

一日，一群朋友来欣赏他的藏品，他如数家珍般一一介绍。就在介绍他最心爱的一只古瓶时，一不小心，古瓶从他的手中滑落，他赶紧弯腰抱住，（71）_____，但他却被吓得面如土色、满身是汗。

（72）_____，自己戎马生涯大半辈子，不知经历了多少腥风血雨，为什么一只古瓶就把自己吓成这样？他还时常做噩梦，梦见古瓶掉在地上摔得粉碎，或梦见古瓶被盗去，甚至梦到房子倒塌砸碎了古瓶……

这只古瓶让周侗神情恍惚，夫人见他这样，心疼不已，无意中说道："那古瓶摔碎算了，（73）_____。"周侗恍然大悟：因为过于迷恋，才会患得患失，进而使自己难以解脱。于是，他咬咬牙将那只古瓶摔了。当天晚上，他居然安稳地睡了个好觉。

周侗没有了古瓶之累，一身轻松。但在我们的生活中，依然有这样一些人，他们仍为"古瓶"所累，贪恋钱财与权位，（74）_____，难以自拔，以至于最后陷入万丈深渊！

"外累由心起，心宁累自息"。（75）_____，过简单快乐的生活，岂不是更幸福？

A 我们若能淡泊名利
B 幸亏古瓶没有落地
C 说不定你就不会这样了
D 这件事让周侗迷惑不已
E 背负着沉重的行囊前行

76-80.

中国民间将冬至后的81天划分为9个阶段，每一个阶段为9天，称作"冬九九"，(76)_____。其中，每年冬至后的第19天至27天称为"三九"。

一年中，冬至这天白昼最短，太阳光线与地面的夹角最小，地面得到的太阳热量最少，(77)_____，但是事实却不然，倒是"冷在三九"。这是为什么呢？

气象专家说，地面的气温高低，不仅受太阳光线照射强弱的影响，而且还与地面散热有关。夏至以后，昼长夜短，太阳光线与地面的夹角较大，(78)_____，而且夜间散热较少，使地面的热量储存逐渐增多，到了冬至，虽然太阳照射时间较短，太阳光线与地面的夹角最小，但是地面在夏秋储存的热量还可以补充，(79)_____。

到了"三九"，由于地面接受太阳热量较少，夜间散热超过白天所吸收的热量，(80)_____，由于热量入不敷出，造成地面温度逐渐下降，天气越来越冷。此时如果又受到冷空气的影响，天气就变得更寒冷了。因此，"三九"天气最冷。

  A 照这样说应该是冬至最冷了
  B 地面获得的热量较多
  C 也就是常说的"数九寒天"
  D 所以天气不见得很冷
  E 这时地面储存的热量已消耗殆尽

## 第4部分

> **第 81-100 题** 请选出正确答案。

81-84.

唐朝贞观年间，西域回纥国为了表示对大唐的友好，派使者缅伯高带了一批奇珍异宝去拜见唐太宗。在这批贡物中，最珍贵的要数一只罕见的鸟——白天鹅。

缅伯高最担心的就是这只白天鹅，万一它有个三长两短，可怎么向国王交待呢？所以，一路上，他亲自给白天鹅喂水喂食，一刻也不敢怠慢。

这天，缅伯高来到沔阳河边，只见白天鹅伸长脖子，张着嘴巴，吃力地喘息着，缅伯高心中不忍，便打开笼子，把白天鹅带到水边让它喝个痛快。谁知白天鹅喝足了水，展开翅膀，"扑喇喇"一声飞上了天！缅伯高向前一扑，没能抓住白天鹅，只拔下几根羽毛。一时间，缅伯高捧着几根雪白的鹅毛，直愣愣地发呆，脑子里来来回回地想："怎么办？进贡吗？拿什么去见唐太宗呢？回去吗？又怎敢去见回纥国王呢！"思前想后，缅伯高决定继续东行。他拿出一块儿洁白的绸子，小心翼翼地把鹅毛包好，又在绸子上题了一首诗："天鹅贡唐朝，山重路更遥。沔阳河失宝，回纥情难抛。上奉唐天子，请罪缅伯高。物轻人意重，千里送鹅毛！"

缅伯高带着珠宝和鹅毛，披星戴月，不辞劳苦，不久就到了长安。唐太宗接见了他，缅伯高献上珠宝和鹅毛。唐太宗看了那首诗，又听了缅伯高的诉说，觉得虽然和珠宝相比，鹅毛算不得什么贵重的东西，但是缅伯高如此珍视它，不远万里小心翼翼地送来，其中的深情让人感动。于是唐太宗非但没有怪罪缅伯高，反而觉得他忠诚老实，不辱使命，就重重地赏赐了他。

从此，"千里送鹅毛"的故事便流传开来。

81. 缅伯高为什么亲自喂食白天鹅？
    A 对天鹅很好奇
    B 担心天鹅出事
    C 以前饲养过天鹅
    D 国王嘱咐他这样做

82. 在沔阳河边发生了什么事情？
    A 天鹅飞走了
    B 缅伯高迷路了
    C 缅伯高落水了
    D 天鹅被人抢走了

83. 唐太宗觉得缅伯高怎么样？
    A 很诚实
    B 耐心细致
    C 机智过人
    D 懂得为他人着想

84. "千里送鹅毛"这个故事主要想告诉我们：
    A 鹅毛很珍贵
    B 礼轻情意重
    C 做人要宽容
    D 做事要谨慎

85-88.

很多人一直认为，当情绪低落的时候，找一个好朋友，将自己的烦恼和痛苦倾吐出来，是一种释放负面情绪的好方法。然而，近期发表的研究报告却与传统观点相悖——遇到挫折时，向朋友大倒苦水不但无助于减压，反而会更添烦恼，尤其是对那些有完美主义情结的人来说。

某大学教授带领研究小组在校内征集到149名学生。这些学生都认为自己在生活中遇到的挫折比常人多，对生活的满意度较低——这是完美主义情结的典型特征。研究人员要求他们每天提交报告，记录一天中最让人烦心的失败经历、应对失败的对策以及对这一天生活的总体满意程度。经过分析发现，学生们应对失败的策略大致有：寻求社会帮助、向朋友倾诉、转移注意力、自我谴责、逃避现实等。其中，除了"转移注意力"这一项外，采用其他策略都让学生感觉更糟。也就是说，他们越频繁地自责、逃避、向朋友倾诉，对生活的满意度就越低。

教授解释道，向朋友倾诉的过程等同于让倾诉者再一次回顾失败，反复思量失败经历只会让人越陷越深。对于遇到挫折的人，特别是那些无论获得多少成就都不易满足的完美主义者，在应对失败和压力时，应该多努力寻找挫折所带来的积极因素，用乐观的姿态去思考所发生的一切。自我调节、坦然面对、顺势而为、一笑置之，才能获得较高的生活满意度。

对任何人而言，倾诉都不是一种有效的释放压力的方法。一位社会心理学家并没有参与研究，但也认为，倾诉反而会增大压力，是因为它使人保持高度警醒的状态，同时还会激发起好斗和愤怒的情绪。虽然人们常说诉苦之后让人感觉轻松，但这种轻松感并不会持续很久。

85. 上文提到的传统观点是指：
    A  烦恼越多压力越大
    B  倾诉能释放负面情绪
    C  倾诉有利于增进感情
    D  心情低落时更需要朋友

86. 在应对失败的策略中，下列哪项**不会**让学生感觉更糟糕？
    A  自我批评
    B  远离朋友
    C  转移注意力
    D  寻求他人帮助

87. 根据第3段，可以知道：
    A  要追求完美
    B  失败并不可怕
    C  应乐观面对挫折
    D  要及时总结经验

88. 最适合做上文标题的是：
    A  倾诉并非良方
    B  管理情绪的妙招
    C  多个朋友多条路
    D  完美主义者的苦恼

89-92.

古时候，各个民族都会选取某种动物或某种植物作为图腾，以它作为自己民族的象征和希望。

作为中华民族图腾的龙，并不是一种实有的动物，而是一种艺术形象，是古代中国人通过想象创造出来的。

古时候，人们对大自然的许多现象无法作出科学的解释，更没有控制自然的能力。比如，群山连绵，惊涛骇浪，电闪雷鸣，暴风骤雨，都使他们震惊和崇拜。于是，人们便希望自己的图腾具有风雨雷电那样的力量，群山大河那样的雄姿，让它像鸟一样能腾云驾雾，像鱼一样可以在水中游弋，像马一样可以飞快奔跑等等。因此将许多动物的特点都集中到龙的身上，渐渐形成了驼头、鹿角、蛇颈、龟眼、鱼鳞、虎掌、鹰爪、牛耳的样子。这种复合结构，意味着龙是万能之兽、万能之神。

龙在中国人的心目中，代表着吉祥，象征着神圣，又是力量的化身。不少建筑物和生活用品，都以龙作为装饰，人们把它雕在房椽上、桥梁上、舟船上，刻在胡琴上、拐杖上、刀剑上。节日里或庆典上，舞龙是最隆重的活动。父母希望孩子有所作为也被称作"望子成龙"。像"生龙活虎""龙腾虎跃""龙凤呈祥"等带有"龙"字的词语也能表现出"龙"在中国人心中的文化象征。

89. 关于图腾，可以知道：
    A 代表权力
    B 以植物为主
    C 是民族的象征
    D 是对财富的渴求

90. 中华民族以龙为图腾的原因是：
    A 龙创造了万物
    B 龙代表着力量
    C 龙的形象很优美
    D 龙能实现人们的愿望

91. "望子成龙"寄托了什么？
    A 老师对学生的鼓励
    B 家长对子女的期望
    C 孩子对长辈的孝心
    D 年轻人对梦想的追求

92. 上文主要讲的是：
    A 图腾的发展史
    B 龙的装饰价值
    C 中华民族的龙图腾
    D 图腾与民族的关系

93-96.

　　为什么树叶会变颜色呢？这要从植物叶子的构造谈起。植物的叶子里含有许多天然色素——叶绿素、胡萝卜素和花青素等。叶子的颜色是由这些色素的含量和比例不同而决定的。以上几种色素，不是每个细胞都有，也不是平均散布在细胞里，而是与一些蛋白质和脂肪聚合在一起，形成一个个小颗粒，叫叶绿粒。

　　叶子里最普遍而又最重要的色素是叶绿素。它能吸收太阳光，把二氧化碳和水转化成有机物质，供给植物本身，这就是光合作用。与叶绿素同时存在的叶黄素与胡萝卜素，它们的颜色呈黄色或橙黄色。比较起来，叶绿素是极不稳定的，它经常被破坏，也经常在合成。当光线很强而温度很低的时候，破坏强烈，合成停滞，叶绿素就会逐渐消失，而叶黄素和胡萝卜素就显露出来了。到了秋天，很多叶子变黄，就是这个道理。

　　至于叶子变红，那是由另外一种叫花青素的色素造成的。花青素能溶于水，在细胞中分散在胞液里，在酸性的溶液里是红色的，遇到碱会变成蓝色。一般花瓣里的色素，都是这一类，在叶子里则少见。有时幼芽或嫩叶有这种色素，长大以后便消失了，或被叶绿素掩盖了。到了秋天，很多植物的叶子会大量制造这类色素，那时叶绿素已经消失了，所以叶子会变成鲜红的颜色，常见的如槭树、乌桕等。

　　花青素形成的过程尚不清楚，但可以确定的是，它的出现与叶子中的含糖量有关。天气冷时，叶子里贮藏的物质会转变成糖，糖分多了就有利于花青素的形成。除此之外，强光、低温、干旱都有利于花青素的形成。特别是在山上，秋天天气晴朗，夜里骤冷，加上有霜，树叶的颜色就会特别鲜艳，古人的诗"霜叶红于二月花"说的就是这个道理。

93. 关于叶绿素，可以知道：
    A 相当稳定
    B 也叫叶绿粒
    C 能进行光合作用
    D 会转化成叶黄素

94. 秋天很多叶子会变黄，是因为：
    A 缺少阳光照射
    B 花青素含量增加
    C 叶子贮藏的物质转化成糖
    D 叶黄素和胡萝卜素比例增大

95. 关于花青素，下列哪项正确？
    A 呈蓝色
    B 可溶于水
    C 会导致树叶干枯
    D 秋天才能被合成

96. 上文主要讲的是：
    A 叶子的构造
    B 树叶变色的原理
    C 秋天树叶的特点
    D 植物的生存环境

97-100.

进入太空的航天员，不可能总是待在舒适的密封座舱里。比如，在轨道飞行中有时需要到舱外安装、维修和回收仪器设备，修理航天器，组装大型航天器；到达其他星球时，需要走出密封座舱，进行科学考察和科学实验等等。这时，如何保障航天员的生命安全呢？——再造一种适体的小型密封座舱。这种适体的小型密封座舱叫做"舱外活动航天服"，以便与在密封座舱中穿用的一般航天服相区别，这就像潜艇上的一般水兵服与潜水时穿的潜水服相区别一样。

不难理解，舱外活动航天服应具备密封座舱保障生命安全的全部功能，比如能防微流星体撞击，防辐射，供氧，维持一定的气压、温度、湿度，能处理二氧化碳和其他有害气体，长期穿用的舱外活动航天服还要能让航天员饮水、进食和大小便。

事实上，舱外活动航天服的功能要求比密封座舱还多。首先，航天员要穿着舱外活动航天服活动，包括头、身体、四肢都要活动。这就要求舱外活动航天服与人的关节相对应的部位能弯曲和转动。其次，舱外活动航天服与其他服装一样有穿也有脱，因此，它的衣、裤、头盔、手套和鞋袜需要方便地连接和分离。第三，在太空真空中和有些天体上没有空气来传播声音，咫尺之间相互说话也听不见，因而需要有无线电通讯设备。第四，在空旷的太空中八面无着，寸步难移，需要用喷气设备产生的反作用力来移动位置。在其他天体上，由于引力的大小与地球不同，行走起来很不方便也需要代步设备。

舱外活动航天服的背部有3个背包，分别是存放水、氧气和食物的生命背包，用于通讯的通讯背包和用于移动位置的喷气背包。这样的舱外活动航天服显然是非常笨重的。在飞船发生意外时，舱外活动航天服可作为紧急救生设备使用。在火箭发射飞船和飞船返回地球时最容易发生意外，所以航天员在飞船发射升空和返回地球时，总是穿着舱外活动航天服。

97. 下列哪项是舱外活动航天服和密封座舱共有的？
    A  杀菌
    B  抗过敏
    C  提供氧气
    D  降低噪音

98. 第3段主要讲的是，舱外活动航天服的：
    A  使用方法
    B  特殊功能
    C  通讯作用
    D  制作技术

99. 在飞船发射升空时，航天员为什么要穿着舱外活动航天服？
    A  提高灵活程度
    B  以防发生意外
    C  方便控制设备
    D  有助减轻重力

100. 关于舱外活动航天服，可以知道：
    A  方便拆解
    B  生命背包最大
    C  关节部位无法弯曲
    D  内部温度高于体温

## 3 书 写

**第101题** 缩写。

（1）仔细阅读下面这篇文章，时间为10分钟，阅读时不能抄写、记录。
（2）10分钟后，监考收回阅读材料，请你将这篇文章缩写成一篇短文，时间为35分钟。
（3）标题自拟。只需复述文章内容，不需加入自己的观点。
（4）字数为400左右。
（5）请把作文直接写在答题卡上。

　　古时候，齐国的国君齐宣王爱好音乐，尤其喜欢听吹竽。于是他派人到处寻找能吹善奏的乐师，组成了一支规模很大的乐队，这个乐队里有300个善于吹竽的乐师。齐宣王喜欢热闹，爱摆排场，总想在人前显示做国君的威严，所以每次听吹竽的时候，总是叫这300个人在一起合奏给他听。

　　有个游手好闲、不务正业的南郭先生，听说了齐宣王的这个癖好，觉得有机可乘，认为这是个赚钱的好机会。可是他根本不会吹竽，不过他知道齐宣王喜欢听所有的乐师一起演奏，自己若是混在里头，装装样子，充充数，估计也没有人能看得出来。于是，他就跑到齐宣王那里去，吹嘘自己说："大王啊，我是个有名的乐师，听过我吹竽的人没有不被感动的，就是鸟兽听了也会翩翩起舞，花草听了也会合着节拍颤动，我愿把我的绝技献给大王。"齐宣王听后很高兴，未加考察，便爽快地收下了他，把他也编进那支300人的吹竽队伍中。

　　打这儿以后，南郭先生就随那300人一块儿合奏给齐宣王听，和大家一样享受着优厚的待遇，心里得意极了。

　　其实南郭先生撒了个弥天大谎，他压根儿就不会吹竽。每逢演奏的时候，南郭先生就捧着竽混在队伍中，人家摇晃身体他也摇晃身体，人家摆头他也摆头，脸上装出一副动情忘我的样子，看上去和别人一样吹奏得很投入。因为他模仿得惟妙惟肖，一直都没人瞧出什么破绽来。南郭先生就这样靠蒙骗混过了一天又一天，不劳而获地白拿薪水。

　　可是好景不长，过了几年，爱听合奏的齐宣王死了，他的儿子齐湣王继承了王位。齐湣王也爱听吹竽，可是他和齐宣王不一样，认为300人一块儿

吹实在太吵，不如独奏来得好听。于是齐湣王发布了一道命令，要这300个乐师好好练习，做好准备，他将让乐师们一个个轮流吹竽给他欣赏。乐师们接到命令后都积极练习，都想在齐湣王面前一展身手，只有那个冒牌充数的南郭先生急得像热锅上的蚂蚁，惶惶不可终日。要知道，欺君犯上那可是大罪，他可吃罪不起。眼看就要露出马脚了，他想来想去，觉得这次再也混不过去了，只好连夜收拾行李慌慌张张地溜走了。

　　南郭先生不会吹竽，却请求为齐宣王演奏，混进了王家乐队。宣王死后，其接班人湣王好听独奏，南郭先生不能再混下去了，只好逃之夭夭。像南郭先生这样不学无术、靠蒙骗混饭吃的人，骗得了一时，骗不了一世。假的就是假的，最终会被揭穿伪装。我们想要成功，唯一的办法就是脚踏实地，勤奋学习，只有练就一身过硬的真本领，才能经受住考验。

# 6級第4回

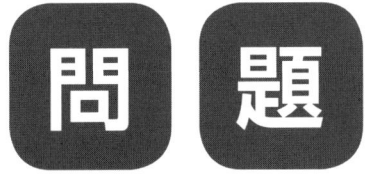

## 問題

聴力試験・・・・・・・・・・ P.108～P.113
　　　　　　　　　　disk2 track 6～10

読解試験・・・・・・・・・・ P.114～P.131

書写試験・・・・・・・・・・ P.132～P.133

# 1 听 力

## 第 1 部分

**第 1-15 题** 请选出与所听内容一致的一项。

1. A 成功无捷径
   B 成功需要坚持
   C 要学会知难而退
   D 成功的标准很多

2. A 机遇和挑战并存
   B 要坚强面对挫折
   C 危机能够使人成熟
   D 挫折会打击人的积极性

3. A 常生气容易长皱纹
   B 少量运动益处不大
   C 运动能影响人的情绪
   D 长期运动减肥效果更显著

4. A 手绘墙画具有随意性
   B 手绘墙画能体现主人品位
   C 家庭装修越来越注重环保
   D 近年来装修流行简约风格

5. A 鲨鱼智商很高
   B 鲨鱼皮泳衣手感细腻
   C 鲨鱼经常在深海活动
   D 鲨鱼皮泳衣能减少水的阻力

6. A 真空包装成本很高
   B 真空包装制作工艺复杂
   C 真空包装食品不易变质
   D 真空包装食品不宜多吃

7. A 第一印象更可靠
   B 人容易受环境影响
   C 管理者要多听他人意见
   D 正确评估离不开长期观察

8. A 钻石有瑕疵
   B 宝石专家很吝啬
   C 富翁是位收藏家
   D 富翁的钻石是假的

9. A 道歉也要讲究技巧
   B 脸红是愤怒的信号
   C 脸红可以表示歉意
   D 要学会原谅他人的过错

10. A 要学会倾听
    B 说话要分场合
    C 身体语言很重要
    D 语言表达要准确

11. A 要友好待人
    B 要善于赞美别人
    C 过分热情没有好处
    D 热情可弥补能力缺陷

12. A 木匠很好面子
    B 木匠选材很严格
    C 木匠不擅长做抽屉
    D 木匠做事认真负责

13. A 老年人要注意健身
    B 要趁着年轻去旅行
    C 要提前做好旅行计划
    D 出门要保管好自己的行李

14. A 月球的大气层很厚
    B 月球昼夜温差很大
    C 月球表面十分平坦
    D 月球环境与地球相似

15. A 早晨适合深呼吸
    B 打呵欠能预防感冒
    C 深呼吸可缓解紧张
    D 打呵欠可以消除疲劳

## 第 2 部分

**第 16-30 题** 请选出正确答案。

16. A 视力好
    B 反应快
    C 稳定性好
    D 有射击基础

17. A 很害怕
    B 受到嘲笑
    C 弄伤了手
    D 成绩不理想

18. A 发挥失常
    B 获得亚军
    C 输给了队友
    D 打出了最好水平

19. A 很开朗
    B 打算退役
    C 射击道路曲折
    D 没有射击天赋

20. A 教练
    B 母亲
    C 对手
    D 丈夫

21. A 创意点子无处不在
    B 创意点子不需要灵感
    C 好点子多是瞬间产生的
    D 好点子是集体智慧的结晶

22. A 促销活动
    B 推广方式
    C 了解消费者需求
    D 对产品要足够熟悉

23. A 公司形象
    B 产品功能
    C 消费者的期望
    D 品牌的理想与价值

24. A 跨界创意
    B 脱离电视
    C 更注重创新
    D 更贴近生活

25. A 爱好摄影
    B 大学读文科
    C 成立了书画协会
    D 第一份工作跟广告无关

26. A 坚韧
    B 动手能力强
    C 精力更充沛
    D 处事更偏激

27. A 客户群体小
    B 运营模式固定
    C 平台访问量大
    D 无办公场地限制

28. A 融资不畅
    B 人才短缺
    C 行业垄断
    D 缺少核心技术

29. A 出售视频版权
    B 不依靠广告收入
    C 开设用户收费服务
    D 以无线互联网为主

30. A 留过学
    B 热衷投资
    C 喜欢网络购物
    D 创立了一个视频网站

## 第3部分

**第31-50题** 请选出正确答案。

31. A 撒入盐
    B 倾斜竹篓
    C 不再盖盖子
    D 把螃蟹绑起来

32. A 缺少氧气
    B 竹篓太深
    C 被打晕了
    D 被其他螃蟹阻挠

33. A 要学会谦让
    B 要争做第一
    C 要遵守竞争规则
    D 要合作也要竞争

34. A 生活节奏慢
    B 社会竞争激烈
    C 阅读方式单一
    D 教育水平提高

35. A 系统性
    B 快餐式
    C 深层次
    D 低龄化

36. A 更具娱乐性
    B 信息量更大
    C 使读者更轻松
    D 能激发读者思考

37. A "深阅读"已消失
    B "浅阅读"有利也有弊
    C "浅阅读"被读者忽视
    D "深阅读"忽视学习积累

38. A 互相评价
    B 用笔记下来
    C 大声说出来
    D 告诉主持人

39. A 解决争端
    B 寻求最佳提议
    C 追求设想数量
    D 提高与会者自信心

40. A 突出个人表现
    B 限制条件较多
    C 多见于商业谈判
    D 是集体创造性活动

41. A 鸟巢很坚固
    B 许多鸟不会筑巢
    C 下雨时鸟会躲进巢中
    D 许多鸟不在巢中睡觉

42. A 繁殖后代
    B 躲避天敌
    C 寻找配偶
    D 储藏食物

43. A 鸟的种类
    B 鸟巢的用途
    C 鸟的休息方式
    D 鸟的成长过程

44. A 只限于企业内部
    B 成为主流消费模式
    C 仅适用于食品零售
    D 参与者大多彼此不认识

45. A 追求时髦
    B 送货便捷
    C 价格优惠
    D 选择面广

46. A 从众
    B 自卑
    C 急于求成
    D 趋利避害

47. A 争议很大
    B 有发展潜力
    C 前景不容乐观
    D 可先小范围推广

48. A 过时了
    B 许多家长反对
    C 孩子不喜欢被夸奖
    D 研究表明效果不好

49. A 更爱冒险
    B 容易骄傲
    C 会更加聪明
    D 容易逃避困难

50. A 要多和孩子沟通
    B 表扬要科学精确
    C 要适当给予物质奖励
    D 表扬要与批评相结合

# 第4回　2 阅读

## 第1部分

第51-60题　请选出有语病的一项。

51. A 这次机会很难得，你一定要好好珍惜。
    B 他今天的表现一点儿反常，肯定出什么问题了。
    C 和现在以瘦为美的审美观念不同，唐代以胖为美。
    D 在昨天的足球比赛中，广州恒大以2:1战胜了北京国安。

52. A 有没有健康的身体，是做好工作的前提。
    B 今天多亏有你帮忙，要不然我一个人肯定忙不过来。
    C 除了读书写作之外，闲暇之余我也喜欢收听广播节目。
    D "饥不择食"说的是人在饥饿的时候对食物不会那么挑剔，能吃饱就好。

53. A 人体的散热主要是通过皮肤来完成的。
    B 这篇文章的构思很巧妙，而且语言表达不够深刻。
    C 在正片放映之前播放下个档期影片的预告片，是电影院的惯例。
    D 土豆含有丰富的维生素、蛋白质等营养元素，是很好的抗衰老食物。

54. A 生命是一场充满意外收获的伟大历险。
    B 你的伤口似乎是好像发炎了，还是去医院处理一下吧。
    C 中国栽培柳树的历史悠久，战国时代的《周礼》就有相关记载。
    D 作为一种表演形式，小品几乎在每年的春节联欢晚会上都会出现。

55. A 很多人最初是为了梦想而忙，后来却忙得忘了梦想。

　　B 如果只是静静地等待，幸福永远只是一朵飘在窗外的云。

　　C 善待朋友是件快乐的事，如果要求回报，快乐就会大打折扣。

　　D 既了解自己的优势，又知道自己的不足，这样对自己有清醒的认识。

56. A 风掠过的时候，稻田恰似滚滚的黄河水，上下起伏。

　　B 时间是具有治疗心灵创伤的大师，但不是解决问题的高手。

　　C 预计今天傍晚至夜间，本市东部将有暴雨，雨量将达到50毫米以上。

　　D 由白先勇改编、苏昆剧院演出的《牡丹亭》，巡演近百场，场场爆满。

57. A 这些数据都是在官方网站上下载的信息，应该比较可靠。

　　B 凡在本店一次性购买两件以上商品者，都可以享受五折优惠。

　　C 厦门是今年五一热门旅游地，鼓浪屿最高客流量突破一天10万人。

　　D 人生活在世界上，好比一只船在大海中航行，辨清前进的方向很重要。

58. A 作为一名成功的销售者，首先要做到的是熟知自己的产品和与之竞争的产品。

　　B 喷气式飞机在高空飞行时，身后长长留下一条或数条白色的气体，称为飞机尾迹。

　　C 杭州以其秀丽的湖光山色和众多的名胜古迹而闻名中外，是中国著名的旅游胜地。

　　D 大寒是二十四节气中最后一个节气，它的到来意味着中国大部分地区将迎来一年中最寒冷的时期。

59. A 受低温和积雪的影响，高山上的野生动物不得不到低矮的地方去寻找食物。

　　B "先天下之忧而忧，后天下之乐而乐"是北宋文学家范仲淹《岳阳楼记》中的名句。

　　C 效益与风险的最佳组合是指在风险一定的前提下，尽可能使收益最大化；或在收益一定的前提下，风险最小化。

　　D 对于他人发生矛盾、甚至批评指责他人时，换一种温和的语气，多一些体谅和理解的话语，也许问题就没那么复杂和尖锐了。

60. A 在中国的神话传说中，龙是一种神异动物，是古代王室的标志和中华民族的象征。

　　B 脱颖而出很重要，但作为团队的一员，你要和同事合作才能完成你们的共同目标。

　　C 冰雹是一种严重的自然灾害，通常发生在夏秋两季，其降落时常常砸毁大片农作物，损坏建筑物。

　　D 喝完牛奶后不应该立即吃桔子，因为牛奶中的蛋白质一旦与桔子中的果酸相遇，就会凝固，从而影响牛奶的消化与吸收不良。

# 第 2 部分

第 61-70 题 选词填空。

61. 友情，是人生_____的宝藏。它是患难中的倾囊相助，是错误道路上的逆耳忠言，是跌倒时的_____搀扶，是痛苦时_____去泪水的一缕春风。

    A 得天独厚　　忠诚　　拣
    B 根深蒂固　　真挚　　捞
    C 取之不尽　　真诚　　抹
    D 与日俱增　　诚恳　　洒

62. 商机无处不在，关键在于你_____能发现它。眼光_____的人，往往能够洞察并抓住商机。抓住了商机，也就抓住了打开_____之门的金钥匙。

    A 未必　　敏感　　财产
    B 是否　　敏锐　　财富
    C 必定　　灵敏　　利润
    D 或许　　敏捷　　福利

63. 宣纸质地柔韧、纹理_____、色泽耐久、吸水力强，享有"纸中之王"的_____。虽然世界上纸的品种_____，但宣纸仍然是供毛笔书画使用的独特手工纸。

    A 清晰　　美誉　　不计其数
    B 清澈　　荣誉　　名副其实
    C 纯洁　　信誉　　络绎不绝
    D 纯粹　　名誉　　物美价廉

64. 如果失血量不超过总血量的10%，人体就能通过神经和体液的调节使血液总量很快得到_____，不会出现明显的心血管功能_____或其他不良后果。对一个健康的成人来说，每次献血200毫升，仅_____血液总量的4%-5%，人体_____可以调节，不会影响身体健康。

    A 恢复　　障碍　　占　　完全
    B 偿还　　故障　　据　　恰巧
    C 复活　　屏障　　达　　照样
    D 还原　　保障　　拥　　异常

117

65. 人天生就对新事物怀有好奇心，不同的是，有些人的兴趣火花只能持续几天，很快就_____了，然而另一些人的兴趣火花会变成火苗，火苗会变成火种，一直_____地燃烧很多年。他们的_____不是兴趣的有无，而是性格里面有没有_____兴趣火种一直燃烧下去的燃料。

   A 熄灭　　稳定　　区别　　维持
   B 消灭　　坚定　　差别　　维护
   C 灭亡　　镇定　　区分　　守护
   D 毁灭　　固定　　差距　　爱护

66. 山东菜简称鲁菜，它历史悠久，影响_____，是中国饮食文化的重要组成部分。鲁菜的_____和发展与山东地区丰富的物产、_____的交通有关。这里蔬菜种类繁多，_____优良，是"世界三大菜园"之一。

   A 巨大　　落成　　舒畅　　本质
   B 广大　　合成　　畅通　　实质
   C 广阔　　构成　　锋利　　素质
   D 广泛　　形成　　便利　　品质

67. 每天最好花点儿时间为第二天的工作做下准备。_____，下班前清理好桌面，并将明天的任务列成清单_____在桌上，这样第二天要处理的事情就_____，不至于让杂乱的_____弄得你心烦意乱。

   A 例如　　铺　　一举两得　　事项
   B 譬如　　涂　　一丝不苟　　事态
   C 比方　　粘　　一如既往　　事业
   D 比如　　贴　　一目了然　　事务

68. 乔家大院是清代著名金融家乔致庸的住处。全院是_____式建筑群，共有6个大院。整体看，全院_____严谨，设计精巧，_____显示了清代北方民居的独特风格，因此_____有"皇家有故宫，民宅看乔家"之说。

| | | | | |
|---|---|---|---|---|
| A | 闭塞 | 格局 | 充足 | 乡镇 |
| B | 关闭 | 局面 | 充沛 | 故乡 |
| C | 封闭 | 布局 | 充分 | 民间 |
| D | 密封 | 局势 | 充实 | 人间 |

69. "如果人的一生像机器一样不停地_____，那么人生将_____意义。"我们要学会的是，想走的时候就走，想停的时候就停，不断发掘生活中的_____。既然有机会来到这多彩的世界，我们就该像个旅行家一样，不只是要_____，走完我们的旅程，更要懂得欣赏_____的风景。

| | | | | | |
|---|---|---|---|---|---|
| A | 运行 | 损失 | 风趣 | 翻山越岭 | 前途 |
| B | 周转 | 迷失 | 欢乐 | 饱经沧桑 | 长途 |
| C | 运转 | 失去 | 乐趣 | 跋山涉水 | 沿途 |
| D | 旋转 | 丧失 | 趣味 | 竭尽全力 | 途径 |

70. 萤火虫会发光是因为它们腹部末端有发光器，里面_____含磷的发光质及发光酵素。萤火虫发光的目的，除照明之外，还有求偶、警戒、诱捕等。发光也是它们的一种_____方式，不同种类萤火虫的发光方式、发光_____及颜色是不同的，它们藉此来_____不同的讯息。

| | | | | |
|---|---|---|---|---|
| A | 存在 | 进化 | 层次 | 散布 |
| B | 充满 | 沟通 | 频率 | 传达 |
| C | 扩充 | 交往 | 部位 | 传递 |
| D | 充当 | 流通 | 幅度 | 宣扬 |

## 第 **3** 部分

**第 71-80 题** 选句填空。

71-75.

　　假设，两名犯罪嫌疑人因涉嫌共同盗窃而被拘留，警方将两人分开关押，并对他们分别进行讯问。警方向他们提供以下相同的选择：若一人认罪并作证指控对方，而对方保持沉默，（71）_____，沉默者将被判刑10年；若二人都保持沉默，则二人将都被判刑一年；若二人互相检举，则二人都将被判刑5年。

　　那么，这两名犯罪嫌疑人会怎么选择呢？我们可以看到，（72）_____，无疑是都保持沉默，这样原本须服刑5到10年，现在只需要在监狱待一年即可。可是有一个问题，（73）_____，那么自己的沉默不仅没有换来更轻的处罚，反而会给自己招致10年的牢狱之灾。而如果选择将对方供出，自己就可以无罪释放，对于个人来说，这无疑是最佳的选择。

　　这是赤裸裸的事关切身利益的问题，两个各处一室的囚犯，很快就会怀疑对方。（74）_____，猜忌对方是必然的心理活动。那么，最稳妥的办法就是在对方下手之前供出对方。于是，（75）_____。

　　A　假如对方供出自己
　　B　那么这个人将马上获释
　　C　最符合双方共同利益的选择
　　D　他们无法交流并且达成一致
　　E　最可能的结果就是两个人都将被判刑5年

76-80.

并不是只有人类和动物才懂得爱和恨，植物也有"爱和恨"。当然，植物的"爱和恨"不是感情的表现，(76)_____：有的植物能和睦相处，有的则难以共生。

科学家经过实验证明：洋葱和胡萝卜是好朋友，(77)_____；葡萄园里种上紫罗兰，能使结出的葡萄更加香甜；玫瑰和百合是好朋友，把它们种在一起，能促使它们花繁叶茂；旱金莲单独种植时，花期只有一天，但如果让它与柏树为伴，花期可延长三四天；在月季花的盆土中种几棵大蒜或韭菜，能防止月季得白粉病。

相反，(78)_____，彼此水火不容。如丁香花和水仙花不能种在一起，因为丁香花的香气对水仙花危害极大；白花草、木樨不能和小麦、玉米、向日葵长在一起，(79)_____；另外，黄瓜和番茄、荞麦和玉米、高粱和芝麻等，也都不能种在一起。

研究植物之间的相生相克，是一门新兴学科——生物化学群落学。这门科学可以指导人们更好地规划城市绿化，对农作物进行合理布局。在栽培植物时，(80)_____，千万不要让"冤家对头"共处一室，以免两败俱伤。

A 应注意把相互有利的种在一起
B 不然会使这些作物一无所获
C 它们发出的气味可以相互驱赶害虫
D 有一些植物则是"冤家对头"
E 而是生长状况的体现

## 第 4 部分

第 81-100 题　请选出正确答案。

81-84.

近日，纪录片《舌尖上的中国》火爆荧屏。这部7集的纪录片，讲的是中国大江南北的饮食文化，它引得无数观众深夜还守候在电视机前。大家边看边在微博上刷屏，很快"舌尖上的中国"几个字就冲上了新浪微博话题榜。该片受关注度瞬间超越近期所有电视剧。为什么纪录片能在话题性和口碑度上轻易击败热播剧？

不可否认，这部纪录片在"勾人馋虫"方面做得非常出色，很多网友说："看完这部片子，口水都止不住了。"著名制片人于正也说："此片看后必然让你垂涎三尺，想要减肥的朋友们看前要三思啊！"

相比于视觉上的盛宴，贯穿纪录片的人文情感更能引起大家的共鸣。《舌尖上的中国》聚焦在烹饪上的时间并不多，更多画面是在展现劳动者如何捕猎、采掘、加工、制作自然馈赠的食材。该片摆脱了传统纪录片说教科普的套路，没有空洞地宣扬饮食文化的博大精深，而是从美食背后的生产过程和制作工艺入手，配合平常百姓的生活，通过镜头直接引发观众对饮食文化和传统价值观的关注，让观众既流口水又长知识，还能在情感上引起共鸣。

《舌尖上的中国》涵盖各地美食，让不少观众想起了"家乡的味道"，有网友说："看《舌尖上的中国》，听到里面传出的阵阵乡音，让人想家。"还有不少观众从片中看出了感恩之情："印象最深刻的是那些家庭小作坊的劳动者脸上满足、灿烂的笑容。他们对自然感恩，而我们要对这些美食的提供者感恩。"

81. 根据第1段，可以知道《舌尖上的中国》：
    A 计划拍续集
    B 受到了关注
    C 是一部热播连续剧
    D 记录中国菜谱的演变

82. 第2段中画线句子说明了：
    A 该片能引人深思
    B 常看纪录片容易发胖
    C 该片能令人产生食欲
    D 想减肥的人应该看此片

83.《舌尖上的中国》与以往纪录片相比有什么特点？
    A 不空洞
    B 更具有教育意义
    C 注重画面的美感
    D 运用很多科技手段

84. 根据上文，情感上的共鸣主要体现为：
    A 思乡与感恩
    B 孝敬与反思
    C 对自然的崇敬
    D 对美好生活的向往

85-88.

在秦始皇陵兵马俑博物馆,我们看到了那尊被称为"镇馆之宝"的跪射俑。导游介绍说,跪射俑是兵马俑中的精华,是中国古代雕塑艺术的杰作。仔细观察这尊跪射俑:它身穿交领右衽齐膝长衣,外披黑色铠甲,胫穿护腿,足穿方口齐头翘尖履。头绾圆形发髻。左腿曲蹲,右膝跪地,右足竖起,足尖抵地。上身微微左倾,两只手在身体右侧一上一下做持弓弩状,双目炯炯有神,凝视着左前方。

据介绍,跪射的姿态,古代称之为坐姿。坐姿和立姿是弓弩射击的两种基本姿势。坐姿射击时重心稳,较省力,便于瞄准;同时便于隐蔽自己,是防守或设伏时比较理想的一种射击姿势。迄今为止,秦兵马俑坑已经清理出土各种陶俑1000多尊,除跪射俑外,皆有不同程度的损坏,需要人工修复。而这尊跪射俑是保存得最完整的,就连衣纹、发丝都能看得很清楚,是唯一一尊未经人工修复的陶俑。

跪射俑何以能保存得如此完整?导游说,这得益于它的低姿态。首先,跪射俑身高只有1.2米,而普通立姿兵马俑的身高都在1.8至1.97米之间。兵马俑坑都是地下坑道式土木结构建筑,当棚顶塌陷、土木俱下时,高大的立姿俑首当其冲,而坐姿跪射俑受到的损害就小一些。其次,跪射俑做蹲跪姿,右膝、右足、左足三个支点呈等腰三角形支撑着上体,重心在下,增强了稳定性,与两足站立的立姿俑相比,不容易倾倒、破碎。因此,在经历了两千多年的岁月风霜后,它依然能完整地呈现在我们面前。

85. 第1段主要谈的是：
    A 跪射俑的年代
    B 跪射俑的外形
    C 兵马俑的历史地位
    D 博物馆的建筑风格

86. 采用坐姿射击的好处是：
    A 能够射很远
    B 不易拉伤肌肉
    C 便于瞄准和防守
    D 有利于大范围进攻

87. 跪射俑保存完整的原因是：
    A 材质好，支点多
    B 姿势低，重心稳
    C 体积大，保护得当
    D 质量大，不易倾倒

88. 最适合做上文标题的是：
    A 跪射俑的低姿态
    B 雕塑杰作兵马俑
    C 古代的制俑技术
    D 跪射俑的动人传说

89-92.

第26届国际天文学联合会大会投票通过一项决议,根据新的行星定义,将冥王星排除在行星行列之外,列入"矮行星"。在参与投票的大约2500名天文学家中,有超过80%的人赞同这一决议。

数年来,科学家普遍认为太阳系有九大行星,但冥王星的地位一直都非常尴尬,自从70多年前被发现的那天起,它在行星家族的地位就一直受到质疑。一是冥王星发现的过程是基于一个错误的理论。二是当初它的质量被估算错误,所以误将其纳入大行星的行列。冥王星的直径大约只有地球直径的六分之一,2300公里左右,质量也只有地球的0.2%。太阳系中不仅其他8颗行星要比冥王星大得多,甚至还有7颗卫星都比它大。三是冥王星有着与众不同的公转轨道。其他行星的轨道平面都与地球轨道平面基本一致,冥王星的轨道平面却与地球轨道平面呈很大夹角。其他行星的轨道几乎是完美的圆形,而冥王星的轨道是一个有很大偏心率的椭圆形。因此,是否要给冥王星"正名"成为此次大会的焦点。

按照新的定义,"行星"指的是围绕太阳运转、有足够的质量能维持流体静力平衡,使其呈圆球状,并且能够清除其轨道附近其他物体的天体。太阳系其他八大行星均满足新的行星定义,而冥王星却难逃被"降级"的命运。

从此,这颗游走在太阳系边缘的天体将只能与其他一些差不多大的"兄弟姐妹"一起被称为"矮行星"。所谓"矮行星"是指具有足够质量、呈圆球形,但不能清除其轨道附近其他物体的天体。"矮行星"是与行星不同的另一类天体。

89. 关于第26届国际天文学联合会大会,可以知道:
    A 规模空前盛大
    B 新命名了一颗行星
    C 全票通过了行星新定义
    D 焦点是冥王星地位问题

90. 跟地球相比,冥王星:
    A 直径小
    B 体积大
    C 不能自转
    D 有7颗卫星

91. 根据上文,可以知道:
    A 行星呈椭圆形
    B 矮行星不是行星
    C 太阳系现有十大行星
    D 冥王星是最早发现的行星

92. 上文主要谈的是:
    A 矮行星的特点
    B 行星的新定义
    C 冥王星被降级的原因
    D 冥王星被发现的过程

93-96.

公元前二世纪左右，中国的土地上并存着三个国家，分别是魏国、蜀国和吴国。这一时期在历史上被称为"三国时期"。三个国家间经常发生战争。

诸葛亮是蜀国的军师，以善于指挥战争著称。有一次，魏国得知蜀国的战略要地西城兵力薄弱，只有不到一万士兵，就派大将司马懿率领十几万军队前去攻打。在得到魏国的军队正迅速向西城赶来的情报后，蜀国上下都非常紧张。以一万士兵抵挡十几万敌军，如以卵击石，必败无疑，可是要从别的地方调集军队增援又来不及。西城危在旦夕，大家都把希望寄托在足智多谋的军师诸葛亮身上。

诸葛亮冥思苦想，终于想出一条妙计。他命令城内的平民和士兵全部撤出，暂时躲避到一个安全的地方，然后大开城门，等候敌人的到来。不久，司马懿就带兵包围了西城。令他吃惊的是，本来以为会戒备森严的西城却城门大开，城墙上也看不到一个守卫的士兵，只有二十多个老人在城门前扫地。正在他大惑不解的时候，城楼上出现了一个人，这人正是他的老对手诸葛亮。只见诸葛亮不慌不忙地整理了一下自己的衣服，在一架古琴前坐下来，随即，悠扬的音乐从城楼上传了下来。魏国的将士都愣住了，在大军围城的危急关头，蜀国的军师诸葛亮却弹起了琴，他们不知道这是怎么回事。

面对大开的城门和弹琴的诸葛亮，老奸巨猾的司马懿一时不知如何是好。他早就知道诸葛亮足智多谋，可诸葛亮竟敢大开城门迎候十几万大军，这太出乎他的预料了。因此他想，城里必定埋伏了大量兵马。这时，只听城楼上传来的琴声由舒缓渐渐变得急促起来，仿佛暴风雨就要来临一般。司马懿越听越不对劲，他怀疑这是诸葛亮调动军队反攻的信号，于是急忙下令军队撤退。就这样，蜀国的西城没有用一兵一卒就得以保全。

93. 第2段中画线词语"以卵击石"说明：
    A  双方兵力悬殊
    B  蜀国不惧危险
    C  士兵有牺牲精神
    D  蜀国在三国中最强大

94. 根据第3段，可以知道：
    A  诸葛亮准备投降
    B  司马懿机智过人
    C  西城士兵都逃跑了
    D  蜀国的做法出人意料

95. 司马懿为什么不进城？
    A  担心有埋伏
    B  被琴声所吸引
    C  即将有大暴雨
    D  蜀国援兵来了

96. 最适合做上文标题的是：
    A  空城计
    B  苦肉计
    C  骄兵必败
    D  纸上谈兵

97-100.

在湖南吉首市西大约20公里处，有一个风景优美的苗族山寨——矮寨。矮寨不但具有浓郁的苗族风情，而且有着堪称"天下三绝"的奇特景观。

首先是矮寨里的奇特房屋。一般来说，苗族的房屋都是木质结构，但走进矮寨，无论是大街还是小巷，无论是墙壁还是房顶，全部都是青石板。这些青石板厚薄均匀，与青山绿水和谐地组合在一起，简约中透着一股古朴的韵味，足以让在城市里被喧嚣烦扰的心沉静下来。我想，若得三五知己坐在这样的屋子里，吃着峒河特产"桃花虫"，饮着苗族特有的米酒，一定无比惬意！

其次是矮寨外的奇特公路。矮寨坐落在群山之间，周围全是悬崖峭壁。早年，当地人为了出山，在绝壁上开凿出一条石阶，这石阶宛如悬梯一般垂直树立在悬崖上，行人稍不留神就有可能坠落崖底，出行十分艰难。20世纪30年代修建的湘川公路，有一段就在矮寨北面的大山上。这座山的坡度大约70到90度，在这样陡峭的山上筑路，唯一的办法便是让道路呈"之"字状。于是施工者先在大山的斜面凿出一道道一头高、一头低的"大台阶"，然后再把上下两个台阶连接起来。虽然这座山的垂直高度只有440米左右，但蜿蜒盘旋其上的公路却有26个"台阶"，13个转弯，长约6公里。开汽车行驶在这条路上，抬头看，上面的车辆仿佛压在头顶，低头看，又仿佛自己的车行驶在下面车辆的顶上，很是惊心动魄。到了山顶的公路尽头，俯首回望，在阳光下，公路就像是一条洁白的玉带层层折叠在山腰之间。

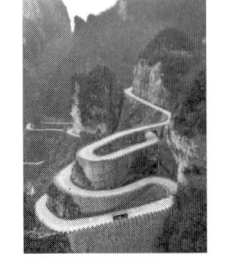

矮寨还有一绝，那就是特大悬索桥。这座桥横跨矮寨大峡谷，是渝湘高速公路大动脉中的一段。桥的主跨为1176米，距离地面大约330米。站在桥面俯视谷底，只见矮寨石板房宛如一座座小积木房子，整齐和谐地排列于山水之间。如果是大雾天，从桥面看下去，矮寨在雾中若隐若现，仿佛仙境一般。

97. 矮寨房屋的奇特之处是：
    A 墙壁很薄
    B 房顶很高
    C 建在山谷里
    D 用青石板建成

98. 第3段中画线句子是为了说明：
    A 景色美
    B 车辆多
    C 公路险
    D 山路宽

99. 根据上文，可以知道：
    A 矮寨公路有26个弯
    B 悬索桥横跨矮寨峡谷
    C 雾中美景是矮寨三绝之一
    D 悬索桥是湘川公路的一段

100. 上文主要谈的是：
    A 矮寨的三大奇观
    B 矮寨的苗族风情
    C 矮寨的交通发展
    D 矮寨的地理环境

## 3 书写

**第101题** 缩写。

（1）仔细阅读下面这篇文章，时间为10分钟，阅读时不能抄写、记录。
（2）10分钟后，监考收回阅读材料，请你将这篇文章缩写成一篇短文，时间为35分钟。
（3）标题自拟。只需复述文章内容，不需加入自己的观点。
（4）字数为400左右。
（5）请把作文直接写在答题卡上。

很久很久以前，有位贤明而受百姓爱戴的国王。这位国王的年纪已经很大了，但膝下并无子女。这件事一直压在国王的心上，让他很伤脑筋。有一天，国王想出了一个办法，他告诉大臣说："我要在全国范围内，亲自挑选一个孩子，收为我的义子，让他来继承我的王位。"他吩咐下去，给全国的每个孩子都发了一些花种，并宣布："如果谁能用这些种子培育出世界上最美丽的花朵，那么，那个孩子便是我的继承人。"

拿到花种后，所有的孩子都种下了那些花种，他们从早到晚守护着自己的小花盆，浇水、施肥、松土，护理得非常精心。

有个名叫豆豆的小男孩儿，他也整天用心培育花种。但是，10天过去了，半个月过去了，一个月过去了……两个月过去了，花盆里的种子依然如故，没有发芽。

"真奇怪！怎么一点儿动静都没有呢？"豆豆有些纳闷儿。最后，他去问母亲："妈妈，为什么我种的花不发芽呢？"

母亲也同样为此事操心，她说："你把花盆里的土换一换，看行不行。"

豆豆按照妈妈的意见，去花园里挖了些土，在新的土壤里重新播下那些种子，但是又一个月过去了，它们仍然没有发芽。

国王决定观花的日子到来了。孩子们穿着漂亮的衣服，涌上街头，他们都捧着鲜花盛开的花盆，每个人都希望自己能够继承王位。但是，不知道为什么，当国王从一个个孩子面前走过，看着一盆盆鲜艳的花朵时，他的脸上没有一丝高兴的表情。

忽然，在一个店铺旁，国王发现了正在流泪的豆豆，这个孩子端着一个

空花盆，孤零零地站在那里。国王把他叫到自己的跟前，和蔼地问道："你为什么端着空花盆呢？你的花呢？"

豆豆抽泣着，把自己如何种花，如何悉心照料，但花种却始终不发芽的经过告诉了国王，并说，他已经尽力了。国王听了豆豆的回答，高兴地拉着他的双手，向众人大声宣布："这就是我诚实的儿子！我将把我的国家交给他！"

百姓们很不解，纷纷议论起来："为什么您选择了一个端着空花盆的孩子来继承王位呢？"

国王说："我发给孩子们的种子，其实都是煮熟了的种子，根本不可能发芽开花。只有这个孩子，端来了空的花盆，所以他是最诚实的，把国家交到这样的孩子手中，我们的国家才有希望。"

听了国王这些话，那些捧着美丽鲜花的孩子们，个个面红耳赤，羞愧地低下了头。因为他们的鲜花种子，都是自己后来重新找的。

诚实是做人最起码的道德，是做人的根本。治理国家更需要道德和良知。豆豆虽然没有种出最美丽的花，但是他有一颗诚实的心，这为他赢得了美好的未来。

# 6級第5回

## 問題

聴力試験……………… P.136～P.141
　　　　　　　　　　 disk3 track 1～5

読解試験……………… P.142～P.159

書写試験……………… P.160～P.161

# 第5回  1 听力

## 第1部分

**第1-15题** 请选出与所听内容一致的一项。

1. A 生活需要冒险
   B 阅读能让人变成熟
   C 旅行能开阔人的视野
   D 要学会欣赏旅途中的美

2. A 兔子缺乏耐心
   B 池塘里根本没鱼
   C 兔子掉到池塘里了
   D 兔子钓鱼方法不当

3. A 象棋用具复杂
   B 象棋是4人游戏
   C 象棋注重团队配合
   D 象棋能锻炼人的意志

4. A 向日葵成活率低
   B 向日葵经济价值高
   C 葵花油富含胆固醇
   D 向日葵生长周期长

5. A 要有主见
   B 要懂得倾听
   C 要善于掩饰
   D 不要在意他人评价

6. A 农夫很乐观
   B 农夫受伤了
   C 小偷没偷到东西
   D 窃贼被警察抓住了

7. A 宋代文学成就不高
   B 造纸术出现于宋朝
   C 指南针是宋朝人发明的
   D 四大发明在宋代传到海外

8. A 寓言篇幅较长
   B 寓言是古代的故事
   C 寓言蕴含深刻的哲理
   D 寓言很少以人为主人公

9. A 商家更重视薄利多销
   B 限量供应能刺激消费
   C 供不应求不利于促销
   D 消费者追求物美价廉

10. A 教授记性很好
    B 太太夸奖了教授
    C 教授拿了别人的伞
    D 教授又把伞弄丢了

11. A "骨肉"表明人很健康
    B "首脑"形容人很有才华
    C "手足"被用来比喻兄弟
    D "手腕"说明一个人正直

12. A 不能溺爱孩子
    B 父母要尊重孩子
    C 健康人格要从小培养
    D 外向的儿童智商更高

13. A 赞美需要技巧
    B 赞美要分场合
    C 赞美他人是人的天性
    D 赞美有助于人际交往

14. A 射箭对听力要求高
    B 女选手心理素质更好
    C 男选手更重视射箭姿势
    D 力量在射箭运动中很关键

15. A 噪音会分散注意力
    B 很多人不会色彩搭配
    C 色彩会影响人们的健康
    D 生活中总有艰难的时刻

## 第 2 部分

第 16-30 题　请选出正确答案。

16. A 开个画廊
    B 立志当老师
    C 要学习艺术
    D 决定报考工科

17. A 目标要长远
    B 人要学会独立
    C 创作时要十分专注
    D 要注重平时的积累

18. A 觉得反感
    B 心里很难过
    C 非常不理解
    D 不愿听到这样的话

19. A 有争议的
    B 至少获过奖
    C 容易抓住读者
    D 得到专家肯定

20. A 喜欢小动物
    B 是画坛泰斗
    C 爱与学生争论
    D 从小就喜欢油画

21. A 是出口的
    B 是关于摄影的
    C 市场反响较好
    D 是纯手工制作的

22. A 优秀的设计
    B 完善的服务
    C 低廉的价格
    D 强大的功能

23. A 技术更先进
    B 做工更精良
    C 广告宣传更到位
    D 更了解本土客户需求

24. A 女性
    B 儿童
    C 年轻人
    D 中高端消费者

25. A 影响相对较小
    B 受到严重冲击
    C 准备打价格战
    D 从中受益匪浅

26. A 和导演交流
    B 去图书馆查资料
    C 阅读萧红的作品
    D 向萧红的朋友咨询

27. A 干净朴实
    B 华丽动人
    C 简洁干脆
    D 富有想象力

28. A 感情
    B 理想
    C 处世态度
    D 文学成就

29. A 更轻松
    B 可自由发挥
    C 更注重准确性
    D 更容易塑造形象

30. A 做过导演
    B 长得像萧红
    C 没专门学过表演
    D 爱看人物传记类电影

## 第 3 部分

**第 31-50 题** 请选出正确答案。

31. A 做事没有恒心
    B 愿望难以实现
    C 事物存在时间短
    D 事物只出现一次

32. A 不怕晒
    B 夜晚开花
    C 开花时间极长
    D 生长在寒冷地区

33. A 沙漠的气候
    B 昙花的特性
    C 怎样种植仙人掌
    D 温差对植物的影响

34. A 更谦虚
    B 更冷静
    C 不自信
    D 非常保守

35. A 很有本事
    B 只是初学者
    C 具有创新精神
    D 适合从事销售业

36. A 不要嫉妒别人
    B 不要轻易去尝试
    C 做事要精益求精
    D 羡慕别人很正常

37. A 声音
    B 气味
    C 月光
    D 风向

38. A 迷失方向
    B 产生误会
    C 耽误时间
    D 意见不一致

39. A 觅食行为
    B 身体构造
    C 群居特点
    D 认路本领

40. A 经常熬夜
    B 写不出稿子
    C 不擅长办报纸
    D 小说写得不好

41. A 公司倒闭了
    B 与太太离婚了
    C 在战场上打了败仗
    D 在两方面都受到损失

42. A 作家不该辞职
    B 要做适合自己的工作
    C 报社老板给作家加薪了
    D 全才更符合社会的需求

43. A 怎样和同事沟通
    B 领导要见多识广
    C 管理者要知人善任
    D 怎样提高作品的销量

44. A 提高记忆力
    B 了解交通路况
    C 缓解驾车疲劳
    D 能应对突发状况

45. A 激昂的
    B 舒缓的
    C 悲伤的
    D 嘈杂的

46. A 会干扰视线
    B 会使心情烦躁
    C 不利于全身放松
    D 对外界声音不敏感

47. A 开车时换碟不安全
    B 市区禁止开车听音乐
    C 等红灯时最好别听音乐
    D 开车时听音乐易出车祸

48. A 田径项目最多
    B 田径赛最受欢迎
    C 田径赛普及最广
    D 田径赛历史最悠久

49. A 发源地
    B 场地特点
    C 技术难度
    D 使用的器械

50. A 径赛竞争更激烈
    B 田赛在跑道上进行
    C 投掷项目属于田赛
    D 不能同时参加田赛和径赛

## 第5回 2 阅读

### 第1部分

第51-60题　请选出有语病的一项。

51. A 他这个人有不少值得表扬。
　　B 浙江、江苏两省是中国稻米的重要产区。
　　C 语言是否流畅是衡量文章好坏的标准之一。
　　D 以风景秀丽著称的阳朔县，位于广西壮族自治区。

52. A 忘掉失败，不过要牢记失败中的教训。
　　B 在中国，老虎自古就有"兽中之王"的美名。
　　C 人生的道路虽然漫长，要紧的却只有那几步。
　　D 夏天的仙岛湖，是人们避暑纳凉、读书学习的好时候。

53. A 此邮件由系统自动产生，请勿回复。
　　B 这本书的价格，精装本和平装本的定价相差十几块钱。
　　C 据统计，蜜蜂每酿造一斤蜜，大约要采集50万朵花的花蜜。
　　D 突如其来的一场大雨，让在操场上看演出的同学们乱了阵脚。

54. A 请仔细阅读本药品说明书并在医生指导下使用。
　　B 在皖南众多风格独特的徽派民居村落中，宏村是最具代表性的。
　　C 哈尔滨国际贸易洽谈会的成功举办，哈尔滨的知名度越来越高。
　　D 读书最大的好处在于：它让求知的人从中获知，让无知的人变得有知。

55. A 考察的结果是,这里的自然环境非常适合大熊猫的成长。

    B 很抱歉,您访问的页面不存在,请检查您输入的网址是否正确。

    C 经过8年努力,北京大学古典文学研究所终于完成了《全宋诗》的编纂。

    D 挫折是美丽的,至于它会给自己带来痛苦,但也能磨炼毅力和激发斗志。

56. A 这种新型传感摄像机可以探测到受测人是不是在说谎。

    B 我是206号客服,很高兴服务为您,请问有什么可以帮您的?

    C 靠墙的书架上,整整齐齐地摆放着文学、法律等各类书籍700多册。

    D 这位老艺术家的表演,可以说已经达到了惟妙惟肖、出神入化的境界。

57. A 由于中药汤剂多有苦味,故民间有"良药苦口"之说。

    B 爷爷常说知足常乐、心怀感恩的人更容易受到人生的幸福。

    C 亲子游之所以受欢迎,在于它能够增加家长和孩子之间的交流机会。

    D 有些人把创意当成一种职业,事实上,创意是一种无处不在的生活态度。

58. A 纠缠于过去,我们将失去现在与未来,一个频频回头的人,是走不了远路的。

    B 麦芽糖由小麦和糯米制成,香甜可口,营养丰富,具有健胃消食等功效,是老少皆宜的食品。

    C 素有"岭南才子"之称的刘斯奋,凭借长篇小说《白门柳》获得了中国当代文学的最高奖——茅盾文学奖。

    D 4年的从商经历,使她尝尽了酸甜苦辣,也使她开阔了眼界,培养敏锐的观察力和准确的判断力显得非常重要。

59. A 南方的一些花卉，在北方盆栽不易成活或开花，这是盆土碱性过大的缘故。

　　B 芹菜炒熟后降压作用并不著名，所以最好凉拌吃，这样可以最大限度地保留营养，更好地起到降压作用。

　　C 旅行会让人谦卑，它会让你明白世界之大：世界上存在着许多与你截然不同的人，发生着许多你未曾经历的事。

　　D 古人常说"覆水难收"。讲话就像泼水，泼出去的水无法收回，讲过的话也一样收不回来，所以一句话要出口以前，一定要慎思。

60. A 在这次技术交流会上，对于怎样拓展营销渠道这一问题，大家纷纷发表了自己的意见。

　　B 迎面吹来的寒风使我不禁打了个寒战，我赶紧扣上大衣扣子，快步向不远处的汽车站走去。

　　C 做家务是让孩子建立自信的一种方式，家务能教会孩子实际生存的技能，并使孩子领悟到一些人生的道理。

　　D 黄永玉是中国著名的书画艺术家，他自幼喜爱绘画，少年时期便因木刻作品蜚声画坛，称他为"中国三神童之一"。

## 第2部分

第61-70题 选词填空。

61. 在战争中，＿＿＿白旗表示求和、投降。这是为什么呢？有一种＿＿＿说：这表示"我们认输了，你们可以在我们的旗子上＿＿＿上你们的颜色了"。

   A 抬    推论    绣
   B 举    解释    涂
   C 掏    嫌疑    刺
   D 摸    条款    熨

62. 手指是人体感觉最灵敏的一个＿＿＿。在指端上，有千万个神经细胞，能对接触到的物体进行＿＿＿。无论是冷热和软硬，还是大小和＿＿＿，手指往往一触即知。

   A 部位    分辨    形状
   B 部门    分析    形式
   C 局部    辨认    情形
   D 位置    区分    形态

63. 广灵剪纸作为中国民间剪纸的三大流派之一，以其＿＿＿的构图、传神的表现力、细腻的刀法、考究的用料以及精致的包装而＿＿＿，被＿＿＿为"中华民间艺术一绝"。

   A 深刻    举世闻名    啧
   B 轰动    喜闻乐见    竖
   C 生动    独树一帜    誉
   D 深奥    举足轻重    折

64. 网络时代容易出现以下现象：人们容易在网上向陌生人＿＿＿心扉，甚至可以和网友知根知底、＿＿＿；但在现实生活中，人们却越来越＿＿＿，有的甚至做了好多年邻居却互不相识。网络到底是使人们变得更加＿＿＿，还是更加疏远了呢？

   A 呈现    恍然大悟    残酷    亲切
   B 陈述    理直气壮    冷酷    密切
   C 传达    各抒己见    冷淡    严密
   D 敞开    无话不谈    冷漠    亲密

145

65. 从前，一个穷和尚对一个富和尚说："我想去南海圣地，你看_____？"富者问："你那么穷，怎么去呀？"穷者答："我有一个水瓶、一个食钵。"富者听后，_____地说："我一直想攒够钱雇船前往，_____都没实现，你就更别提了。"第二年，穷和尚从南海回来了，而富和尚_____在原地做准备。

| | | | | |
|---|---|---|---|---|
| A | 何必 | 污蔑 | 迄今 | 固然 |
| B | 何况 | 轻视 | 至少 | 毅然 |
| C | 如何 | 轻蔑 | 至今 | 依然 |
| D | 奈何 | 蔑视 | 目前 | 居然 |

66. 水是人体的重要组成物质，多喝水的好处是_____的。多喝水能够保证人体内水分_____充足，_____使血液循环速度加快，把更多的氧气输送到人体各个器官和角落，让人全天_____，精神百倍。

| | | | | |
|---|---|---|---|---|
| A | 博大精深 | 数量 | 况且 | 欣欣向荣 |
| B | 微不足道 | 重量 | 反而 | 朝气蓬勃 |
| C | 不可思议 | 能量 | 此外 | 无忧无虑 |
| D | 毋庸置疑 | 含量 | 从而 | 神采奕奕 |

67. 无论做什么事情，你都不可能使每个人都满意，因为每个人看问题的标准和_____都不同。为了取得别人的支持，你可以_____迁就别人的要求，但是你不能_____每个人都对你满意，所以不要_____让所有的人都对你满意。

| | | | | |
|---|---|---|---|---|
| A | 角度 | 尽量 | 期望 | 试图 |
| B | 视线 | 逐步 | 预期 | 尝试 |
| C | 立场 | 尽快 | 期待 | 力图 |
| D | 观点 | 逐渐 | 看望 | 力争 |

68. 涨跌停板制度是证券市场上为了防止交易价格暴涨暴跌，抑制_____投机现象，对每支证券当天价格的涨跌幅度_____适当限制的一种交易制度，即_____交易价格在一个交易日中的最大波动幅度为前一交易日收盘价上下百分之几，超过后即_____交易。

| | | | | |
|---|---|---|---|---|
| A | 额外 | 授予 | 拟定 | 终止 |
| B | 过分 | 赋予 | 制定 | 阻止 |
| C | 过度 | 予以 | 规定 | 停止 |
| D | 充分 | 给予 | 确定 | 制止 |

69. 湿地是具有多种独特功能的生态系统，仅_____地球表面6%，却为地球上20%的已知物种提供了_____环境。它不仅为人类提供了大量食物和水_____，还起到了维持生态平衡、保护_____物种、蓄洪防旱等作用。

| | | | | |
|---|---|---|---|---|
| A | 围绕 | 生育 | 源泉 | 宝贵 |
| B | 包围 | 储存 | 能源 | 昂贵 |
| C | 掩盖 | 存在 | 来源 | 珍贵 |
| D | 覆盖 | 生存 | 资源 | 珍稀 |

70. 太极拳历史悠久，"太极"二字取自于道教_____《易经》。太极拳将阴阳五行与中医_____融入武术之中，行拳动作_____而有节奏。太极拳流派众多，其中以河南的陈式太极拳_____最广。2006年，太极拳被列入中国首_____国家非物质文化遗产名录。

| | | | | | |
|---|---|---|---|---|---|
| A | 经典 | 理论 | 缓慢 | 流传 | 批 |
| B | 传统 | 真理 | 迟缓 | 流通 | 串 |
| C | 奥秘 | 原理 | 迟疑 | 传播 | 番 |
| D | 精华 | 推理 | 疑惑 | 传递 | 副 |

## 第3部分

**第71-80题** 选句填空。

71-75.

"茶马古道"起源于唐宋时期的"茶马互市"。康藏属高寒地区,藏民以奶类、酥油、牛羊肉为主食。在高寒地区,(71)_____,但由于没有蔬菜,糌粑又燥热,因此过多的脂肪在人体内不易分解。而茶叶既能够分解脂肪,又能防止燥热,所以藏民在长期的生活中,养成了喝酥油茶的习惯。藏区不产茶,而内地又需要大量的骡马,于是,(72)_____,即"茶马互市"便产生了。这样,藏区、四川、云南边地等出产的骡马、毛皮、药材等,与四川、云南、内地出产的茶叶、布匹、盐和日用器皿等,在横断山区的高山深谷间南来北往,流动不息,(73)_____,形成一条延续至今的"茶马古道"。

如今,茶马古道已经成为一个特殊的地域称谓,是世界上自然风光最壮观、文化习俗最神秘的旅游线路之一。沿着茶马古道旅行,沿途的民居样式、民情风俗、衣着服饰、语言等始终像走马灯一样变化着,(74)_____。当地谚语有一个形象的概括,叫"五里不同音,十里不同俗"。(75)_____,使茶马古道成为一条极富魅力且多姿多彩的民族文化走廊。

- A 让你目不暇接
- B 并随着社会经济的发展而日趋繁荣
- C 具有互补性的茶和马的交易
- D 这种多元的文化特点
- E 人们需要摄入含热量高的脂肪

76-80.

不论是一般感冒,还是流行性感冒,都会出现打喷嚏、鼻塞等症状。也正是因为有这些症状,我们才会觉得自己感冒了。那么,这些症状是怎么出现的呢?

当病毒感染了我们的上呼吸道,(76)_____。它会产生大量的白细胞来消灭病毒,同时让血管扩张使更多的免疫细胞到达患处,也会促使鼻腔分泌鼻涕并引发喷嚏,把病毒冲出体外。这一系列动作造成了鼻塞和流鼻涕等症状。

(77)_____,现有的免疫细胞不足以消灭病毒,机体就开始提升体温来抑制病毒的生长。因为体温升高也是人体抵抗外来细菌、病毒侵入的一种有效方式。这种情况会持续到免疫系统产生足以抵御感染的白细胞为止。(78)_____,淋巴结开始充血,你就会有喉咙肿痛的感觉。

总而言之,感冒时出现的大部分症状,都是免疫系统消灭病毒时造成的,(79)_____。

而有些人感冒时是不会出现感冒症状的,但这些人的恢复情况和出现感冒症状的人没有差异。(80)_____,可一旦病起来就很严重。因为小病没有症状,能引发症状的都是大病了。

A 这就是为什么有的人看起来很健康
B 当免疫系统找到了适用的白细胞时
C 机体的免疫系统就开始工作了
D 如果情况更严重些
E 而非病毒本身带来的

## 第4部分

第81-100题　请选出正确答案。

81-84.

　　俗话说:"人不可貌相,海水不可斗量。"其实,相貌在一定程度上可以反映一个人的内在,或者说,相貌与气质、能力等要素之间,具有一定的关联。

　　人在岁月的磨砺中,必然会因习惯性的表情重复,而在面部留下难以隐藏的痕迹。而这些际遇,又会作用于人的容貌气质,加重一个人相貌上的优势或劣势。对此,有许多成语形容这种外在的表象,如慈眉善目、和蔼可亲、笑容可掬、冷若冰霜、贼眉鼠眼、凶相毕露等等。《世说新语·容止篇》里讲了一则故事:魏王曹操将要接见匈奴的使者,但他认为自己容貌丑陋,很难在远方来的使者面前称雄,便让魁梧英俊的崔季珪代替自己坐着,他本人则握着刀站在旁边。接见完毕,曹操派人去问使者:"你看魏王怎么样?"匈奴使者答道:"魏王仪态高雅,非同寻常,然而旁边握刀站立的人,才是真正的英雄。"曹操作为英雄豪杰,志向高远,尽管扮为侍卫,但其眉宇间流露的逼人英气,仍然无法遮掩。

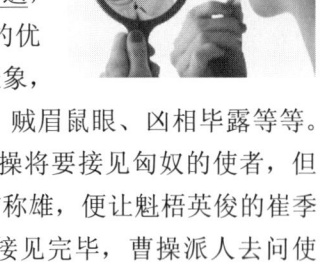

　　简单地以貌取人有失偏颇,但在一定程度上,一个人有一颗什么样的心,就有一张什么样的脸。既然我们无法改变先天的相貌,那就让我们通过后天的努力来改变心境。与其通过衣着打扮、化妆整容等来费尽心机地修身,不如用知识、智慧、美德、教养来修心。由内而外散发出来的优雅高贵的气质,会让你成为一个充满魅力的人。

81. 第2段中,"这些际遇"最可能指的是:
    A 人生经历
    B 性格特点
    C 内心情绪
    D 不开心的事

82. 文中举曹操的例子是为了说明:
    A 曹操志向远大
    B 第一印象很重要
    C 长相是可以改变的
    D 容貌能反映个人气质

83. 下列哪项是作者的观点?
    A 修心不如修身
    B 要注重内在修养
    C 以貌取人毫无道理
    D 外表出色的人更易成功

84. 最适合做上文标题的是:
    A 性格决定命运
    B 人也可以貌相
    C 情人眼里出西施
    D 爱美之心,人皆有之

85-88.

　　公元六世纪初,南朝梁武帝时期刻印问世的《千字文》,被公认为是世界上使用时间最长、影响最大的儿童启蒙识字课本,它比唐代出现的《百家姓》和宋代编写的《三字经》还早。《千字文》可以说是千余年来最畅销、读者最广泛的读物之一。明清以后,《三字经》《百家姓》《千字文》即所谓的"三百千",几乎是家诵人习,过去有打油诗讲私塾"<u>学童三五并排坐,'天地玄黄'喊一年</u>",正是其真实写照。

　　《千字文》是四言长诗,首尾连贯,音韵谐美。以"天地玄黄,宇宙洪荒"开头,"谓悟助者,焉哉手也"结尾。全文共250句,每四字一句,字不重复,句句押韵,前后贯通,有条不紊地介绍了天文、自然、地理、历史、园艺、饮食起居、人伦道德等方面的内容。

　　相传,梁武帝一生戎马倥偬,他很希望自己的后代能在太平时期多读些书。由于当时还没有一本适合的启蒙读物,他就令一位名叫殷铁石的文学侍从,从晋代大书法家王羲之的手迹中拓下一千个各不相干的字,每纸一字,然后一字一字地教学,但杂乱难记。后来,梁武帝想,若是将这一千字编撰成一篇文章,岂不是更有条理?于是,他召来自己最信赖的文学侍从周兴嗣,讲了自己的想法。周兴嗣回到家后,苦思冥想了一整夜,才文思泉涌。他边吟边写,终于将这一千字联串成一篇内涵丰富的四言韵书。梁武帝读后,<u>拍案叫绝</u>,立即令人送去刻印,刊之于世。

85. 第1段中，画线句子主要想说明：
    A 古代教学方法枯燥
    B 明清学前教育发达
    C "三百千"十分难懂
    D 《千字文》被广泛诵习

86. 关于《千字文》，可以知道：
    A 内容单一
    B 是儿童启蒙读物
    C 全篇都是五言诗
    D 比《百家姓》问世稍晚

87. 第3段中，"拍案叫绝"最可能是什么意思？
    A 极力称赞
    B 非常愤怒
    C 受到惊吓
    D 感到意外

88. 第3段主要讲的是：
    A 周兴嗣的才华
    B 《千字文》的由来
    C 《千字文》的内容
    D 梁武帝的文化品味

89-92.

条形码有一维条形码和二维条形码之分。

一维条形码就是今天人们已经非常熟悉的普通条形码，它的信息仅靠黑白条纹的宽窄来表达，在平面上按单一方向分布排列。一维条形码虽然只能编码几十个字符、数字，也脱离不了对数据库的依赖，但它的使用极大地提高了电脑采集数据和处理信息的速度，促进了管理的科学化和现代化。

二维条形码是在一维条形码不能满足大容量信息存储的情况下发展起来的。与一维条形码的区别是，它能在横向和纵向两个方位同时表达信息。除了可以存储字符、数字以外，它还可以存储图形、声音等一切可以数字化的信息，存储数据量很大。同时，它还具有信息存储成本低、可以用便携式识读设备直接读取内容而无须另接数据库、信息一旦存入其中就无法更改、能对被污染的信息进行修复还原等特点。

二维条形码从"质"上提高了条形码的应用水平，从"量"上拓宽了条形码的应用领域。将二维条形码应用在身份证、护照和机动车驾驶证等重要证件上后，因为二维条形码可以存储个人照片、声音、指纹、虹膜、基因状况等综合信息，假冒分子就很难得逞。二维条形码除了能"慧眼识人"外，还能准确"认物"。将二维条形码应用在药物、高档家用电器等物品上后，由于二维条形码可以存储产地、生产厂家、品牌、质量指标、生产批号、安全性能等综合信息，伪劣产品就休想蒙混过关。在不与网络相连时，便携式识读设备读取的内容可以上传到有关数据库，以便"跟踪"某一物件的流向。

目前，二维条形码的应用远没有一维条形码普遍。一是由于现有的各种二维条形码制在信息密度、编码语言、识读成本等方面还存在技术缺陷，二是世界上仅有少数几个科技发达国家才拥有二维条形码的核心技术知识产权。

89. 关于一维条形码，可以知道：
    A 已经被淘汰
    B 不依赖数据库
    C 靠条纹宽窄表达信息
    D 可以编码字符和图形

90. 与一维条形码相比，二维条形码的优点是：
    A 连接多个数据库
    B 信息存入后可更改
    C 按单一方向排列信息
    D 可存储各类数字化信息

91. 第4段中，"慧眼识人"指的是二维条形码能：
    A 进行身份识别
    B 读懂人的心思
    C 开发人的智力
    D 保证个人信息不被泄露

92. 上文主要讲的是：
    A 条形码的分类标准
    B 条形码的经济效益
    C 条形码的适用范围
    D 条形码的作用和发展

93-96.

中国的哈尼族多居住在向阳的山腰,依傍山势建立村寨。村寨一般为三四十户,多则数百户。村寨背后是郁郁葱葱的古树丛林,周围绿竹青翠,棕榈挺拔,间以桃树梨树,村前的梯田层层延伸到河谷。离村寨不远有清澈酣凉的泉水井。

传说远古时,哈尼人住的是山洞,山高路陡,出门劳作很不方便。后来当他们迁徙到一个名叫"惹罗"的地方时,看到满山遍野生长着大朵大朵的蘑菇,它们不怕风吹雨打,还能让蚂蚁和小虫在下面做窝栖息,于是,他们就模仿蘑菇的样子盖起了"蘑菇房"。

哈尼族的"蘑菇房"由土基墙、竹木架和茅草构成。房子分层:底层关牛马、堆放农具等;屋顶有平顶、双斜面和四斜面三种。因地形陡斜,缺少平地,平顶房较为普遍,这样既可防火,又便于用屋顶晒粮,使空间得到充分利用。中间楼板层就是主人住的地方了,做饭、休息、会客均在此层。这一层是"蘑菇房"的主体,其设置很有特色,尤其是正中央那个长年烟火不断的长方形火塘。火塘象征着哈尼人火一样的性格,火一样的热情。如果你到哈尼族人家里去做客,热情的主人就会请你围坐在火塘边,让你饮上一杯热腾腾的"糯米香茶",喝上一碗香喷喷的"闷锅酒"。趁着酒兴,主人还会敞开嗓子,向你展示哈尼人美妙的歌喉,并祝愿宾客吉祥如意、身体健康。

"蘑菇房"因其特别的结构形式,保温散热性能良好:即使是寒气袭人的严冬,屋里也会暖融融的;而在赤日炎炎的夏天,里面却十分凉爽。因此,哈尼人有"谁不会盖'蘑菇房'谁就不是真正的哈尼"之说,显然,他们视"蘑菇房"为一种骄傲。

自古以来,哈尼族人迁徙到哪里,"蘑菇房"就盖到哪里。经过长期的发展与改进,现在的"蘑菇房"既保留了传统特色,又日臻完善,与巍峨的山峰、迷人的云海、多姿的梯田组成了一幅奇妙的画卷。

93. 第1段主要介绍了哈尼族的：
    A 居住环境
    B 分布范围
    C 生活习惯
    D 农业发展

94. 为什么哈尼族的房子多为平顶？
    A 为了防潮
    B 弥补地形缺陷
    C 使房屋更牢固
    D 利于空气流通

95. 哈尼人怎么招待客人？
    A 为客人唱歌
    B 请客人喝蘑菇汤
    C 赠送客人民族服饰
    D 让客人远离火塘

96. 关于"蘑菇房"，下列哪项正确？
    A 冬暖夏凉
    B 底层有火塘
    C 全部用竹子建造
    D 客厅与休息室分层设立

97-100。

　　大气层又叫大气圈，地球就被这厚厚的大气层包围着。大气层的主要成分是氮气和氧气，这两种气体占了99%，此外，还有少量的二氧化碳、稀有气体和水蒸气。整个大气层随高度的变化而表现出不同的特点，可分为对流层、平流层、中间层、暖层和散逸层。

　　对流层在大气层的最低层，紧靠地球表面，其厚度大约为10至20千米。因为这一层的空气对流很明显，故称对流层。对流层的大气受地球影响较大，云、雾、雨等现象都发生在这一层，水蒸气也几乎都集中在这一层。这一层的气温随高度的增加而降低，大约每升高一千米，温度下降5-6℃。动植物的生存、人类的绝大部分活动，也都在这一层内。

　　对流层以上是平流层，大约距地球表面20至50千米。因为这一层的大气是平稳流动的，故称为平流层。其中，30千米以下是同温层，温度基本不变，保持在-55℃左右，而在30千米至50千米内温度则随高度增加而略微升高。这一层的水蒸气和尘埃很少，晴朗无云，很少发生天气变化，适于飞机航行。

　　平流层以上是中间层，大约距地球表面50至85千米，这一层的空气稀薄，突出特征是气温随高度增加而迅速降低，空气垂直对流强烈。

　　中间层以上是暖层，距地球表面大约85千米至800千米。暖层最突出的特征是当太阳光照射时，太阳光中的紫外线会被该层中的氧原子大量吸收，温度因此升高，故称暖层。散逸层则在暖层之上，由带电粒子组成。

　　另外，还有一个特殊的层——臭氧层。臭氧层位于平流层内，距地面20至30千米。这一层主要是由氧分子受紫外线的光化作用变成臭氧而造成的。臭氧层像一道屏障，保护着地球上的生物免受太阳紫外线和高能粒子的袭击，被称为"地球的保护伞"。

97. 与人类生活最密切的大气层是：
    A 对流层
    B 平流层
    C 中间层
    D 散逸层

98. 平流层有什么特点？
    A 温度基本不变
    B 空气平稳流动
    C 天气变化频繁
    D 有大量水蒸气

99. 根据上文，可以知道：
    A 中间层空气稀薄
    B 暖层由带电粒子组成
    C 散逸层紧靠地球表面
    D 云雨天气多发生在臭氧层

100. 上文主要介绍了：
    A 大气层的结构
    B 气候变化的原因
    C 空气的主要成分
    D 温度和大气的关系

## 第5回 3 书写

**第101题** 缩写。

（1）仔细阅读下面这篇文章，时间为10分钟，阅读时不能抄写、记录。
（2）10分钟后，监考收回阅读材料，请你将这篇文章缩写成一篇短文，时间为35分钟。
（3）标题自拟。只需复述文章内容，不需加入自己的观点。
（4）字数为400左右。
（5）请把作文直接写在答题卡上。

  猎人穿行在树林中，查看前几天挖下的陷阱，可惜一无所获。当他走进一片灌木林时，微微有些紧张，因为那里是最后一处陷阱了。

  伪装的树枝不见了，陷阱的洞口显露了出来，猎人非常兴奋，端着枪悄悄走近阱口。猎物是只成年的公狼，金黄色的皮毛闪烁着金属的光泽。它在阱底叫着，焦躁地团团转。

  猎人边全神贯注地举枪瞄准，边往前挪动脚步。突然，脚下一滑，眼前一黑，耳边响起尘土和落叶的坠落声，猎人意识到，他掉进了自己挖的陷阱里。猎人懊悔不已，自己怎么就忽略了昨晚的那场大雨。

  现在，猎人和凶恶的公狼一起被困在了狭小的陷阱里。陷阱四周是三米多高、垂直光滑的泥壁，根本就爬不上去。猎人心里一阵苦笑：这大概就是报应吧，打了一辈子猎，结果却要死在自己亲手挖掘的陷阱里，死在自己已捕获的猎物口中。

  猎人掉进陷阱的那一刻，公狼被这突如其来的坠落物吓住了。它转过身，目光凶狠地瞪着近在咫尺的猎人，露出白森森的狼牙，鼻孔中发出威慑的声音。赤手空拳的猎人知道，自己无论如何也敌不过眼前凶狠的公狼。凭着多年的狩猎经验，他很快就镇定了下来，也目光狠狠地瞪着公狼不动。

  人和狼都不敢轻举妄动，互相对峙着，时间似乎静止了。不知过了几分钟还是几小时，或许是因为公狼感到眼前的人对它并不构成威胁，也或许是它觉得逃命要紧，无暇顾及猎人。公狼便试探似地后退两步，见猎人没有反应，它掉转身，不再顾虑背后的人，开始义无反顾地用尖锐的前爪飞快地扒着陷阱壁。

雨后的土很松，公狼很快就扒下一大堆土，那些土落在脚下，把陷阱底部垫高了一层。公狼后脚跳上土墩，竖起前爪，继续往高处抓。猎人很快就明白了公狼的意图，旋即便在公狼的身后，把公狼抓下的松土踩实、垫宽，做成台阶状。狼和人，在这一刻成了同舟共济的合作者。人和狼，为了求生，竟配合得如此默契。

只用了两个小时左右的时间，公狼和猎人都看见了头顶的地面。狼一纵身，蹿上地面，向前走了几步，却又停住，转身坐了下来，目光直直地望着洞口。过了一会儿，猎人也艰难地爬出了洞口。他看见狼正盯着自己，便慌忙拾起掉在地上的枪，端起来瞄准了狼的前胸。

公狼见猎人爬了上来，全然不觉危险就在眼前，而是偏着头，对猎人眨了眨眼，然后缓缓起身，慢吞吞地朝着森林深处走去。

猎人端着枪，瞄着渐渐远去的公狼，却没有扣下扳机，任由猎物消失在远处的树林中……

# 6級 第1回
# 解答・解説

聴力試験···P.164～P.195
読解試験···P.196～P.217
書写試験···P.218～P.219

## 正解一覧

### 1. 听力

**第1部分**
| | | | | |
|---|---|---|---|---|
| 1. A | 2. B | 3. A | 4. B | 5. C |
| 6. C | 7. D | 8. D | 9. A | 10. C |
| 11. D | 12. D | 13. D | 14. C | 15. D |

**第2部分**
| | | | | |
|---|---|---|---|---|
| 16. A | 17. C | 18. A | 19. B | 20. D |
| 21. D | 22. A | 23. C | 24. B | 25. C |
| 26. A | 27. C | 28. B | 29. B | 30. A |

**第3部分**
| | | | | |
|---|---|---|---|---|
| 31. B | 32. C | 33. D | 34. D | 35. B |
| 36. A | 37. C | 38. D | 39. B | 40. B |
| 41. D | 42. A | 43. C | 44. A | 45. B |
| 46. A | 47. B | 48. A | 49. B | 50. D |

### 2. 阅读

**第1部分**
| | | | | |
|---|---|---|---|---|
| 51. B | 52. B | 53. C | 54. A | 55. C |
| 56. D | 57. D | 58. C | 59. B | 60. D |

**第2部分**
| | | | | |
|---|---|---|---|---|
| 61. D | 62. A | 63. B | 64. A | 65. C |
| 66. C | 67. D | 68. B | 69. A | 70. D |

**第3部分**
| | | | | |
|---|---|---|---|---|
| 71. D | 72. A | 73. C | 74. E | 75. B |
| 76. C | 77. A | 78. B | 79. D | 80. E |

**第4部分**
| | | | | |
|---|---|---|---|---|
| 81. B | 82. C | 83. A | 84. C | 85. A |
| 86. A | 87. D | 88. B | 89. C | 90. C |
| 91. C | 92. B | 93. D | 94. C | 95. C |
| 96. A | 97. A | 98. D | 99. B | 100. B |

### 3. 书写

※ 解答例は解説ページでご確認ください。

## 第1回

## 1 听力

### 第1部分　問題 p.24～p.25

〈問題文〉请选出与所听内容一致的一项。
〈和　訳〉音声の内容と一致するものを選びなさい。

### 1　正解 A

#### スクリプト

一对情侣在聊天儿，女朋友可怜兮兮地问道："我们为什么不能住贵一点儿的房子呢？"男的说："我们马上就要住贵房子了。房东今天早上说了，明天起我们的房租就涨了。"

#### スクリプト和訳

一組のカップルがおしゃべりをしている。彼女が哀れな様子で聞いた、「私たち、なぜもっと（家賃が）高い部屋に住めないの？」と。男性は言った、「もうすぐ（家賃が）高い部屋に住むよ。明日から家賃が値上がりすると、今朝大家さんが言っていたから。」と。

#### 選択肢和訳

A　家賃が値上がりする
B　2人は引っ越したばかりであった
C　女性は新しい家具を買いたい
D　男性はローンを組んで家を買いたい

## 2  正解 B

### スクリプト

心理学研究发现，经常被拥抱的儿童，心理素质要比缺乏拥抱的儿童好得多。拥抱可以消除沮丧，提高体内免疫系统的效率。家庭成员间的拥抱能增强彼此间的亲密关系，大大减少家庭摩擦。

### スクリプト和訳

心理学の研究によると、よく抱きしめられる子供は、そうでない子供と比べて心理的な素質が良いことが明らかになった。抱きしめると、落ち込みを解消でき、体内の免疫系統の効率を高めることができる。家族同士で抱きしめあうことは、お互いの関係をより強固にし、家庭内でのトラブルを大いに減少させることができる。

### 選択肢和訳

A  同情心を抱くべきである
B  **抱きしめると落ち込みが解消できる**
C  抱きしめると尊重される
D  コミュニケーション能力を高めるべきである


## 3  正解 A

### スクリプト

武则天是中国历史上唯一的女皇帝。她六十七岁即位，去世时八十二岁，是寿命最长的皇帝之一。人们对武则天的评价褒贬不一，但无法否认的是武则天对历史做出过巨大的贡献。

### スクリプト和訳

則天武后は中国の歴史における唯一の女帝である。彼女は67歳で即位、82歳で逝去し、最も寿命の長い皇帝の一人であった。人々の則天武后に対する評価は賛否両論であるが、彼女が歴史的に果たした大いなる貢献は、誰も否定できない。

### 選択肢和訳

A  **則天武后は長寿であった**
B  則天武后の晩年は孤独であった
C  則天武后は娘を寵愛した
D  則天武后は子供の頃から皇帝であった

## 4  正解 B

### スクリプト
因为有了比赛规则的约束，胜负的判定才会显得公平；因为有了交通规则的约束，马路上行人车辆才会各行其道。做人也有规则，遵守做人的规则，才能在正确的轨道上追求更高的人生价值。

### スクリプト和訳
試合にはルールという制限があるからこそ、勝敗の判定が公平に見える。交通ルールという制限があるからこそ、道路では歩行者と車両がそれぞれの道を通る。人間にもルールがあり、そのルールを守ってこそ、正しいレールに沿ってさらに高い人生の価値を追い求めることができる。

### 選択肢和訳
A 正義感を持つべきである　　B **生活にはルールが必要である**
C 成功を急ぐな　　D 人間たるもの、足るを知り、常に楽しくあるべきである

## 5  正解 C

### スクリプト
小明不小心吞下一小块儿肥皂，妈妈打电话给医生。医生说："我要半小时后才能赶过去。"妈妈说："你来之前，我该做什么？"医生说："给他喝杯水，然后让他跳一跳，这样你就可以让他用嘴巴吹泡泡消磨时间了。"

### スクリプト和訳
明ちゃんはうっかり石鹸のかけらを飲み込んでしまったので、お母さんがお医者さんへ電話をかけた。お医者さんは「そちらに着くのは30分後になってしまいます。」と言った。お母さんは「先生がいらっしゃるまで、私は何をしたらよいでしょう？」と聞いた。お医者さんは言った、「水を飲ませて、ぴょんぴょん跳びはねさせてください。そうすれば、口からシャボン玉を吹かせて時間をつぶせますから。」と。

### 選択肢和訳
A 母親は申し訳ないと思った　　B 医者は明ちゃんに縄跳びをさせた
C **医者はすぐに駆けつけられない**　　D 明ちゃんはミネラルウォーターを飲むべきである

## 6　正解 C

### スクリプト

如果你容易晕机，应该避免坐在飞机机舱后方。整个机舱就像个跷跷板一样，离中部越远，颠簸得越厉害。而且飞机的后部一般比前部长，因此机舱后方是最颠簸的地方。要想不晕机，坐得越靠近机翼处越好。

### スクリプト和訳

飛行機に酔いやすいなら、機体の後方に座るのは避けた方がよい。機体はシーソーと同じように、真ん中から遠いほど揺れが激しくなる。また、一般的に機体は前方よりも後方が長いので、機体の後方が最も揺れる。酔いたくなければ、できるだけ翼に近い座席に座るのがよい。

### 選択肢和訳

A　小型飛行機に乗るのが安全である
B　機体の後方が最も安全である
C　機体の後方に座るとより酔いやすい
D　翼の近くに座るのが最も酔いやすい

## 7　正解 D

### スクリプト

当人们对某个人有好感后，就会很难感觉到他的缺点，就像有一种光环在围绕着他，这种心理就是光环效应。人们常说的"情人眼里出西施"，就是光环效应的一种表现。

### スクリプト和訳

人はある人に好感を持つと、その人の欠点を感じにくくなる。後光がその人を取り囲んでいるように見える。このような心理が、後光効果である。人々がよく言う「あばたもえくぼ（惚れた人の目には西施に見える）」というのも、後光効果の表れの一つである。

### 選択肢和訳

A　見た目で人を判断してはならない
B　夫婦は互いに思いやるべきである
C　恋愛をしている人は好みがうるさい
D　恋人の間には後光効果がある

## 8  正解 D

### スクリプト
企业的生命周期可分为发展、成长、成熟、衰退几个阶段。成熟期是企业生命周期中最为理想的点，在这个点上，企业的自控力和灵活性达到了平衡，企业知道自己在做什么，该做什么，以及如何才能达到目的。

### スクリプト和訳
企業のライフサイクルは発展、成長、成熟、衰退のいくつかの段階に分けられる。成熟期は企業のライフサイクルにおいて最も理想とされるポイントであり、このポイントで企業の自己コントロールと柔軟性のバランスがとれ、企業自身が何をしているか、何をすべきか、どうすれば目的を達成できるかが分かるのである。

### 選択肢和訳
A　企業の発展は団結が頼りである
B　企業管理がポイントである
C　企業は飛び越えて発展してよい
D　企業は成熟期が最もよい状態である

## 9  正解 A

### スクリプト
做一个快乐的人，最重要的是记得随手关上身后的门，学会将过去的失误、错误通通忘记，不沉湎于懊恼、悔恨之中，而要一直向前看。时光一去不复返，明天又是崭新的一天，不要让过去的错误成为明天的包袱。

### スクリプト和訳
満ち足りた人間になるのに最も重要なのは、後ろのドアを閉めるのを忘れないことである。過去の失敗や過ちをすっかり忘れ、悩みや後悔の念に溺れず、前を向き続ける姿勢を身につけるのである。過ぎた時間は戻らない。明日はまた新たな一日が始まる。過去の過ちを、明日の重荷としてはならない。

### 選択肢和訳
A　前向きであるべきである
B　用意のない戦はするな
C　悪い習慣は直しにくい
D　思い出はいつも美しい

## 10  正解 C

### スクリプト

"金无足赤，人无完人。"每个人都有缺点，然而并非所有人都能坦然面对自己的缺点。能够客观认识自己的缺点，不怕暴露自己短处的人更容易成功；而想方设法"藏短"，不敢正视自己缺点的人则很难取得成就。

### スクリプト和訳

「純金と言える金がないように、完璧な人間などいない。」誰にでも欠点はあるが、誰もが自分の欠点にまっすぐ向き合えるわけではない。客観的に自己の欠点を知り、自己の短所を曝すのを恐れない人ほど、成功しやすい。あらゆる方法で短所を隠し、自己の欠点を認められない人は、成功しにくいのである。

### 選択肢和訳

A 熟考してから行動すべきである
B 全面的に物事を考慮することを身につけるべきである
C 自分の欠点を正視すべきである
D 他人の経験を参考にすべきである

## 11  正解 D

### スクリプト

在实弹射击训练中，有个士兵连发几枪都没打中目标。军官怒气冲冲地夺过士兵的枪，严厉地说："笨蛋！你瞧我的。"他瞄准射击，可子弹也没打中目标。他很生气地转身向士兵说："瞧，你就是这样打枪的！"

### スクリプト和訳

実弾射撃の訓練中、ある兵士が続けて何発も撃ったが的に当たらなかった。将校はかんかんになって兵士の銃を奪い、厳しく言った、「ばかもの！私を見ていろ。」と。将校は狙いを定めて撃ったが、弾は的に当たらない。将校は怒って振り向き、兵士に言った、「見ろ、お前はこのように（銃を）撃っている！」と。

### 選択肢和訳

A 将校は穏やかで親しみやすい
B 将校はとても頑固である
C 兵士の射撃は正確に当たる
D 将校は的に当てられなかった

## 12  正解 D

### スクリプト
"主场焦虑"指运动员在主场比赛时内心容易不安。按理说，在家门口比赛，东道主可以获得更多的夺冠便利条件。但是恰恰因为重视这样的好机会，主场选手会背负更多期待，压力也就更沉重，从而引发焦虑情绪。

### スクリプト和訳
「ホームのプレッシャー」とは、スポーツ選手がホームでの試合の際、不安になりやすいことを言う。理屈ではホームでの試合はホストにとって優勝に有利な条件が多いはずだ。しかし、このようなチャンスを重視するがために、ホームの選手は多くの期待を背負い、プレッシャーがさらに重くのしかかり、焦る気持ちを引き起こしてしまうのだ。

### 選択肢和訳
A 試合ではチームの協力が大切である
B スポーツ選手の心の素質が良い
C スポーツ選手はコーチから受ける影響が大きい
**D スポーツ選手はホームでの試合の方がプレッシャーを感じやすい**

## 13  正解 D

### スクリプト
统计表明，右撇子是左撇子的七倍。有趣的是，植物也有左右撇子，它们的叶、花、果、根、茎能向右或左旋转。如同右撇子的人右手发育强壮有力那样，右撇子植物右边的叶子也更强壮些，左边的则相对差些。

### スクリプト和訳
統計によると、右ききは左ききの7倍である。興味深いのは、植物にも右きき左ききがあり、葉、花、実、根、茎が右巻きだったり左巻きだったりする。右ききの人が右手の発育がよく、力があるように、右ききの植物も右側の葉がよく育ち、左側の発育が弱い傾向がある。

### 選択肢和訳
A 左ききの方が賢い
B 植物の多くは皆左ききである
C 右ききの植物の方が丈夫である
**D 植物にも右ききと左ききがある**

## 14 正解 C

### スクリプト

天山雪莲，生长于天山山脉海拔四千米左右的悬崖陡壁之上。那里气候奇寒，终年积雪不化，一般植物根本无法生存，而雪莲却能在零下几十度的严寒和空气稀薄的缺氧环境中顽强生长。

### スクリプト和訳

天山の雪蓮花は、天山山脈の海抜4000メートル前後の断崖絶壁に生息している。厳寒な気候の天山は、一年中雪が融けずに積もっているので、一般の植物は生息できない。しかし雪蓮花は、零下数十度の厳しい寒さと空気の薄い酸欠の環境の中で、粘り強く生きていけるのである。

### 選択肢和訳

A 天山の雪蓮花は色が艶やかである
B 天山の動物は種類が多い
C 天山の雪蓮花は寒さを畏れない
D 天山の雪蓮花は温室栽培が必要である

## 15 正解 D

### スクリプト

小村庄里，人们在为一位九十九岁的老人庆贺生日。村长高兴地向老人道喜："祝贺您，我希望明年能给您庆贺百岁大寿。"老人认真地打量了村长一番，然后说："为什么不行呢？你身体看上去很结实。"

### スクリプト和訳

ある小さな村で、住民たちが99歳の老人の誕生日を祝った。村長は喜んで「おめでとうございます。来年はあなたの百歳の誕生日をお祝いすることができますように。」と、お祝いの言葉を述べた。老人はじっくり村長を観察して、その後言った、「できるでしょう？あなたは丈夫そうですから。」と。

### 選択肢和訳

A 村長の体の具合がよくない
B 村長は老人を風刺している
C 村長は今年99歳である
D 村長は老人を祝いに来た

## 第2部分　問題 p.26～p.27

〈問題文〉请选出正确答案。
〈和　訳〉正しい答えを選びなさい。

## 16 - 20

> スクリプト

女：韩博士，作为从业多年的建筑师，您最满意自己的哪部作品呢？
男：下一个。严格说来比较满意的作品正在建造中。现在回过头看，感觉之前很多东西相比更成熟的作品来说都没有特别的好。
女：建筑的技术和艺术，您觉得哪方面最重要？
男：其实在建筑领域，技术与艺术的关系，始终是从与主的逻辑关系，所以讨论二者的关系，绝不能放在一个层面进行，因为二者并不是一个层次的概念。技术的进步只是在建筑艺术的发展方面起着刺激作用。因为建筑本身是技术与艺术的综合体现。当建筑技术强烈地影响着建筑艺术的时候，只能说技术在建筑的表现上占了上风，此时的艺术也并未流失，不过是技术的表现力太强大而已。建筑是人类的愿望、思想、几何和理性的表达，应该是充满想象的。如果仅仅从这方面来说，我还是觉得艺术更重要。
女：建筑设计是个漫长的过程，在这个过程中您最投入哪个阶段？
男：像我们做方案的，按理说应该都很投入方案的概念阶段，但我现在最投入的应该是后面的实现阶段，这也是目前困扰我最大的。我们不仅仅是设计者，还是策划者，要从开始到结束的全程服务。所以我现在更关注后面的实现阶段，东西怎么去实现，这个特别难。这个阶段就跟那些一线的工人或厂商一样。你的图画得再漂亮，方案做得再好，到时候交给工人，工人说这个东西根本做不出来，或者工人就不给你干，为什么呢，因为他说那样太费劲了，或者他告诉你这个东西不行，再或者说需要付出很高的代价，那你做的东西就没用处了。一个再棒的方案，需要完全实现展示出来了，才是成功的。

### スクリプト和訳

女：韓博士、長年建築に携わってきた建築士として、どの作品に最も満足していますか？

男：次の作品です。厳密に言うと、満足できそうな作品は、ちょうど今建築しているところです。今になって振り返ってみると、以前の多くの作品は、成熟した作品と比べて、どれも特に良いものではないように感じます。

女：建築において技術と芸術は、どちらが重要だと思いますか？

男：実は建築の世界では、技術と芸術の関係は常に付随するものと中心的なものというロジックの関係なので、両者の関係を一つの側面から論じてはなりません。両者は同じレベルの概念ではないからです。技術の進歩は、ただ建築芸術の発展に刺激を与えるだけです。建築そのものは技術と芸術を合わせて表現するものだからです。建築技術が建築芸術に強い影響を及ぼす時は、技術が建築の表現において有利である、としか言うことができません。この時も芸術性は失われず、技術の表現力が強いだけにすぎません。建築は人類の願望、思想、幾何学と理性を表現したもので、想像が豊かであるべきです。もしこの方面に限って言えば、私はやはり芸術性の方が重要だと思います。

女：建築設計には長い年月がかかりますが、設計のどの段階に最も力を入れますか？

男：我々のようなプランを作る者は、プランのコンセプトの段階に力を入れるべきなのですが、私は今その後の実現の段階に最も力を入れています。これはまた、今最も頭を悩ませていることでもあります。我々は設計者であるだけでなく、企画者でもあり、始めから終わりまでの全工程に従事します。そのため私は今、後ろの実現の段階により注目しています。プランをどのように実現させるか、これがとても難しい。この段階は第一線の職人やメーカーと同じです。いかに美しい図案を描き、うまいプランを作って職人に渡しても、職人が「作れない」と言ったり、作ってくれなかったりします。それはなぜか？骨が折れるからです。または、これはだめだと言われたり、多くの代価を払う必要があると言われたりします。それでは、作ったもの（図案、プラン）は使い道がありません。すばらしいプランがあっても、それを完全に実現させ、表現しきってこそ、成功したと言えるのです。

## 16 正解 A

**設問スクリプト**
男的最满意自己的哪个作品？

**設問スクリプト和訳**
男性が最も満足しているのは自分のどの作品ですか？

**選択肢和訳**
A 次の作品　　　　　　B 最初の作品
C すべて満足している　D 賞を取った作品

## 17 正解 C

**設問スクリプト**
男的怎样看待建筑技术与艺术的关系？

**設問スクリプト和訳**
男性は建築の技術と芸術の関係について、どのように考えていますか？

**選択肢和訳**
A 互いに衝突する　　　B 技術が核心である
C 芸術の方が重要である　D 同じレベルに属している

## 18 正解 A

**設問スクリプト**
男的重视哪个阶段？

**設問スクリプト和訳**
男性が重視しているのはどの段階ですか？

**選択肢和訳**
A 実現の段階　　　B 概念の段階
C 評価の段階　　　D メンテナンスの段階

## 19　正解 B

**設問スクリプト**
男的认为什么样的方案才是好方案？

**設問スクリプト和訳**
男性はどのようなプランが良いプランだと思っていますか？

**選択肢和訳**
A　コストの低いもの
B　実行の可能性が高いもの
C　環境に配慮したもの
D　利潤が期待できるもの

## 20　正解 D

**設問スクリプト**
关于男的，下列哪项正确？

**設問スクリプト和訳**
男性について、以下のどの項目が正しいですか？

**選択肢和訳**
A　転職を考えている
B　資金の問題に直面している
C　以前の選択を後悔している
D　建築には想像力が必要だと思っている

21 - 25

> **スクリプト**

男：您作为女性拍卖师，从女性的视角怎么看待这个行业的发展？在这个行业中，女性有什么优势和劣势？

女：拍卖行业是一个服务行业，一开始要接触客户，策划拍品，组织拍卖会，招商，一直到后期服务，全部过程除了有很专业的成分在里边，更多的是体现服务意识。我作为女性，我认为女性在服务行业里体现更多的是细心。同时我们在做一些投资拍品时，我们会站在竞买人的角度去帮他分析。同时我作为一个女拍卖师，在会场上，和竞买人在现场的交流很重要。一个好的拍卖师更多的体现是在会场中跟竞买人有一种无声的交流，他可能只是在那儿举号牌，你要充分知道他的心理，包括动作表现出来的能承受的心理价位的能力。

男：我也去过几次拍卖会，感觉拍卖师真是眼观六路、耳听八方。那怎么做到的？

女：一是我们在这之前充分分析拍品本身，它不仅是一个市场的价值，有些拍品除了投资成分在里边，还有对某些竞买人不同意义的影响。比如这样一件作品，刚好跟你的背景或者你的成长，或者对你有特殊意义。拍卖师是需要特别细致、缜密的，在拍卖会场中，一开始竞价的到后来可能并不踊跃，我们在之前有一个法律环节是要办理竞投登记的，一个尽职尽责的拍卖师在这之前就应该充分和竞买人沟通，我们通过聊天儿或者分析这个拍品，比如说我们给竞买人介绍拍品的瑕疵所在。

男：我有一个感觉，看来对于拍卖公司来讲，好的拍卖师真值钱。

女：整个拍卖行业来讲，拍卖师是拍卖行业的一个灵魂人物。

男：您刚才说女性拍卖师会有自己的一个优势。那您干了这么多年，您觉得女性在这个行业中有没有什么劣势？

女：劣势，我觉得拍卖师很多时候可能需要特别机敏，判断力特别准确，甚至商业判断特别准确，在这方面我本人我略逊于男性们。就服务行业来讲，我身上更多体现的是细致，但是商业判断特别准确的时候，我比男性来讲要差很远。

> スクリプト和訳

男：女性競売師として、女性の視点からこの業界の発展をどのように見ていますか？この業界において、女性にはどのような有利、不利がありますか？

女：オークションはサービス業の1つで、顧客との交渉をはじめ、商品の企画、オークションの計画、企業の誘致、そしてアフターサービスまで、すべての過程において専門的な要素が含まれていることを除いても、もっと多いのはサービスの意識を表現することです。私は女性として、女性がサービス業で多く表現するのは細やかさだと思っています。同時に、私たちが投資オークションを開く時、入札者の立場に立って彼らの分析を助けます。また私は一人の女性競売師として、会場で入札者と現場での交流をすることを大切にしています。優秀な競売師でよく見かけるのは、会場で入札者と無言で交流する。つまり相手がそこで番号札を掲げるだけで、その心理を十分理解し、動作に表れる心の中での受け入れ可能な価格帯をも知る能力です。

男：私も何度かオークションに参加したことがありますが、競売師は本当に八方に気を配っていると感じました。あれはどのようにしているのですか？

女：まず、私たちは事前にオークション商品を十分に分析します。商品は単なる市場での価値だけではありません。物によっては投資の要素があるほか、入札者それぞれにとって異なる意義の影響があります。例えばこのような一つの作品は、ちょうど入札者の背景か成長、もしくは入札者にとっての特殊な意義があります。競売師は精細かつ緻密でなくてはいけません。オークション会場で、最初の入札者がその後積極的でなくなることもあります。オークションの前に、我々が法的にすべき手続きは、競争入札の登録です。責務を全うする競売師は事前に入札者とコミュニケーションをとり、私たちは相手との会話や商品の分析を通じて、たとえば入札者に商品の傷の場所を教えたりします。

男：1つ感じたことがあります。オークション会社にとって、腕の良い競売師は価値ある存在だと思います。

女：オークション業界全体にとって、競売師はこの業界のかなめです。

男：今、女性競売師としての有利な点についてお話しくださいました。では、長年にわたって競売師をなさってきて、この業界の中で女性が不利だと感じることはありますか？

女：不利なことですか、競売師は特別な機敏さや正確な判断力、商業的な判断の正確さまでもが必要となります。この点について私は男性よりやや劣っています。サービス業という点では、きめ細かくできていると思いますが、商業的に正確な判断が求められる時は、私はまだまだ男性には及びません。

## 21 正解 D

**設問スクリプト**
女的怎样看待拍卖行业？

**設問スクリプト和訳**
女性はオークション業界についてどのように思っていますか？

**選択肢和訳**
A 収入が少ない
B まだ規範化されていない
C 発展が比較的ゆっくりである
D サービス業である

## 22 正解 A

**設問スクリプト**
女的认为自己的优势是什么？

**設問スクリプト和訳**
女性は自分の有利な点はどこだと思っていますか？

**選択肢和訳**
A きめ細かい
B 知識が豊富である
C 学習能力が高い
D 収集の経験がある

## 23 正解 C

**設問スクリプト**
好的拍卖师应具备什么素养？

**設問スクリプト和訳**
優秀な競売師はどのような能力を備えているべきですか？

**選択肢和訳**
A 危機意識
B サービス精神
C 優れたコミュニケーション能力
D 関連する法律の熟知

## 24 正解 B

**設問スクリプト**
关于女的，可以知道什么？

**設問スクリプト和訳**
女性について、何が分かりますか？

**選択肢和訳**
A 有名な司会者である
B 競売の経験が豊富である
C 安定した仕事を好む
D 弁護士の資格を持っている

## 25 正解 C

**設問スクリプト**
女的认为自己的劣势是什么？

**設問スクリプト和訳**
女性は自分の不利な点はどこだと思っていますか？

**選択肢和訳**
A 視野が狭い
B 謙虚さが足りない
C 判断力が足りない
D 総合的に計画を立てる能力に欠ける

## 26 - 30

> **スクリプト**

女：一提起南极，除了满天冰雪和笨拙可爱的企鹅之外，其实，南极对于大部分人来说，都是非常陌生的。作为此次南极科考的亲历者，能不能用最简单的话说一下，您眼中的南极是怎样的？

男：南极是地球上最南端的一块唯一没有被开发的大陆，它常年被冰雪覆盖着，气温常年都是非常低的。它的另外一个特点，它的平均海拔是很高的，平均大概是两千三百米，是世界上最高的大陆。风力也很大，常年六级以上的风。

女：在这次南极之行中，有没有什么深刻的见闻？

男：这一次遇到的困难比较多。在过赤道那一天，正好看到了非常壮观的"龙吸水"，它持续的时间很短，我感觉还是很幸运，当时也很危险，离得也比较远。

女：您刚才提到的"龙吸水"，这是一个什么现象呢？

男：从气象角度上来说，我现在也只能简单介绍一下，因为今天很遗憾，没有带一些图片资料，它是一个柱状的，上面粗，下边细。

女：和我们平时见到的龙卷风是一个概念吗？

男：对，是一个概念，是发生在海上的，是水柱，里边也是空心的，最厉害的时速达到几百公里，它的能量可以把一条船吸进去。

女：那是很危险的。

男：对，但是它的尺度很小，它影响的范围很小，它的移速也很快。

女：是什么原因形成的？

男：我们讲下热上冷，形成温度梯度斜差，气温变化，日晒，夏天很热，水汽的蒸发，上面气压在一定的条件下形成了旋转，跟龙卷风是一样的，到了岸上就是龙卷风。

女：由此可见，南极之行还是非常困难的。我们知道南极有极昼现象，极昼现象对人体会有什么样的影响？

男：极昼可能大家都知道，就像我们开着灯睡觉一样的，我们的房间都要有一种很厚的窗帘，遮光帘，要不然就睡不着。

**スクリプト和訳**

女：南極といえば、見渡す限り雪と氷に満ちていて、よちよち歩きのかわいいペンギンがいるイメージですが、これ以外に、となると、大多数の人にとって南極は未知の土地です。この度の南極科学調査の体験者として、あなたの目に映った南極はどのような場所であったか、簡単にお話しいただけますか？

男：南極は地球の最南端にある、唯一の未開の大陸です。1年を通して氷雪に覆われ、気温も一年中低いです。このほか、1つの特徴として、平均海抜が高いことが挙げられます。平均でおよそ2300メートル、世界で最も高いところにある大陸です。風も非常に強く、一年中、6級以上の風が吹いています。

女：今回の南極行きの中で、印象深い経験はありますか？

男：今回は比較的多くの困難に遭いました。赤道を通過した日、ちょうど雄大な「海上の竜巻」を目の当たりにしました。持続時間は短かったのですが、運がよかったと思いました。当時、危険だったのですが、離れた場所にいました。

女：今おっしゃった「海上の竜巻」というのは、どのような現象なのですか？

男：気象の角度からですと、今は簡単にしか紹介できません。残念ながら今日は写真などの資料を持っていませんから。「海上の竜巻」は柱のような形で、上が太く、下が細くなっています。

女：私たちが普段目にする竜巻と同じ部類ですか？

男：はい、同じです。海の上で起こる、水柱です。中は空洞です。一番激しい時は時速数百キロにも達し、そのエネルギーは1隻の船を吸い込むこともできます。

女：それは危険ですね。

男：はい、でもトルネードの規模は小さく、影響を及ぼす範囲も小さいですし、移動する速度もとても速いです。

女：何が原因でできるのですか？

男：私たちは「下が暑く上が寒い」と言っていますが、そのような状態が寒暖の差を生み、気温が変化し、日にさらされ、夏は暑く、水気が蒸発し、上空の気圧が一定の条件になると回転を始めます。竜巻と同じです。陸上に上がったものが竜巻です。

女：南極行きはやはり大変なことだったと分かりますね。南極に白夜があることは知られていますが、白夜は人の体にどのような影響を及ぼしますか？

男：白夜は皆さんご存じかと思いますが、電気をつけて眠るのと同じで、私たちの部屋には分厚いカーテンと遮光カーテンが引かれています。そうでなければ寝つけません。

## 26 正解 A

**設問スクリプト**
男的眼中的南极是什么样的?

**設問スクリプト和訳**
男性の目に映った南極はどのようでしたか？

**選択肢和訳**
A　海抜が高い
B　頻繁に地震が起きる
C　すでに過度な開発がされている
D　科学的調査に適さない

## 27 正解 C

**設問スクリプト**
看到"龙吸水"，男的是什么心情?

**設問スクリプト和訳**
「海上の竜巻」を見た時、男性はどのような気持ちでしたか？

**選択肢和訳**
A　落ち着いていた
B　その時とても失望した
C　幸運だと思った
D　残念だと思った

## 28 正解 B

**設問スクリプト**
关于"龙吸水"，可以知道什么?

**設問スクリプト和訳**
「海上の竜巻」について、何が分かりますか？

**選択肢和訳**
A　エネルギーが大きくない
B　移動する速度がとても速い
C　地上で発生する
D　広い範囲に影響を及ぼす

## 29  正解 B

**設問スクリプト**
关于男的，下列哪项正确？

**設問スクリプト和訳**
男性について、以下のどの項目が正しいですか？

**選択肢和訳**
A　写真撮影を熱愛する　　B　南極に行ったことがある
C　ベテランの記者である　D　気象の専門家である

## 30  正解 A

**設問スクリプト**
根据这段对话，下列哪项会影响睡眠？

**設問スクリプト和訳**
この会話によれば、以下のどの項目が睡眠に影響を与えますか？

**選択肢和訳**
A　白夜　　　　　　　　B　オーロラ
C　海上の竜巻　　　　　D　紫外線

## 第3部分 問題 p.28〜p.29

〈問題文〉请选出正确答案。
〈和　訳〉正しい答えを選びなさい。

**31 - 33**

> **スクリプト**
>
> 　　喝酒时喝到六分醉的微醺感是最舒服的。肌肉可以得到松弛，眼中看到的一切都是清晰的。如果你还继续喝，很可能隔天就会头疼，全身不舒服，完全失去了喝酒的乐趣。吃饭的时候，七分饱的满足感是最舒服的。口中还留着食物的香味，再加上饭后甜点、水果，保持身材和身体健康绝对足够。如果你还继续吃，很可能会肠胃不适，完全丧失了吃饭的乐趣。当你爱一个人的时候，爱到八分绝对刚刚好。所有的期待和希望都只有七八分，剩下两三分用来爱自己。如果你还继续爱得更多，很可能会给对方沉重的压力，让彼此喘不过气来，完全失去了爱情的乐趣。
> 　　所以记住，喝酒不要超过六分醉，吃饭不要超过七分饱，爱一个人不要超过八分。也就是说，做有些事欠一点儿刚好，至于欠多少，这个度就需要自己去把握了。
>
> **スクリプト和訳**
>
> 　お酒を飲む時、6割のほろ酔いが最も心地よい。筋肉が緩み、目に見えるものは皆はっきりしている。もしそれ以上飲み続けたら、おそらく次の日は頭が痛くなり、全身がだるく、お酒を飲む楽しみはまったく失われてしまうだろう。ご飯を食べる時、7割の満腹感が最も心地よい。口には食べ物の風味が後を引き、食後のデザートや果物を食べれば、体型や健康を維持するのに十分である。もしそれ以上食べれば、おそらく胃腸がおかしくなり、食事の楽しみが失われてしまうだろう。1人の人を愛する時、8割の愛情がちょうどよい。相手への期待と希望を7、8割にとどめ、残りの2、3割で自分を愛する。それ以上相手を愛せば、重苦しい圧力をかけることになり、お互いに息がつまり、愛情の楽しみが失われてしまうだろう。
> 　それゆえお酒は6割のほろ酔いを、食事は7割の満腹感を、人を愛する気持ちは8割を超えてはならない、ということを覚えておこう。つまり、何かをする時は少し足らないくらいがちょうどよい。どれくらい加減するか、その程度は自分で把握しなければならない。

## 31 正解 B

**設問スクリプト**
根据这段话，喝酒应注意什么？

**設問スクリプト和訳**
この話によると、お酒を飲む時は何に注意すべきですか？

**選択肢和訳**
A 速すぎるのは良くない　　B **飲みすぎてはならない**
C 空腹で飲んではならない　D 混ぜて飲んではならない

## 32 正解 C

**設問スクリプト**
吃饭超过七分饱很可能会怎么样？

**設問スクリプト和訳**
食事で7割の満腹感を超えるとどうなりますか？

**選択肢和訳**
A 眠れなくなる　　　　　B 老化が早まる
C **胃腸がおかしくなる**　D 血のめぐりが速くなる

## 33 正解 D

**設問スクリプト**
这段话主要想告诉我们什么？

**設問スクリプト和訳**
この話が主に我々に伝えたいことは何ですか？

**選択肢和訳**
A 尽くしてこそ報いがある　B 生活を楽しむことを身につける
C 対立は避けられない　　　D **物事の加減を把握するべきだ**

## 34 - 36

> **スクリプト**

　　猎人带儿子去打猎，在森林里活捉了一只小羊。儿子非常高兴，要求饲养这只小羊，父亲答应了，将猎物交给儿子，要他先带回家去。儿子挎着枪，牵着羊，沿着小河回家。途中，羊在喝水的时候忽然挣脱绳子跑了。小猎人紧追慢赶，最终也没抓住，到手的猎物就这么飞了。小猎人既恼火又伤心，坐在河边一块大石头后哭泣，不知道如何向父亲交代，满腔懊悔之情。

　　糊里糊涂等到傍晚，看见父亲沿着小河走来，小猎人站起身，告诉父亲丢羊的事。父亲非常吃惊，问："那你就一直这么坐在这儿吗？"小猎人赶忙为自己辩解："我也四处找了，没有踪影。"父亲摇摇头，指着河岸泥地上那些新鲜、凌乱的脚印说："你看那是什么？"小猎人仔细察看后，问："刚刚来过几只鹿吗？"父亲点点头："就是。为了那只小羊，你错过了整整一群鹿啊。"

> **スクリプト和訳**

　　猟師が息子を連れて狩りに出かけ、森の中で1匹の小羊を生け捕りにした。息子は喜び、この小羊を飼いたいと言ったところ、父親は承諾した。獲物を息子に渡し、これを連れて先に家へ帰らせた。息子は猟銃を担ぎ、羊を引き連れ、川に沿って帰った。途中、羊が水を飲んでいる時、突然縄をすり抜けて逃げた。小さな猟師は急いで追いかけたが、捕らえられず、手に入れた獲物は飛んで行ってしまった。小さな猟師は怒り、ショックを受け、川辺の大きな岩の後ろに座って泣いた。父親にどう話したらよいか分からず、後悔の念で胸がいっぱいになった。

　　いつのまにか夕方になり、父親が川に沿って戻ってくるのが見えると、小さな猟師は立ち上がり、父親に小羊を逃したことを話した。父親は驚いて、尋ねた。「では、ずっとこうしてここに座っていたのか？」と。小さな猟師は慌てて弁解した。「あちこち捜し回ったが、影も形もなかった。」と。父親は首を振って、川岸の泥に付けられたばかりのめちゃくちゃな足跡を指して、「ほら、あれはなんだと思う？」と言った。小さな猟師はつぶさに観察し、「さっき鹿が来た？」と問うた。父親はうなずいて言った、「そうだ。あの小羊1匹のために、お前は一群の鹿をまるまる見過ごしたのだ。」と。

## 34 正解 D

**設問スクリプト**
父亲为什么吃惊?

**設問スクリプト和訳**
父親はなぜ驚いたのですか？

**選択肢和訳**
A　息子が羊を逃がしたから
B　息子が寝てしまったから
C　息子が鹿を一匹捕まえたから
D　**息子がずっとそこに座っていたから**

## 35 正解 B

**設問スクリプト**
关于小猎人，可以知道什么?

**設問スクリプト和訳**
小さな猟師について、何が分かりますか？

**選択肢和訳**
A　親孝行である
B　**自分の過ちを責める**
C　新しい猟銃が欲しい
D　父親の言いつけを忘れた

## 36 正解 A

**設問スクリプト**
这段话主要想告诉我们什么?

**設問スクリプト和訳**
この話が主に我々に伝えたいことは何ですか？

**選択肢和訳**
A　**小事のために大事を失うな**
B　うっかり物忘れをするな
C　近きを捨てて遠きに就くな
D　途中でやめるな

## 37 - 39

> **スクリプト**
>
> "假装快乐"是一种快速调整情绪的好方法，可以使人们摆脱不良情绪，尽情享受快乐。"假装快乐"虽然治标不治本，但的确有效。心理学研究发现，人类的身体和心理是互相影响、互相作用的整体。某种情绪会引发相应的肢体语言，比如愤怒时，我们会握紧拳头，呼吸急促；快乐时我们会嘴角上扬，面部肌肉放松。反过来，肢体语言的改变同样也会引起情绪的变化，当无法调整内心情绪时，你可以调整肢体语言，带动出你需要的情绪。比如你强迫自己做微笑的动作，你就会发现内心开始涌动起阵阵欢乐。

> **スクリプト和訳**
>
> 「楽しいふり」は、すみやかに感情をコントロールする良い方法の1つであり、人はこれによりマイナスの気持ちから抜け出させ、思い切り楽しむことができる。「楽しいふり」は一時的な解決にすぎないが、確かに効果はある。心理学研究において、人類の身体と心理は互いに影響を及ぼし、作用し合う一心同体のものであるということを発見した。ある感情は、それに相応ずる身体言語（ボディランゲージ）を引き起こす。例えば怒った時、我々はこぶしを握りしめ、呼吸が速まる。楽しい時、口角が上がり、顔の筋肉が緩む。逆に、身体言語の変化も同じように感情の変化を引き起こすので、感情がコントロールできない時は身体言語をコントロールし、必要な感情を導き出せばよい。例えば、無理にでも微笑むようにすると、心の中に楽しい気持ちがわき上がってくるのに気づくだろう。

### 37　正解 C

**設問スクリプト**

"假装快乐"有什么作用？

**設問スクリプト和訳**

「楽しいふり」にはどのような効果がありますか？

**選択肢和訳**

A　誤解を取り除く　　　　　B　人を感動させる
C　マイナスの感情から抜け出す　　D　他人の好感を得る

## 38 正解 D

**設問スクリプト**
根据这段话，当你无法调整情绪时可以怎么做？

**設問スクリプト和訳**
この話によると、感情をコントロールできない時はどのようにするとよいですか？

**選択肢和訳**
A 黙っている
B 相手を探しておしゃべりする
C 流行歌を聴く
D 身体言語をコントロールする

## 39 正解 B

**設問スクリプト**
根据这段话，下列哪项正确？

**設問スクリプト和訳**
この話によると、以下のどの項目が正しいですか？

**選択肢和訳**
A 運動は感情をコントロールできる
B 楽しいふりは気分を改善できる
C 多くの人が感情の管理がうまくない
D 深呼吸は緊張を緩和できない

## 40 - 43

### スクリプト

　"我们班有一个男生，原来学习成绩一直很一般，可是这个学期，他的进步让全班同学都感到吃惊。老师让他介绍经验，他竟然说要感谢学校举办的唱歌比赛，说要不是他上个学期在唱歌比赛中得了名次，不少同学都对他刮目相看了，他也不会迸发出如此强烈的上进心的。"正在读高中的女儿说。

　我说："一个人只要在某一点上养成一个长处，那么这个长处就会改变别人对他的评价，也会改变他自己的价值取向——使他不再甘于做个平凡的人、平庸的人，那么他的这一个长处，就会成为他走向全面优秀的台阶。"女儿点点头，表示同意。

　其实，很多杰出的人，他们开始时，也只是在某一点上杰出，然后通过日积月累，取得了让人刮目相看的成绩，让他们有了做人的尊严感。生活中来自他人的那种刮目相看的目光，非常养人。养人的自信，也养人的心志，很容易让人产生一种奋发向上的信念，这种信念往往就会成为万丈高楼平地起的基石。

### スクリプト和訳

　「同じクラスの男子が、勉強の成績はずっと普通だったのに、今学期の進歩はクラス全員を驚かせたの。先生が彼にその経験を紹介させると、彼は学校の歌唱コンクールに感謝したい、もし前学期の歌唱コンクールで入賞して、クラスのみんなからも注目されなかったら、こんなに強い向上心を発揮できなかった、と言ったの。」と高校生の娘が言った。

　私は、「人はある分野において一つの長所を伸ばせば、その長所は他の人の彼に対する評価を変え、彼自身の価値の方向性をも変える。二度と平凡な人間、凡庸な人間に甘んじないと思わせるのだ。するとこの一つの長所が、彼を全面的な優秀さに向かわせる踏み台になるんだ。」と言った。娘はうなずいて賛成していた。

　実際、多くの傑出した人は、始めはある一つの分野に長けていたにすぎない。それから日々の積み重ねを経て、人々が目を見張るような成績をあげ、彼らに人間としての尊厳を持たせるのだ。生活において、他人からの見直すようなまなざしは人を成長させる。(つまり、) 人の自信を育て、人の志をも育て、人に奮起や向上する信念を容易にもたらすのである。この信念が往々にして「万丈の高楼も地面より始まる」、その礎石となるのだ。

## 40 正解 B

**設問スクリプト**
关于那个男生，下列哪项正确？

**設問スクリプト和訳**
男子生徒について、以下のどの項目が正しいですか？

**選択肢和訳**
A 性格が明るい
B とても進歩した
C 有名大学に合格した
D もともと成績がよい

## 41 正解 D

**設問スクリプト**
"刮目相看"最可能是什么意思？

**設問スクリプト和訳**
「目を見張る」とは、どのような意味ですか？

**選択肢和訳**
A 驚くべき数
B 眼中に人なし
C すべてを平等に見る
D 新しい目で見る（見直す）

## 42 正解 A

**設問スクリプト**
根据这段话，获得自信的来源是什么？

**設問スクリプト和訳**
この話によると、自信の源となるのは何ですか？

**選択肢和訳**
A 自身の長所
B 家族の励まし
C 積極的で楽観的な気持ち
D 明確な努力目標

## 43 正解 C

**設問スクリプト**

这段话主要谈什么?

**設問スクリプト和訳**

この話では主に何を述べていますか?

**選択肢和訳**

A 他人をよく褒めるべきである　　B 簡単に諦めてはいけない
C いかに自信をつけるか　　D いかに子供と友達になるか

## 44 - 47

**スクリプト**

　　辣椒为什么会这么辣？这种让吃不惯辣椒的人眼泪直流的灼痛感觉，是辣椒保护自己的种子不被哺乳动物吃掉的一种策略。
　　辣椒中含有一种被称为辣椒素的物质，能够刺激皮肤和舌头上感觉痛和热的区域，使大脑产生灼热疼痛的辛辣感觉。科学家对一种野生辣椒进行研究，观察有哪些动物以辣椒为食。结果发现小型哺乳动物根本不碰这种辛辣食物，吃辣椒似乎是鸟类的专利。实验表明，辣椒果实被小型哺乳动物吃掉，种子经消化排出之后，几乎不能再发芽。而鸟类的消化系统基本不对辣椒种子造成伤害。科学家认为，辣椒之所以辣，是出于保护自己的考虑。辣椒不想让哺乳动物把它们的果子吃掉，所以才在辣椒果子里产生了辣椒素，这样吃不了辣的动物就会放弃。而鸟类却丝毫吃不出半点儿辣味，它们的痛觉感受系统和哺乳动物的不一样，辣椒素能给它们清爽的感觉，还有止痛的功效。所以鸟类吃起辣椒来像在嚼口香糖，而果实中的辣椒籽则会完整地经过鸟类的肠道排泄出来，完成一次又一次的播种。

**問題文和訳**

　　なぜ唐辛子はこんなに辛いのか？唐辛子を食べ慣れない人に涙を流させるほどの焼けるような痛みは、唐辛子が種を哺乳動物に食べられないように守るための策略なのだ。
　　唐辛子にはカプサイシンと呼ばれる物質が含まれており、皮膚および舌の痛みと熱を感じる部分を刺激し、脳に焼けるように痛い辛みの刺激を感じさせる。科学者は野生の唐辛子について研究を行い、どの動物が唐辛子を食糧とするかを観察した。その結果、小型の哺乳動物はこのような刺激のある食物には一切触れず、唐辛子を食す権利は鳥類が独占していることが分かった。実験では、唐辛子の実は小型の哺乳動物に食べられると、種が消化され排出された後は芽が出ないことが明らかになった。一方、鳥類の消化器系統は、基本的に唐辛子の種に危害を及ぼさないことも明らかになった。唐辛子が辛いのは、自身を守るためだと科学者は考えている。唐辛子は哺乳動物に実を食べられるのを避けるため、実の中にカプサイシンを生成したのだと、そしてそうすれば、辛いも

のを食べられない動物が諦めるだろう、と言うのである。ところが鳥類は少しも辛みを感じることがない。痛みを感じるシステムが哺乳動物と異なり、カプサイシンは鳥類に爽快感を与え、痛み止めの効果もある。そのため鳥類にとって唐辛子を食べるのはガムをかむのと似た感覚で、実の中の種は鳥類の腸を通って無傷で排出され、次々と種をまくことになるのである。

## 44 正解 A

**設問スクリプト**
关于辣椒，下列哪项正确？

**設問スクリプト和訳**
唐辛子について、以下のどの項目が正しいですか？

**選択肢和訳**
A　カプサイシンを含む　　B　種がない
C　薬の原料にできる　　D　緑色の方が辛い

## 45 正解 B

**設問スクリプト**
关于小型哺乳动物，可以知道什么？

**設問スクリプト和訳**
小型の哺乳動物について、何が分かりますか？

**選択肢和訳**
A　群棲を好む　　B　辛いものを食べるのを好まない
C　攻撃性が強い　　D　繁殖が速い

## 46 正解 A

**設問スクリプト**
哪类动物爱吃辣椒？

**設問スクリプト和訳**
どのような動物が唐辛子を好んで食べますか？

**選択肢和訳**
A　鳥　　B　昆虫
C　肉食動物　　D　爬虫類

## 47 正解 B

**設問スクリプト**
这段话主要谈什么？

**設問スクリプト和訳**
この話では主に何について述べていますか？

**選択肢和訳**
A 唐辛子の使い道
B 唐辛子はなぜ辛いのか
C 唐辛子の植え方
D 唐辛子の分布範囲

## 48 - 50

**スクリプト**

　　春秋时期，有个叫俞伯牙的人，精通音律，琴弹得特别好，是当时著名的琴师。一天晚上，俞伯牙乘船游览，俯视江水，他非常感慨，于是弹起琴来。忽然，听见一个声音说："你弹的不正是这波涛汹涌的江水吗？"俞伯牙听了非常高兴，把说话的人请上船，兴致勃勃地为他演奏。当伯牙弹起赞美高山的曲子时，这个人又说道："真好，雄伟而庄重，就好像泰山一样。"伯牙兴奋极了，激动地说："你真是我的知音！"这个人就是钟子期。两人成了非常要好的朋友，并相约第二年的这个时候还在此地见面。结果，第二年，俞伯牙如约来到江边，却发现钟子期已经去世了。伯牙非常伤心，说："子期死了，我以后弹琴给谁听呢？"于是，他把琴往地上一摔，从此再也没有弹过。这就是"高山流水"的故事，现在我们常用"高山流水"来比喻知音难遇或乐曲高妙。

**スクリプト和訳**

　　春秋時代、俞伯牙という人がいた。音律に精通し、琴の演奏がうまく、当時の有名な琴の奏者であった。ある晩、俞伯牙が舟で遊覧し、川を見下ろすと、深く感慨を覚え、琴を弾き始めた。突然、「あなたが弾いておられるのは、この大波逆巻く川ではないですか？」という声が聞こえた。それを聞いて俞伯牙は喜び、その声の主を舟まで呼び、彼のために喜びの気持ちを込めて琴を弾いた。伯牙が高山の美しさを称える曲を弾くと、その人は「すばらしい、雄大かつ荘厳で、泰山のようだ。」と言った。伯牙はこの上ない喜びようで、興奮して言った、「あなたこそ本当に私の知音（自分の才能を認めてくれる親友）だ！」と。この人が鐘子期である。2人はよき友人となり、翌年の同じ時期にこの地で再会することを約束した。ところが、翌年俞伯牙が約束した川辺へ来ると、鐘子期がすでに亡くなったことを知った。俞伯牙は深く傷つき、「子期は死んだ。私はこれから誰のために琴を弾けばよいのだ？」と言い、琴を地面に叩きつけ、それ以降二度と琴を弾くことはなかった。これが「高山流水」の物語であり、現在私たちは「高山流水」という言葉で、知音を得ることの難しさや楽曲が優れていることをたとえている。

## 48 正解 A

**設問スクリプト**
关于俞伯牙，可以知道什么？

**設問スクリプト和訳**
兪伯牙について、何が分かりますか？

**選択肢和訳**
A 琴に精通している　　B 文学を好む
C 釣りを好む　　D たくさんの書物を読む

## 49 正解 B

**設問スクリプト**
俞伯牙为什么不再弹琴了？

**設問スクリプト和訳**
兪伯牙はなぜ琴を弾かなくなったのですか？

**選択肢和訳**
A インスピレーションがなくなった　　B 知音がいなくなった
C 体の調子がよくない　　D ライバルに負けた

## 50 正解 D

**設問スクリプト**
这段话主要谈什么？

**設問スクリプト和訳**
この話では主に何について述べていますか？

**選択肢和訳**
A 音楽の効果　　B 古琴の伝説
C 時間を守る大切さ　　D 「高山流水」の物語

## 2 閲 読

> 第1部分　問題 p.30 〜 p.32

〈問題文〉请选出有语病的一项。
〈和　訳〉語句や文法上の誤った文を選びなさい。

### 51　正解 B

選択肢和訳
A　幸せは分かち合い、苦しみは分担すべきである。
B　**謙虚な態度を保てば、さらに多くのことを学ぶことができる。**
C　他人の批判を喜んで聞き、謙虚に受け入れられるのは、自信の表れである。
D　どの埠頭に向けて出航するか分からなければ、いかなる風も逆風となる。

> 解説　(訂正例) 保持谦虚的态度，可以让我们学到更多东西。
> 冒頭の"能否"が余分。「謙虚な態度を保てるかどうか」ではなく「謙虚な態度を保つこと」が「私たちに多くのことを学ばせる」ので。

### 52　正解 B

選択肢和訳
A　実るほど頭を垂れる稲穂かな。
B　**私の父は親切でお客好きなので、家にはいつもたくさんのお客が来る。**
C　次に王校長から受賞した選手に表彰状の授与をお願いします。
D　この本は去年の年末に出版され、すでに300万冊売れた。

> 解説　(訂正例) 我父亲热情好客，家里经常来很多客人。
> "家里经常来客人很多"の"很多"の位置がおかしい。"家里经常来很多客人"とするべき。形容詞が名詞を修飾する場合、名詞の前に置く。

## 53　正解 C

**選択肢和訳**

A　彼はこの芝居で悪役を演じている。
B　ずる賢さと賢さの違いは道徳に現れるのであり、知能に現れるのではない。
C　一歩先をゆくのは危険を冒すことかもしれないが、成功のきっかけにならないと誰が言えよう？
D　バタフライは水泳の泳法の一つであり、泳ぐ姿が蝶が飛んでいるように見えることから、「バタフライ」と呼ぶ。

**解説**　（訂正例）先行一步，也许是冒险，但是谁敢说冒险不是一种成功的契机？
前半と後半をつなぐ接続詞"所以"が適切でない。前後の意味を考えると逆接の接続詞を入れるべき。

## 54　正解 A

**選択肢和訳**

A　人の偉大なところは、自分のちっぽけさを意識できることである。
B　指輪は一種の装飾品であり、はめる指によって異なる意味を表す。
C　海流は地表の熱環境を調節する主要なものであり、暖流と寒流に分けられる。
D　20年の発展を経て、彼らの支社はすでに全世界の100以上の国と地域に分布している。

**解説**　（訂正例）一个人的伟大之处在于他能够意识到自己的渺小。
"意味着"をここで使うのは無理がある。"A意味着B"で「AはBを意味する」という意味なので、この場所では意味をなさない。

## 55　正解 C

**選択肢和訳**

A　鯨は実は魚ではなく、海で生活する一種の大型の哺乳動物である。
B　陝西省歴史博物館はその豊富な所蔵品によって「華夏の宝庫」と呼ばれている。
C　麦茶は大麦を炒めてから煮出して作り、飲むと豊かな麦の風味が味わえる。
D　プーアル茶は黒茶に属し、産地が昔、雲南プーアル府（現在のプーアル市）に属していたので、その名が付けられた。

**解説**　（訂正例）大麦茶是将大麦炒制后再经过沸煮的茶，喝起来有一股浓浓的麦香味。
例えば"X是Y"という文なら、X＝Yという関係が成立するので、Xが名詞ならYも名詞でなければならない。ところがこの文前半部分の場合、Xにあたる部分が"大麦茶"なのに、Yにあたる部分が名詞的な形になっていない。そこで前半最後に"的茶"などを付け加えることでバランスを取らなければならない。

## 56  正解 D

**選択肢和訳**

A　もし燃える苦しみを避けていたら、マッチは一生暗いままだ。
B　この世に人より高い山はなく、心より広い海はない。
C　八達嶺長城は北京の延慶に位置し、明の長城の最も代表的な区間である。
D　**私は新聞社で1年見習いをしたが、メディア業界に就職するわけではない。**

**解説**　（訂正例）虽然我在报社实习了一年，但并不是说我就会进媒体这个行业。
前半の最後"的经验"が余分。"实习"という動詞が"经验"という目的語を取ることがないのは日本語と同じである。

## 57  正解 D

**選択肢和訳**

A　楽しい人は苦しみがないわけではない、苦しみに左右されないのだ。
B　九寨溝は「童話の世界」という美しい称号があり、すでに世界遺産に登録されている。
C　人の財産は財布にいくら入っているかではなく、頭にどれだけの知識があるか、ということだ。
D　**あなたに悩みと不幸をもたらす人こそが、あなたを絶えず前進するよう促すことがある。**

**解説**　（訂正例）有时候，恰恰是那些带给你烦恼和不幸的人在促使你不断地前进。
"促使"は"促使＋人＋動詞（人が〜することを促す）"という形の兼語文を作る動詞なので、この文の最後の方"促使地你不断地前进"の始めの方の"地"が余分。

## 58  正解 C

**選択肢和訳**

A この本には、後漢を開国した皇帝劉秀が、最下層の農民から天下の君主になるまでの伝記的経験が書かれている。
B 人生にたくさんのものは必要ないが、ただ希望だけはなくてはならない。希望のあるところには次々と命が吹き込まれるのだ。
C 人が一度覚えたことを忘れようとすることはほとんど不可能である。忘れたように見えることも、実は記憶の奥深くに閉じ込められているにすぎない。
D 努力することは我々の生活を活気に満ちたものにし、責任は我々の生命を意義のあるものにする。しばしば困難にぶつかることは進歩していることを、いつもストレスがあることは目標があることを証明している。

**解説** （訂正例）人一旦记住的事情，要遗忘几乎是不可能的；看似遗忘的事情，其实只是被锁在记忆的深处罢了。
"几乎"の位置がおかしい。"几乎"は「不可能である」ということにかかると思われるので"是不可能的"の前に置かなければならない。

## 59  正解 B

**選択肢和訳**

A ある人について知りたければ、その人がどのような本を読んでいるかを見ればよい。それはその人が付き合う友人を観察するのと同じ効果がある。
B 人生とは旅であり、目的地は重要ではなく、道中の風景と風景を眺める気持ちが大事なのである。
C 老舎はその人生において、『四世同堂』、『駱駝の祥子』、『茶館』、『龍鬚溝』のような人々に愛される文学作品を多く創作した。
D 三角州は河流が海や湖に流れ込む時、流れる速度が遅くなり、運ばれてきた泥や砂が大量にたまるため、徐々に大きくなり沖積平原となる。平面から見ると三角形に見えるため、三角州という。

**解説** （訂正例）人生就是一场旅行，不在乎目的地，在乎的是沿途的风景以及看风景的心情。
後半部分、"而是"の"而"を削除する。逆接の意味を出したくて"而"を入れたと思われるが、後半を"在乎的是〜"と強調することですでに逆接のニュアンスがあるので。

## 60　正解 D

**選択肢和訳**

A 「単木林を成さず」とは、1本の木では林になれないことを言う。たった1人で大事を成し遂げることもやはりできない。

B 諦めてはいけないことを簡単に諦め、固執すべきでないことに固執することほど、人生において最も残念なことはない。

C 「妥協」の二文字のすばらしいところは、我々が何を諦めたかではなく、たとえわずかであっても、何を頑張ったかという点にある。

D 無料で個人のホームページを申請できる機能のあるウェブサイトがあり、それを利用すれば、自分の情報をネット上に掲載するだけで、世界中の人があなたのことを知ることができる。

**解説**　（訂正例）有些网站有可以免费申请个人主页的功能，这样，只要你将自己的信息放在网上，全世界的人就都可以了解你了。

"有些网站可以免费申请个人主页的功能"の部分、"有些网站"と"可以免费申请个人主页的功能"の間に"有"等の動詞が必要。また、後半部分は"只要"があるので後ろに"就"を入れるべき。

## 第2部分 問題 p.33～p.35

〈問題文〉选词填空。
〈和　訳〉語句を選んで空所を埋めなさい。

### 61 正解 D

**問題文和訳**

思考と［観点］を経験と習慣に縛られてはならない。時に［振り返って］みると、目に入るのはまた違った［種類］の風景だったりするのだ。

**選択肢和訳**

A　視線　振り向く　株
B　見る目　曲がる　幅
C　眼光　ねじる　隻
D　**観点　振り返る　種類**

**解説**　1つ目の空欄は文脈から「観点」のような意味の言葉が入るはずなので、Dがよい。2つ目の空欄は文脈からは「振り向く」というような意味が欲しい。Cの動詞は「ねじる・ひねる」という意味なので合わないが、他の選択肢はいずれも方向を変えるような意味を持つ動詞。ただBは「道を曲がる」というように使う動詞なので排除できる。3つ目の空欄の選択肢はいずれも量詞。Aは木を数える量詞なので不適。Bは絵画などを数える量詞なので不適。Cは船を数える量詞なので不適。Dはいろいろな意味があるが、すばらしい景色などに使うことができるのでDがここではふさわしい。以上を総合するとDが正解と分かる。

### 62 正解 A

**問題文和訳**

滇池は雲南省昆明市の西南に位置し、海抜1886メートル、面積300数平方キロメートル、［平均］水深5メートル以上、西南地区最大の高山淡水湖である。水面は広く、煙波広々と漂い、［風景］は美しく、雲貴高原のひと［粒］の真珠と称されている。

**選択肢和訳**

A　**平均　風景　粒**
B　平常　作風　串
C　平行　気風　缶
D　平衡　風格　枝

**解説**　1つ目の空欄の後に「水深5メートルあまり」と言っているので、1つ目の空欄にはAの"平均"しか入らない。2つ目の空欄の後には"秀丽"という「女性の容貌・字体・景観など」を形容する言葉があるので、やはりAがふさわしい。3つ目の空欄の選択肢はいずれも量詞。空欄の後には"明珠"があるので、これにふさわしい量詞を選ぶ。Cは缶入りの液体などを数える時に使うので不適、Dは棒状のものを数えるので不適。Aは粒状のものを数えるのでOK。Bもひとつながりになったものを数えるので、ネックレス状になっている「真珠」ならOKだが、ある地名の比喩としては1粒の方がふさわしい。以上を総合するとAが正解と分かる。

## 63 正解 B

**問題文和訳**

生活はあなたが想像するほど良くないかもしれない、しかしあなたが想像するほど［悪く］もないかもしれない。人の脆さと［強靭さ］は自分の想像を超える。ある時は、一言のために脆くも顔中涙で濡らし、ある時は、自分が歯を［くいしばって］長い道のりを歩いたことに気づくだろう。

**選択肢和訳**

A 醜い　粘り強い　かじる
B 悪い　強靭な　くいしばる
C 生臭い　頑固である　揉む
D 素晴らしい　ゆるぎない　まばたく

**解説**　1つ目の空欄は文章冒頭の"生活"という主語に対応する述語としての形容詞が入るので、「顔立ちが醜い」という意味のAは不適。また「生臭い」という意味のCも不適。また文脈から1つ目の空欄にはこの文の前半部分の"好"と反対の意味のものが欲しいのでDではなくBがふさわしい。2つ目の空欄には文脈から「強さ」というような言葉が欲しい。Cはあまりいい意味では使わないことからも排除できるが、他も"脆弱"と並立させるように、それ自体を名詞として使うことはしにくい。3つ目の空欄は文脈から「歯をくいしばって」という意味が欲しいのでBがふさわしい。以上を総合するとBが正解と分かる。

## 64 正解 A

**問題文和訳**

ばらばらに生長する樹木には競争がないため、いい加減に［気の向くままに］育ち、それが木々を奇妙な形に成長させ、最後には材料として使えない。集まっている樹木は、1本1本の［個体］が生き生き延びたければ、自分を高くて丈夫にしなければならない。そうすることで初めて限りある太陽の光や水分などの生きるための［資源］を勝ち取ることができる。そしてそれによって生き延び、最後には棟梁の大任を担う材料となる。競争には命に［たゆまぬ努力］をさせる力がある。

**選択肢和訳**

A 気の向くままに　個体　資源　たゆまぬ努力
B すぐさま　団体　物資　世の転変を知り尽くす
C 身につけて　集団　資産　自力更生
D 無造作に　個性　資本　これまで通り

**解説**　1つ目の空欄は直後の"生长"を修飾していることを考えると、CやDは意味が合わない。2つ目の空欄は、少し後に"自己"という言葉があるので「団体」よりは「個体」のような意味がよいのでAがふさわしいだろう。3つ目の空欄を見ると、"阳光、水分等"というのが前にあるので、日光や水分のことを指す言葉を探す。するとAが最もふさわしいと分かる。4つ目の空欄を考えるにあたり文章のポイントを探ると、競争がものを成長させる、ということなので、それを考えるとAがふさわしいと分かる。以上を総合するとAが正解。

## 65  正解 C

**問題文和訳**

西暦500年前後、かつてシルクロードの重要な［貿易］の中継地点であった楼蘭国は、中国史の記録から［なぜか忽然と］消失した。今日に至るまで、楼蘭国消失の原因は依然として［諸説紛々］としている。一方、楼蘭古城は若羌県から200キロ以上離れた場所にただ静かに横たわり、多くの人が注目するのを［待っている］のである。

**選択肢和訳**

A　外交　神聖に　言うまでもなく　待つ
B　交易　秘密に　広く深く　期待する
C　貿易　なぜか忽然と　諸説紛々　待っている
D　交際　神秘的に　不思議　待遇する

**解説**　1つ目の空欄の直後 "中转站" は「中継地点」ということを表す言葉。「楼蘭国」が何の中継地点だったかを考えると少なくともDは排除できる。2つ目の空欄の直後には "地" があってその後の "消失" を修飾していることが分かる。するとAやBは意味的に不適であることが分かる。3つ目の空欄の少し前の部分からまとめてみると、これまでのところ原因は「はっきりしない・諸説入り乱れている」といったような意味になると思われる。それを踏まえて選択肢を見るとCが最もふさわしい。4つ目の空欄は、文脈を考えると「（楼蘭古城は人々の注目を）待っている」というような言葉が入るはずなので、Dは排除できるであろう。以上を総合するとCが正解と分かる。

## 66  正解 C

**問題文和訳**

地球を包んでいる空気を大気という。人類は地球の大気の［底］で生活し、1秒たりとも大気から離れることはできない。大気は地球生命の［繁栄］や、人類の発展に理想的な環境を提供している。大気の［状態］と変化は、いつでもどこでも人類の［生存］と活動に影響を与えている。

**選択肢和訳**

A　一部分　生み出す　動態　併存
B　局面　出産する　態度　貯蔵
C　底　繁栄　状態　生存
D　表面　誕生　現状　保存

**解説**　1つ目の空欄の後に「1秒たりとも大気から離れることができない」とあるので、ここには大気の「中」のような言葉が入ると考えられる。それを踏まえて選択肢を見ると、「中」という意味のものはないが、Cの「底」（"底部"）なら話が通じる。2つ目の空欄では、大気が地球の生命の何に理想的な環境を提供したのか考えると、AとBは排除できる。3つ目の空欄の前にある "它" は大気のことを指すと思われるので、「大気の何と変化が影響するのか」と考えると、「態度・姿勢」という意味のBは排除できるだろう。4つ目の空欄では、「大気の変化等が人類の何と活動に影響しているのか」と考えると、Cがふさわしいことが分かる。以上を総合すると、Cが正解と分かる。

## 67 正解 D

**問題文和訳**

他人を許すことは、自分を大切にすることである。[恨み]は私たちの心を永遠に暗黒の中に生きさせるだけだが、許すことは、私たちの心に[自由]を与えてくれる。他人を許すことは、生活をより軽快かつ愉快にでき、より多くの友人を[持つ]ことができる。他人を許すことは、自分を[解放する]ことである。

**選択肢和訳**

A 恩と恨み　安寧　抱擁する　解除する
B 後悔　自主　擁護　拡大する
C 嫌悪　飛躍　封鎖する　釈放する
D 恨み　自由　持つ　解放する

**解説** 文章冒頭で「他人を許すこと」の話が出るので、1つ目の空欄にはその反対の意味の言葉が入る。するとCとDが入りうるが、Cは単独で主語にはなりにくい語である。2つ目の空欄では「許すこと」で心がどうなるかと考えると、AとDが入りうる。3つ目の空欄は、「他人を許すと友達が増える」というような意味にしたいので、Dがふさわしい。4つ目の空欄の部分では、「他人を許すこと」は自分をどうすることになるのか考えると、CやDが入りうる。以上を総合するとDが正解と分かる。

## 68 正解 B

**問題文和訳**

四川料理は中国八大料理の1つで、中国調理史において重要な地位を[占めて]いる。材料は幅広く、味付けの種類が多く、料理のスタイルが多く、ピリ辛を取り入れることが[得意]なことで有名である。東西南北各地の特徴を[融合]させ、[独特な風格がある]調理方法と濃厚な地方の風味によって、国内外で好評を博している。

**選択肢和訳**

A 占領する　巧み　溶解　風土と人情
B 占める　得意　融合　独特な風格がある
C 占拠する　〜べからず　理解　人々に喜ばれる
D 線をふさぐ　勝手　凝集　とりわけ恵まれた

**解説** 1つ目の空欄は「(重要な地位を)占める」としたいのでBやCが入りうる。2つ目の空欄は"用"にかかる言葉を探す。文脈から「うまく」というような意味のものと考えるとAとBが入りうる。3つ目の空欄では「(各地の特徴を)溶け合わせる・凝縮する」というような意味が考えられるのでBとDが入りうる。4つ目の空欄はその後の"烹調方法"を修飾しているので、それを考えるとAは不適。またDも環境や才能について「恵まれている」という言葉なので、ここでは不適。以上を総合するとBが正解と分かる。

## 69 正解 A

**問題文和訳**

生活におけるたくさんの「不可能」は、私たちの心に［まとわりつき］、四六時中私たちの理想や意志を［蝕み］、もともと可能であった多くのことを「不可能」の中に密かに［葬って］しまう。実際は、これらの「不可能」の多くは人々が想像で創り出したものであり、［勇気］を出して自発的に退治すれば、多くの「不可能」は可能に変わるだろう。

**選択肢和訳**

A　まとわりつく　蝕む　葬る　勇気
B　つきまとう　侵略する　折る　気勢
C　取り囲む　感染する　引っ張る　欲望
D　取り巻く　消耗する　動かす　意気

**解説**　1つ目の空欄の選択肢はいずれも「取り囲む・まとわりつく」というような意味で決め手がない。2つ目の空欄にはマイナスイメージの言葉が入ると考えられるがすべてそうである。文脈から理想や意志と結びつき、「ダメにする」という方向の言葉が入ると考えるとAがふさわしい。3つ目の空欄は文脈から「（可能が不可能の中に）消えていく」というような意味の言葉が欲しい。選択肢を見るとやはりAがふさわしい。4つ目の空欄には文脈から「勇気を出して・思い切って」というような言葉が欲しい。選択肢はCのみネガティブな意味を持つ言葉なので排除できるが、それ以外は排除しにくい。以上を総合するとAが正解と分かる。

## 70 正解 D

**問題文和訳**

研究によれば、スカートのスーツを着る女性は通常自信があり、［職場］で人に良い第一印象を残すことができ、［事業］で成功し易く、同時により手厚い待遇を［獲得］できることが分かった。研究者は、短い時間で与えた印象は正確性が高いと指摘した。スカートのスーツは専門的で魅力的で、強引［すぎる］ことのないように見せる効果を［作り］出すことができる。

**選択肢和訳**

A　現場　商業　吸収　掠奪し　格別
B　部署　業界　勝ち取る　経営し　十分
C　職務　産業　採用　論争し　過度
D　職場　事業　獲得　作り　すぎる

**解説**　1つ目の空欄は前が"在"で後が"上"なので空欄には場所を表す言葉が入る。"在"は抽象的な概念を場所化する際にも用いることができるが、Cは意味的に外れる。2つ目の空欄は後に"成功"という動詞が見える。つまりこの空欄には「成功する」という動詞と相性のよい名詞が欲しい。選択肢ではDがふさわしい。他も「成功する」と相性が悪いわけではないが、話が国家レベル、社会レベルに拡大し、この文脈ではふさわしくない。3つ目の空欄は「（より手厚い待遇を）獲得する」という方向の言葉が欲しい。選択肢を見ると、BやD以外は排除されることが分かる。4つ目の空欄には文脈から「表す・醸し出す」というような方向の言葉が欲しい。選択肢ではDがふさわしいことが分かる。5つ目の空欄には、次の"強勢"にかけて「強引になりすぎる」という意味にしたいのでCやDがふさわしい。以上を総合するとDが正解と分かる。

## 第3部分 問題 p.36～p.37

〈問題文〉选句填空。
〈和　訳〉文を選んで空所を埋めなさい。

### 71 – 75

**問題文和訳**

　チンパンジーは動物の世界の「医学者」と呼ばれている。もし、あるチンパンジーが腹痛を起こすと、他の仲間が数キロ離れたところまである植物を探しに行く。その葉は硬く、苦い。しかし、チンパンジーはそれを食べると苦痛を軽減できることを知っている。(71)　科学者はこの葉を化学分析し、抗ウイルス、駆虫、抗菌の物質を含んでいることを発見した。

　象やカバ、水牛がよく水につかるのは知られているが、これは涼しさを求めるためだけでなく、(72)　体についた寄生虫を取り除くためでもある。これらの動物は泥を浴びるのを好むが、これは寄生虫の害を避け、リューマチの痛みや直射日光による日焼けの痛みを軽減できるからである。

　水浴びや泥浴びのほかに、石や木の幹に体をこすりつけてノミやシラミなどの寄生虫を取り除く動物もいる。(73)　皮膚についた寄生虫を取り除くのに最も効果があるのは蟻酸である。1匹のアリは2ミリグラムの蟻酸を作ることができ、その量は体重の18％に相当し、必要な時は20センチほどの距離を噴射できる。多くの鳥は蟻酸の利点を知っているので、くちばしを使って森林赤アリの巣穴を壊し、羽を広げてアリの巣を覆う。アリが慌てて逃げ出そうとする時、鳥が必要な蟻酸を噴出する。(74)　このようにして、鳥は上手に無料の薬のシャワーを浴びるのだ。

　都市に住む人も、猫と犬が時々草地で草を食べているのに気づくだろう。昔の人は、家畜はこのようにして胃腸をきれいにしていると思っていたが、現在の動物学者の多くは(75)　このような行動は緑色植物にだけ含まれるビタミンをとるためで、体内でのヘモグロビンの生成を促進し、健康に良い効果があるからだと考えている。

**正解** 71 **D**　72 **A**　73 **C**　74 **E**　75 **B**

**選択肢和訳**

A　体についた寄生虫を取り除くためでもある
B　このような行動は緑色植物にだけ含まれるビタミンをとるためで
C　皮膚についた寄生虫を取り除くのに最も効果があるのは蟻酸である
D　科学者はこの葉を化学分析し
E　このようにして、鳥は上手に無料の薬のシャワーを浴びるのだ

**解説**　71は後に"发现～"とある。つまり空欄のところで何か研究か考察を行って、その結果何かが「分かった・発見された」と続くわけなのでDがふさわしい。72の空欄の前に"不仅"という言葉が見える。これは後ろのフレーズの"而且"等と呼応する。Aに"而且"があるのでAが正師。73の後で急にアリの蟻酸の話が出てきていささか唐突なのでこの空欄のところで蟻酸の話が出ているはずである。そこでCがふさわしいと分かる。74は鳥が蟻酸を利用

する話が書かれている段落の最後の文なので、鳥のことが必ず書かれている。そこでEが正しいと分かる。75は、話の流れから犬と猫の草を食べる行動について動物学者がどう考えているかがこの空欄に書かれるはずなので、Bがふさわしいことが分かる。

## 76 - 80

**問題文和訳**

　いわゆる「感情のサイクル」とは、人の感情の高調と低調が入れ替わる過程でかかる時間を指す。(76) これは人の体内の周期的な緊張と弛緩の規則を映し出しており、「感情のバイオリズム」ともいわれる。もし人が感情のサイクルの高調にある時は、旺盛な生命力を示し、人に対して和やかで親しみやすく、感情が豊かになり、物事に真面目に取り組み、(77) 他人の忠告を聞き入れやすく、ゆったりした気持ちを感じる。(78) もし感情のサイクルの低調にあれば、いらいらして怒りやすく、反抗的になり、感情の起伏が激しくなり、常に孤独と寂しさを感じるようになる。

　感情のサイクルは人の感情のバロメーターであり、私たちはこれに合わせて自分の生活リズムをつくればよい。例えば、感情が高まっている時は、難度の高い、煩雑で処理しにくい仕事をする。(79) なぜなら人は精神状態のよい時に試練に立ち向かうと、困難を恐れる気持ちを和らげることができるからだ。意気消沈している時は無理をせず、まず簡単な仕事をし、手元の物事をひとまず置いて、外へ出かけ、グループ活動に多く参加して、リラックスするとよい。悩みがあれば、信頼できる家族や友人に打ち明け、マイナスの感情を緩和し、心の支えを求め、(80) 感情の危機を安全に過ごす。もし感情が低迷している時も複雑で難しい仕事をし続ければ、効率が悪いだけでなく、失敗の感情が強まり、自信に深刻なダメージを与えることになる。

**正解** 76 **C**　77 **A**　78 **B**　79 **D**　80 **E**

**選択肢和訳**

A　他人の忠告を聞き入れやすく
B　もし感情のサイクルの低調にあれば
C　これは人の体内の周期的な緊張と弛緩の規則を映し出しており
D　なぜなら人は精神状態のよい時に試練に立ち向かうと
E　感情の危機を安全に過ごす

**解説**　76の空欄の後に"亦称"情绪生物节律""と言っている。つまり空欄には"情绪生物节律"とほぼ同じ意味の言葉が含まれているはずである。Cに"周期性张弛规律"という似た言葉があるので、Cが正解。77の前後は感情が高調な時の人の様子が列挙されているので、空欄にもそのような言葉が入るはず。よってAが正解。78の後では、反対に低調な時の人の様子が並んでいるので、空欄には「低調の時はこうなる」というような言葉が入るはず。よってBが正解。79の前ではこのリズムを利用しようと言っており高調の時どうすべきかが並んだ後に空欄79が来る。Dが"因为"から始まっており、どうしてそのようにすべきなのかが書かれているのでDが正解。空欄80が含まれている文は、"有了烦恼的事情（悩みがあれば）"から始まって、最後に空欄のところで締めくくられている。つまり、悩みがあるときはどうすればいいかが書いてある文の締めくくりなのでEが正解。

## 第4部分　問題 p.38～p.47

〈問題文〉请选出正确答案。
〈和　訳〉正しい答えを選びなさい。

### 81 - 84

**問題文和訳**

　指紋は人類の指の末端の腹にある、皮膚の凹凸で作られた紋様である。遺伝の影響を受け、人それぞれ遺伝子が異なるため、指紋も唯一無二のものとなる。もし警察が事件現場で犯人の残した指紋を見つけ、指紋データの中にそれと合致する指紋があれば、すぐに犯人の身分を特定することができる。

　警察が事件現場を調べる時、運が良ければ血痕や油汚れに触れてから物に付けられた指紋のような、肉眼で見える指紋を発見できる。このような場合は指紋の写真を撮ればよいが、多くの場合、指紋は隠れているか、判別が難しい。このような指紋は、2つの方法によってはっきりと見えるようになる。例えば木質や金属のような硬い物についた指紋は、上からごく細かい粉末をまき、柔らかい刷毛で軽く払うと、物に残った粉から指紋が現れる。もし紙や革などの柔らかい物に指紋が残されている場合は、化学処理を施す必要があるので、検査室でその姿を現す。よく使われる化学検査の方法にヨウ素燻蒸法があり、ヨウ素の結晶体に熱を加え蒸気を発生させ、指紋のついた物と反応させると黄褐色の指紋が現れ、すぐに撮影するか、化学的な方法で固定させる。

　現在は、「近赤外分光イメージング法」という精密技術を用い、フィルムを使って抽出した指紋の中から爆破物の残骸や毒、化粧品の成分を見つけることができ、また、指紋に含まれる尿素（汗の成分の一種）の含有量から容疑者の性別を判別できる。女性に比べて男性の方が汗の分泌量が総体的に多く、発生する尿素も女性より多くなるからである。

### 81　正解 B

**設問和訳**

指紋について、分かるのは：

**選択肢和訳**

A　乳児には指紋がない　　　B　**遺伝子によって決まる**
C　人の健康状態を反映する　D　年を取るほど指紋が浅くなる

**解説**　第1段落で"每个人的遗传基因均不相同，所以每个人的指纹也是独一无二的"と言っているのでBが正解。

## 82 正解 C

**設問和訳**

柔らかい物に付いた指紋はどのように判別しますか？

**選択肢和訳**

A　粉末をまく　　　　　　　　B　アルコールを噴きかける
C　ヨウ素燻蒸法を使う　　　　D　フィルムを使って抽出する

**解説**　第2段落後半から、柔らかい物に付いた指紋の場合どうするかが述べられており、その話の流れで"常用的化学法有碘熏法"と書かれているのでCが正解。

## 83 正解 A

**設問和訳**

第2段落では何について述べていますか？

**選択肢和訳**

A　どのように指紋を採取するか　　B　どのように事件現場を保護するか
C　指紋の保存方法　　　　　　　　D　どのように指紋を使って事件を解決するか

**解説**　第2段落で最初に出てくるのは肉眼で指紋が見える場合だが、その後は肉眼では見えにくい場合の指紋の採取方法を述べている。よってAが正解。

## 84 正解 C

**設問和訳**

「近赤外分光イメージング法」について、下のどの選択肢が正しいですか？

**選択肢和訳**

A　指紋を描くことができる　　　　B　まだ使用されていない
C　容疑者の性別を判別できる　　　D　主に医学の分野で使われている

**解説**　第3段落で"还可以凭指纹中尿素（汗液成分之一）的含量判别出嫌疑犯的性别"と言っているので、Cが正解。

## 85 - 88

**問題文和訳**

　キャリアの程度に応じて、人は職場において3つの役割を経験する。社会に出て間もない新人、中堅幹部、上層部の管理職である。この3つの段階の人を、鳥、駱駝、鯨の3つの動物に喩えることができる。

　社会に出て間もない新人は、孵化したばかりで、飛び方を学び始めた1羽の鳥のようである。小鳥のよいところは、限りないチャンスがあり、様々な目新しい試みと可能性が、皆双翼の下にある点である。飼い鳥になって他人の屋根の下に留まるのもよし、林の鳥になって密林の中で生活するのもよし、渡り鳥になって季節の変化に合わせて各地を周遊するのもよい。ただ、気を付けなければならないこともある。目新しい選択肢がいくらでもあり、目がくらんでしまうこと、または、体力的にまったく合わない鳥になるのを選んでしまうこと、または、自分の生き方を次々と変え、しまいには自分がどのような鳥なのか忘れてしまうこと、または、手っ取り早く人の群れの近くで餌を探し、その結果弓矢にかかった獲物になってしまうことである。

　仕事をある程度して、会社や組織の中堅幹部になると、1頭の駱駝になる。会社や上司からの信用を得て重用され、何度も重大な任務をあなたは与えられる。この時の駱駝は、もう小鳥のように気ままに飛ぶことはできず、異動のチャンスが出てきても、軽々しく試すことができない。駱駝のよいところは安定し、ほとんど危険がないように見える点である。駱駝のリスクもまた安定している点にある。ほとんど何のチャンスもないように見えるからである。

　幸運にも中堅幹部からさらにキャリアアップし、会社や組織の上層部の決定者やリーダーになると、1頭の鯨になり、無味乾燥の果てしない砂漠から広大で自由な海に飛び込むのだ。長風は万里に吹き、人から祝福される。海は果てしなく、自分に期待する。しかし、海に入ればあなたは海のすべてを受け入れなければならない。太陽の光がきらめく日も、暴風雨が吹き荒れる日もあなたのものである。最も大切なのは、永遠に前進し、休まないことである。あなたには岸に上がって休む権利はない。岸に上がった鯨は浅瀬に乗り上げ、死んでしまうのだ。

## 85　正解 A

**設問和訳**

社会に出たばかりの新人について、何が分かりますか？

**選択肢和訳**

A　選択肢が多い
B　集団の観念が弱い
C　仕事に対する情熱に欠ける
D　大きな責任を負っている

**解説**　新人について述べている第2段落に"小鸟的优势，就是机会无穷"と書いてある。チャンスが限りないということは、選択肢が多いということに通じるのでAが正解。

## 86  正解 A

**設問和訳**
駱駝と中堅幹部の共通点はどこですか？

**選択肢和訳**
A 信頼に値する
B 刺激を求める
C はつらつとしている
D 冒険の精神がある

**解説** 中堅幹部について書かれている第3段落に"你的公司、你的上司愿意信任你、重用你"とあるのでAが正解。

## 87  正解 D

**設問和訳**
第4段落の「暴風雨が吹き荒れる」とは、何を喩えていますか？

**選択肢和訳**
A 輝かしい成果
B 他人との不一致
C 千載一遇のチャンス
D 遭遇するかもしれない危険

**解説** 暴風雨は、やはり普通はよくないことのイメージがあり、しかもいつ起こるか分からないような危険性を帯びたものであるのでDがふさわしい。

## 88  正解 B

**設問和訳**
上の文章のタイトルとするのに最も適切なものは：

**選択肢和訳**
A 天高く鳥は自由に飛び回る
B 鳥、駱駝、鯨
C 船は橋に近づくと自ずと縦向きになる（なるようになる）
D 死ぬまで勉強である

**解説** 消去法で見てみよう。鳥の話はこの文章のほんの一部にすぎないのでAは不適。Cはことわざだが、この文章は「なるようになる」という内容ではないのでCも不適。Dもことわざだが、やはり「いくつになっても勉強だ」という内容の文章ではないのでDも不適。よってBが正解。Bの3種類の動物は第1段落にも出てきており、3種類の段階の人間をこの3種類の動物にたとえて説明しているのでこれが正解と分かる。

## 89 - 92

**問題文和訳**

　北宋の初め、民間には官製の銀と陝西で鋳造された鉄銭の2種類の貨幣が流通していた。宋の仁宗が政権を握っていた頃、国家の財政は大変厳しく、2種類の貨幣が同時に流通し、国家は市場の制御に苦心していた。そこで、ある大臣が仁宗に、陝西鉄銭を廃止し、国家が貨幣を統一するように求める意見書を出した。仁宗は上奏文を受け取ると、大臣たちに議論させた。大臣の多くが鉄銭を廃止すると市場が混乱すると考え、実行しなかった。ところがその情報は外へ伝わり、すぐに都の汴梁で広まり始めた。「朝廷が陝西鉄銭を廃止するぞ、すぐに手放せ、遅れると一文の値打ちも無くなるぞ。」と。一晩のうちに、都の至る所で鉄銭が廃止になるという噂が伝わった。

　その時、陝西鉄銭は全国ですっかり通用していた。皆は苦労して稼いだお金がもうすぐ廃止になると聞き、鉄銭を持って続々と店に押し寄せ、われ先にと商品を買いあさった。店の主人は彼らよりも早く情報を得ていたので、次々に「陝西鉄銭での支払い不可」の看板をかけた。これで皆はますます焦り、気が荒い人は店に駆けつけて強引に商品を買った。一時、市場は大混乱となった。

　その知らせを聞いた仁宗は大いに怒り、誰が噂をまいたのか追跡調査させ、一方ですみやかにこの事態を処理し、市場を安定させ、庶民を安心させるよう宰相の文彦博に命じた。文彦博は人々が想像したような行政手段を使って商店に陝西鉄銭の買い上げを強制するのではなく、家の反物や貴重な骨董品を都の大きな商店へ送って委託販売させ、陝西鉄銭のみで取引させた。

　その情報が伝わると、皆驚いて呆然となった。朝廷に仕える宰相がこれほど多くの家財を委託販売に出し、しかも陝西鉄銭のみ扱うのを目の当たりにし、もともと鉄銭は廃止にならず、家の鉄銭も鉄くずにはならない、とすぐに確信した。（当初の）噂はすぐに自然に自ら崩れ去り、陝西鉄銭は再び支障なく流通し始めた。

　その後仁宗は、このような妙案をどのように思いついたのか文彦博に問うと、彼は答えて言った、「噂は風のごとく、恐れ慌てるのは水のごとく、風は水の勢いを借り、水は風の速さを助ける。噂が広まることは、音を立てて勢いよく流れてくる洪水が真正面から押し寄せるようなもの。このような時に行政の干渉を取り入れるのは、巨大な石で洪水をせき止めるようなもので、一時的に緩和できても根本的な解決にはならない。洪水はせき止められるものではなく、さらって流れをよくする方法をとってこそ根本的に解決できるのです。」と。

## 89　正解 C

**設問和訳**

人々はなぜ店で先を争って買ったのですか？

**選択肢和訳**

A　物資が緊迫していたから　　B　貨幣価値が下落するから
C　鉄銭が廃止になると聞いたから　　D　戦争の勃発を心配して

**解説** 第2段落に"大家听说自己辛辛苦苦挣来的血汗钱快要作废了，都纷纷拿铁钱到店铺抢购货物"と書いてある。ここで言う"血汗钱"とは"陕西铁钱"のことを言っているので、Cが正解。

## 90 正解 C

**設問和訳**

陝西鉄銭について、下のどの選択肢が正しいですか？

**選択肢和訳**

A 持ち運びが便利
B 官製の銀のうちの一つ
C 一度廃止を求められた
D 反物と骨董品しか買えない

**解説** 第1段落で、ある大臣が"请求罢掉陕西铁钱"したのだが、多くの人が"罢掉铁钱会造成市场混乱"と考え"没有实行"だったので、Cが正解。

## 91 正解 C

**設問和訳**

文彦博はどのように問題を解決しましたか？

**選択肢和訳**

A デマを飛ばした者を厳罰に処した
B 店に補償を与えた
C 自ら鉄銭を使い続けた
D 官製銀の発行量を制限した

**解説** 第3段落で"将家中的布匹珍玩送到京城几家大的商户代卖，并且只用陕西铁钱进行交易"と言っており、第4段落では"大家看到当朝宰相将这么大笔家产代卖，而且只收陕西铁钱"と言っているので、Cが正解。

## 92 正解 B

**設問和訳**

上の文章のタイトルとするのに最も適切なものは：

**選択肢和訳**

A 貨幣戦争
B 文彦博、智恵で噂を打ち消す
C 当事者は目が曇り、傍観者はよく見えるものである
D 水は舟を浮かべるが、舟を転覆させることもできる

**解説** この文章は、最後の段落が非常に重要である。文彦博が混乱を鎮めた方法が普通とは違っていて、それがどういう考えに基づいたものだったかを最後の段落で言っている。それを踏まえて選択肢を見るとBが最もふさわしいことが分かる。

## 93 - 96

**問題文和訳**

ある医者は戦中に傷病兵を助けるため、何日も奮闘した。やっと眠る時間を確保した後、突然前線から傷病兵が送り込まれ、その医者を起こさなければならなかった。しかし、人々が手で押しても、顔に水を噴きかけても起こせなかった。その時、一人の衛生員が医者の耳元で「先生、患者が来ました、早く起きてください。」とささやくと、医者はすぐさま目を覚まし、患者を助けに行った。

これはいったいどういうことか？もともと人間は熟睡している時、すべての大脳皮質に抑制が広がるが、そのなかで抑制を受けず興奮している部分を「警戒点」という。この「警戒点」を通して、眠っている人は外の世界とのつながりを保つことができる。

次の興味深い現象をみれば、「警戒点」についてさらに容易に理解できる。ある晩、ある一家の妻と子供はすでに眠りにつき、夫は仕事から帰ってきたが鍵がなく、家に入れなかった。夫が窓によじ登って叫んでも、妻を起こせなかった。突然、夫はひらめき、口を窓ガラスにくっつけて「ママ、おしっこ。」と叫んだ。すると妻は飛び起き、ベッドから起き上がりドアを開けて夫を入れた。このほか、ある労働者は機械がごうごう鳴り響く中では熟睡できるが、突然機械の音が止まると（その人は）すぐに目を覚ます。これらはみな「警戒点」と関係がある。

「警戒点」の神経細胞は抑制を受けず、外の世界とある程度の警戒能力を保っている。この能力は外の世界の情報とある意味密接な関係がある。一つの興味深い実験がある。眠っている人に多くの人名を吹き込んだテープを繰り返し聞かせると、その人が熱愛する少女の名前が聴こえた時だけ脳波図が変化し、皮膚電波も変化した。本当に心と結びついているものは、眠っていても忘れられず、警戒心が敏感になるのだ。

「警戒点」は人類が長きにわたって進化した過程で形成された、一種の自分を守る能力である。古代、人は常に野獣の脅威を受けていたので、眠っている時でさえ高度な警戒心を保持しなければならなかった。そのうち人の大脳に1つの不思議な「警戒点」が残され、この部分は眠っている時でさえはっきりしているのだ。

## 93  正解 D

**設問和訳**

医者について、分かるのは：

**選択肢和訳**

A　脆弱である　　　　　　B　苦労に耐えられない
C　重傷を負った　　　　　**D　疲労困憊している**

**解説**　第1段落で、この医者が眠った後"不管人们用手推他，还是往他脸上喷水，都叫不醒他"と言っている。これはよほど疲れているからと思われるので、Dが正解。

## 94 正解 C

**設問和訳**
「警戒点」について、下のどの選択肢が正しいですか？

**選択肢和訳**
A 睡眠の質と関係がある
B 人を興奮させられる
C 人に警戒心を保持させられる
D 静かな環境の中でだけ作用する

**解説** 第4段落の最初の方に"对外界保持一定程度的警觉能力"と書いてあるのでCが正解。睡眠の質については特に言及がないのでAは不適。また第2段落で警戒点のことを"处于兴奋的部位"と説明してはいるが、警戒点が人を興奮させるとは言っていないのでBも不適。また第3段落にあるように叫んでも起きない人がある言葉を叫ぶと起きるといった例から、警戒点は静かな環境でのみ作用するのではないと分かる。よってDも不適。

## 95 正解 C

**設問和訳**
第4段落の実験で言いたいのは何ですか？

**選択肢和訳**
A 警戒心が高いほど良いわけではない
B 訓練を通して警戒心を強化できる
C 警戒心は特定の情報と関連している
D 恋をしている人はさらに警戒心が強い

**解説** 第4段落に"心有所系，睡眠难忘，警觉灵敏"とある。つまり、「心に結びついているものについては警戒心が敏感になる」ということ。つまり、特定のものに対しては敏感だということなので、Cが正解。

## 96 正解 A

**設問和訳**
「警戒点」はどのように形成されたのですか？

**選択肢和訳**
A 人類が進化した結果
B 睡眠不足によって作られた
C 仕事のストレスによって作られた
D 子供への愛情からできた

**解説** 最後の段落に"'警戒点'是人类在长期进化过程中形成的一种自我保护能力"とあるのでAが正解。

## 97 - 100

**問題文和訳**

『墨子・節用』に、「古人は丘陵に穴を掘って住んだ。」とある。考古学で発見された50万から60万年前の三棱大尖状石器から、その頃から人が黄土高原に洞穴を掘り始めたと推測できる。天然の黄土の断崖を掘って住まいとした居住形式は、今日の黄土高原の至る所に見られる構造の似た洞穴建築群に直接影響している。調べによると、今日までに中国西北部の黄土高原地区には、およそ4000万人が様々な形の洞穴に住み、古い洞穴に住むことで特殊な気候と地理環境に適応していた。

黄土高原の冬は非常に寒く、最低気温が零下20、30度にも達し、地面の植生はまばらで、建材や暖房の材料が乏しい。しかし黄土高原の土層は厚く、土壌の組織が緊密で、直立性に優れているので、穴を掘るのに適している。古代の賢人は土地の事情に適した、このような居住方法を生み出した。彼らは黄土層そのものが持つ保温性を利用し、平穏無事に寒い冬を乗り切り、洞穴を黄土高原における最も代表的な住居としたのである。

では、黄土高原はなぜ洞穴を掘るのに適しているのだろう。地質学の専門家の研究によると、黄土の特性とその土地の気候条件によって決まるということが分かった。異なる地質の年代と気候条件を経て、黄土の性質に変化が生じた。早期の乾燥して寒い気候の環境では、黄土高原の土壌はふっくらと乾いた性質であり、黄土に含まれる粘着物の量も非常に少なかった。そのため浸蝕への抵抗力も弱く、一度水に触れると崩れ落ちてしまう。雨水が集まって軟らかい黄土の大地を切り裂き、黄土高原に様々な深さの丘を形成した。その後、暖かく湿った気候に変わり、大量の生物が黄土高原で生まれ育ち、繁殖した。これらの生物は黄土高原の土壌形成を促進し、古い土壌の有機質と粘着物の含有量を高めることによって、浸蝕に対する強い抵抗力を持たせ、昔の人が黄土の層に洞穴を掘るための条件をつくったのである。

## 97　正解 A

**設問和訳**
第1段落によると、下のどの選択肢が正しいですか？

**選択肢和訳**
A　洞穴の歴史は長い
B　洞穴建築は様々な形をしている
C　今の洞穴には誰も住んでいない
D　洞穴の発展は経済の影響を受ける

**解説**　どの時点から"窰洞"と言えるかよく分からないが、50～60万年前には洞穴を掘って住んでいたというので、"窰洞"は相当古いと言える。よってAが正解。

## 98  正解 D

**設問和訳**
第2段落の"因地制宜（土地の事情に適した）"とはどのような意味ですか？

**選択肢和訳**
A　広い範囲に分布している　　B　智恵を発揮する
C　地理条件が優れている　　　D　具体的な状況に合わせて適切な方法を選ぶ

**解説**　この四字成語は、「その土地の事情に合わせて措置をとる」というような意味。よってDが正解。またこのことは、問題文の下線部のすぐ後ろで"他们利用黄土层本身的保暖性能…"と言っていることからも分かる。


## 99  正解 B

**設問和訳**
早期の黄土について、分かるのは：

**選択肢和訳**
A　粘着物を含まない　　　　　B　土壌の性質がやわらかい
C　有機質の含有量が高い　　　D　浸蝕への抵抗力が強い

**解説**　最後の段落の中盤で"在早期的干冷气候环境中，黄土高原上的土质还比较疏松"と言っているのでBが正解。


## 100  正解 B

**設問和訳**
上の文章が主に述べているのは：

**選択肢和訳**
A　黄土高原成立の要因　　　　B　黄土高原の洞穴
C　黄土が浸蝕へ抵抗する原因　D　黄土高原の地理環境

**解説**　この文章は一貫して"窑洞"のことを書いているのでBが正解。CやDについても書かれているが、すべて"窑洞"の説明のために出している話題なので、足をすくわれないように気をつけよう。

## 3 书 写  問題p.48～p.49

〈問題文〉缩写。
〈和　訳〉要約しなさい。

### 101

> **問題文和訳**
>
> 　16歳の年、彼は映画に強い興味を覚え、映画の仕事に従事する志を立てた。そのため大学入試の前、彼は父親に、「お父さん、僕は北京電影学院を受験したい。」と言った。息子の言葉を聞くと、父親は、「電影学院を受けるのは簡単じゃないぞ、思いつきで言うのはやめなさい。」と言った。
> 　表向きは息子を否定したが、父親はやはり息子の意志を尊重した。息子が映画の仕事をする人材であるかを試すため、次の日会社から一人の若い女性監督を家に招き、息子が映画で食べていけるかどうか試そうとした。息子が学校から帰ってくると、父親は彼に言った、「こちらは私の会社に新しく入った監督だ、お前が映画に向いているか、彼女に見てもらう。」と。女性監督は彼を見て、「短い芝居をやってみせて。」と言うと、彼は顔を真っ赤にして、小さな声で聞いた、「短い芝居って何？やったことないよ。」と。どうしてよいか分からない彼の姿を見て、女性監督は「では、なんでもいいからやってみせて。」と言った。他人の前で演技などしたことがない彼は、恥ずかしくなり下を向いた。この様子を見て、女性監督は笑いながら「監督になるということは口を開くことで生計を立てるということよ。あなたのような性格は向かないと思うわ。」と言った。この一言が、彼の前途に判決を言い渡し、父親もこの一件で彼が映画の仕事に向かないと思い、北京電影学院の受験を認めなかった。
> 　父親の希望に従い、彼は別の大学に入学した。卒業後は通訳の仕事についた。しかし、心の奥では映画の夢を諦めなかった。
> 　1994年の冬、彼は偶然北京電影学院を通りがかり、壁に学生募集の要項を見つけた。映画の夢は再び燃え上がった。彼は父親に、「お父さん、電影学院の監督科の大学院を受験したい。」と言った。それを聞いて父親は焦り、「どれだけの人がお前の仕事をうらやんでいるか、簡単に辞めると言うな。」と言ったが、今回は父親の言うことを聞かなかった。彼は狂ったように映画の専門知識を学んで試験を受け、ついに電影学院に合格した。
> 　1997年、彼は卒業すると北京電影制片廠の演出部に配属され、しばらく雑用係として働き、助監督としても働いた。仕事の合間に『ミッシング・ガン』の脚本を書き、自らこの映画を撮影する計画を立てた。ある有名な俳優に出演を依頼したいと思ったが、自分が無名の人物だったため、相手と話をするのもままならなかった。彼の友人がその俳優と連絡をとってくれた。相手は脚本を見、彼と直接会い、最後には出演を承諾した。俳優の問題は解決したものの、資金というさらに重大な問題があった。彼は数えきれないほどスポンサーを探したが、彼が無名であったがために、すべて断られた。その後、ある人が彼の脚本を見て、これに賭けてみようと決めた。こうして彼の処女作の撮影が

始まった。『ミッシング・ガン』が公開されると、センセーションを巻き起こし、彼も一躍有名になった。すぐに続けて彼は数本の映画を撮影し、立て続けに中国の映画界に激震を起こし、大きな成功を収めた。

　彼こそが陸川で、飛ぶ鳥も落とす勢いの新進気鋭の監督である。心にはいつも向上する夢を持ち、花開き実を結ばせたいと思い続けていた。否定的な判決を言い渡された後も、その結果を受け入れず、自身の夢を持ち続け、ついにそれを実現させた。生活の中で、他人から否定されることは誰にでも有りうるが、それは恐ろしいことではない。恐ろしいのは自分で自分を否定することである。自分に対する他人からの判決を拒む勇気こそ、成功への第一歩なのである。

### 解答例

　16岁那年，他对电影产生了浓厚的兴趣，立志要从事电影事业。他把他的梦想告诉了他父亲。于是他父亲请了一位导演到家里，看看他儿子是不是搞电影的那块料。可是他在那位导演面前什么也表演不出来，导演否定了他。于是他听从了他父亲的愿望，成为了一名翻译。但在他的内心深处，他并没有放弃自己的电影梦。

　有一天，他经过电影学院，看到电影学院招生，他的电影梦再次燃烧起来。虽然他的父亲不同意他考电影学院，但是他没有放弃，经过他的努力，他被电影学院录取了。

　毕业后，他当上了副导演。在工作之余，他写了一个剧本，并打算亲自拍这部电影。他经历各种困难，终于解决了演员和资金的问题。电影公映后，取得了巨大成功。

　他就是陆川。他心中始终有个向上的梦想。在遭到否定的判决后，他没有接受这个判决结果，而是继续他的梦想，最终他成功了。生活中，每个人都有可能被别人否定，被别人否定并不可怕，可怕的是自己否定自己。因此，敢于拒绝别人对自己的否定就是成功的第一步。

### 解答例和訳

　16歳の年、彼は映画に対して大変興味を持っていて、映画に関する仕事をすると志し、自分の夢を父親に伝えた。そこで、父親はある監督を家に誘って、自分の息子が映画の仕事をする素質があるかどうかを見てもらった。しかし、彼はその監督の前で何も演じることができなかったので、その監督は彼を（素質がないと）否定した。それで、彼は父親の望みに従って、翻訳者になった。しかし、彼は心の中では、映画の夢を諦めていなかった。

　ある日、彼は映画学院を通った時に、映画学院の募集要項を見かけた。彼の映画に対する夢がもう一度燃え上がってきた。彼は父親の反対にもかかわらず、諦めずに努力し、映画学院に合格した。

　卒業後、彼は助監督になった。仕事の合間に、彼は1つの脚本を書いて、自ら撮影しようとしていた。彼は様々な困難を経て、ようやく俳優と資金の問題を解決できた。映画公開後、大きな成功を得た。

　彼こそが陸川だ。彼は心の中に、いつまでも向上する夢を持っていた。否定的な判決に遭った時に、彼はその結果を受けず、引き続き自分の夢を追って、最終的に成功したのだ。生活の中で、誰でも他人に否定される可能性がある。他人に否定されることは怖くないのだ。怖いのは自分で自分を否定することだ。だから、自分に対する他人からの否定を拒否する勇気を持つことは、成功の第一歩なのだ。

# 6級 第2回 解答・解説

聴力試験···P.222～P.253
読解試験···P.254～P.275
書写試験···P.276～P.277

### 正解一覧

## 1. 听力

**第1部分**
| 1. D | 2. C | 3. C | 4. B | 5. C |
| 6. C | 7. D | 8. C | 9. B | 10. B |
| 11. B | 12. A | 13. B | 14. D | 15. D |

**第2部分**
| 16. A | 17. A | 18. B | 19. D | 20. A |
| 21. A | 22. D | 23. C | 24. A | 25. A |
| 26. D | 27. A | 28. B | 29. A | 30. D |

**第3部分**
| 31. D | 32. C | 33. C | 34. D | 35. C |
| 36. C | 37. D | 38. D | 39. D | 40. C |
| 41. B | 42. B | 43. A | 44. A | 45. A |
| 46. D | 47. A | 48. C | 49. B | 50. C |

## 2. 阅读

**第1部分**
| 51. B | 52. B | 53. B | 54. C | 55. B |
| 56. B | 57. A | 58. C | 59. C | 60. C |

**第2部分**
| 61. A | 62. D | 63. C | 64. A | 65. D |
| 66. B | 67. D | 68. A | 69. B | 70. D |

**第3部分**
| 71. C | 72. D | 73. A | 74. E | 75. B |
| 76. D | 77. B | 78. A | 79. E | 80. C |

**第4部分**
| 81. B | 82. A | 83. B | 84. D | 85. D |
| 86. C | 87. A | 88. B | 89. A | 90. A |
| 91. D | 92. C | 93. B | 94. B | 95. A |
| 96. D | 97. C | 98. C | 99. C | 100. D |

## 3. 书写

※ 解答例は解説ページでご確認ください。

## 第2回

# 1 听力

**第1部分** 問題 p.52〜p.53  CD1 7

〈問題文〉请选出与所听内容一致的一项。
〈和　訳〉音声の内容と一致するものを選びなさい。

### 1　正解 D

**スクリプト**

学生们问老师什么是人生，老师让学生们在穿过一个果园时每人选一个最大的苹果，但不能回头。出来后，学生们要求再选择一次，因为他们都没选到最大的苹果。老师说：这就是人生，无法重新选择。

**スクリプト和訳**

人生とは何か、学生が先生に聞いた。先生は果樹園を通る時、学生に1人に1つ一番大きなリンゴを選ばせ、ただし振り向いてはいけないと言った。出てくると、学生たちはもう一度選ばせてほしいと言った。誰も一番大きなリンゴを選べなかったからだ。先生は言った、「これが人生です。やり直しはできない」と。

**選択肢和訳**

A　リンゴはまだ熟していない
B　大きなリンゴが甘いとは限らない
C　1人の学生だけリンゴを食べられた
D　学生は皆自分の選択に満足していない

## 2  正解 C

### スクリプト

葡萄酒开瓶之后应该让酒透透气，呼吸一会儿，这样能使葡萄酒的香味更醇。一般情况下，若是新酒，那么呼吸的时间最好为半小时到一小时。若是成熟期的酒，则只需提前半个小时开瓶就可以了。

### スクリプト和訳

ワインは開けてから空気に触れさせ、しばらく呼吸をさせることによって香りがさらに豊かになる。一般的に、若いワインなら30分から1時間呼吸させるのが最もよい。熟成したワインなら、飲む30分前に開ければよい。

### 選択肢和訳

A　ワインは変質しやすい
B　現代の醸造技術は発達している
C　**ワインは開けてからすぐに飲まない**
D　ワインは白と赤の2種類に分けられる

## 3  正解 C

### スクリプト

将每天要做的工作记录下来，并按重要程度编号，上班之后按顺序工作，完成一件划掉一件，当然也不要忘了根据情况的变化做相应的调整。养成习惯之后，你会发现工作效率和生活质量都发生了质的变化。

### スクリプト和訳

その日にすべき仕事を毎日書き出し、重要度に合わせて番号をつけ、出勤してからその順番に従って仕事をし、1つ終わるごとに線を引く。もちろん状況の変化に合わせて調整するのを忘れずに。これが習慣になれば、仕事の効率と生活の両方に質的変化が起こることに気づくだろう。

### 選択肢和訳

A　細部をおろそかにしない
B　習慣は小さな頃から養うべきである
C　**物事をするには重要度を分けるべきである**
D　計画をするのは詳細なほど良い

## 4  正解 B

### スクリプト

"为什么只有晚上才能看到星星？""为什么地球是圆的而不是方的？"当孩子问你这样的问题时，不要头痛，更不要厌烦，耐心一点儿，甚至鼓励孩子多问问题，说不定你也能培养出一个发明家、科学家。

### スクリプト和訳

「なぜ星は夜にだけ見えるの？」「なぜ地球は四角でなくて丸いの？」子供がこのような質問をしてきた時、悩んだり、煩わしく思ったりしてはならない。ぐっとこらえて、ひいてはたくさん質問をするよう子供を励ませば、あなたも発明家や科学者を育てられるかもしれない。

### 選択肢和訳

A　両親は子供の手本である
B　**子供の好奇心を守るべきである**
C　子供が理想を描くのを助けるべきである
D　子供が天文の知識を学ぶのを励ますべきである

## 5  正解 C

### スクリプト

对于鲜花和掌声，经历丰富的人大都能以平常心对待；但面对挫折与困难，还能以平常心对待，就不太容易了。能坦然接受各种打击是一种极高的境界，需要多年的磨练才能达到。

### スクリプト和訳

花束と拍手には、経験豊富な人の多くは平常心で対応できる。しかし挫折と困難に直面した時でも、平常心をもって対処するのは容易ではない。様々な衝撃を平然と受け入れられることは非常に高い境地であり、長年の鍛錬によってようやく到達できる。

### 選択肢和訳

A　満足を知れば常に幸せである
B　総括がうまければ進歩できる
C　**平常心で挫折と向き合う**
D　他人の経験の教訓を吸収する

## 6 正解 C

### スクリプト

老李决定换个住处。找了好久，总算寻到一处合适的房子，但房东的条件很奇怪：只租给没有孩子的家庭。夫妻俩面面相觑，只好放弃。儿子却不甘心，就跟房东说："这房子我租了。我没有小孩儿，只有父母。"

### スクリプト和訳

李さんは住まいを変えることを決めた。長いこと探し、ようやく理想的な部屋が見つかったが、大家の条件は「子供のいない家庭にのみ貸す」というおかしなものだった。夫婦は顔を見合わせ、諦めるしかなかった。ところが息子は断念せず、大家に言った、「この部屋は僕が借ります。僕には両親がいるだけで、子供はいません。」と。

### 選択肢和訳

A 李さんは部屋が狭いのを嫌った
B 部屋が内装工事されていなかった
**C 李さんの息子は機転がきく**
D 大家の息子が帰国する

## 7 正解 D

### スクリプト

一个人如果做一份与他个性气质完全相悖的工作，是很难做好的。比如，让一个喜欢与人打交道的人做档案管理工作，或让一个性格内向的人做推销员，他们都会非常痛苦。因此，适合自己的工作才是最好的工作。

### スクリプト和訳

ある人が、もし自分の性格とまったく逆の仕事をしたら、うまくやるのは難しいだろう。例えば、人との交流が好きな人に書類管理をさせたら、もしくは内向的な性格の人にセールスをさせたら、彼らはとても苦痛を感じるだろう。したがって、自分に合った仕事こそが良い仕事なのだ。

### 選択肢和訳

A 内向的な人はさらに細やかである
B 仕事は完璧を求めるべきである
C 同僚との付き合いは打ち解けることが必要である
**D 自分に合った仕事を選ぶ**

## 8  正解 C

### スクリプト
电影博物馆不但向人们介绍电影的相关知识，揭示电影制作的奥秘，还为参观者提供了亲自动手录音、拍短片的机会。人们在这里可以充分感受电影的魅力，体验电影制作的乐趣。

### スクリプト和訳
映画博物館は人々に映画に関係のある知識を紹介したり、映画作りの奥深さを示したりするだけでなく、見学者に自ら録音したり短編映画を撮影したりする機会を提供している。見学者はここで映画の魅力を存分に感じ、映画制作の面白さを体験できる。

### 選択肢和訳
A　博物館の面積が大きくない
B　スタッフはみなプロの俳優である
C　見学者が自分で映画を撮ってみることができる
D　博物館は週に1度外部に一般公開する

## 9  正解 B

### スクリプト
在人物传记、报告文学等文学作品中，人们追求的是一种真实感，越是接近生活本身，越能激起读者的共鸣。而童话则恰恰相反，童话作品越是充满想象力，就越能激发读者阅读的热情。

### スクリプト和訳
人物の伝記やノンフィクションなどの文学作品において、人々は真実味を求め、生活に近いほど読者の共感を得られる。童話はその逆であり、想像性が豊かなほど、読者の読む意欲を引き起こすことができるのだ。

### 選択肢和訳
A　インターネット文学が流行している
B　童話には豊かな想像が必要である
C　リアリズム作品の読者は少ない
D　小説は生活を真に反映している

## 10  正解 B

### スクリプト
一对年轻夫妇走进一家首饰店，妻子指着一个戒指问售货员："这个多少钱？""三万，女士。"丈夫惊讶地吹了一个口哨，问道："旁边的那个呢？"售货员微笑着答道："两个口哨的价钱，先生。"

### スクリプト和訳
1組の若い夫婦がアクセサリーショップに入った。妻がある指輪を指して店員に聞いた、「これはいくらですか？」と。「三万です、奥さま。」と。夫は驚いて口笛を一吹きして、「隣のこれは？」と聞いた。店員は笑って答えた、「口笛二吹き分のお値段です、旦那様。」と。

### 選択肢和訳
A　指輪を買って口笛を贈った
**B　２つ目の指輪の方が高い**
C　彼らはペアの指輪を買った
D　妻は指輪に満足していない

## 11  正解 B

### スクリプト
一个能了解别人、慧眼识人的人，是聪明人，而能够认识自己、了解自己的人，才是真正有智慧的人；能够战胜别人的人，是有力量的勇士，而能够战胜自己的人，才是真正的强者。

### スクリプト和訳
他人を理解でき、人を見抜ける人は、賢い人である。また、自分自身を認識でき、理解できる人こそ、正真正銘の賢い人である。他人に打ち勝つことができる人は、力のある勇士であり、己に打ち勝つことができる人こそ、本物の強者なのだ。

### 選択肢和訳
A　本当の知識は実践から生まれる
**B　人は己を理解しなければならない**
C　相手の立場に立って考えることを身につける
D　簡単に結論を出してはならない

## 12  正解 A

### スクリプト
初学滑雪的人，如果在滑行中发现自己已经完全失控，停不下来，这时切勿惊慌失措，要学会利用雪道上小的障碍主动摔倒，摔倒时主动向左摔或向右摔，可使向前的冲击力减弱，降低摔伤几率。

### スクリプト和訳
初めてスキーを学ぶ人は、もし滑っている時に完全にコントロールを失い、止まれなくなっても、驚いて慌ててはいけない。滑降路にある小さな障害物を使って自分から倒れることを身につけ、倒れる時は右か左に向いて倒れれば、前に向かう衝撃を弱め、怪我のリスクを下げることができる。

### 選択肢和訳
A　進んで転べば自分を守れる
B　スキー初心者が最も速く滑る
C　年寄りはスキーをしない方がよい
D　コントロールを失った時は進んで前へ転ぶ

## 13  正解 B

### スクリプト
白杨树是西北最普通的一种树，它高大挺拔，适应性强。在大路边，在田野旁，只要有一点儿水分，它就可以生根发芽，为大地撑起一片绿色，因此人们非常喜爱它，并在很多文学作品中赞美它。

### スクリプト和訳
ポプラは西北地方で普遍的に見られる木の一種で、高くまっすぐに伸び、適応力が強い。道路わきでも、野原のかたわらでも、少しの水分さえあれば根を張り芽を出し、大地にのびのびと緑を張り巡らせる。そのため、人々はポプラを愛し、多くの文学作品の中で賛美している。

### 選択肢和訳
A　ポプラは常緑樹である
B　ポプラは生命力が旺盛である
C　ポプラは普通丈が低い
D　ポプラは西北地域ではあまり見られない

## 14 正解 D

### スクリプト

判断一种声音是否属于噪音，仅从物理学角度分析是不够的，人的主观感受也是重要的标准。例如，音乐对于正在欣赏它的人来说是乐音，但对于正在学习、休息或集中精力思考问题的人来说可能就是一种噪音。

### スクリプト和訳

ある音が騒音であるか否かを判断するのに、物理学の角度から分析するだけでは十分ではなく、人の主観的な感じ方も重要な基準となる。例えば、音楽はそれを鑑賞している人にとっては心地よい音であるが、勉強中や休んでいる人、もしくは集中して考え事をしている人にとっては騒音と感じることもある。

### 選択肢和訳

A 騒音にも良い点がある
B 騒音のないところはない
C 騒音を消す方法はたくさんある
D 騒音かを判断するには主観的な感覚を考慮すべきである

## 15 正解 D

### スクリプト

泰山气候四季分明。春季多风。夏季多雨，人们在雨过天晴后可以欣赏彩霞，观看云海碧波的壮丽景色。秋季则常常万里无云，是登山观日出的黄金季节。冬季虽天气偏冷，但看到日出的机会也很多。

### スクリプト和訳

泰山の気候は四季がはっきりしている。春は風が多く、夏は雨が多い。雨が過ぎ去った後はきれいな霞や雲海輝く壮麗な景色が楽しめる。秋は雲一つない気候が多く、山に登って日の出を拝む最高の季節である。冬は寒いことが多いが、日の出を見られる機会も多い。

### 選択肢和訳

A 泰山は冬に雨が多い
B 泰山は冬に最も観光客が多い
C 泰山の夏の気候は乾燥している
D 泰山の日の出を見るのに最適なのは秋である

## 第2部分　問題 p.54～p.55

〈問題文〉请选出正确答案。
〈和　訳〉正しい答えを選びなさい。

## 16 - 20

### スクリプト

男：周晔老师，您好。很高兴您能接受我们的采访。
女：你好。
男：十七年前，您就开始做手语主播了，当时的情况您还记得吧？能给我们讲讲吗？
女：一九九五年，《共同关注》的前身《本周》栏目决定配播手语，让聋人更好地了解社会生活。当时根本没有手语播报的专业人才，李宏泰校长推荐了四位老师到央视去，经过翻译测验、试镜等筛选，最终留下了我和另一位年龄比较大点儿的老师。那时是录播，一周一次，每周六我去录节目，周日播出。稿子能提前拿到手，手语有打错的地方也可以停下来重录。这次是每天都有的直播，难度大多了。
男：您跟贺红梅、罗京、王宁等人都曾合作过，手语主播和口语主播除了播报形式外，还有哪些不同？
女：口语主播在最开始，介绍今天的主要内容的时候，语速往往会特别快，我必须跟上他们的节奏，尽量做到翻译准确、流畅、快速。即使在直播时，口语主播也是可以休息的，但手语主播一直出现在屏幕上的小框里，要不停地翻译。所以，体力一定要好。
男：您认为做手语直播最难的是什么？
女：首先是时间特别紧，六点开始直播，我一般五点二十分才能拿到稿子。我得边看边在心里打手语，不会的地方赶紧查《中国手语词典》。其次是一些生僻词的处理，比如政治、战争，新闻里很常见，但在聋人的日常生活中很少用到，要简单、形象地翻译出来。有的词《中国手语词典》里根本就没有，比如你们杂志的名字《环球人物》，"环球"这两个字《中国手语词典》里也没有，我就得找"国际"等类似的词来意译。中国手语有很多表现形式，可以用拼音表示，也可以仿字，用手指搭字。
男：您觉得电视节目里加播手语，是否会成为一种趋势？
女：国外的新闻节目很早就注意加手语解说，给聋人提供公平享受社会生活的权利，这是社会发展的大趋势。

> スクリプト和訳

男：周曄先生、こんにちは。インタビューをお受けいただき、ありがとうございます。
女：よろしくお願いします。
男：17年前、先生は手話のメインキャスターになられましたが、当時の状況を覚えていらっしゃいますよね？私たちにお話しいただけますか？
女：1995年、『共同関注』の前身の『本周（今週）』という番組が、耳の不自由な人にもっと社会生活を理解してもらうために手話を一緒に放送することを決めました。当時は手話放送の専門的な人材がまったくいなかったので、李宏泰校長が4人の教師を中央テレビに推薦し、通訳のテストやカメラテストなどのオーディションをし、最後に私ともう1人少し年長の先生が残りました。当時は録画放送で、1週間に1回、毎週土曜日に番組の収録に行き、日曜日に放送されました。原稿は事前に受け取ることができたので、手話を間違えたところは止まって撮り直しができました。今回は毎日生放送なので、だいぶ難しくなりました。
男：先生は賀紅梅さん、羅京さん、王寧さんたちと一緒に仕事をなさったことがありますが、手話のキャスターと口で話す（通常の）キャスターは、放送の形式のほかに、どこが異なりますか？
女：口で話すキャスターは、一番始めにその日の主な内容を紹介する時、往々にしてとても速く話します。私はそのリズムに合わせ、できるだけ正確に、流暢に、速く訳さなければなりません。たとえ生放送でも、口で話すキャスターは休めますが、手話のキャスターはずっと画面上の小さな枠の中にいて、休まず訳し続けなければなりません。だから、体力がなければなりません。
男：手話の生放送で一番難しいところはどこですか？
女：まず、時間がとてもタイトです。6時に生放送が始まり、原稿をもらえるのが5時20分です。私はそれを見ながら心の中で手話をし、できないところはすぐに『中国手話詞典』で調べます。次に、あまり馴染みのない言葉の処理です。例えば政治、戦争はニュースではよく目にしますが、耳の不自由な人たちの日常生活ではあまり使われないので、簡単に、描写するように訳します。言葉によっては『中国手話詞典』にもまったく載っていません。例えばあなたたちの雑誌の名前『環球人物』の、「環球」の2文字は『中国手話詞典』にありませんので、「国際」などの似た言葉を探して意訳します。中国の手話にはたくさんの表現形式があり、ピンインで表すこともできますし、漢字を真似たり、指で字を組み立てたりできます。
男：テレビ番組に手話放送を加えることは、一種の傾向になると思いますか？
女：国外のニュース番組は早くから手話の解説を入れるようにし、耳の不自由な人に公平に社会生活を送る権利を提供してきました。これは社会発展の大きな傾向です。

## 16 正解 A

**設問スクリプト**
关于录播，可以知道什么？

**設問スクリプト和訳**
録画放送について、何が分かりますか？

**選択肢和訳**
A 撮り直しできる
B 1日3回
C 事前に原稿を見られない
D 2人の手話キャスターが同時に行う

## 17 正解 A

**設問スクリプト**
女的认为跟口语主播相比，手语主播有什么特点？

**設問スクリプト和訳**
女性は、口で話すキャスターと比べて手話のキャスターはどのような特徴があると思っていますか？

**選択肢和訳**
A 体力がなければならない
B 話すスピードを遅くしなければならない
C 見た目が抜群でなければならない
D 数字により敏感である

## 18 正解 B

**設問スクリプト**
女的认为对于手语主播来说，最困难的是什么？

**設問スクリプト和訳**
女性は、手話のキャスターにとって何が最も困難なことだと思っていますか？

**選択肢和訳**
A 資料が少ない
B 準備時間が短い
C 字幕表示がない
D 視聴者から認められる

## 19  正解 D

**設問スクリプト**
遇到生僻字，女的会怎么处理？

**設問スクリプト和訳**
馴染みのない言葉が出てきたら、女性はどのように処理しますか？

**選択肢和訳**
A　省略する
B　同僚に聞く
C　国外の解釈を参考にする
D　似たような言葉を使い意訳する

## 20  正解 A

**設問スクリプト**
关于女的，可以知道什么？

**設問スクリプト和訳**
女性について、何が分かりますか？

**選択肢和訳**
A　手話のキャスターである
B　聴力障害がある
C　以前は通訳をしていた
D　現在手話辞典を編纂している

## 21 - 25

> **スクリプト**

女：我发现您几乎涉足过所有的戏剧形式，去年您还演出歌剧《蝙蝠》，客串过梨园戏《董生与李氏》，但所有您演过的剧目都有一个共同点，就是都是喜剧。喜剧对您最大的吸引力在哪里？

男：它的平民化，喜剧属于平民。

女：怎么理解？

男：喜剧是最接近人的，它和人是零距离的。从艺术形式上，它也是最具人性的。它直接表现人的生命，表现生命的需求。悲剧表现死，而喜剧表现的是生。悲剧一定要摧毁，才能体现出悲情；而喜剧则是建立一个新东西。

女：除了通过观看喜剧获得快乐，人们也需要以喜剧的精神来面对生活。

男：对，其实好的心态，是可以培养的，可是我们往往忽略了。一个社会需要多种心态，最起码需要两种，一种是积蓄能量的，一种是释放能量的。喜剧精神属于后者，它能够帮人建立一个基本的思想方法——每个生命都会遇到困境，遇到困境怎么去解脱？怎么去化解？好的喜剧能提供这种方法。

女：有一种观点，认为文化艺术与物质生产不同，是"妙手偶得"，说"套路"就俗了，但您似乎很强调喜剧的"套路"？

男：经验完全可以变成科学的认识，艺术的规律也是可以认知的。人物关系形成之后，就产生了势能，这种能量是可以被认知的，能用物理的方法测出来，那就是观众回馈的笑声。喜剧节奏的快慢直接影响观众的笑声，这就是规律。把一个悲情的人变成一个快乐的人，相当于平白无故把温度从零度一下子升到一百度，这是需要能量的。喜剧也是，用正确的方法，让观众的心理温度从零度升到一百度。喜剧演员要了解这套方法，也需要积淀、培养、训练。

女：您觉得喜剧跟逗乐、搞笑一样吗？

男：一样啊，逗乐是最基础的，就像人走路，脚往外一迈，你得迈出这一步啊，每迈一步都是在搞笑。一出喜剧的过程，不也是逗乐、搞笑的过程吗？这个没有矛盾，是一个组成的关系。

女：您下一步有什么打算？

男：把我的很多想法总结一下，再把它细化。用培训的方法把它传给后面的人。

> スクリプト和訳

女：あなたはあらゆるタイプの演劇に出演され、去年はオペラ『こうもり』や、梨園戯『董生と李氏』にも出演されましたが、あなたが演じた演目には一つの共通点があります。すべて喜劇です。あなたにとって喜劇の最大の魅力は何ですか？

男：庶民的なところです。喜劇は庶民のものです。

女：どういうことでしょうか？

男：喜劇は最も親しみやすく、人との距離がありません。芸術の形式においても、喜劇は最も人間味があります。人の生命、生命の欲求をダイレクトに表現します。悲劇は死を表現しますが、喜劇が表現するのは生です。悲劇には必ず破壊があり、それで悲しみを表しますが、喜劇は新たなものを生み出します。

女：喜劇を観て楽しむ以外に、喜劇の精神をもって生活に向き合うことが必要です。

男：そうです。良い心理状態は養うことができるのですが、我々はそれをおろそかにしがちです。社会では様々な心理状態が必要ですが、最低2つ必要です。エネルギーを蓄積することと、エネルギーを放出することです。喜劇の精神は後者に属し、人の基本的な思想方法の確立を助けることができます。誰でも苦境に立たされることがありますが、そこからどのように抜け出すか、どのように解消するか、良質な喜劇はこの方法を提示することができるのです。

女：ある観点では、文化芸術は物質生産と異なり、「名手は偶然に（創作のインスピレーション）を得る」ものだと思われています。「方程式」と言ったら俗っぽいですが、あなたは喜劇の「方程式」を強調されているようですね。

男：経験は科学的な認識に変えることができ、芸術の法則も認知できるものです。人物の関係ができると、潜在力が生まれます。このようなエネルギーは認知され、物理の法則で測ることができます。観客の反応、笑い声です。喜劇のテンポの速度は観客の笑い声に直接影響します。これが法則です。悲しんでいる人を楽しい人に変えるのは、理由なく温度を零度から百度まで一気に上昇させるのと同じことで、それにはエネルギーがいります。喜劇も同じことで、正確な方法で、観客の心理の温度を零度から百度まで上げるのです。喜劇俳優はこの方法を理解し、さらにそれを蓄積し、育み、訓練しなければなりません。

女：喜劇はコントやお笑いと同じだと思いますか？

男：同じですよ。笑わせることは一番の基本で、人が歩くように足を外に一歩踏み出す、この一歩を踏み出さなければなりません、一歩ごとがすべて笑いです。一幕の喜劇の流れは、笑わせ、笑いをとる過程ではありませんか？矛盾はありません、組み合わせの関係です。

女：次はどんな計画をお持ちですか？

男：たくさんのアイディアをまとめ、細かく分け、育成訓練によってそれをこれからの人たちに伝えていきたいです。

## 21 正解 A

### 設問スクリプト
男的认为喜剧最大的吸引力是什么？

### 設問スクリプト和訳
男性は、喜劇の最大の魅力は何だと思っていますか？

### 選択肢和訳
A 庶民的である　　　　　B 誇張する方法
C 笑いをとるセリフ　　　D 古いものを壊すことができる

## 22 正解 D

### 設問スクリプト
男的认为人们往往会忽略什么？

### 設問スクリプト和訳
男性は、人々が何をおろそかにしがちだと思っていますか？

### 選択肢和訳
A 自分を褒める　　　　　B 自身のエネルギーを蓄積する
C 強固な意志を育てる　　D 良い心の状態は養うことができる

## 23 正解 C

### 設問スクリプト
关于喜剧，男的是什么看法？

### 設問スクリプト和訳
喜劇について、男性はどのような見方をしていますか？

### 選択肢和訳
A 方程式はない　　　　　B テンポが速い方がよい
C 自身の法則がある　　　D 人物の関係（性）

## 24  正解 A

**設問スクリプト**
男的怎么看待喜剧和搞笑的关系?

**設問スクリプト和訳**
男性は喜劇とお笑いの関係をどのようにみていますか？

**選択肢和訳**
A　矛盾しない
B　完全に同じである
C　喜劇が基礎である
D　一緒に論じることはできない

## 25  正解 A

**設問スクリプト**
关于男的，可以知道什么?

**設問スクリプト和訳**
男性について、何が分かりますか？

**選択肢和訳**
A　オペラを演じたことがある
B　現在博士課程で学んでいる
C　悲劇を好む
D　すでに演芸の舞台から退いている

第2回

237

## 26 - 30

**スクリプト**

男：众所周知，你的小说和散文一直受到海内外读者的青睐。我们非常关注的是，你以前的作品都是以都市爱情为主，为什么会想到尝试写"魔幻爱情小说"？

女：写小说的好处就是可以有很多新的尝试，写作余地大一些。对我来说，每年都要写一些新的东西，而我决定尝试写作魔幻爱情小说，因为现实生活中的爱情比不上魔幻世界里有那么多变化，那么特别。

男：写一个新的题材会不会特别难？

女：特别难。但是我尽量在每部作品里面都尝试创新，因为我不想重复自己，重复自己会使整个写作的过程很不好玩儿，而沉闷的创作过程是不可能写出好作品的。

男：有没有想过自己的小说如此受欢迎，其中重要的因素是什么？

女：我觉得主要是两个方面：一是故事本身要好看；二是能让人感动。爱情故事最主要的是传达的感情要能感动人。

男：在写作小说方面，有什么特别的心得吗？

女：讲故事的方式其实就是小说的结构。我觉得结构是小说很重要的一部分，有时候我会去尝试，看不同的结构对叙述故事有什么帮助。这要通过大量的阅读来培养，并不断地训练表达技巧。

男：写了那么多的作品，创作源泉来自哪里？

女：我觉得要靠生活的体验。现实生活比小说要精彩复杂得多，对人性多些了解，可以使写作更加丰富。写作归根结底还是写人，故事再好，也只是一个架子，有人物才有血肉。

男：你在写作时是一种什么状态？

女：我是很享受写作过程的。而且我从小就如此，小时候就很喜欢作文课，老师会因为我的文章好而在同学们面前读出来，这令我很有满足感，很受鼓励，于是就更加喜欢写作了。

> スクリプト和訳

男：皆さんご存じのように、あなたの小説と散文は国内外の読者から歓迎されています。私たちが注目しているのは、あなたの以前の作品は都会における恋愛がメインテーマでしたが、なぜ「ファンタジーの恋愛小説」を書いてみようと思うようになったのか、ということです。

女：小説を書くことの良いところは、新たな試みができること、創作の余地が大きいところです。毎年私にとって新しいものを書きたいので、私はファンタジー恋愛小説を書いてみようと決めたのです。なぜなら、現実生活の愛情はファンタジーの世界の変化の多さ、特別さとは比べものにならないからです。

男：新しいテーマについて書くのは、とても難しいのでは？

女：難しいです。しかし私はできるだけ1つ1つの作品に新たな創作を試みるようにしています。同じ自分を繰り返したくないからです。自分を繰り返すことは、創作の過程をつまらないものにしてしまい、鬱々とした創作過程からは良い作品は生まれません。

男：ご自身の小説がこれほど歓迎される要因は何か、お考えになったことはありますか？

女：主に2つの面からだと思います。1つは物語そのものが面白い、もう1つは人を感動させられる。恋物語で一番大切なのは、伝えられる感情が人を感動させられることです。

男：小説を書くことについて、何か特別な心得がありますか？

女：物語の語り方こそが実は小説の構成そのものです。構成は小説の重要な一部分だと思います。私も時々、様々な構成が物語の叙述をどのように助けるか、試してみることがあります。これはたくさん読書をすることによって培い、表現のテクニックを磨き続けることが必要です。

男：これほどたくさんの作品を書く、創作の源は何でしょう？

女：生活の体験に基づくと思います。現実生活は小説よりずっといきいきとして複雑です。人間性についてよく知ることは、創作をより豊かなものにします。創作は結局は人を描きます。いかに物語が良くても、それは骨組みにすぎず、人物がいてこそ血の通ったものとなります。

男：創作をなさっている時は、どのようなお気持ちですか？

女：私はいつも創作の過程を楽しんでいます。小さい時からそうで、子供の頃は作文の授業が好きでした。先生は私の文章が上手だとクラスのみんなの前で読んでくれました。このことは私に満足感を与え、励ましになり、もっと創作が好きになりました。

## 26 正解 D

**設問スクリプト**
女的以前的作品以什么题材为主?

**設問スクリプト和訳**
女性の以前の作品は主に何をテーマにしていましたか？

**選択肢和訳**
A 軍事  B SF
C 探検  **D 都会における恋愛**

## 27 正解 A

**設問スクリプト**
女的认为自己的小说受欢迎的原因是什么?

**設問スクリプト和訳**
女性は自分の小説が歓迎される要因は何だと思っていますか？

**選択肢和訳**
**A 物語が感動的**  B 分かりやすい
C スタイルがよく変わる  D スリルに満ちている

## 28 正解 B

**設問スクリプト**
关于小说创作，女的有什么特别的心得?

**設問スクリプト和訳**
小説の創作について、女性はどのような特別な心得を持っていますか？

**選択肢和訳**
A 文章が美しいこと  **B 構成を重視すること**
C 挿絵が多く文章も優れていること  D 視点が独特であること

## 29 正解 A

**設問スクリプト**
女的创作源泉来自哪里?

**設問スクリプト和訳**
女性の創作の源はどこから来ますか？

**選択肢和訳**
A　生活の体験　　　　　　B　旅行での見聞
C　歴史の啓発　　　　　　D　家庭の薫陶

## 30 正解 D

**設問スクリプト**
关于女的，下列哪项正确?

**設問スクリプト和訳**
女性について、以下のどの項目が正しいですか？

**選択肢和訳**
A　変化を好まない　　　　　　　　B　古典の言葉を好む
C　多くの国を旅行したことがある　D　子供の頃から作文が上手だった

## 第3部分 問題 p.56～p.57

〈問題文〉请选出正确答案。
〈和　訳〉正しい答えを選びなさい。

## 31 - 33

### スクリプト

　　有三个著名演员应邀到一个剧场同台演出。他们向剧场经理提出了同样的要求，即把自己的名字排在海报的最前面，否则，他们将退出演出。
　　三个演员同台献艺的消息早已传出，总不可能改为个人专场演出。何况这三个演员都是当红明星，得罪哪一个都对剧场经营不利，这真是个令人头疼的问题。不过，剧场经理略加思索之后就爽快地答应了他们的要求。
　　到了演出那天，三个演员到剧场一看，海报不是一般的纸面形式，而是一个不断转动的大灯笼，三个演员的名字都写在灯笼上，三个名字转圈出现，谁都可以说自己的名字排在最前面，于是三个演员都高兴地参加了演出。
　　当我们碰到难题时，如果用静态思维不能解决，那就改用动态思维试试，也许有意想不到的效果。

### スクリプト和訳

　　3人の有名な俳優がある劇場に招聘され、同時に出演することになった。彼らは劇場の支配人に同じ要求を出した。自分の名前をポスターの一番前に出してくれなければ、出演を辞退する、と。
　　3人の俳優が同じ舞台で公演するという情報はすでに伝わっており、1人の特別公演に変更するわけにもいかない。しかも3人の俳優は皆売れっ子のスターであり、誰に対して失礼があっても、劇場の経営に不利になってしまうので、頭の痛い問題であった。しかし、劇場の支配人は少し考えてから、彼らの要求を快諾した。
　　公演の日になり、3人の俳優は劇場に行ってみると、ポスターは普通の紙の形式ではなく、ぐるぐる回り続ける大きなちょうちんであった。ちょうちんには3人の俳優の名前が書かれ、3つの名前は回りながら現れるので、誰もが自分の名前が一番初めだと言うことができた。そして3人の俳優は皆喜んで出演した。
　　私たちが難題にぶつかった時、静態思考で解決できなければ動態思考を試してみれば、思いもよらない効果があるかもしれない。

## 31 正解 D

**設問スクリプト**
三个演员提出了什么要求？

**設問スクリプト和訳**
3人の俳優はどのような要求を出しましたか？

**選択肢和訳**
A　配当を増やす
B　個人の特別公演を催す
C　3人同時に出演する
**D　自分の名前を最初にする**

## 32 正解 C

**設問スクリプト**
剧场经理是怎样解决难题的？

**設問スクリプト和訳**
劇場の支配人はどのように難題を解決しましたか？

**選択肢和訳**
A　報酬を上げた
B　真っ白なポスターを貼った
**C　ポスターの形式を変えた**
D　公演回数を増やした

## 33 正解 C

**設問スクリプト**
这段话主要想告诉我们什么？

**設問スクリプト和訳**
この話が私たちに伝えたいことは何ですか？

**選択肢和訳**
A　人は謙虚であるべきである
B　他人を尊重するべきである
**C　思考方法が柔軟であるべきである**
D　金銭は万能ではない

## 34 - 37

> **スクリプト**

　二战结束后，有人统计了在战争中失事的战斗机和牺牲的飞行员的数量以及飞机失事的原因和地点。结果令人震惊——夺走生命最多的不是敌人猛烈的炮火，也不是大自然的急风暴雨，而是飞行员的操作失误。更令人费解的是，事故发生最频繁的时段，不是在激烈的交火中，也不是在紧急撤退时，而是在完成任务归来着陆前的几分钟。

　人类心理在高度紧张过后，一旦失去外界刺激，就会产生几乎不可抑制的放松倾向。飞行员在敌人的枪林弹雨里精神高度集中，虽然外界环境恶劣，但由于大脑正处于极度兴奋中，反而不容易出纰漏。

　在返航途中，飞行员精神越来越放松，当他终于看到熟悉的基地，自己的飞机离跑道越来越近时，顿时有了安全感。然而，恰恰是这一瞬间的放松，酿成大祸。因此人们把这种状态叫"虚假安全"。

　在人生的路上，也有很多"虚假安全"。当你通过重重困难，成功近在咫尺的时候，千万别因放松警惕而放慢你的步伐。

> **スクリプト和訳**

　第二次世界大戦が終結した後、ある人が戦中に事故を起こした戦闘機と犠牲になった操縦士の数、航空機事故の原因と場所の統計をとった。その結果は驚くべきものであった。最も多く命を奪ったのは、敵の激しい砲火ではなく、大自然の強風暴雨でもなく、操縦士の操作ミスであった。さらに理解に苦しむのは、事故が頻発する時間帯は、激しい戦闘の時ではなく、緊急に撤退をした時でもなく、任務を果たして戻り、着陸する前の数分間であった。

　人間の心理は極度に緊張した後、いったん外の世界からの刺激がなくなると、ほとんど制御できないほどリラックスする傾向がある。操縦士は敵の砲撃の中では精神が集中し、外の世界の環境が劣悪であったとしても、大脳が極度に興奮しているため、かえって失敗しにくい。

　帰航する途中、操縦士の精神は徐々にリラックスし、ついに見慣れた基地が見え、自分の航空機が滑走路に近づいていく時、急に安心感が生まれてくる。しかし、この一瞬の気の緩みこそが大きな事故を引き起こすのである。そのため、人々はこのような状態を「偽りの安全」と呼ぶ。

　人生にも多くの「偽りの安全」がある。あなたが重大な困難を切り抜け、成功が目と鼻の先に迫った時、警戒心を解いて歩みを遅くしてはならない。

## 34  正解 D

**設問スクリプト**
战争中飞机失事的主要原因是什么？

**設問スクリプト和訳**
戦中の航空機事故の主な原因は何ですか？

**選択肢和訳**
A 衆寡敵せず
B 劣悪な自然条件
C 操縦士の過度な疲労
D 操縦士の操作ミス

## 35  正解 C

**設問スクリプト**
为什么飞行员在战斗时反而不容易出错？

**設問スクリプト和訳**
なぜ操縦士は戦闘の際、かえってミスをしにくいのですか？

**選択肢和訳**
A 必死に勝とうとするから
B 責任感が欠けているから
C 精神が高度な集中状態にあるから
D 戦友の協力があるから

## 36  正解 C

**設問スクリプト**
关于"虚假安全"，下列哪项正确？

**設問スクリプト和訳**
「偽りの安全」について、以下のどの項目が正しいですか？

**選択肢和訳**
A 周期が長い
B 避けられない
C 心がリラックスした時に表れる
D 仕事への情熱の表れである

## 37　正解 D

**設問スクリプト**
这段话主要想告诉我们什么？

**設問スクリプト和訳**
この話が私たちに伝えたいことは何ですか？

**選択肢和訳**
A　どんなことでも最初が難しい
B　得失にこだわりすぎるな
C　問題の解決はテクニックが大切だ
D　成功に近づくほど警戒せよ

## 38 - 40

**スクリプト**

　　刚参加工作时，一位上司找我谈心，问："如果你工作出色，但有人嫉妒你，埋没你的才能，你该怎么办？"
　　"我将做一块儿金子。"我自信地说，"是金子总会发光，是金子就会被人发现。"
　　"但金子不会自动掀掉埋在身上的泥土，它需要被人挖掘和发现。如果永远没有被人挖掘，永远没有被人发现，那就有可能永远被埋没，永远没有重见天日的一天。"上司说。
　　"那该怎么办呢？"我问。
　　"当别人埋没你时，请做一粒种子。"上司说，"把埋在身上的泥土，当做自己成长的土壤，不断地汲取养料，积蓄力量，让自己的梦想生根，让自己的希望发芽，让自己成长为一棵树，一棵参天大树。"

**スクリプト和訳**

　　仕事を始めたばかりの頃、ある上司が私と腹を割って話し、「もし君が抜群に仕事ができ、人が嫉妬して君の才能を埋もれさせてしまったらどうする？」と聞いた。
　　「私は金になります。」と自信をもって言った。「金はいつも光を放ち、金は人に発見されます。」と。
　　「しかし、金は自分で体にかかった土を払いのけることはできない、人に掘り起こされ、発見されなければならない。もし永遠に掘り起こされず、発見されなければ、永遠に埋もれたままで、再び日の目を見ることはないぞ。」と上司は言った。
　　「ではどうすればよいのですか？」と、私は問うた。
　　「人が君を埋もれさせようとする時、君は1粒の種になればよい。」と上司は言った。「体にかぶさっている土を成長の土壌とし、その養分を汲み取り続け、エネルギーをため、自分の夢を根付かせ、希望を芽生えさせ、自分を1本の木に、1本の高くそびえる大木へと成長させればよいのだ。」と。

## 38 正解 D

**設問スクリプト**
说话人为什么想做一块儿金子?

**設問スクリプト和訳**
話者はなぜ金になりたいのですか?

**選択肢和訳**
A　金は硬いから
B　金は錆びないから
C　金は嫉妬されないから
D　**金であれば輝くから**

## 39 正解 D

**設問スクリプト**
上司认为种子有什么优点?

**設問スクリプト和訳**
上司は種にはどのような利点があると思っていますか?

**選択肢和訳**
A　とても素朴である
B　名前が世に知られていない
C　人の目を引かない
D　**自分を埋没させない**

## 40 正解 C

**設問スクリプト**
这段话主要想告诉我们什么?

**設問スクリプト和訳**
この話は私たちに何を伝えようとしていますか?

**選択肢和訳**
A　成功を急いではいけない
B　眼前の利益だけを見てはいけない
C　**積極的に自己PRせよ**
D　自信は成功の保障である

# 41 - 43

> **スクリプト**

　　有句话说得好，你是谁并不重要，重要的是你和谁在一起。古有"孟母三迁"，足以说明这个道理。雄鹰在鸡窝里长大，就会失去飞翔的本领；野狼在羊群里成长，也会"爱上羊"而丧失狼性。在现实生活中，和谁在一起的确很重要，这甚至能改变你的成长轨迹，决定你的人生成败。和什么样的人在一起，就会有什么样的人生。

　　科学家研究认为："人是唯一能接受暗示的动物。"积极的暗示，会对人的情绪和生理状态产生良好的影响，激发人的内在潜能，使人超常发挥，催人奋进。和勤奋的人在一起，你不会懒惰；和积极的人在一起，你不会消沉；与智者同行，你会不同凡响；与高人为伍，你能登上巅峰。

　　生活中最不幸的是：原本你很优秀，但由于你身边缺乏积极进取的人，缺少有远见卓识的人，使你丧失向上的动力，缺乏前进的勇气。

> **スクリプト和訳**

　　あなたが誰かは重要ではない、誰と一緒にいるかが重要なのだ、とはうまく言ったものだ。昔の「孟母三遷」は、この道理を説明するのに十分である。勇猛な鷹が鳥小屋で育てば、羽ばたく才能を失ってしまう。野生の狼が羊の群れの中で育ったら、羊を愛し、狼の本能をなくしてしまう。現実生活において、誰と一緒にいるかは確かに重要であり、あなたの成長の歩みを変え、人生の成功と失敗をも決定づけることができる。どのような人と一緒にいるかによって、どのような人生を送るかが決まるのだ。

　　科学者の研究では、「人は唯一暗示を受け入れられる動物である。」積極的な暗示は人の感情と生理状態に良い影響を与え、人に内在する潜在能力を引き起こし、通常のレベルを超えて発揮し、奮起させることができると考えられている。勤勉な人と一緒にいれば怠惰にならず、積極的な人と一緒にいれば落ち込まず、賢い人と共に行けば傑出し、優れた人と仲間になればトップに登りつめることができる。

　　生活のなかで最も不幸なことは、もともと優秀な人が、身近に積極的な人や将来への展望と高い見識のある人がいないために、向上心や前進する勇気を削がれてしまうことである。

## 41 正解 B

**設問スクリプト**
说话人举雄鹰的例子是为了说明什么?

**設問スクリプト和訳**
話者が鷹の例を出したのは、何を説明するためですか?

**選択肢和訳**
A　勤勉は不才を補う
B　成長する環境が大事である
C　物事には全力で対処すべきである
D　謙虚に人から学ぶべきである

## 42 正解 B

**設問スクリプト**
"积极的暗示"有什么作用?

**設問スクリプト和訳**
「積極的な暗示」はどのような作用がありますか?

**選択肢和訳**
A　対立を解消する
B　人の潜在能力を引き出す
C　博識で経験豊かにする
D　人の性格を変える

## 43 正解 A

**設問スクリプト**
下列哪项最适合做这段话的标题?

**設問スクリプト和訳**
この話のタイトルに最も適しているのは、以下のどの項目ですか?

**選択肢和訳**
A　あなたが誰と一緒にいるか
B　あなたには何が欠けているか
C　いかに職場で勝つか
D　誰が本当の友達か

# 44 - 47

> **スクリプト**
>
> 　　南方生长着一种毛竹，在最初的五年里，几乎看不到它的生长，它以一种近似停滞的生长状态显现于自然界，即使在土壤十分肥沃的地方也是如此。五年过去了，到了第六年，毛竹却以令人不可思议的速度快速生长，短短一个半月，便可长到二十米以上，在生长最快的半个月里，每天甚至可以长一点八米。在不被人注意的五年里，毛竹的根系向周围生长了十多米，向地下生长了近五米，正是依靠这坚实的基础才使它在第六年到来的时候，趁着雨季的滋润，能够进行一次"成长的爆发"，一跃成为竹子家族甚至是自然界中的"生长冠军"。可以说，正是强大的根系，保证了毛竹后期的急速生长。
>
> 　　对于一个人来说，人生多半时间是沉寂的，许多人成功、成名之前，都曾经历过相当长时间的积淀。只有像毛竹一样，耐得住寂寞，经过早期的大量积累，打下坚实的基础，才能厚积薄发，有所成就。
>
> **スクリプト和訳**
>
> 　　南方に生えている孟宗竹は、はじめの5年間は生長が見られない。孟宗竹は停滞しているかのような生長状態で自然界に姿を見せており、十分に肥沃な土壌の場所でもそうである。5年が過ぎ、6年目になると、孟宗竹は不思議なほどの速さで生長し、わずか1か月半で20メートル以上もの高さになり、最も生長が速い時は半月の間で、毎日1.8メートルも伸びる。人に気づかれない5年間で、孟宗竹の根系は周囲に向かって10メートル以上も伸び、地下に向かって5メートル近く伸びる。このしっかりした基礎があってこそ、6年目になった時雨季の潤いに乗じて、「爆発的成長」ができるのであり、たちまち竹の一族、自然界の「生長の王者」となる。強大な根系が孟宗竹の後の急成長を保証していると言えるだろう。
>
> 　　1人の人にとって、人生の大半はひっそり沈み、多くの人は成功して名を成す前に、相当長い時間の積み重ねがある。孟宗竹と同じように寂しさに耐えられ、若い時期の大量の蓄積を経て堅実な基礎をつくった人が、その厚い蓄積を徐々に発揮し、成功できるのである。

## 44　正解 **A**

**設問スクリプト**
在最初五年里，毛竹处于怎样的生长状态？

**設問スクリプト和訳**
最初の5年間、孟宗竹はどのような生長状態ですか？

**選択肢和訳**

A　停滞しているようである　　B　生長するほど伸びが遅くなる

C　生長が速い　　　　　　　　D　茎だけが伸び葉は生えない

## 45  正解 A

**設問スクリプト**
毛竹为什么能够成为"生长冠军"？

**設問スクリプト和訳**
孟宗竹はなぜ「生長の王者」となれたのですか？

**選択肢和訳**
A　根系が発達するから
B　土壌が肥沃だから
C　雨量が十分だから
D　光合成が十分だから

## 46  正解 D

**設問スクリプト**
关于毛竹，下列哪项正确？

**設問スクリプト和訳**
孟宗竹について、以下のどの項目が正しいですか？

**選択肢和訳**
A　とげがある
B　生存率が低い
C　人工栽培が必要である
D　「爆発的成長」がみられる

## 47  正解 A

**設問スクリプト**
这段话主要想告诉我们什么？

**設問スクリプト和訳**
この話は私たちに何を伝えようとしていますか？

**選択肢和訳**
A　基礎が大切である
B　目標は明確に
C　困難を知りながらも前進する
D　実際の状況に合わせる

# 48 - 50

### スクリプト

　　一位心理学家做过一个实验：当一个大阅览室里只有一位读者时，心理学家就走进去，拿把椅子紧挨着他坐下。实验进行了整整八十人次。结果证明，没有一个被试者能够容忍一个陌生人紧挨自己坐下。当心理学家坐在他们身边后，很多被试者会默默地移到别处坐下，有人甚至明确地问："你想干什么？"

　　很明显，这个实验得出了一个结论：没有人能容忍他人闯入自己的空间。人与人之间需要保持一定的空间距离，即使最亲密的两个人也一样。这也就是为什么两个关系密切的人，越是形影不离就越容易爆发争吵。

### スクリプト和訳

　ある心理学者が1つの実験を行った。大きな閲覧室に1人しか読者がいない時、心理学者が入っていき、椅子を持ってその人のすぐそばに座るという実験である。実験は80人に対して行われた。その結果、知らない人が自分のすぐそばに座ることを受け入れられた被試験者は、1人としていないことが明らかになった。心理学者が彼らの近くに座ると、多くの被試験者は黙って別のところに移り、中にははっきりと「なんですか？」と尋ねる者もいた。

　この実験によって1つの結論が導き出された。自分の空間に他人が押し入ることを容認できる人はいない。人と人の間には一定の距離を保つ必要があり、それは最も親しい2人についても同じことである。これもなぜ親しい2人が、いつも一緒にいるほどケンカしやすいのか、ということである。

## 48　正解 C

**設問スクリプト**
大多数被试者是什么反应?

**設問スクリプト和訳**
大多数の被試験者はどのような反応をしましたか？

**選択肢和訳**
A　怒った
B　無関心
C　別の場所に移った
D　心理学者とおしゃべりした

## 49　正解 B

**設問スクリプト**
关于实验，下列哪项正确?

**設問スクリプト和訳**
実験について、以下のどの項目が正しいですか？

**選択肢和訳**
A　数か月続いた
B　何度も行われた
C　結果が疑われた
D　グループで討論する形式をとった

## 50　正解 C

**設問スクリプト**
这段话主要想告诉我们什么?

**設問スクリプト和訳**
この話は私たちに何を伝えようとしていますか？

**選択肢和訳**
A　他人には気前よくすべきである
B　読書の時間は長すぎない方がよい
C　人との付き合いには距離を保つこと
D　人と人の間には信頼が必要である

## 2 阅 读

> 第**1**部分　問題 p.58 〜 p.60

〈問題文〉请选出有语病的一项。
〈和　訳〉語句や文法上の誤った文を選びなさい。

### 51　正解 B

**選択肢和訳**

A　スズは一種の軟らかな金属で、加工しやすい。
B　人は誰でも他人とは異なり、それぞれ独自の美しさがある。
C　馬は軟らかい土の上では転びやすく、人は甘い言葉の中で転びやすい。
D　ここは温泉の景勝地で、休日になると多くの旅行客が休暇を過ごしに来る。

**解説**　(訂正例) 每个人，都与众不同，都有自己独特的美丽。
この文は "每个人" という主語に２つの述語がそれぞれ独立して並んでいるので、後半にも "都" が必要。また後半の "了" は必要ない。

### 52　正解 B

**選択肢和訳**

A　萱草はワスレグサとも呼ばれ、俗にエゾキスゲという。
B　「ノー」と言うのは一種の権利であるだけでなく、芸術でもある。
C　出張に行く度に、彼はいつも子供たちにたくさんのご当地グルメを買ってくる。
D　成功には副作用があり、過去の方法を将来も適用できると人に思わせる。

**解説**　(訂正例) 说 "不" 不仅是一种权利，更是一种艺术。
"既然" は「〜である以上…・〜なのだから…」という意味で後半のフレーズの "就" と呼応する。しかしこの文の後半フレーズには "就" がない。また意味も合わない。ここは "不仅" を使うべき。"不仅" は後半フレーズの "更" とも相性がいいし意味も合うので。

## 53　正解 B

**選択肢和訳**

A　この手紙を見た後、彼はとても感動したように見えた。
B　**遊びを通して、子供に敏感な観察力を育てさせることができる。**
C　生活は美しい、変えるべきは身の回りの環境ではなく、私たちの心の状態である。
D　古代中国では1日を12の刻に分け、1つの刻は現在の2時間に相当した。

**解説**　（訂正例）游戏（的过程,）可以培养孩子敏锐的观察力。
まず冒頭の"通过"または"通过"と"的过程"を取り払って主語にする。後半は、「子供に観察力を育てさせる」ではおかしい（子供が自分で観察力を育てるのではない）ので、「子供の観察力をはぐくむ」というふうにしたいので、使役動詞"让"を外し、"孩子"を"培养"の後に入れる。

## 54　正解 C

**選択肢和訳**

A　幸せは自分の内心の感覚であり、他人の評価ではない。
B　自分を大切にできない人は、人を大切にできない。
C　**インターネットが日増しに普及するのにしたがい、ネットショッピングの手軽さなどの有利な点がすでに消費者に認められている。**
D　深圳といえば、多くの人が最初に思いつくのが美しい砂浜と楽しい大型遊園地であろう。

**解説**　（訂正例）随着互联网的日益普及，网购的便捷性等优势已经获得消费者的认同。
"随着"の後の部分の語順がおかしい。「インターネットが日増しに普及する」という文は主語が「インターネット」なので、中国語でも"互联网"を先に言う。"日益"は"普及"にかかる修飾語なので"普及"の前に置くべき。また"随着"は介詞のように使われることが多いので"互联网"の後に"的"を入れて"日益普及"を名詞扱いするとよい。

## 55　正解 B

**選択肢和訳**

A　毎年5月の第2日曜日は、母の日である。
B　**遼東半島は遼寧省の南に位置し、中国で2番目に大きな半島である。**
C　考古学者は、この沈没した古い船から大量の明代の磁器を発見した。
D　生まれたばかりのパンダの赤ちゃんは体重が90から150グラムしかなく、大きさは母親の体重の900分の1である。

**解説**　（訂正例）辽东半岛位于辽宁省南部，是中国第二大半岛。
"在于～"は「～にある」という意味だが、例えば「～の目的は…にある」というように、抽象的な使い方をする言葉。この文の場合は"位于"がふさわしい。

## 56　正解 B

**選択肢和訳**

A　研究によって人類で最も早く進化したのは嗅覚であることが発見された。
B　**緑色植物は天然の空気調節器と浄化器である。**
C　正しい選択をするよりも、自分が後悔しない選択をするべきだと言う人がいるが、君は賛成できる？
D　蛇足を加えるは蛇を描く時足をつけたすという意味で、余計なことをしてかえってしくじることの喩えである。

**解説**　（訂正例）绿色植物是天然的空气调节器和净化器。
"X是Y"の文はXとYがイコールで結ばれなければならないが、この文はXが"绿色植物"なのにYは"…的作用"となっていて"是"の前後が合わない。最後の"的作用"を削除すればよい。

## 57　正解 A

**選択肢和訳**

A　**電動車とは、簡単に言えば電力をエネルギーとする車である。**
B　喫茶文化は奥が深く、茶葉の種類が異なればその効果もそれぞれ異なる。
C　彼は若い頃とても優秀な体操選手で、2回オリンピックの金メダリストになったことがある。
D　何事も「度」が大切で、適当なところで止めることを知らなければ最後に損をするのは自分である。

**解説**　（訂正例）电动车，简而言之就是以电力为能源的汽车。
"是"の前に"简而言之"や"就"があるので分かりにくいかもしれないが、この文も"X是Y"の文。しかしやはり"是"の前後が合わない。最後に"…的汽车"というように、何か名詞を選んで付け加えなければならない。

## 58 正解 C

**選択肢和訳**

A 楽しみは一種の習慣であり、悲しみも一種の習慣である。習慣は身につけることができ、捨てることもできる。
B 俗に言う「隔行如隔山」とは、もしあなたがその職業に就いてみなければ、その職業の内容と規則を理解するのは難しい、ということを言っている。
C **2人の兄弟がそれぞれ大豆を地面に植えた。彼らが心を込めて育てたおかげで、大豆はとてもよく育った。**
D リーグ戦とは、すべてのチームが他のチームと1度もしくは2度対戦することができ、最後に成績によって順位を決める試合である。この方法は比較的公平で、それぞれのチームが互いに学び、交流するのに有益である。

**解説** （訂正例）有弟兄两个人，各自在地里种了一些黄豆。在他们的精心栽培下，黄豆的长势非常好。
"他们的精心栽培"の結果"黄豆的长势非常好"となったので、"在~中"ではなく"在~下"とする。

## 59 正解 C

**選択肢和訳**

A 長江流域の南昌、重慶、武漢、南京の4つの都市は夏は猛暑になるため、中国の「四大かまど」と呼ばれている。
B 中国古典の名著『水滸伝』は、魯智深、林冲、花栄、戴宗など多くのいきいきした人物を描いている。
C **検索エンジンに「物語」と入力して得られる結果が、「結末」と入力して得られる結果よりも大幅に多いことから、物語全てに結末があるわけではないことが分かる。**
D 地球の表面の約70％は海に覆われているが、人間が探測した海は5％しかない。つまり、地球上の海の95％は今でも未知の領域である。

**解説** （訂正例）在搜索引擎上输入"故事"得到的搜索结果比输入"结局"得到的多得多，可见，并不是每个故事都有结局。
比較の文の中で「はるかに~だ」「ずっと~だ」と強調したい場合、形容詞の後を"~得多"もしくは"~很多"とする。この文では"~得很多"となっているので、ここがおかしい。

## 60 正解 C

**選択肢和訳**

A 勉強する時は疑う精神を持ち、弁証法で問題を分析すべきである。書物による知識を盲信したり、固執したりしてはいけない。

B 露天商は40歳過ぎの男性で、人と話す時、大口を開けて笑うのを好み、実直で真面目に見える。

C 気象台の情報によると、18日から20日にかけて淮河から南の大部分の地域は長雨が続き、福建西部、浙江東部などの地域は大雨が降るそうだ。

D 温州の地名には、将軍橋、八字橋など、橋からつけられたものが多い。すでになくなってしまった橋もあるが、地名は今でもそのまま使われている。

**解説** （訂正例）据气象台消息，18日到20日淮河以南大部分地区将持续阴雨天气，福建西部、浙江东部等地将有大雨。"陆续"は副詞で「続々と」というような意味の副詞であって動詞ではない。よってこの文の前半部分は動詞がないことになってしまう。"陆续"ではなく動詞"持续（続く）"などを使うとよい。

## 第2部分　問題 p.61～p.63

〈問題文〉选词填空。
〈和　訳〉語句を選んで空所を埋めなさい。

### 61　正解 A

**問題文和訳**

卒業したばかりの大学生は職場での経験を積み重ねると［同時］に、比較的［安定した］就労の経験は、今後の発展に必要な大切なキャリアの1つであり、頻繁に退職するのは、［得ることより失う方が多い］方法であるということを認識すべきである。

**選択肢和訳**

A　同時　安定した　得ることより失う方が多い
B　年月　沈着な　成功を焦る
C　時刻　しっかりした　途中で止める
D　時期　固定された　功を焦って方法を誤る

**解説**　1つ目の空欄は文脈から「（職場の経験を積み重ねる）のと同時に（次のことも認識しなければならない）」とするのが自然なのでAが最もふさわしい。"在～的同时"で「～するのと同時に…」という言い方になる。2つ目の空欄はその後の"从业经历（就労の経験）"を修飾する形容詞が入ることを考えるとやはりAがふさわしい。Cもよさそうに見えるかもしれないが、この単語は立場、主張、意志などが「しっかりしている」ことを表すので不適。3つ目の空欄は、頻繁に退職する（つまり頻繁に転職する）ことを筆者がどう考えているかが現れている箇所。Cは途中で投げ出すことを表すが、辞職はまさに途中で投げ出すことであり、わざわざ言う必要もないのでCは排除できそうだが、ほかはいずれも排除することが難しい。以上を総合すると、Aが正解であることが分かる。

### 62　正解 D

**問題文和訳**

魚を食べる時、小骨は大骨よりも煩わしい。大骨は見つけやすいが、小骨は我慢強く探して［取り除く］必要があるからだ。人間性も同じで、小さな欠点は大きな欠点より［是正し］にくい。大きな間違いは気づかれやすいが、小さな欠点は［特別］に注意を払ってやっと見つけられるからである。

**選択肢和訳**

A　廃止する　正す　もちろん　　　　B　片づける　改良する　特殊
C　消し去る　改善する　極端　　　　D　取り除く　是正する　特別

**解説**　1つ目の空欄は魚の小骨を「取り除く」というような意味の言葉が入るはず。Aは制度や契約などを廃止、破棄するような意味なので不適。Bは整理するような意味なのでこれも不適。Cは心配や危険など抽象的なことを取り除く時に使うものなので不適。2つ目の空欄は"毛病"と相性のいい動詞を選ぶべきだが、BやCは"毛病"に合わないので不適。3つ目の空欄は意味から考えると「特別に・非常に・とても」のような言葉が入るはず。選択肢を見るとDがふさわしいことが分かる。Cも程度がはなはだしいことを示すが、度を超えている場合に使われる言葉なのでここではふさわしくない。以上を総合するとDが正解と分かる。

## 63 正解 C

**問題文和訳**

李清照は、宋代の女性詞人で、号を易安居士といった。彼女の詞の言葉は優美であり、優雅さを尊んだ。前期は［ゆったりとした］生活を詠んだものが多いが、後期の詞の多くは身の上を悲しみ［嘆き］、感傷的な雰囲気で、故郷を懐かしむ気持ちも［吐露］している。

**選択肢和訳**

A 悠久の　口ずさむ　漏らす　　　　B のんびりした　諳んじる　暴露する
C ゆったりとした　嘆く　吐露　　　D 安らかな　吟じる　暴く

**解説**　1つ目の空欄はその直後の"生活"にかかる形容詞が入る。Aは日本語でも「悠久の歴史」というような言い方をするように、時間の果てしなく長いことを示す形容詞なので不適だが、他は排除しにくい。2つ目の空欄は直後の"身世（不幸な身の上）"を目的語にもてる動詞を入れるのでCがふさわしい。3つ目の空欄では、目的語が"怀念（なつかしみ）"なのでやはりCがふさわしいことが分かる。以上を総合するとCが正解と分かる。

## 64 正解 A

**問題文和訳**

普段蓄積した疲労は、一度の長時間の睡眠で回復できると思っている人もいるが、実はそうではない。［十分］な時間と質の高い睡眠はどちらも欠かせないものである。普段の睡眠の質が悪く、週末の「寝貯め」の方法は、たまにならこれによる大きな害さえ［まだない］ものの、長期間続けば体内時計を乱し、睡眠リズムの乱れを［引き起こし］、心臓や脳の血管の［病気］、神経衰弱などを誘発し、健康に重大な影響を及ぼす。

**選択肢和訳**

A 十分　まだ〜ない　引き起こす　病気
B 充実　少しもない　招く　弊害
C 満ちあふれた　必ずしもない　結果となる　障害
D 盛りだくさん　免れない　もたらす　隠れた危険

**解説**　1つ目の空欄は直後にある"时间"を修飾する形容詞を選ぶ。選択肢はいずれも「十分足りている・ゆたかだ」という意味を表すが、時間について言えるのはAのみ。Bは内容、人員、物資などについて言う言葉。Cは活力、情熱、雨などについて言う言葉。Dは食品、料理などについて言う言葉。2つ目の空欄は、「今はまだないが」という流れなのでAがふさわしい。3つ目の空欄の選択肢を見るといずれも、その前に書かれていることが原因で空欄の後に書かれていることが起こる、という意味を表す言葉で、いずれも入りうる。4つ目の空欄は「（心臓や脳の血管の）病気・疾患・障害」というような言葉が欲しい。選択肢ではAとCが入りうる。以上を総合するとAが正解と分かる。

## 65 正解 D

**【問題文和訳】**

古代、一部の皇帝は幼いために正常に国事を処理することができず、皇太后が皇帝の［代わりに］政務を処理した。皇太后は必ず、皇帝が政務を処理する広間の［横］の部屋に座って役人たちと皇帝が政務を論じるのを聞き、部屋と広間の間にはすだれが掛けられていた。そこで、このような母親が皇帝の政務を補佐する［制度］は、人々から［イメージ］的に「垂簾政治」と称された。

**【選択肢和訳】**

A 補助する　真正面から　規範　抽象的
B 依頼する　反対　慣例　思いやって
C 代理する　平面　規則　いきいきと
**D 代替する　横　制度　イメージ**

**解説** 1つ目の空欄には文脈から「（皇太后が皇帝）の代わりに、（皇帝）を助けて」というような内容が入ると自然。選択肢ではBのみ意味が反対方向なので不適。2つ目の空欄は皇太后がいる部屋の場所を表す言葉が入るが、Aは動詞（面と向かう）または副詞（面と向かって）なので不適。Bは紙や布地の裏面などを指す時によく用いられる言葉で、部屋の方角を指すことも可能ではあるが、文脈的に入りにくい。Cも日本語の「平面」と同じ意味なので不適。Dは「わきの方・横の方」という意味で、部屋のある方向を指すので、これがふさわしい。3つ目の空欄は「母親が皇帝の政務を補佐する」ことを指すのでAやCは少しおかしい。BとDはありうる。4つ目の空欄は、直後の"称"を修飾する言葉である。いずれも絶対におかしいとは言いにくいが、文脈からBとCはあまりないと思われる。またAも、「垂簾政治」という言い方がそれほど抽象的とも思えないので、排除できそう。以上を総合するとDが正解と分かる。

## 66 正解 B

**【問題文和訳】**

トキは一種の希少種であり、純白の羽毛、真紅のとさか、黒く長いくちばしがあり、羽根の下には朱色の光が［きらめき］、［姿］は優雅で人をうっとりさせ、加えてトキの性格は［温和］である。民間ではトキを吉祥の［象徴］と見なし、「吉祥の鳥」と呼んでいる。

**【選択肢和訳】**

A 輝く　姿勢　優しい　模範
**B きらめく　姿　温和　象徴**
C ちらつく　そぶり　睦まじい　符号
D 世話をする　形態　穏やか　特徴

**解説** 1つ目の空欄は、その後の"朱红色的光辉"がきらめいている様子を表す動詞が入る。Aは太陽などの強い光が照らすことを表すのでここでは不適。Dは「世話する・呼応する」というような意味しかないので、やはり不適。BとCは排除できない。2つ目の空欄は選択肢から「様子・たたずまい・姿」というような意味のものを選ぶことが分かるが、Dは日本語の「形態」と同じく概念的・抽象的なものに使うので入らないことが分かる。3つ目の空欄は性格を形容する言葉を選ぶのだが、C以外はすべて性格を表す言葉なので排除しきれない。Cは仲の良いことを示す形容詞なので、性格については言いにくい。4つ目の空欄は文脈から「シンボル」という意味のBがふさわしい。以上を総合するとBが正解と分かる。

## 67　正解 D

**問題文和訳**

本の虫書店は北京市朝陽区三里屯南街に［位置］し、蔵書は豊富で［万象を網羅し］、小型図書館のようである。本の虫書店は目下、およそ16000冊の書籍と、各種の外国語雑誌を［有し］ている。このほか、本の虫書店では飲食サービスも提供し、これも大きな［特色］である。

**選択肢和訳**

A　設置する　続々と現れて切りがない　占拠する　特許
B　居住する　広く深く　占有する　特技
C　存在する　世の移り変わりが激しい　擁護する　専門分野
D　位置する　万象を網羅する　有する　特色

**解説**　1つ目の空欄は、その前にある"老书虫书店"という書店が空欄の後にある住所に「存在する」、ということを言う言い方なのでDがふさわしい。2つ目の空欄はこの書店の蔵書についての形容であることを考えると、Aは文脈的におかしく、人の学識について形容するBも不適。Cも人の経験について言う言葉なので不適。3つ目の空欄では、この書店が1.6万冊もの書籍を「置いている（持っている）」ことを言うので、やはりDがふさわしい。4つ目の空欄は、文脈から「（飲食サービスも大きな）特徴・特色」と言いたいので、やはりDがよい。BとCも「特技・専門知識」というような意味なので不適。以上を総合するとDが正解と分かる。

## 68　正解 A

**問題文和訳**

映画『桃さんのしあわせ』は上映されると、観客から［そろって］好評を博し、国内外の多くの賞を獲得した。その物語は簡単で、緊迫した［プロット］はなく、ただ1人の老いた使用人と彼女に育てられた子供の間のヒューマンドラマを［述べた］だけだが、1人の人間が命の晩年にさしかかった時の内心世界を［表現し］、人々を感動させたのである。

**選択肢和訳**

A　そろって　プロット　述べる　表現する
B　一度　情景　述べる　展開する
C　一貫して　状態　陳述する　展覧する
D　ずっと　情理　叙述する　展示する

**解説**　1つ目の空欄は直後の"好評"にかかる言葉なので、副詞であるDは不適となる。他の3つは文法的には入りうるがBは「かつて1度は好評を得た」というような意味になるので、文脈的にあまりふさわしくないと分かる。2つ目の空欄は直前の"紧张的"に続く言葉としてAとBとCが入りうる。ただし映画の話をしているのでA"情节"が最もふさわしいだろう。この言葉は「物語の筋」というような意味で使われる言葉なので覚えておこう。3つ目の空欄の選択肢はいずれも「述べる」というような意味だが目的語が"情感故事"であることに注目すると、Bは「問題や思想などについて論述する」感じなのであまりふさわしくない。Cも「理路整然と述べる」というニュアンスなのでやはりふさわしくない。AとDは事の経過などを順を追って述べる感じでいずれも入りうる。4つ目の空欄は動詞が入るが、目的語は"内心世界"なのでCは不適。以上を総合するとAが正解と分かる。

## 69 正解 B

### 問題文和訳

もし良い始まりがなければ、悪い方から始めてみても［構わない］。悪い始まりだとしても、始めないよりは［まし］だからだ。始まりは人を不満にさせる［現状］を捨て、まったく新しい境地に入らせる。あなたがどのような［夢］を持っていようと、新たに始めてみよう。

### 選択肢和訳

A　惜しくない　うまい　現実　想像
B　**構わない　まし　現状　夢**
C　免れない　巧み　症状　抱負
D　忍びがたい　すばらしい　状況　野心

**解説**　1つ目の空欄のある文の最後に、軽い命令や提案を表す"吧"があるので、ここの空欄はBが意味的にふさわしい。Bは相手に何かを勧める時に使う言葉。2つ目の空欄は、「始めないよりはよい」という文脈なので、積極的に褒めるAやCやDはふさわしくない。3つ目の空欄の選択肢はいずれも状況を示す言葉だが、Cだけは「病気の状況」を示す言葉なので不適だとわかる。4つ目の空欄は、文法的にはいずれの選択肢も入りうる。文脈を考えても、完全に排除することは難しいが、BとCのようなプラスのイメージを持つ言葉の方が合うと分かる。以上を総合するとBが正解と分かる。

## 70 正解 D

### 問題文和訳

経営の局面を転換させるには、原価を下げることだけに頼るのではなく、［新機軸を打ち出し］困難な状況を変えなければならない。顧客は安く買いたいのではなく、利益を貪りたいのだ。あなたが本当に安くしたら、彼らは安物買いの銭失いと思い、［かえって］買わなくなってしまう。もしあなたがすばらしい品質と人を引き付ける［体験］を提供でき、彼らに［コストパフォーマンスが良く］、［大儲けした］と思わせれば、もっと高くても争って買うのである。

### 選択肢和訳

A　創立する　従って　検証　思い通りの　飛びかかる
B　発明する　その上　体得　品がよく値段が安い　すくう
C　更新する　逆に　試練　大事にとっておきたい　掘る
D　**新機軸を打ち出す　かえって　体験　コストパフォーマンスが良い　拾う**

**解説**　1つ目の空欄は"改変困境（困難な状況を変える）"の手段としてDが適当である。これはビジネス用語で、技術や構造の「刷新・革新」といった意味でよく使われる言葉として覚えておこう。Dと似ている単語Cは何を更新するのかはっきりしないので不適。2つ目の空欄は、その前の部分の記述と後の部分の記述が逆接関係にあることを考えるとCとDが残る。3つ目の空欄の選択肢はいずれも似たような意味だが、AとBは観客に「提供」するものとしてはふさわしくない。Cは「試練」というニュアンスで、その前の"誘人的（人を引き付ける）"とあまり合わないので不適。4つ目の空欄は物の買い手にどう思わせるのか考える。どれもよさそうに見えるが、文章中に「安くすればいいわけではない」ということが書かれているわけではないので、Bはあまりふさわしくないだろう。またCも普通は手に入れているものについて言う言葉なので、買う前のものについてはふさわしくない。5つ目の空欄は動詞が入るが、目的語が"大便宜（大きな利益）"なので、それに合う動詞を選ぶ。するとBとDが残る。以上を総合するとDが正解と分かる。

## 第3部分 問題 p.64～p.65

〈問題文〉选句填空。
〈和　訳〉文を選んで空所を埋めなさい。

### 71 - 75

**問題文和訳**

　地球上では、私たちは様々な異なる音を耳にすることができるが、私たちの知る限りでは、(71) 月はとても静かな場所である。月の表面には空気がなく、音を伝えることができないからである。しかし、月の上では本当に少しも音が聞こえないのだろうか？

　実際は、(72) 月の上で活動する宇宙飛行士は音を聞くことができるのだ。それは地球上の風雨の音に似ている。音はとても小さいが、月は確かに私たちが想像するほど静かではない。月には空気がなく、風も吹かず雨も降らないのに、どうして風雨の音が耳に聞こえてくるのだろうか？すぐには理解できないかもしれない。

　それはこのような状況によって起こる。太陽系の天体が太陽風を浴びている時、急速な太陽風が電気を帯びたパーティクル・フロー（粒子流）を月の表面に衝突させ、周囲一帯に放射させる。(73) 太陽風の密度はとても薄いが、速度は速い。地球で起きる12級の台風の最大風速は毎秒68メートルだが、太陽風の最大速度は毎秒2000キロメートルにもなり、およそ台風の風速の三万倍である。このように速い速度のパーティクル・フローが突然宇宙服にぶつかり、その時に起きる音が宇宙服を通って耳に伝わってくるのである。実は、(74) 音は空気を通って伝わるだけではなく、固体、液体でも同じように伝わるのだ。

　科学者の分析によると、宇宙服を着ずに耳を月の表面に近づけても、音を聞くことができる。電気を帯びたパーティクル・フローは、(75) 太陽風の中で波動を起こし、この波動も太陽風を通って耳の中に伝わる。つまり、電気を帯びたパーティクル・フローの成分を有する太陽風そのものも、音を伝えることができるのである。

正解　71 **C**　　72 **D**　　73 **A**　　74 **E**　　75 **B**

**選択肢和訳**

A　太陽風の密度はとても薄いが
B　太陽風の中で波動を起こし
C　月はとても静かな場所である
D　月の上で活動する宇宙飛行士は音を聞くことができるのだ
E　音は空気を通って伝わるだけではなく

**解説**　空欄71の前では地球のことが書いてあるが、空欄後は"月球"の話が出ており、文脈から空欄には「月は音がない」というような内容が入るはずなので、Cが正解。次に、第1段落では「月は音がない」と書いてあったが空欄72の直前で"其実"という言葉が出ているので、空欄には「実は月には音がある」という方向の内容が入る。そこ

でDが正解。空欄73の後を見ると"但"という接続詞が出ている。選択肢を見るとAに逆接の接続詞と呼応する言葉"虽然"があるのでAが正解。次に、「宇宙服を通して音が伝わる」という話が空欄74の前にある。また後には「固体や液体もできる」と書いてあることを考えると、空欄には「音を伝えるのは空気だけではない」というような内容が入ると考えられるのでEが正解。最後に、選択肢の中でBだけが主語がないのでBが入る空欄の前には主語となるものがあるはず。空欄75の前にはBの文の主語にふさわしい言葉があるので、Bは75番に入る。

## 76 - 80

**問題文和訳**

　笑うことは心身の健康に大変有益であることを、現代医学の研究が発見した。「笑えば10歳若くなり、憂えば頭が白くなる。」と言う。あなたが笑う時、(76) 大脳の神経が一時的にリラックスし、大脳を休ませる時間をより多くとることができる。

　人は生まれた時から笑うことができるが、(77) 笑うことも一種の健康体操だということを知らない人もいるだろう。笑うだけで、口角とほお骨の部分の筋肉が一緒に運動し、口と目を上に引き上げ、顔のラインが下がるのを止めることができる。笑いはまさに若々しさを保持する美容体操ではないだろうか？1度笑うには、顔から腹部にかけておよそ80の筋肉がその運動に関わる。100回笑えば、心臓の血液循環と肺機能を鍛え、10分間舟を漕ぐのと同じ運動効果がある。残念なことに、人は成人になると1人毎日平均15回ほどしか笑わず、毎日400回前後も笑っていた子供の頃と比べてだいぶ少なくなる。健康にとって、(78) 残念な損失である。

　笑いは心身の保養を助け、血圧を下げ、消化を促す。最新の科学研究の結果によると、糖尿病患者にとっても笑いは有益であることが明らかになった。(79) 彼らが満面に笑みをたたえる時、血糖値のレベルもこれに伴って下がるのだ。

　しかし、(80) 笑いも適量でなければならない。医学では、高血圧や心筋梗塞の患者にとって、過度に激しい笑いは身体に害を及ぼすと考えられている。

**正解** 76 **D**　77 **B**　78 **A**　79 **E**　80 **C**

**選択肢和訳**

A　残念な損失である
B　笑うことも一種の健康体操だ
C　笑いも適量でなければならない
D　大脳の神経が一時的にリラックスし
E　彼らが満面に笑みをたたえる時

**解説**　空欄76前後の内容から、空欄には笑った時に大脳がどうなるかという内容が入ると想像できる。選択肢ではDしか大脳について言っていないのでDが正解。空欄77の後に、「笑うことが筋肉の運動になる」といったことが書いてあるので、Bがふさわしい。空欄78の前では、大人になると子供の頃より笑う回数が少なくなるということが書いてある。筆者はその前では笑うことの効用を書いているので、笑うことが少なくなることはよくないと考えているはず。そこでAが正解。空欄79の前では笑うことが糖尿病にもよいと書いてある。話の流れでは、空欄のところから具体的な効果が書かれているはずであり、実際空欄の後には血糖値が下がる話が出てくる。つまり空欄には「笑った時には（血糖値が下がる）」というような内容が入るはず。そこでEが正解。最後に、この文章はずっと笑うことの効用が書いてあるが、最後の段落で少し良くないことが書いてある。それを踏まえて選択肢を見ると、Cのみ少し戒める内容になっているので、Cが正解。

## 第4部分　問題 p.66～p.75

〈問題文〉请选出正确答案。
〈和　訳〉正しい答えを選びなさい。

### 81 - 84

**問題文和訳**

　春秋時代、楚王は多くの大臣を酒席に招き、宴席ではしなやかで美しい歌舞が催され、うまい酒と肴が出され、ロウソクの炎がゆらめいていた。楚王は最も寵愛する2人の美女、許姫と麦姫に順番にお酌をするように命じた。

　突然強風が吹き、すべてのロウソクが吹き消され、部屋は急に真っ暗になり、宴席にいた1人の役人がこの機に乗じて許姫の手を触った。許姫は手を振り払い、その役人の帽子の紐を引きちぎり、急いで席に戻り、楚王の耳元でささやいた。「今、ある者が機に乗じてわたくしをからかいました。その者の帽子の紐を引きちぎりましたので、早く人を呼んでロウソクを点し、誰の帽子の紐がないかを見れば、その者がお分かりになります。」と。

　楚王はそれを聞くと、急いで手下にロウソクを点すなと命令し、大声で臨席した大臣たちに言った。「今夜は皆と思う存分飲もう。さあ、皆帽子をとって、痛快に飲もうぞ。」と。皆が帽子をとったので、誰の帽子の紐が切れているのか、見つけることができなかった。

　その後、楚王は鄭国を攻め、ある猛者が1人で数百人もの兵を率い、軍隊を先導し、関門を突破し、直接鄭国の首都まで攻め入った。この人物こそ、その年許姫の手を触った者であった。彼は楚王が恩恵を施してくれたので、生涯楚王に忠誠を尽くそうと誓ったのである。

　「人は聖人でも賢人でもない、誰にでも過ちはあるものだ」。私たちは寛容の心が必要である。寛容は人にチャンスを与えるだけでなく、自分のためにチャンスを作り出すことにもなるからだ。同じように、経営者は部下が小さなミスをした時、それを許し隠してやれば、体面を保つことができ、企業の利益も守ることができるのである。

### 81　正解 B

**設問和訳**
楚王はなぜ大臣に帽子を脱がせたのですか？

**選択肢和訳**
A　宮殿の中が暑かったから
B　その人物を守ろうとしたから
C　それにより大臣を脅そうとしたから
D　客人に対する敬意を表したから

**解説**　暗闇に乗じて楚王の寵姫の手を触った男がおり、その寵姫が機転をきかせてその男の帽子の紐を引きちぎり目印としたのに、楚王は灯りをつけさせず、全員に帽子を脱がせたので、犯人は分からなかった。つまり、その犯人が発覚しないように取った措置だったので、Bが正解。

## 82 正解 A

**設問和訳**
その猛者について、何が分かりますか？

**選択肢和訳**
A 恩返しをした
B 楚王に偏見がある
C 他人の誣告を受けた
D 自分の過失を公表した

**解説** 楚王の寵姫の手を触った男がみんなの前で恥をかくこともなく、罰されることもなく済んだことを恩に感じて鄭国を攻めた時に頑張ったのである。つまり恩に報いたというわけなのでAが正解。

## 83 正解 B

**設問和訳**
上の文章中の"人非圣贤，孰能无过（人は聖人でも賢人でもない、誰にでも過ちはあるものだ）"とは、どのような意味ですか？

**選択肢和訳**
A 何事も慣れればこつが分かる
B 誰でも過ちを犯す
C 誰にでも過去がある
D 善良で賢い人になれ

**解説** こういう古い文体もある程度意味が推測できるのが望ましい。"孰"が「誰」という意味であることを知っておくと便利。後半部分は反語になっている。「誰が過ちがないことがあろうか」→「誰でも過ちはありうる」ということなので、Bが正解。

## 84 正解 D

**設問和訳**
上の文章によると、下のどの選択肢が正しいですか？

**選択肢和訳**
A 楚王は酔っぱらった
B 楚王は大臣に対して厳しい
C 人の容認する力には限界がある
D 経営者は従業員の小さなミスを許すべきである

**解説** 最後の段落の中盤で"老板在面对下属的微小过失时，也应该有所容忍和掩盖"と言っているので、Dが正解。この話は宴席の場面から始まるが、楚王が酔っ払ったとは言っていないのでAは不適。楚王は寵姫に大臣へお酌をするように言うなど、大臣に厳しい態度では接していないのでBも不適。最後の段落で"我们都需要宽容"と言っており、その力に限界があるとは言っていないのでCも不適。

## 85 - 88

### 問題文和訳

　三彩陶は南北朝時代に生まれ、唐代で盛んになった。その造形はいきいきとして真に迫り、色あいは艶やかで、豊かな生活の息吹が感じられることで有名である。一般的に黄、褐色、緑の3色が使われ、唐代にその特徴が形成されたので、後に「唐三彩」と呼ばれるようになった。唐三彩は誕生してからすでに1300年以上の歴史があり、中国画や彫刻などの芸術的特徴を取り入れ、貼花や刻花などの装飾図案を採用し、ラインは荒々しく力強い。

　唐三彩の特徴は2つに要約できる。釉薬の色と造形である。唐三彩は低温鉛釉の陶器であり、色釉に異なる金属酸化物を入れて焼成すると、クリーム色、黄褐色、薄緑、深緑、藍、赤褐色、紫など様々な色になるが、多くは黄、褐色、緑の3色がメインとなる。唐三彩は互いの色が照り映える中で、華麗かつ雄壮な芸術的魅力が現れるのである。

　唐三彩の形状は豊富であり、一般的に動物、器物、人物の三種類に大別できる。なかでも動物が多く、これは当時の時代背景と関係があると思われる。古代中国において、馬は重要な交通手段の一つであり、戦場でも、農民が田畑を耕す時も、交通の運輸でも馬が必要であった。そのため、出土した唐三彩の中でも馬が比較的多い。その次が駱駝である。おそらく当時の対外貿易と関係があり、駱駝は長距離を移動するための交通手段の一つであり、シルクロードの道中では駱駝が交通手段となっていたので、職人がそれを工芸品に反映させたのである。

　唐三彩を作った窯は主に長安と洛陽に分布し、長安にある窯を西窯、洛陽にある窯を東窯と呼ぶ。唐代は高官や身分の尊い人だけでなく庶民の間にも荘厳な葬儀が流行し、習慣となっていた。昔の人は唐三彩を副葬品として埋葬した。唐三彩の台（骨組み）は脆く、防水性が悪いので、実用性は当時すでにあった青磁と白磁には到底及ばなかった。現代社会では、人々の唐三彩に対する関心の高まりと、復元工芸の発達に伴い、徐々に書斎の装飾品や親族や友人への良い贈り物となった。

　唐三彩は唐代陶器の精華であり、盛唐時代にピークに達した。安史の乱以降、唐王朝が衰弱するのに従い、また磁器の急速な発展によって、唐三彩の制作は徐々に衰退していったのである。

## 85　正解 D

### 設問和訳
「唐三彩」について分かるのは：

### 選択肢和訳
A　造型が単一である　　　　　　B　唐朝に誕生した
C　防水性にとても優れている　　D　主な色は3色である

> **解説**　第2段落で"多以黄、褐、緑三色为主"と書いてあるのでDが正解。

268

## 86  正解 C

【設問和訳】
唐三彩の造形はなぜ馬が多いのですか？

【選択肢和訳】
A　制作技術が簡単だから
B　馬は重労働に堪えられるから
C　**古代では馬の用途が多かったから**
D　皇帝の権威を代表するから

【解説】第3段落で"在中国古代，马是重要的交通工具之一，战场上需要马，农民耕田需要马，交通运输也需要马，所以唐三彩出土的马比较多"と書いてある。つまり、戦場でも田畑でも交通でも馬が必要ということは馬が広く使われていたと言えるので、Cが正解。

## 87  正解 A

【設問和訳】
現在の唐三彩は：

【選択肢和訳】
A　**上等な贈り物になった**
B　洛陽でのみ作られている
C　収集家に重視されなくなった
D　市場で目にするのが難しくなった

【解説】第4段落の後半で"现代社会，…（略）…唐三彩逐渐成为文房陈设、馈赠亲友的良品。"と書いてあるので、Aが正解。

## 88  正解 B

【設問和訳】
唐三彩が衰退した原因は、以下のどの項目ですか？

【選択肢和訳】
A　価格が高い
B　**磁器の流行**
C　徐々に技術の継承が途絶えた
D　審美眼の変化

【解説】最後の段落で"随着唐王朝的逐步衰弱，加之瓷器的迅速发展，三彩釉陶制作逐步衰退"と言っているのでBが正解。

## 89 - 92

**問題文和訳**

　鳥類は毎年決まった時期に大規模な移動をし、早くから人類の注目を集めてきた。渡り鳥はなぜ移動するのか、どこから来て、どこへ行くのか？すべての群れが皆移動するのか？どのような方法で移動する方向の正確さを確実に保証するのか？これらは科学者がずっと注目してきた課題である。

　行動生態学は通常「代価と利益」によって、ある行為がなぜ発生するのかを説明する。「渡り鳥はなぜ移動するのか」という問題に答える時、私たちもこの角度から説明できる。

　鳥類が温帯地域で繁殖する利点は、夏季は昼が長く夜が短く、長い時間食物を探し、ひなを育てることができるところにある。他の動物の多い熱帯地域での繁殖で直面する縄張りと食物争いの問題を避け、また夏季の温帯地域には熱帯地域よりも昆虫が豊富で、温帯地域には天敵が比較的少なく、食物を捕るストレスが相対的に低いことも挙げられる。しかし、温帯地域の冬季の気候は寒さが厳しく、いつも食物不足の問題に直面する。熱帯地区ではまったく逆の状況である。夏季は縄張りと食物の競争が激しく、天敵に捕殺される危険も大きいが、冬季の気候は温和であり、食物資源も温帯地域よりもずっと豊富である。そのため、2つの地域の利点を両方とるため、渡り鳥は夏に温帯地区で繁殖し、冬に熱帯地域で越冬する生活習慣を身につけたのである。

　では、なぜすべての鳥類が渡り鳥ではないのか？それは、移動するには必ず代価を支払わなければならないからである。例えば、移動する過程では大量のエネルギーを消耗し、劣悪な天候に遭遇する可能性もある。移動の方向を間違えたり、慣れない新たな環境に適応したりしなければならず、他の渡り鳥や移動した地区の在来の鳥類との資源の争奪などの問題がある。ある種の鳥類の一部の群れは移動し、一部の群れは移動しないのもこのためである。

　さらに言うと、同じ群れのなかで冬に移動しない個体は、食物不足の危機を辛抱しなければならないが、次の繁殖期が来る前にできるだけ早く良い繁殖地を占拠でき、繁殖の成功率を高めることができる。逆に、移動する個体は冬暖かい熱帯地区で豊富な食物資源を得ることができるが、移動時に危険を冒し、繁殖地がよくない可能性がある、という代価を払わなければならない。

　移動するかしないかは個体の生存と繁殖の策略の問題であり、この2つの策略の繁殖成功率は同程度であるからこそ、鳥類のこの行動は進化のなかで両方とも残されてきたことが分かる。

## 89　正解 A

**設問和訳**

鳥類が温帯地域で越冬する弊害は何ですか？

**選択肢和訳**

A　食物不足
B　天敵が多い
C　昼夜の温度差が大きい
D　縄張り争いが激しい

**解説**　第3段落で"但是温帯地区冬季気候厳寒，経常面臨食物缺乏的問題"と書いてあるのでAが正解。

## 90 正解 A

**設問和訳**
渡り鳥について、分かるのは：

**選択肢和訳**
A　毎年決まった時期に移動する　　B　より食物に好き嫌いがある
C　つがいの相手に忠実である　　　D　他の鳥類より丈夫である

> **解説**　第1段落冒頭で"鸟类每年定期且大规模的迁徙"と言っている。この"鸟类"とは「渡り鳥」のことを言っているので、Aが正解。

## 91 正解 D

**設問和訳**
同じ群れのなかで冬に移動しない個体ができるのは：

**選択肢和訳**
A　繁殖期を延長する　　　　　　　B　群れの領地を拡大する
C　大量の知能を消耗しなくてすむ　D　優先的に繁殖地を選べる

> **解説**　第5段落前半で"同一族群中冬季不迁徙的个体…（略）…，但可以在下个繁殖季来临前尽早占据较好的繁殖位置"と言っているのでDが正解。

## 92 正解 C

**設問和訳**
上の文章が主に述べているのは：

**選択肢和訳**
A　鳥類の生存の現状　　　　　　　B　鳥類の繁殖方法
C　渡り鳥が移動する利点と弊害　　D　渡り鳥が移動する時間と規模

> **解説**　文章には、渡り鳥のメリットとデメリットの両方が書かれているのでCがふさわしい。

271

## 93 - 96

**問題文和訳**

　寒中水泳をする時、冷たい水に慣れる方法は一般的に3つある。まずプールの端にしゃがんで水を体にかけ、冷たい水に慣れてからプールに入って泳ぐ人がいる。また、まず浅瀬に立ち、一歩一歩深いところへ向かって歩いて行くか、しゃがみながら徐々に水に入っていく人もいる。また、ウォーミングアップをしてから、プールの端から一気に飛び込む人もいる。

　最も安全な方法は、プールの外から探り、次にプールに入り、徐々に深く入っていくことだと言われている。3つ目の方法だと、けいれんやひどい時には心臓発作を引き起こす恐れがある。

　しかし、反対に、冷水の刺激が最も強烈なのもまた、1番目の方法である。プールの端で水を浴びる度、骨にしみる冷たさを感じる。一気に飛び込む人は、飛び込んですぐに泳ぐという目の前の問題に対処しなければいけないので、かえって全身の冷たさを忘れてしまうのである。

　水泳と同じく、人々が不慣れで苦しい環境に入らなければならない時、ある人はまず注意深く探り、万全の準備をするが、多大な困難があると知り、再三行程を遅らせ、もともとの計画を取り消してしまうこともある。また、ある人は、まずその環境に一歩足を踏み入れるが、たくさん逃げ道を残しておき、状況が悪くなれば身を引いて引き返す。ある人はイチかバチかの気持ちを心に秘め、やり方を決めたら全力投球し、目の前の多大な困難と危険に急いで対処するので、かえって苦痛を忘れることができる。

　生活の中ではどうすればよいだろうか？もし若くて力も強い人なら、一気に飛び込んでみるのもよい。危険もあるだろうが、他の人がプールの端で躊躇していたり、プールの中で立って寒いと叫んでいたりする時に、勇気を出して一気に飛び込んだ人は、早くも自由自在に泳ぎ回って、全身の寒さをすっかり忘れているのに気づくだろう。

　不慣れな環境において、一気に飛び込む勇気がある人は、他の人より素早く、思い切りがよく、冒険する勇気があるので、より多くのチャンスを掴み、成功を手にすることができる。

## 93 正解 B

**設問和訳**

1つ目の方法について、分かるのは：

**選択肢和訳**

A　危険性が最も高い　　　　B　**冷水の刺激が最も強い**
C　準備時間が最も短い　　　D　水泳初心者に適している

**解説**　第3段落で"感覚冷水刺激最強烈的也是第一种"とあるのでBが正解。

## 94 正解 B

**設問和訳**
第4段落の"破釜沉舟（イチかバチか）"の意味で最も可能性が高いのは：

**選択肢和訳**
A　行動がのろい　　　　　　B　決心したら最後までやる
C　物事に慎重である　　　　D　自分の実力を温存する

> **解説**　"破釜沉舟"とは、楚の項羽が秦と戦った際、河を渡り終わってすぐに船を沈め、飯を炊く釜を壊して、決死の覚悟で敵に戦いを挑んだことから、最後までやりぬく決心をすること。よってBが正解。この四字成語を知らなくても、下線部のすぐ後に"打定主意，便全身投入"とあるので、ニュアンスは掴めるであろう。

## 95 正解 A

**設問和訳**
上の文章によると、若者が不慣れな環境に直面した時にすべきなのは：

**選択肢和訳**
A　思い切って冒険する　　　B　まず計画案配する
C　協力する精神を持つ　　　D　万全の準備をする

> **解説**　第5段落前半で"如果是年轻力壮的人，不妨一跃而下"と言っている。この"一跃而下"とは、たいした準備もなく「いきなり飛びこむ」ことなので、冒険と言える。よってAが正解。

## 96 正解 D

**設問和訳**
上の文章のタイトルとするのに最も適切なものは：

**選択肢和訳**
A　熟考してから行う　　　　B　生命は運動にあり
C　寒中水泳の秘訣　　　　　D　一気に飛び込む勇気を

> **解説**　最後の段落を見ると、不慣れな環境には思い切って飛び込んでみることをいいこととして見ていることが分かる。よってDがふさわしい。

## 97 - 100

**問題文和訳**

　様々な建築物を見学することは、旅行のハイライトであり、皇帝の宮殿から普通の民家まで、万里の長城からあずまやや楼台まで、どの建築にも見足りない、語り尽くせない緻密さと美しさがある。私は福建省の西部で最も驚くべき民家を見た。客家土楼である。土楼はその独特な造形、巨大な迫力、防湿耐震などの優れた点から、世界に唯一無二の不思議な民家建築と称えられている。

　土楼は土の壁で建てられた集団建築で、円形、半円形、四角形、五角形などがあり、それぞれ特徴を備えている。中でも円形の建築が最も注目され、地元の人はこれを円楼や円寨と呼んでいる。

　土楼の最大の特徴は、体積の大きさにあり、遠くから見ても、近寄って見ても、土楼はその巨大な単体式の建築で人々を驚かせ、その体積の大きさから、民家の最たるものと言うことができる。私たちが見学した土楼の中で、一般的な円楼は、直径がおよそ50メートル、3～4階の高さがあり、100以上の部屋があり、30～40世帯が居住でき、200～300人を収容できる。また、大型の円楼は直径が70～80メートルにも達し、5～6階の高さがあり、400～500の部屋があり、700～800人が住める。土楼のような民家建築のスタイルは、客家の人々が一族集まって暮らす民俗風土を表している。

　歴史学と建築学の研究から見ると、土楼はエスニック集団の安全を考慮するところから生まれた、自己防衛式の居住様式である。一族を挙げて移転する客家の人々は、遠路はるばる他郷へやって来たので、一家が集まるのに有利で、戦争を防御できるこのような建築方式が受け入れられたのである。同じ祖先をもつ子孫たちは、1つの土楼の中に独立した社会を形成し、共存共栄する。土楼の役割は、外（敵）から守り内に集まる、ということに帰納できるであろう。

　土楼の構造にはいくつもの種類があり、そのうちの1つは三堂制という、内部の上、中、下の3つの広間が中心軸に沿って縦に深く配列されたものである。このような土楼では、一般に下堂が出入り口となっており、最も前に据えられている。中堂は中心に設けられ、家族が集い、賓客をもてなす場所となっている。上堂は一番奥に設けられ、祖先の位牌を祀る場所である。

　構造が独特である以外に、土楼内部の窓台、玄関、軒端なども華麗かつ精巧で手が込んでいる。土楼はまさに中国民家建築の傑作である。

## 97　正解 C

**設問和訳**

円楼について、分かるのは：

**選択肢和訳**

A　体積が小さい　　　　　　B　山の近くに建てられている
C　集合建築である　　　　　D　竹で覆われた建物である

**解説**　第2段落冒頭で"土楼是以土作墙而建造起来的集体建筑"とあるのでCが正解。

## 98 正解 C

**設問和訳**
客家の人々は、初めなぜこのような建築方式を取り入れたのですか？

**選択肢和訳**
A 引っ越しが便利
B 洪水を防ぎ干ばつに対処する
C 一族の安全を守るため
D 建築材料の節約

> **解説** 第4段落前半で"土楼是出于族群安全考虑而采取的一种自卫式的居住样式"と言っているのでCが正解。

## 99 正解 C

**設問和訳**
第5段落では主に何を述べていますか？

**選択肢和訳**
A 土楼の出入り口
B 土楼の形が単一である
C 三堂制土楼の特徴
D 土楼のそれぞれの部屋の役割

> **解説** この段落では、土楼のいろいろな種類のうち三堂制というものの構造を説明しているので、Cが正解。

## 100 正解 D

**設問和訳**
上の文章で、分かるのは：

**選択肢和訳**
A 土楼の設計は簡潔さを求める
B 土楼は円寨とも呼ばれる
C 土楼の研究が十分でない
D 土楼は建築史における地位が高い

> **解説** 文章最後の文を見ると"土楼，实为中国民居建筑中的奇葩"と書いてある。"奇葩"というのは「滅多にない美しい花」というような意味で、傑出したものを例えるのに用いられる言葉なので、Dが正解。

## 3 书 写　問題p.76〜p.77

〈問題文〉縮写。
〈和　訳〉要約しなさい。

### 101

> **問題文和訳**
>
> 　ある人が私に1幅の山水画をくれた。有名で高価なものではなかったが、私はとても気に入り、壁に飾った。疲れた時はいつもそれを眺め、心身をリラックスさせた。
> 　よく家に来る友人がいて、彼らもこの絵を見て大変気に入り、誰もが手放しがたく離れがたい様子であった。すると、ある友人が私に「1000元で、売ってくれないか?」と値段交渉をしてきたので、私は頭を振って断った。この絵は数百元の値打ちしかないが、数百元を儲けるために、愛するものと引き裂かれる痛みを我慢できようか。
> 　数日後、その友人は再びやってきて、部屋に入ったとたんその山水画に釘づけになり、自ら値段を切り出した。「この前の付け値の1000元が安すぎたことは分かっている。こうしよう、今日は5000元でどうだ?」と。私は笑って「売る売らないの問題じゃないよ。それにこの絵はそんな値打ちはないよ」と断った。彼が何と言おうと、私は遠回しに断った。
> 　また数日が過ぎ、再び彼はやってきた。部屋に入るとお茶には目もくれず、また絵の値段について話し始め、豪快に言った、「今回は売る売らないと言って断るんじゃないぞ。見ろ、君に1万元持ってきた、少なくはないだろ?この金は君のものだ、絵は私が今持ち帰る。」と。確かに1万元は少なくない。私自身もこの絵に1万元もの値打ちがあるとは信じがたかったが、友人として、彼のお金を騙し取るような、1万元も払って大して有名でもない絵を買って散財させるようなことはしたくなかった。また、今日の彼の態度も気に入らなかった。私は「言ったはずだよ、この絵はもともとそんなに価値のあるものではないんだ。私が気に入っているというだけで、これで儲けようなどとは思っていない。君がいくら高い値をつけても売らないよ。」と断った。私が頑なに譲らないのを見て、友人はただがっかりして帰るほかなかった。
> 　数か月が過ぎ、彼は突然、人を1人連れてやってきた。そして私に紹介して言うには、その人は立派な社長で、山水画の収集に夢中になっていて、10万元で私の絵を買ってもよいという。社長は絵を見るとしきりに感心して、10万元は現金で持ってきたので、私が同意さえすれば今すぐ交渉成立だと言った。私は慌てて、「これは普通の山水画で、そんな価値のあるものではありません」と彼らを説得した。しかし、私がどのように説得しても、友人と社長は信じず、「貴重なものでなければ、そんなに大切にできるものか、10万元でも売りたくないのか?」と言った。
> 　彼らにきちんと説明するのは無理だと思い、その絵を持って彼らとともに山水画に造詣の深い専門家を訪ねた。専門家はその絵を見ると笑って言った、「この絵は高くても500元ですよ。」と。「500元?」友人と社長は驚き、この絵がこんなにも価値のないものだとは信じなかった。「専門家の評価です、信じないわけにはいかないでしょ?」と私は

笑って言った。
　2人は納得せずに帰っていった。私と専門家は顔を見合わせ大いに笑った。「あなたは無意識のうちに骨董品の交渉技術を使いました。貴重でない物でも大切にすれば価値が出るのです。あなたがそれを大切にするほど、他の人にとっての価値も大きくなるのです。」と、専門家は言った。
　私たちが気に入った物は、大切にする気持ちを注ぐだけで、それが自分にとって価値の高いものとなるのである。

### 解答例

　有人送了我一幅山水画，虽然并不名贵，但是我很喜欢，就把它挂在墙上。当我疲惫时，看到这幅画，会让我感到很放松。
　时常有朋友来我家，看到我这幅画，也非常喜欢。其中有一个朋友想出1000元来买这幅画。我拒绝了他。
　过了几天，那个朋友又来了，想出5000元来买这副画。我还是拒绝了他。
　又过了几天，那个朋友又来了。说已经拿了1万元来，想买我这副画。我并不想赚朋友的钱，而且他的态度我也不喜欢。所以我还是拒绝了他。
　过了几个月，他带了一个痴迷于收藏山水画的大老板来到我家，那个老板也非常喜欢这幅画，说愿出10万元来买这副画。我和他们解释说这只是普通的画，不值10万元。可是他们就是不信。于是我们一起去拜访了专家。专家说这幅画最多值500元。他们带着疑惑走了。专家说即使是一件并不贵重的东西，你越珍惜它，在别人看来它的价值就越大。
　其实，对于我们喜欢的东西，只要注入自己的珍惜，那么它对我们来说就是非常贵重的。

### 解答例和訳

　ある人が1幅の山水画を送ってくれた。それほど有名で価値の高いものではないが、私は気に入ったので、壁に掛けた。疲れた時に、この絵を見ると、リラックスできる。
　友達がよく家に来るのだが、この私の絵を見て、とても気に入ってくれる。その中のある友達が1000元でこの絵を買おうとしたが、私は断った。
　何日か後、その友達がまた来た。5000元でこの絵を買おうとしたが、私はやはり断った。
　また何日か後、その友達が来て、すでに1万元持ってきたのだと言って、この絵を買おうとした。私は友達のお金で儲けたくもないし、彼の態度も気に入らなかったので、彼を断った。
　何か月か経って、彼はある山水画を収集することに夢中になっている社長を連れてきた。その社長もとてもこの絵が好きで、10万元でこの絵を買おうとした。私は彼らに、この絵は普通の絵で、10万元の価値がないと説明したが、彼らは信じていなかった。それで、私たちは一緒に専門家を訪ねた。専門家はこの絵は高くても500元だと言った。彼らは疑わしく思いつつ去っていった。それほど貴重なものではなくても、大切にすればするほど、他人からはそのものの価値が大きく見えるのだと専門家が言った。
　実は、私たちが好きな物に対して、気持ちを注ぎさえすれば、それは私たちにとって非常に大切なものとなるのである。

# 6級 第3回 解答・解説

聴力試験···P.280～P.311
読解試験···P.312～P.333
書写試験···P.334～P.335

## 正解一覧

### 1. 听力

**第1部分**
1. D   2. A   3. D   4. C   5. A
6. D   7. D   8. B   9. C   10. C
11. D  12. C  13. B  14. C  15. C

**第2部分**
16. A  17. D  18. B  19. C  20. B
21. D  22. B  23. A  24. A  25. C
26. D  27. D  28. C  29. A  30. C

**第3部分**
31. B  32. A  33. D  34. D  35. C
36. D  37. A  38. C  39. A  40. D
41. D  42. D  43. A  44. A  45. C
46. B  47. B  48. D  49. D  50. A

### 2. 阅读

**第1部分**
51. D  52. B  53. D  54. D  55. B
56. C  57. A  58. C  59. A  60. C

**第2部分**
61. A  62. B  63. D  64. B  65. A
66. A  67. B  68. A  69. C  70. D

**第3部分**
71. B  72. D  73. C  74. E  75. A
76. C  77. A  78. B  79. D  80. E

**第4部分**
81. B  82. A  83. A  84. B  85. B
86. C  87. C  88. A  89. C  90. B
91. B  92. C  93. C  94. D  95. B
96. B  97. C  98. B  99. B  100. A

### 3. 书写

※ 解答例は解説ページでご確認ください。

# 第3回

## 1 听力

### 第1部分 問題 p.80～p.81

〈問題文〉请选出与所听内容一致的一项。
〈和　訳〉音声の内容と一致するものを1つ選びなさい。

#### 1  正解 D

**スクリプト**

招聘会上，一位电视台的记者在采访就业情况。他看到一个满脸失望的女生，于是走过去，把摄像机对准她，问："假如让你面对电视观众，你现在最想说什么？"这位女生充满期待地说："你们电视台今年招人吗？"

**スクリプト和訳**

就職説明会で、テレビ局の記者が就職状況についてインタビューを行った。記者は失望した面持ちの女子学生を見つけ、彼女のもとへ行ってカメラを向け、「今、テレビの前の視聴者に、一番言いたいことは？」と尋ねた。女子学生は期待を込めて言った、「あなたたちのテレビ局は今年、スタッフを募集しますか？」と。

**選択肢和訳**

A　その女子学生は記者である
B　その女子学生は能力がある
C　その女子学生は辞職を考えている
D　その女子学生は仕事が見つかっていない

## 2  正解 A

### スクリプト
人际关系的高手在尝试让别人倾听和了解自己之前，会先认真倾听对方的想法，让对方畅所欲言。如果你能做到认真倾听，对方便会向你袒露心迹。掌握别人内心世界的第一步就是认真倾听。

### スクリプト和訳
人間関係のプロは、人に耳を傾けさせ、自分を理解してもらう前に、相手の考えに真剣に耳を傾け、言いたいことを存分に言わせる。もしあなたが真面目に相手の言葉に耳を傾ければ、相手はあなたに本音を言うだろう。人の内心世界を理解する第一歩は、真面目に耳を傾けることである。

### 選択肢和訳
A  真剣に耳を傾けることを学ばなければならない
B  話をする時は状況に注意しなければならない
C  簡単に人を否定してはならない
D  人との交流は誠実さが大切である

## 3  正解 D

### スクリプト
对刚入学的小孩儿，家长一定要激发他们的读书兴趣，让他们养成读书的习惯。家长可以为孩子设一个小书架，买一些内容有趣、颜色鲜艳、字号大的书放在上面，并且每天抽出二十分钟陪孩子阅读。

### スクリプト和訳
小学校に入ったばかりの子供には、読書への興味をもたせ、読書を習慣づけさせることが親の大事な役目である。親は子供のために小さな本棚を1つ設け、内容が面白く、色が鮮やかで、字の大きい本をそこに並べ、子供と一緒に毎日20分時間をつくって本を読んでやるとよい。

### 選択肢和訳
A  子供は進んで勉強すべきである
B  子供が自分で考えるのを励ますべきである
C  親は子供の手本となるべきである
D  子供の読書への興味を養うべきである

## 4  正解 C

### スクリプト
有些人总是活在过去的时光里。他们为曾经的辉煌而伤神，为未竟的事业而悔恨。但是，过去已经过去，无论我们用了多久来哀叹，它也不会有任何改变。沉迷于过去，只会阻碍你前进的脚步。

### スクリプト和訳
ある人はいつも過去の中に生きている。彼らはかつての栄光のために気疲れし、未完の事業を後悔する。しかし、過去はすでに過ぎ去ったもので、我々がどれほど嘆き悲しんでも何も変わらない。過去に溺れることは、前進する歩みを妨げるだけである。

### 選択肢和訳
A 思い出はいつも美しい
B 未来に対して自信を持つべきである
C 人は過去に溺れてはいけない
D 遠大な理想を立てるべきである

## 5  正解 A

### スクリプト
邓亚萍从小就酷爱打乒乓球，却因为身材矮小而被拒于国家队的大门之外。但她并没有气馁，而是苦练球技，最终站上了世界冠军的领奖台。她的出色成就，改变了世界乒坛只在高个子中选拔运动员的传统观念。

### スクリプト和訳
鄧亜萍は小さい頃から卓球が大好きだったが、体が小さかったために国家チームから入門を拒否されてしまった。しかし彼女はめげず、テクニックを猛特訓し、ついに世界一の表彰台に立ったのだ。彼女の優れた成果は、背の高い選手からしか選抜しなかった世界の卓球の伝統的な考え方を変えたのである。

### 選択肢和訳
A 鄧亜萍は背が高くない
B 鄧亜萍は現在コーチをしている
C 鄧亜萍はすでに引退した
D 鄧亜萍は余暇の趣味が豊富である

## 6　正解 D

> **スクリプト**
> 幽默与乐观是一对孪生姐妹。很难想象，一个遇到困难和挫折便愁眉苦脸、唉声叹气的人会具有幽默感。相反，一个具有幽默感的人却能从不顺心的境遇中发现某些"戏剧性因素"，从而使自己心理平衡，找回快乐。

> **スクリプト和訳**
> ユーモアと楽観は双子の姉妹である。困難と挫折に直面すると、心痛な面持ちで嘆息ばかりする人にユーモアがあるとは、想像しがたい。逆に、ユーモアのある人は思い通りにいかない境遇の中から「ドラマチックな要素」を発見し、それによって心のバランスを保ち、楽しさを取り戻すのである。

**選択肢和訳**

A　逆境は人材を生む
B　楽しいことは分け合うことが必要である
C　困難は人をより成熟させる
**D　ユーモアのある人は往々にして楽観的である**

## 7　正解 D

> **スクリプト**
> 中国古语说，"想吃什么就是缺什么"。有研究证实，这句话确实有一定道理。口味和身体状态息息相关。想吃甜食，证明体内缺乏能量；爱吃肉，可能是缺铁；吃得太咸，则是过度疲劳的表现。

> **スクリプト和訳**
> 「食べたいものは不足しているものだ」という中国の古い言葉がある。この言葉に道理があることを、ある研究が実証した。味の好みと身体の状況は密接な関係がある。甘い物が食べたいのは、体内のエネルギーが不足していることを証明している。肉が好きなら、鉄が不足しているのだろう。しょっぱいものを食べるのは、過度の疲労の表れである。

**選択肢和訳**

A　甘い物をたくさん食べるのはよくない
B　偏食は栄養不足を引き起こす
C　良い飲食習慣を身につけるべきである
**D　味の好みは人の身体の状況を反映する**

## 8  正解 B

### スクリプト
仙人掌是美化庭院的优质花卉品种，它不仅外形美观，还可入药和食用。仙人掌肉质厚，含水分多，易于吸收和化解周围环境的电磁场辐射，能够减少电磁波对人体的伤害，有益人体健康。

### スクリプト和訳
サボテンはガーデニングの良質な花の品種であり、見た目が美しいだけでなく、薬用と食用にもなる。サボテンは肉が厚く、水分を多く含み、周囲の環境の電磁場の輻射を吸収して溶かすことができ、電磁波が人体に及ぼす害を減少させ、健康に有益である。

### 選択肢和訳
A　サボテンは1年中青々としている
**B　サボテンは輻射を吸収できる**
C　サボテンは湿った環境を好む
D　サボテンは屋外に置くのがよい

## 9  正解 C

### スクリプト
大多数时候，找到自己的目标并坚持到底是一种执着。但如果目标本身是错的，再坚持下去就会南辕北辙，越走越偏。因此，一旦发现目标偏离了自己的理想，就应该尽早抽身，找到更好的目标并为之努力。

### スクリプト和訳
多くの場合、自分の目標を見つけ、最後までやり通すことは、一種の執着である。しかし、もし目標そのものが間違っていたら、続けていくうちに行動と目的が一致せず、やればやるほど外れてしまう。そのため、目標が自分の理想と異なることに気づいたら、できるだけ早く身を引いて、さらに良い目標を見つけ、それに向かって努力すべきである。

### 選択肢和訳
A　うまくチャンスを掴むべきである
B　期待するほど失望も大きくなる
**C　盲目的に目標に固執してはならない**
D　物事をなす時は他人の気持ちを考慮すべきである

## 10  正解 C

### スクリプト

爸爸带着儿子气喘吁吁地爬到山顶，爸爸说："快看，我们脚下的平原景色多好！"儿子十分奇怪地问："爸爸，既然下面的景色那么好，我们为什么要花三个小时爬到上面来呢？"

### スクリプト和訳

父は息子を連れて息を弾ませながら山頂まで登り、言った。「見てごらん、足元の平原の景色はすばらしいだろう！」と。息子は訝しがりながら聞いた、「お父さん、下の景色はきれいなのに、どうして僕たちは3時間もかけて上まで登ってきたの？」と。

### 選択肢和訳

A　父親は残念に思った
B　彼らはまだ山のふもとにいる
C　**山を登るのに3時間かかった**
D　息子は山頂の景色の方がきれいだと思った

## 11  正解 D

### スクリプト

百米短跑，需要冲劲；万米长跑，需要耐力。求知，不仅需要有百米短跑的冲劲，去扫除一个又一个的拦路虎，还要具有万米长跑的耐力，去一点一滴地积累知识。

### スクリプト和訳

100メートルの短距離走は瞬発力が必要である。1万メートルの長距離走は忍耐力が必要である。知識を求めることは、100メートル走の瞬発力を持ち次々現れる障害物を除くことが必要なだけでなく、1万メートル走の忍耐力をそなえ、少しずつ知識を積み重ねていくことが必要である。

### 選択肢和訳

A　長距離走は情熱が必要である
B　勉強には反省を知ることが必要である
C　短距離走は心臓の健康に有益である
D　**知識を求めるには瞬発力と忍耐力が必要である**

## 12　正解 C

### スクリプト
平谷区位于北京市东北部的燕山脚下，是一个群山环绕的山间小盆地。这里日照丰富，昼夜温差大，非常适合果品生产。平谷大桃以其个大、色艳、甜度高而远近闻名，远销世界二十多个国家和地区。

### スクリプト和訳
平谷区は北京市東北部の燕山のふもとに位置し、山々に囲まれた小さな盆地である。ここは日射しが多く、昼夜の温度差が大きく、果実の栽培に適している。平谷大桃はその大きさ、色つや、糖度の高さが有名で、世界の20以上の国と地域に輸出されている。

### 選択肢和訳
A　平谷の地形は高い
B　平谷は旅行業を重視している
**C　平谷の大桃は有名である**
D　平谷は果樹の栽培に適さない

## 13　正解 B

### スクリプト
地下水是存在于地壳岩石裂缝或土壤空隙中的水，主要来源是大气降水。地下水是水资源的重要组成部分，其水量稳定、水质好，是农业灌溉、工矿业和城市发展的重要水源之一。

### スクリプト和訳
地下水は地殻岩石の割れ目にあるか、または土壌の隙間にあり、大気からの降水が主な水源である。地下水は水資源を構成する重要な部分であり、その水量は安定し、水質が良く、農業灌漑、鉱工業、都市発展の重要な水源の一つである。

### 選択肢和訳
A　地下水の用途は多くない
**B　地下水の水質は良い**
C　地下水の水位は年々下がっている
D　地下水の資源は配分が均等でない

## 14  正解 C

### スクリプト

人的时间与精力是有限的，我们不应把一生的重点放在不断改正自己的缺点、把自己培养成"完人"上，而应善于发现自己的优点，并将之发扬光大，形成自己独特的亮点和优势，成为某一个方面的专家、强人。

### スクリプト和訳

人の時間と気力・体力には限界がある。私たちは自己の欠点を正し続けて完全無欠な人間となることに人生の重点を置くのではなく、自分の長所をうまく見つけ、それを大いに発揮し、独自の魅力と優位な点を形成し、1つの分野の専門家や実力者になればよい。

### 選択肢和訳

A　誰にでも欠点はある
B　時間を合理的に使うべきである
C　上手に自分の強みを発揮すべきである
D　欠点も時には長所になる

## 15  正解 C

### スクリプト

一般消费者在购买数码相机的时候往往会忽视三脚架。实际上，很多拍摄都离不开三脚架的帮助，比如夜景拍摄、微距拍摄等。三脚架的主要作用就是稳定照相机，以达到某些摄影效果。

### スクリプト和訳

消費者はデジタルカメラを買う時、三脚を軽視しがちである。実際は、夜景撮影やミクロ撮影など、多くの撮影方法は三脚の助けなしにはできない。カメラを安定させ、撮影の効果を発揮させることが、三脚の主な役割である。

### 選択肢和訳

A　三脚は実用的でない
B　三脚は値段が高い
C　三脚はカメラを安定させられる
D　昼間の撮影に三脚は必要ない

## 第2部分　問題 p.82～p.83

〈問題文〉请选出正确答案。
〈和　訳〉正しい答えを選びなさい。

## 16 - 20

> **スクリプト**
>
> 女：您好，您是怎么会突然想做《凤凰西去两万米》这样一个展览的？
> 男：二零一零年四月，我到湘西凤凰旅行，遇见了一个中央美术学院动漫系的毕业生，交往中得知他在零五、零六年做毕业创作的时候，在凤凰的三江镇下面的村子里住了一年多，画了八千多张速写，用最原始的方法表现当地的风土人情。我看了他的这些作品，感触颇深，因此就思考能否办一个展览。
> 女：这个展览能记录时代的变迁，并留下些什么吗？
> 男：回头看某些东西的时候，不能怀着猎奇心态，应该带有一种人文关怀。作为艺术家，我们只能用自己的方式方法，通过跨学科的知识对这个地方做文献型的记录。我们的展览是对凤凰近十多年来发展历程的收录，以调查问卷的方式，雕塑、绘画的方式，文献记载的方式，图片、影像的方式等等来呈现我们所看到的一切。
> 女：现在的展览数不胜数，甚至有的展览纯粹是希望提高个人知名度，这次展览有何不同？
> 男：很多人看了本次展览非常感动，甚至还有一些媒体人在展览现场感动得痛哭，这种场面让我惊讶。目前国内的展览非常多，但大多都挖掘不了社会艺术的真正内涵。苗寨系列主题展览在挖掘社会价值方面还是做了很多努力，为了让观众更有触感，他们在现场几乎把湘西原生态的苗寨农民生活原封不动地复制过来，让苗寨农民在艺术馆的门口亲手搭建起了自己的"生活空间"，农民们曾经熟悉的生活场景作为艺术作品真实地走入北京的人文视野。
> 女：商业时代，艺术肯定会受到经济因素的诸多影响，所谓艺术和商业的对立与纠结，您对此有什么看法和建议？
> 男：作为一个艺术家，我对商业没有任何意见，因为艺术家也要生存。但是艺术家不应该打着艺术的幌子去挣钱，该花更多的精力来专注艺术、专注学术，我希望他们能具备一些知识分子身上的钻研精神。

> スクリプト和訳

女：あなたはなぜ、『鳳凰西へ2万メートル』という展覧会を開こうと思いついたのですか？
男：2010年4月、湘西の鳳凰を旅行した時、そこで偶然、中央美術学院のアニメーション学科の卒業生に出会いました。話の中で、彼が2005年、2006年に卒業制作の作成をしていた時、鳳凰の三江鎮にあるふもとの村に1年あまり暮らし、8000枚以上ものスケッチを描き、最も原始的な方法で地元の風土と人情を表現したことを知りました。私は彼の作品を見て深い感銘を受け、展覧会ができないか、と考えたのです。
女：この展覧会は時代の変遷を記録し、何かを残すことができますか？
男：振り返って何かを見る時、珍しいものを好んであさるような気持ちを持ってはいけません。人道的配慮の気持ちを持つべきです。芸術家として、私たちは自分の方法しか用いることができないので、学科を超えた知識を通して、この地方を文献の形式で記録しました。私たちの展覧会は鳳凰のここ十数年来の発展の歩みを収録したもので、アンケート調査や、彫刻、絵画の方法、文献記載の方法、写真や映像などによって、私たちが目にしたすべてのものを表しています。
女：現在、数えきれないほどの展覧会があり、純粋に個人の知名度を高めたいだけのものまであります。今回の展覧会は何が異なりますか？
男：たくさんの人が展示を見て感動しました。あるメディアの人は展示会場で感動して激しく泣き、このような光景は私を驚かせました。今、国内の展覧会は大変多いですが、その多くは社会的芸術が真に内包するものを掘り起こせていません。苗寨シリーズの展示は、社会的な価値を掘り起こすことに努力しました。鑑賞者がもっと親近感を持てるようにするため、彼らは会場に湘西の原始的な苗寨の農民生活を手を加えずに再現し、美術館の入り口に苗寨の農民たちに自ら「生活空間」をつくらせました。農民たちがかつて慣れ親しんだ生活の情景が、芸術作品として北京の人文化の視野に入ってきたのです。
女：商業時代において、芸術は経済的要素から多くの影響を受けます。いわゆる芸術と商業の対立やからみ合いについて、あなたはどのような見方や考えがありますか？
男：一人の芸術家として、商業に対しては何も意見はありません。芸術家も生きていかなければなりませんから。しかし、芸術家は芸術の表看板を掲げて金儲けをするべきではありません。もっと多くのエネルギーを費やし、芸術や学術に専念すべきです。私は彼らに、知識人が身につけている探究心をもってほしいと思います。

## 16 正解 A

**設問スクリプト**
那位毕业生用什么来表现三江镇的风土人情？

**設問スクリプト和訳**
卒業生は何を用いて三江鎮の風土と人情を表現しましたか？

**選択肢和訳**
A 絵画
B 詩歌
C 撮影
D 彫刻

## 17 正解 D

**設問スクリプト**
这次展览记录了什么？

**設問スクリプト和訳**
今回の展覧会では何を記録しましたか？

**選択肢和訳**
A 北京の変化
B 苗族の民謡
C 都市と農村の違い
D 鳳凰の10年来の発展の歩み

## 18 正解 B

**設問スクリプト**
这次展览主要在哪方面做了努力？

**設問スクリプト和訳**
今回の展覧会では主にどのようなことを努力しましたか？

**選択肢和訳**
A 専門性を際立たせる
B 社会的価値を掘り起こす
C 少数民族に注目する
D 宣伝の範囲を拡大する

## 19 正解 C

**設問スクリプト**
男的希望艺术家怎么样？

**設問スクリプト和訳**
男性は芸術家はどのようであってほしいと思っていますか？

**選択肢和訳**
A 理論のレベルを高める
B 慈善事業に関心を持つ
C 芸術そのものをもっと重視する
D 商業活動を十分利用する

## 20 正解 B

**設問スクリプト**
关于这次展览，下列哪项正确？

**設問スクリプト和訳**
今回の展覧会について、以下のどの項目が正しいですか？

**選択肢和訳**
A 入場無料
B 表現方法が多様である
C 大学生が組織した
D 全国各地を巡回展示する

## 21 - 25

> **スクリプト**

女：刘文老师，您好！您创建了绿洲音乐网，还独自骑自行车穿越亚洲、非洲、欧洲，并且出了一本《单车上路》，真够传奇的。今天我们把您请到演播室，想跟大家聊一聊您单车游世界的经历。大概是怎样的行程？

男：大的旅行一共走过两次，第一次是从越南出发到南非结束，其中包括越南、柬埔寨、泰国、印度、埃塞俄比亚、肯尼亚等，最后到南非。第二条线路是从英国穿过欧洲到巴基斯坦，主要国家有英国、法国、瑞士、意大利、希腊，中东的约旦、黎巴嫩、叙利亚，再就是伊朗、巴基斯坦，然后回国。

女：我了解到，您一个人骑自行车出去，并没有带太多钱，也没有带地图，这是刻意为之的，还是您有某种打算？

男：有一段时间国内有一个潮流，带越少的钱走越多的路就越时尚。我有一点点不同，我是没多少钱可带。不过现在想想，不带钱有不带钱的收获。因为，当你准备太多的时候，旅行本身的意外性和刺激性就随之大幅减弱。

女：对，一切都规划好了就没意思了。您后来把这些经历写成书了。

男：是，有一句话说得特别对，"当你的旅行结束的时候，回到家，你的旅行某种意义上而言才完成了一半儿"。另外一半儿是什么呢？那就是把你的故事写出来。每一个旅行者尽量通过个人的方式来感受这个世界，最终落到纸上，通过资讯的分享，达到旅行的意义。

女：对，旅行完了别就完了，一定要有沉淀的东西，哪怕沉淀给自己。

男：是这样的，在路上我们是享受，是快乐，不管我们遇到了什么样的困难，其实依然是在享受。但是当你想让旅行变得对自身而言更加有意义的时候，你必须不能让自己太享受了，因为谁都知道写作是一件比较困难的事情。

女：我们好多古诗词都跟游记有关，苏轼写了《赤壁》，李白爬完庐山，就写一首庐山的诗，看范仲淹，就上一个岳阳楼，写那么长一篇文章。

男：这是我们中国人的一个传统，我们应该延续下去，去表达自己。不仅仅是给别人看，而且，过很多年，当你再看的时候，它对自身也是很有意义的。

### スクリプト和訳

女：劉文先生、こんにちは。あなたはオアシス音楽ネットを設立し、また、お一人で自転車に乗ってアジア、アフリカ、ヨーロッパを横断し、『自転車1台で旅に出る』を出版され、とても冒険精神に富んだものでした。今日はスタジオへお招きして、皆さんに自転車での世界旅行の経験についてお話しいただきたいと思います。どのような行程だったのですか？

男：長い旅行は2回行きました。1回目はベトナムから出発して南アフリカでゴールするもので、ベトナム、カンボジア、タイ、インド、エチオピア、ケニア等を経て、最後に南アフリカに到着しました。2回目はイギリスからヨーロッパを通ってパキスタンまで行く路線で、主にイギリス、フランス、スイス、イタリア、ギリシャ、中東のヨルダン、レバノン、シリア、それからイラン、パキスタンなどの国を通り、それから帰国しました。

女：あなたは一人で自転車旅行をなさる時、あまり多くのお金を持たず、地図も持たないそうですが、それは意図（計画）してのことですか、それとも何か（別の）お考えがあるのですか？

男：一時、なるべく少ないお金を持ってなるべく多くの道を行くほどかっこいいという風潮が国内でありました。私は少し違って、持っていけるお金があまりなかったのです。でも今考えてみると、お金を持たないことにもそれなりの収穫があります。なぜなら、準備を十分にしすぎると、旅行そのものの意外性と刺激が大幅に減少してしまうからです。

女：そうですね、すべてをきちっと計画してしまうと面白くありません。あなたはその後、旅の経験を本にまとめましたね。

男：はい。「あなたが旅行を終えて帰宅した時、その旅行はある意味では半分しか終わっていない」という言葉があり、その通りだと思います。残りの半分は何でしょう？それはあなたの物語を書くことです。一人一人の旅行者はできるだけ自分らしい方法でこの世界を感じ取り、最後に紙に落とし、情報を分け合うことを通して旅行の意義が達成されるのです。

女：そうですね。旅行が終わればそれで終わりではなく、必ず蓄積しなければなりません。たとえ自分のための蓄積であっても。

男：そうなんです。道中では私たちは楽しく、愉快です。どのような困難にぶつかったとしても、それは楽しんでいるはずです。しかし、旅行を自分にとってさらに意義のあることにしたいと思った時、自分を楽しませすぎてはなりません。物を書くことは難しいことだと、誰でも知っていますから。

女：古代の詩詞の多くは旅行記に関係があり、蘇軾は『赤壁』を書き、李白は廬山に登ると廬山の詩を1首書きました。范仲淹などは岳陽楼に登って、あれほど長い文章を書きました。

男：これは、我々中国人の一つの伝統です。これからも続け、自分を表現すべきです。人に見せるだけでなく、何年も経ってから再び自分で読んでみると、自分自身にとっても意義のあるものとなるのです。

## 21　正解 D

**設問スクリプト**
关于那两次旅行，可以知道什么？

**設問スクリプト和訳**
2回の旅行について、何が分かりますか？

**選択肢和訳**
A　2年間かかった
B　友人と組んで同行した
C　陸路と海路に分けた
**D　アジア、アフリカ、ヨーロッパの3つの大陸を通り抜けた**

## 22　正解 B

**設問スクリプト**
男的觉得少带钱有什么收获？

**設問スクリプト和訳**
男性は、所持金が少ないとどのような収穫があると思っていますか？

**選択肢和訳**
A　より多くの人と知り合える
**B　より刺激的である**
C　大切にすることを学んだ
D　金銭に対する認識がさらに深くなる

## 23　正解 A

**設問スクリプト**
旅行的"另一半儿"是指什么？

**設問スクリプト和訳**
旅行の「残り半分」とは何を指していますか？

**選択肢和訳**
**A　旅行記を書く**
B　体を鍛える
C　記念品を集める
D　各地の文化を知る

## 24 正解 A

**設問スクリプト**
男的怎样看待旅行的过程?

**設問スクリプト和訳**
男性は旅行の過程をどのように見ていますか？

**選択肢和訳**
A 楽しみの１つである　　B 競争に満ちている
C 誘惑に満ちている　　　D とてもロマンチックである

## 25 正解 C

**設問スクリプト**
关于男的，下列哪项正确?

**設問スクリプト和訳**
男性について、以下のどの項目が正しいですか？

**選択肢和訳**
A 流行りの服を着ている　　　　B 音楽制作に長けている
C かつて自転車で世界旅行をした　D 登山を熱愛している

## 26 - 30

> **スクリプト**

女：您的作品大部分被改成了电视剧和电影，风格有追求娱乐性的、崇尚道德意识和精神高度的，您喜欢哪一种风格的改编？

男：他们追求什么样的风格，和他们的市场有关，跟我没有关系，我只关注电视剧是否忠实于小说原著，这一点我比较在乎。

女：您曾经说过，"武侠小说本身是娱乐的东西，不管写得怎样成功，能否超越它本身的限制，这是个问题。"您觉得自己的小说解决了这个问题吗？

男：我的小说娱乐性还是很强的。我认为娱乐性很重要，能够让人家看了开心、高兴，我觉得并不是一件坏事。现在有一种文学风气，不重视读者的感受，不注重故事，老是要从小说的内容里寻找思想，寻找意义，这就变成"文以载道"了，这不是文学。

女：目前武侠小说面对的困难是什么？

男：现在的困难是没有人愿意写武侠小说了，而且因为年代久远，今天的年轻人很难鲜活表现那个时代。如果有好的武侠小说，我的出版社是愿意出版这样的作品的。

女：早期的时候，您对自己的小说评价很低，看得很淡，现在是不是越来越重了呢？您的小说不仅进入了北京大学谢冕教授主编的《百年文学经典》，还成为了大学的研究课题。这是不是您出版新版全集的原因呢？

男：这是人家给我的评价。人家评价高评价低，你不应该问我，应该问批评家的。我的小说以前没有大的修改，现在要修改，跟进入文学史没有关系的。我的想法是，把以前小说里的错误进行改正，把留下的遗憾挽回，修改主要是围绕情节来进行的。

女：大家都叫您金大侠，您曾经说做人要讲真话，人品最要紧，要有风骨，这也是您的人生信念吗？

男：大侠我不敢当。我喜欢那些英雄，不仅仅在口头上讲侠义，而且在遇到困难和危险的时候能够挺身而出，而不是遇到危险就往后跑，我自己正是这样努力去做的。

> スクリプト和訳

女：あなたの作品の大部分はテレビドラマ化や映画化されています。そのスタイルも娯楽性を追究したもの、道徳意識と高度な思想を尊ぶものがありますが、あなたはどのような改編方法がお好きですか？

男：彼らがどのようなスタイルを追究するのか、それは彼らの市場と関係があり、私とは関係ありません。私はただドラマが小説の原作に忠実であるかどうかに注目し、この点は気にします。

女：あなたはかつて、「武侠小説そのものは娯楽であり、いかにうまく書けたとしても、制限を超えることができたかどうか、それが問題です。」とおっしゃっていましたが、ご自身の小説はこの問題を解決できたと思いますか？

男：私の小説はやはり娯楽性が強いです。娯楽性は大事なもので、読者を楽しませるのは悪いことだとは思いません。今の文学の流れは、読者の感受性を重視せず、物語を重視せず、いつも小説の内容に思想を探したり、意義を探したりしています。これでは文章をもって道を説くことになってしまい、文学ではありません。

女：今、武侠小説が直面している困難は何ですか？

男：武侠小説を書きたいという人がいないことです。また、大昔のことですから、今日の若者があの時代をいきいきと表現するのはとても難しい。もしおもしろい武侠小説があれば、私の出版社はそのような作品を出版したいと思っています。

女：昔、あなたは自分の小説への評価が低く、冷ややかな目で見ていました。今はだんだん重視するようになりましたか？あなたの小説は北京大学の謝冕教授主編の『百年文学経典』に収録されただけでなく、大学での研究テーマにもなりました。これは、あなたが新しい版の全集を出版した理由ですか？

男：それは人が私にした評価です。人の評価が高いか低いか、私に聞かないで評論家に聞くべきです。私の小説が以前は大きな修正もなかったのに今修正が必要なことと、文学史に入ることとは関係ありません。以前の小説の中の間違いを正し、心残りであったことを挽回するのが私の考えです。改正は主にストーリーを中心に行いました。

女：皆あなたのことを金大侠と呼んでいます。かつて人間は真実を話し、人柄が大切で、気骨を持てとおっしゃっていましたが、これもあなたの人生の信念ですか？

男：大侠とは恐れ多いですが。私はそのような英雄が好きです。口で義侠を語るだけでなく、困難と危険に直面した時は勇敢に立ち向かい、後ろを向いて逃げない。私自身もそうするよう努力しています。

## 26 正解 D

**設問スクリプト**
关于改编作品，男的最看重哪方面？

**設問スクリプト和訳**
作品を改編することについて、男性はどの点を最も重視していますか？

**選択肢和訳**
A 新しさ
B 作品のスタイル
C よく売れるかどうか
D 原作に忠実であるかどうか

## 27 正解 D

**設問スクリプト**
男的反对哪种文学风气？

**設問スクリプト和訳**
男性はどのような文学の風潮に反対していますか？

**選択肢和訳**
A 現実離れしたもの
B 娯楽性を強調したもの
C 物語のストーリーに注目したもの
D 思想や意義を過度に追究したもの

## 28 正解 C

**設問スクリプト**
男的认为目前武侠小说面对的困难是什么？

**設問スクリプト和訳**
男性は、今の武侠小説が直面している困難は何だと思っていますか？

**選択肢和訳**
A 想像力に欠ける
B 注目する人が少なくなった
C 武侠小説を書く作家が少なくなった
D 出版を望む出版社がない

## 29 正解 A

**設問スクリプト**
男的为什么要出版新版全集？

**設問スクリプト和訳**
男性はなぜ新版の全集を出版したのですか？

**選択肢和訳**
A 間違いを正すため
B 文学史に選ばれたから
C 知名度を高めるため
D 市場の需要を満足させるため

## 30 正解 C

**設問スクリプト**
关于男的，可以知道什么？

**設問スクリプト和訳**
男性について、何が分かりますか？

**選択肢和訳**
A カンフーができる
B 俳優になったことがある
C 義侠心のある人を好む
D 他人の評価を気にする

## 第3部分 問題 p.84～p.85

〈問題文〉请选出正确答案。
〈和　訳〉正しい答えを選びなさい。

### 31 - 33

**スクリプト**

　　人们曾认为鱼的记忆只能维持三秒，但科学家的最新研究却推翻了这一观点。他们发现，鱼有长达五个月的记忆。科学家开展了一项实验：每次喂鱼时用扬声器播放某种声音。训练一段时间后，只要听到这种声音，鱼就会游过来吃食。
　　一个月后，科学家把鱼放入自然水域，让它们任意畅游。四到五个月后，当科学家在自然水域中再次播放最初训练时的声音时，鱼又循声而来。
　　科学家说，这个实验是基于条件反射的原理。人工饲养的鱼受到外界声音反复刺激后，会产生条件反射。数月后，在野生环境中再次听到这种声音，鱼还能作出同样的反应，因为它们记住了这种声音。

**スクリプト和訳**

　　かつて、人々は魚の記憶はたった3秒しか維持できないと考えていた。しかし、科学者の最新の研究はこの観点を覆した。彼らは、魚は5か月もの間記憶できることを発見した。科学者は1つの実験を行った。毎回魚に餌を与える時、スピーカーからある音を流した。一定期間訓練した後、魚はその音を聴いただけで、泳いできて餌を食べるようになった。
　　1か月後、科学者は魚を自然の水に放流し、ゆったりと自由に泳がせた。4、5か月後、科学者が自然の水に最初に訓練した時と同じ音を流すと、音に従ってやってきた。
　　この実験は条件反射の原理に基づいている、と科学者は言う。養殖の魚は外の世界の音から繰り返し刺激を受けると、条件反射が生まれる。数か月後、野生の環境において再びその音を聴くと、魚はその音を覚えているので同じ反応ができる。

## 31 正解 B

**設問スクリプト**
四到五个月后，鱼为什么会循声而来？

**設問スクリプト和訳**
4、5か月後、魚はなぜ音に従って来ることができるのですか？

**選択肢和訳**
A 音が感動的だから　　　B 音を覚えていたから
C 音に惑わされたから　　D 生まれつき音に敏感だから

## 32 正解 A

**設問スクリプト**
这个实验是基于什么原理开展的？

**設問スクリプト和訳**
この実験はどのような原理に基づいて行われましたか？

**選択肢和訳**
A 条件反射　　　　　　B 新陳代謝
C 遺伝的変異　　　　　D 模倣学習

## 33 正解 D

**設問スクリプト**
根据这段话，下列哪项正确？

**設問スクリプト和訳**
この話について、以下のどの項目が正しいですか？

**選択肢和訳**
A 魚には時間の概念がない　　B 魚の聴覚は発達している
C 魚の繁殖力が強い　　　　　D 魚の記憶は5か月続く

## 34 - 36

> **スクリプト**

　如果你有一份十分重要的文件，你将如何保护文件不被窃取和篡改呢？也许你很快就会想到一个通行的方法——用带有密码的装置锁起来。这的确是个好办法，它很大程度上保护了文件的安全性。然而，如果装置的密码被窃取了呢？文件本身依然是毫无隐蔽性可言的。于是，人们干脆将文件本身全部用一种只有特定人士才能辨认的语言来书写，这就是人们所说的密码文字。

　但是，大多数人可能并没有想到一个问题：密码文字本身存在着巨大的漏洞。那就是，它必须有一定的规律性。如果没有规律，便没有人能够掌握。但是，如果有了规律，便可以被破解，不管它有多复杂。人类一直在努力创造更为完美的密码文字，以防止其轻易被人所破解。但是，到现在为止，始终没有人能够解决密码文字的这个漏洞。

> **スクリプト和訳**

　もしあなたがとても重要な文書を1つ持っていたら、その文書を窃盗や改ざんからどのように守るだろうか？あなたはすぐに、パスワードを設定できる装置にしまって鍵をかけておく、というよく使われる方法を思いつくかもしれない。これは確かに良い方法であり、文書の安全性も大幅に守られる。しかし、もし装置のパスワードを盗まれてしまったら？文書自体は依然として、隠蔽性がまったくないのである。そこで、人々は文書そのものを特定の人しか認識できない言葉を用いて書いてみたりする。これがいわゆる暗号文字なのである。

　しかし多くの人は、暗号文字そのものに巨大な盲点があることに気づかないだろう。暗号文字には一定の規則性がなければならない。もし規則がなければ、誰もそれをマスターできない。しかし、規則があったら、いかに複雑であろうと解かれてしまう。人類は、簡単に解かれるのを防ぐため、さらに完璧な暗号文字を創ろうと努力し続けてきた。しかし現在に至るまで、暗号文字の盲点を解決できた人は誰もいないのである。

## 34 正解 D

**設問スクリプト**
保护文件安全的通行方法是什么?

**設問スクリプト和訳**
文書の安全を保護するよく使われる方法は何ですか?

**選択肢和訳**
A 身につける
B 銀行に保管する
C 隠れた所に置いておく
D パスワード機能のある装置を使う

## 35 正解 C

**設問スクリプト**
密码文字的漏洞是什么?

**設問スクリプト和訳**
暗号文字の盲点は何ですか?

**選択肢和訳**
A 文字や記号が多すぎる
B 忘れやすい
C 解読されうる
D 使用頻度が低い

## 36 正解 D

**設問スクリプト**
关于密码文字,下列哪项正确?

**設問スクリプト和訳**
暗号文字について、以下のどの項目が正しいですか?

**選択肢和訳**
A 規則性がない
B 簡単で分かりやすい
C 軍事の分野でのみ使われる
D 特定の人だけが判別できる

## 37 - 39

> **スクリプト**

　一九九三年，上海国际电影节在中国电影发祥地上海诞生，如今已走过近二十年的历程。它是世界上成长最快、最具活力的电影节之一。
　诞生之初，上海国际电影节曾一度陷入成长的烦恼。有人委婉地形容，"中国的电影节太年轻，像吃不饱的孩子，所以什么都想尝试，什么都要探索。"每一次探索的背后，有粗糙，有不足，但更多的是无限的热情与梦想。
　随着模式的成熟和完善，上海国际电影节的吸引力逐年倍增。在今年第十五届电影节上，共有一百零六个国家和地区的一千六百多部长片、上万部短片报名参赛，数量创下历史最高纪录。也正因为如此，上海国际电影节的特色逐年凸显——坚持多元包容，展现世界各地不同文化、不同风格和不同表现形式的电影佳作和创作力量，为世界电影产业注入活力。

> **スクリプト和訳**

　1993年、上海国際映画祭が中国映画発祥の地である上海に誕生し、これまで20年近くの道のりを歩んできた。これは世界で最も成長が速く、活気のある映画祭の1つである。
　上海国際映画祭は誕生したばかりの頃、一時成長が伸び悩んだことがある。ある人は「中国の映画祭は若すぎて、食べ足りない子供のようだ。何でも試してみよう、何でも探ってみようとする。」と婉曲的に表現した。毎回の模索の裏には荒削りで足らないこともあったが、無限の情熱と夢がそれを上回った。
　映画祭の基準モデルが成熟し、完全なものになるのに従い、映画祭の魅力は年々倍増した。今年の第15回映画祭では106の国と地域から、1600以上の長編作品、1万以上もの短編作品の応募があり、その数は史上最高の記録を打ち立てた。そのため、上海国際映画祭の特色は年々突出してきている。多様性を受け入れ、世界各地の異なる文化、異なるスタイルと異なる表現形式の優秀作品と創作エネルギーを展開し、世界の映画産業を活気づけている。

## 37 正解 A

**設問スクリプト**
诞生之初，人们是如何形容上海国际电影节的?

**設問スクリプト和訳**
上海国際映画祭が誕生したばかりの頃、人々はそれをどのように表現しましたか？

**選択肢和訳**
A 食べ足りない子供のようである　B まぶしい新星のようである
C 逆巻く波のようである　　　　　D 昇る太陽のようである

## 38 正解 C

**設問スクリプト**
关于第十五届电影节，下列哪项正确?

**設問スクリプト和訳**
第15回の映画祭について、以下のどの項目が正しいですか？

**選択肢和訳**
A 審査委員が最も多い　　　　　B ゲストが1000人を超えた
C 参加作品が最も多い　　　　　D 最優秀作品が2つ選ばれた

## 39 正解 A

**設問スクリプト**
上海国际电影节的特色是什么?

**設問スクリプト和訳**
上海国際映画祭の特色は何ですか？

**選択肢和訳**
A 多様性を受け入れる　　　　　B 自然回帰する
C 科学技術を提唱する　　　　　D 伝統文化を表現する

# 40 - 43

> **スクリプト**

　一位总裁在创立自己的公司后，每逢重大决策必定亲自参与。但是他并不是一个只看中自己，完全不听取他人意见的人。
　一次开会，总裁对一位部门经理说："我个人要做很多决定，还要批准他人的很多决定，但实际上只有百分之四十的决策是我真正认同的，余下的百分之六十是我有所保留的，或是我觉得过得去的。"经理很惊讶，总裁不同意的事，大可一口否决，完全没有必要征求旁人的意见。
　总裁接着说："我不可以对任何事都说不，对于那些我认为是过得去的计划，可以在具体实施过程中指导它们，使它们重新回到我所预期的轨道上来。我觉得一个领导人有时应该接受他不喜欢的事，因为任何人都不喜欢被否定。我们公司是一个团队，并不仅仅是我一个人的公司，需要大家的群策群力，妥协有时能使公司更强大、人际关系更融洽。"一番话让这个经理动容不已。
　现实生活中我们常常强调自己的强势，而忘了妥协也是成功最重要的因素之一。

> **スクリプト和訳**

　1人の総裁が自分の会社を設立してから、重大なプランの決定がある度に必ず自ら参加した。しかし彼は自分だけに満足し、他人の意見を聞き入れない人ではなかった。
　ある会議の時、総裁は一人の部門マネージャーに言った。「私はたくさんの決定を下さなければならず、また他の人の多くの決定を許可しなければならない。しかし実際は、40％のプランは私は真に同意するものだが、残りの60％は（意見を）保留にしているか、どうにか通る程度であると思っている。」と。マネージャーは驚いた。総裁が同意できないことは一声で否決し、第三者の意見を聞く必要はまったくないのだ。
　総裁は続けて、「私は何に対してもノーと言うことはできない。私がどうにか通る程度だと思っている計画も、具体的な実施の過程で指導し、私が予期したところに軌道修正できる。指導者は、時には気に入らないことも受け入れるべきだと私は思う。否定されるのが好きな人は誰もいないからだ。会社は1つのチームであり、私一人の会社ではない。皆で知恵を出し、力を合わせることが必要で、妥協は時に会社をさらに強大にし、人間関係をより打ち解けたものにできる。」と言った。この話はマネージャーを感動させた。
　現実生活において、私たちはいつも自分の優位性を強調するばかりで、妥協も成功の重要な要素の1つだということを忘れている。

## 40 正解 D

### 設問スクリプト
关于总裁，可以知道什么?

### 設問スクリプト和訳
総裁について、何が分かりますか？

### 選択肢和訳
A 部下に関心を持つ
B 部門経理を辞めさせた
C 会社の管理にあまり関わらない
D 他人の意見を聞き入れることができる

## 41 正解 D

### 設問スクリプト
经理为什么很惊讶?

### 設問スクリプト和訳
マネージャーはなぜ驚いたのですか？

### 選択肢和訳
A 総裁の生活が質素だから
B 会社が倒産しそうだから
C 自分の計画が許可されなかったから
D 多くのプランは総裁が完全に同意したものではないから

## 42 正解 D

### 設問スクリプト
对于那些还算过得去的计划，总裁会怎么处理?

### 設問スクリプト和訳
どうにか通る程度だと思う計画を、総裁はどのように処理しますか？

### 選択肢和訳
A 人を派遣して監督させる
B 完全に否決する
C 経理に決めさせる
D 同意して指導する

## 43 正解 A

**設問スクリプト**
这段话主要想告诉我们什么？

**設問スクリプト和訳**
この話は主に私たちに何を伝えようとしていますか？

**選択肢和訳**
A 妥協を知るべきである
B 人を褒めることを身につける
C 何事も計画が必要である
D 己を知る賢さを持つべきである

## 44 - 47

**スクリプト**

　　在社交活动中，交流思想、沟通感情、消除隔阂等，基本上都是通过语言实现的。不过，同样的话，由不同的人表达，效果会很不一样。有人说话中听，有人说话不中听，这同交谈的礼仪礼节、谈话技巧等都有关系。

　　与人交谈，首先应抱着友善心态，注意尊重对方，耐心听取和呼应对方的观点，善于发现和肯定对方话语中的精辟之处。眼睛是心灵的窗户，与人交谈时，目光应和善、友好，不时注视对方的眼睛。举止文雅、得体、大方，人们才乐意与你交谈。在强调某一论点时，可适当运用手势，但动作不宜过大，不可手舞足蹈。

　　说话人应随时注意听者的表情、姿态，看他对谈话内容是否有兴趣，必要时需做出调整。遇有听者提出不同看法，应持鼓励态度。众人交谈，当个人意见被否定时，不要满脸不高兴，应该抱着求同存异的心态，相信时间能够证明一切。

**スクリプト和訳**

　　社交活動において、思想の交流、感情の疎通、わだかまりを解くことなどは、基本的には皆言葉を通じて実現される。しかし、同じ話でも話す人が違うと、その効果はまったく異なる。ある人の話は聞こえがよく、ある人の話は耳障りなのは、話をする礼儀礼節や話術と関係がある。

　　人と話をする時、まず親しみの気持ちを持ち、相手を尊重し、我慢強く聞き、相手の観点に呼応し、相手の話す言葉の良いところを上手に見つけ、それを肯定することが必要である。目は心の窓とも言われ、人と話をする時は温和で友好的な目つきをし、たびたび相手の目を見るとよい。振る舞いは上品で適切に、ゆったりとすれば、人々は喜んであなたと話をするだろう。一つの論点を強調する時、それにふさわしい手振りをしてもよいが、大げさな身振りや、手足をばたつかせるのはよくない。

　　話者はいつも聞き手の表情や態度に注意し、相手が話の内容に興味があるかどうか見て、必要に応じて調整しなければならない。聞き手が異なる見方を述べた時は、支持する態度をとるとよい。大勢で話をし、個人の意見が否定された時、不満を露わにしてはならず、共通点を見つけ出そうとする気持ちを持ち、時間がすべてを証明してくれると信じるのだ。

## 44 正解 A

**設問スクリプト**
与人交谈时，首先要注意什么？

**設問スクリプト和訳**
人と話をする時、まず注意すべきことは何ですか？

**選択肢和訳**
A 友好的な態度
B 簡潔な言葉
C きちんとした身なり
D 自然な身のこなし

## 45 正解 C

**設問スクリプト**
如果要强调某一论点，可以怎么做？

**設問スクリプト和訳**
ある論点を強調したい時、どのようにすれば良いですか？

**選択肢和訳**
A 頻繁にうなずく
B 相手を直視する
C 手振りをうまく使う
D 話し声を大きくする

## 46 正解 B

**設問スクリプト**
个人意见被否定时，应该有怎样的心态？

**設問スクリプト和訳**
個人の意見が否定された時、どのような気持ちを持つべきですか？

**選択肢和訳**
A 挫折するほど勇気を持つ
B 共通点を見つけ異なる点は残す
C 自分の意見を固持する
D 相手の立場に立って考える

## 47 正解 B

**設問スクリプト**
这段话主要谈什么？

**設問スクリプト和訳**
この話は主に何について述べていますか？

**選択肢和訳**
A 外交の礼儀
B 話のテクニック
C 言葉の魅力
D 講演で話す速度

## 48 - 50

**スクリプト**

　　要想知道一个地区真实的经济状况，你也许并不需要查阅复杂的数据。某大学的一项研究成果表明，通过观察一个城市夜晚的照明度，便可以相当准确地判断出这个城市是穷还是富。
　　研究人员分析了一些地区一九九二年到二零零八年间用卫星拍摄的照片，并将这些照片与世界银行公布的各国国民生产总值的数据进行了对比。结果显示，城市夜晚的亮度变化与其经济发展的态势基本上相对应：经济状况越好，城市的夜晚就越亮；而当陷入经济危机时，照明度便会降低。对于发展中国家或不发达的国家，这种预测方法的准确度更高。

**スクリプト和訳**

　ある地域の本当の経済状況を知りたければ、複雑なデータを調べる必要はないだろう。ある大学の研究成果によると、一つの都市の夜の明るさを観察すれば、その都市が貧しいか豊かなのか、相当正確に判断できることが明らかになった。
　研究員はある地域の1992年から2008年までの間に撮影された衛星写真を分析し、その写真と世界銀行が公表した各国の国民総生産のデータを比較した。その結果、都市の夜の明るさの変化と経済発展の状況は基本的に対応しており、経済状況が良くなるほど、都市の夜は明るくなり、経済危機に陥っている時は暗くなることが分かった。発展中の国や発展していない国については、この予測方法の正確性はさらに高くなる。

## 48 正解 D

**設問スクリプト**
怎么判断一个地区的经济状况?

**設問スクリプト和訳**
1つの地区の経済状況はどのように判断しますか？

**選択肢和訳**
A　教育状況を調査する
B　人口密度に基づく
C　交通状況を参考にする
D　夜の明るさを観察する

## 49 正解 D

**設問スクリプト**
关于这项研究，可以知道什么?

**設問スクリプト和訳**
この研究について、何が分かりますか？

**選択肢和訳**
A　政府主導で行われた
B　天文学者が自力で完成させた
C　経済危機の影響を受け中断した
D　衛星写真と経済データを比較した

## 50 正解 A

**設問スクリプト**
对发展中国家来说，这种方法怎么样?

**設問スクリプト和訳**
発展途上国にとって、この方法はどうですか？

**選択肢和訳**
A　正確性がさらに高い
B　経済データに置き換えられる
C　大論争を引き起こす可能性がある
D　結果に大きな誤差がある

## 2 閲 読

> 第1部分　問題 p.86 ～ p.88

〈問題文〉请选出有语病的一项。
〈和　訳〉語句や文法上の誤った文を選びなさい。

### 51　正解 D

**選択肢和訳**

A　誠意ある声には、人の心を温める力がある。
B　ある文化を理解したいなら、自ら体験するのが重要である。
C　睡眠の質の良し悪しは、睡眠時間の長短よりも重要である。
D　批判も方法と技術に気をつけなければならない。そうでなければ初めの考えとまったく反対の結果になる。

**解説**　(訂正例) 批评也要讲究方法和艺术，不然结果只会与初衷适得其反。
前半と後半のつながり具合がおかしい。前半は「批判も方法と技術に気をつけなければならない」と言っており、後半は「結果は初めの考えと正反対になってしまう」と言っている。両者を最も自然につなぐ語は"那么（それならば）"ではなく"不然（さもなければ）"のようなものであることが分かるであろう。

### 52　正解 B

**選択肢和訳**

A　音楽には感情を穏やかにし、苦痛を和らげる作用がある。
B　彼は膝を怪我し、医者は少なくとも6週間は休養を取るよう彼に言った。
C　日常の飲食において、食塩の摂取量を控えるのは非常に大切なことである。
D　申し訳ありません、システムが混み合っており、申請を受け付けることができませんでした。しばらく経ってからもう一度お試しください。

**解説**　(訂正例) 他的膝盖受伤了，医生告诉他至少要休息6周。
"至少"は副詞なので動詞の前、助動詞があるなら助動詞の前に置かなければならないので、この文の場合は"要"の前に置かねばならない。

## 53  正解 D

**選択肢和訳**

A 焦ってもしょうがないこともある。条件が整えば、物事は自然に成就するものだ。
B 人を許すことは自分を大切にすることで、気にして忘れないのは自分の傷をさらに深めるだけである。
C 人の助けを必要としないほど豊かな人はいないし、人の助けができないほど貧しい人もいない。
D どんなに長い道も、一歩一歩進めばゴールできる。どんなに短い道も両足で歩かなければゴールできない。

**解説** （訂正例）再长的路，一步一步也能走完；再短的路，不迈开双脚也无法到达终点。
"无法"は後に動詞句を置いて「～する方法がない・～できない」という意味になるが、この文の場合"无法"の後に動詞がない。そこで、意味を考えて"到達"などの動詞を加えるとよい。

## 54  正解 D

**選択肢和訳**

A 反省は後悔することではなく、前に進むために道を開くことだ。
B 小さい頃、母の手作りのちまきが食べられるから、端午の節句が楽しみだった。
C 夫婦の間に問題が起きた時、我慢やケンカはどちらも問題を解決する良い方法ではない。
D 蘇州の庭園にある門や窓は、図案設計が巧みで、精巧な造りともに工芸美術の優れた作品である。

**解説** （訂正例）苏州园林里的门和窗，图案设计巧妙，做工精良，是工艺美术的精品。
後半部分は"是"の文である。"是"の文とは、"X是Y"なら「X＝Y」の関係であることを示す文。この後半部分に関して言うと、Xにあたるものは"图案设计和精良做工"だが、Yは"工艺美术的精品"となっており、うまくいっていない。訂正方法はいろいろあるが、ここでは"苏州园林里的门和窗"を主語とし、後に「図案設計が巧みであり」「造りが精巧であり」「工芸美術の優れた作品だ」と3つの述語を並べる形にした。

## 55  正解 B

**選択肢和訳**

A マラソンは国際的に有名な長距離走の種目で、全行程は42195メートル(42.195km)である。
B 東北虎はアジアの東北部に分布し、現存する最も体格の大きいネコ科の動物である。
C お茶は新しいものが尊い、これは一般的に緑茶について言うことで、プーアル茶は古いほど良い。
D 近年、「マイクロ映画」と呼ばれるネット上に発表された物語の短編映画が、人々の注目を広く集めている。

**解説** （訂正例）东北虎，分布在亚洲东北部，是现存体型最大的猫科动物。
動詞"分布"は場所を表す言葉を目的語として直接置くことはできない。「～に分布している」と言いたい時は"分布在～"とする。

## 56  正解 C

**選択肢和訳**

A 私はソファーに座り、ガラス窓越しに外の雨を眺める。
B 時間は世界で最も希少な資源であり、お金で買うことはできず、貯めることもできない。
C 虹は太陽の光が水滴の中で反射、屈折してできる自然現象である。
D 夏、自動車のエンジンは過熱しやすいので、エンジンの冷却システムの検査を強化しなければならない。

**解説** （訂正例）彩虹是由于阳光在水滴中发生反射和折射造成的自然现象。
これも"是"の文であるが、やはり"是"の前後でバランスがとれていない。最後の"的缘故（～の理由）"を削除すればよい。

## 57　正解 A

**選択肢和訳**

A　赤ワインには抗酸化物質が含まれ、心血管病の発病の確率を抑えることができる。
B　子供を教育する時、褒める以外に罰も必要であるが、罰と単純な体罰は同じではない。
C　海藻は食用だけでなく薬用にもなり、その効果は古代の医学書にも詳しく記載されている。
D　広州は亜熱帯地方に位置し、1年を通して草木が青々としており、花が咲き誇り、「花城」という美しい名声を博している。

**解説**　（訂正例）红酒中富含抗氧化物质，可以降低心血管病的患病几率。／可以降低患心血管病的几率。
"降低心血管病患者的几率" を直訳すると「心血管病患者の確率を下げる」となる。患者の確率という言い方は日本語でもおかしい。「心血管病の発病の確率」もしくは「心血管病にかかる確率」というふうに訂正しなければならない。

## 58　正解 C

**選択肢和訳**

A　旅行の意義は発見することにあり、外の広大無辺な世界の美しさを発見し、同時に家の美しさも発見できるのだ。
B　いくつかの国産映画は同時期に公開し、観客により多くの選択肢を与えたが、観客の分散も招いた。
C　行動心理学の研究によると、21日以上繰り返したことは習慣になり、90日繰り返したことは安定した習慣になる。
D　人は容易に手に入れたものほど大切にせず、努力して追いつくのが難しいことほどうらやましがる。

**解説**　（訂正例）行为心理学研究表明，21天以上的重复会形成习惯，90天的重复会形成稳定习惯。
"多于21天以上" という部分に重複がある。"多于～" も "～以上" もほぼ同じことなので、"多于" か "以上" のどちらかを削除すればよい。

## 59　正解 A

**選択肢和訳**

A 生活は時に私たちを傷だらけにするが、これらの傷ついた箇所は後に最も強い箇所となる。
B 巴中は、四川、陝西、湖北、重慶の四省に境を接する地帯に位置し、56％が森林に覆われ、自然の生態が良好である。
C 現有する4分の1以上の現代薬物は熱帯雨林の植物から抽出したものであり、そのため熱帯雨林は「世界最大の薬局」と称されている。
D 生活における多くのものは相対的であり、良いか悪いかは、あなたがどのような基準で評価するか、またはどのような態度で向き合うかが問題である。

**解説**　（訂正例）生活有时会让我们伤痕累累，但到后来，那些受伤的地方往往会变成我们最强壮的地方。
最後に"地方"をつけなければならない。ある名詞が後でもう一度出てくる場合、2回目は省略して"～的"で止める用法がある（こういうものを["的"構造]という）が、"我们最强壮的"は["的"構造]にできない。"形容詞＋的＋名詞"という形の場合、形容詞が被修飾語を限定もしくは区別する役割を持っている時は被修飾語を省略して["的"構造]にできるが、形容詞が描写的な役割を持っている時はそれができない。例えば"（白い花と赤い花を手に持ちながら）送给你红的。（あなたに赤いのをあげる。）"という例文では、白い花ではなく赤い方、というふうに区別するために形容詞を用いているので被修飾語を省略できるが、例えば"（花を手に持ちながら）送给你美丽的。（あなたに美しいのをあげる。）"とは言えない。"美丽"という形容詞が描写的に使われる形容詞だからである。このAの文の場合"强壮"という形容詞が使われているが、これも描写性の強い形容詞なので"地方"が省略できないのである。

## 60　正解 C

**選択肢和訳**

A 人類の精神文明の成果の大部分は書籍の形で保存されており、本を読むのはこれらの成果を楽しむ課程である。
B 首と手首は最も体温を下げやすく、氷のうをこれらの部位に当てるか、冷たい水を3秒から5秒あてれば、すぐに血液温度を下げられる。
C 「車は山のふもとまで行けば必ず道があり、船は橋のたもとに行けば自然とまっすぐに進む（案ずるより産むが易し）」という言葉は、困っている人を慰める時によく使われる。物事は最後には必ず解決する方法があるということを例えている。
D 断橋は西湖にある石橋である。民間故事の『白蛇伝』で主人公の男女が出会う場所であるため、西湖にかかる橋の中で最も有名である。

**解説**　（訂正例）"车到山前必有路，船到桥头自然直。"这句话常用来安慰处于困境中的人。比喻事情到了最后，总会有办法解决。
"比如"は「例えば」という意味で例を挙げる時に使う。ここはことわざがどんなことを例えて言っているかを説明しているので"比喻"にするとよい。

## 第2部分 　問題 p.89～p.91

〈問題文〉选词填空。
〈和　訳〉語句を選んで空所を埋めなさい。

### 61　正解 A

**問題文和訳**

「富貴は危険の中に求める」という言葉には道理がある。私たちは盲目的な冒険には［賛同し］ないが、確かに冒険の精神は必要である。現状に甘んじ、［積極性がなければ］進歩せず、成功の［チャンス］はいつも敢えて冒険する人を歓迎するのだ。

**選択肢和訳**

A　賛同する　積極性がない　チャンス　　B　褒める　まったく無関心　機密
C　賛助する　意気消沈する　動機　　　　D　賛嘆する　矢も盾もたまらない　機関

**解説**　1つ目の空欄は「盲目的な冒険を、どうしない」のか考える。AとBとDは意味的には排除しきれないが、BとDは後ろに動詞を取りにくい。Cは「(金品を出して)賛助する・援助する」というような意味になるので不適。2つ目の空欄の後に"是不会进步的"とあるので、どういう状態だと「進歩しない」のか考える。また空欄の前には"安于现状"とあるので、「現状に甘んじ・冒険をしない」というような意味のものを探す。するとAがふさわしいと分かる。3つ目の空欄は前に"成功的"があるので、意味の合う選択肢を探していく。するとBとCとDはいずれもまったく意味が合わずAがふさわしいことが分かる。以上を総合するとAが正解と分かる。

### 62　正解 B

**問題文和訳**

五目並べは2人で対局する囲碁遊びの一種で、中国古代の伝統的な白黒囲碁が［起源］である。五目並べは学びやすく、異なる年齢層に適し、人の［思考］能力を高め、知力の発達を［促進］する。

**選択肢和訳**

A　起草　インスピレーション　督促する　　B　起源　思考　促進する
C　誕生　信念　改善する　　　　　　　　　D　源　思想　促して～させる

**解説**　1つ目の空欄は前後の文脈から「～を起源としている」という意味の動詞が入ることが分かる。するとBかDに絞られる。2つ目の空欄は、人のどんな能力を高めるのか考える。この文章では五目並べという囲碁遊びの一種について述べており、囲碁遊びを通して高めることのできる能力とは何かと考えつつ選択肢を見ると、Bが入りそうだと分かる。Aは後ろに「能力」を伴わなくてもよく、動詞は"获得"などを用いる。3つ目の空欄は「知力の発達をどうするのか」考える。選択肢を見ると、Bがふさわしいことが分かる。Aは「促す」というより「催促する」感じなので不適。Cは一見よさそうだが、技術、工具、方法などを改善する時に使う言葉なので、あまりふさわしくない。以上を総合するとBが正解と分かる。

## 63　正解 D

**問題文和訳**

人の受け入れ能力は私たちの想像を遥かに超えたもので、肝心な時になるまで、私たちは自分の［潜在能力］がどれだけ大きいか認識することは少ない。同様に、苦痛に［遭って］いない時、私たちは自分がどれだけ大きなショックに耐えられるか、［まったく］知らないのである。

**選択肢和訳**

A　気力　直面する　なんと
B　威力　被る　基本的に
C　実力　対処する　まるで
**D　潜在能力　遭う　まったく**

> **解説**　問題文冒頭で「人の受け入れ能力は我々の想像を超えている」と言っている。また肝心な時になるまでその大きさが認識されにくいと言っていることから、1つ目の空欄はDがふさわしい。2つ目の空欄は後に"痛苦"という目的語を取れる動詞を選ぶのだが、訳を見るといずれも入りうるように見える。3つ目の空欄は、後の"不知道"につながる副詞を入れる。ただ、文法的にはどの選択肢も入りうる。意味を考えると、Aは「意外にも」というニュアンスを持つので、もしこれが入るなら「苦痛に遭っていない時でも分かりそうなものなのに、意外にも分からないものだ」という流れとなり、文章全体の文脈に合わなくなるのでAは排除できる。以上を総合するとDが正解と分かる。

## 64　正解 B

**問題文和訳**

唐辛子はよく使われる調味料であり、［栄養］価の高い野菜でもある。青唐辛子、赤唐辛子、どちらもビタミンとミネラルの［含有量］が高い。唐辛子には、消化を助ける効能もあるが、胃腸に［病気］がある人は少なめに食べる、もしくは食べないようにして、病状を悪化［させない］ようにしなければならない。

**選択肢和訳**

A　内包　成分　癖　免れない
**B　栄養　含有量　病気　させない**
C　風味　エネルギー　欠陥　免れない
D　要素　分量　弊害　避けられない

> **解説**　1つ目の空欄の後、2つ目の空欄の直前辺りで栄養素の話が出てくるので1つ目の空欄にはBを入れたい。2つ目の空欄の前後を見て「ビタミンとミネラルの何が高い」のかを考えて選択肢を見る。Aはビタミンもミネラルも、何かの成分とされることはあるが、「ビタミンやミネラルの成分」という言い方は少し違和感があるのでAは不適。Bは唐辛子における「ビタミンやミネラルの含有量」という意味になるので入りうる。Cは「エネルギー」という意味なのでここでは不適。Dは重さという意味なのでやはり不適。3つ目の空欄は前に"胃腸"があるので、「胃腸の〜」と続けられる単語を探すと、Bは合いそうである。Cは身体の一部に関しては用いにくい。Dは「弊害」というニュアンスなのでここでは不適。4つ目の空欄は、その前の流れから「(胃腸に問題ある人は控えるか食べないようにし)そうすることで〜」とつながるようにしたい。前の文脈を受けられるのはBのみ（"以免"の"以"がその役割を果たしている）。以上を総合するとBが正解と分かる。

## 65  正解 A

**問題文和訳**

人は、何を持っているか、何が欲しいか、何を捨てられるか、という3つの問題についてはっきりと考えておかなければならない。大多数の人に［とって］、何を持っているかは、簡単に自分の現状を評価できる。何が欲しいかは、心の中にも［明確］な考えがある。最も難しいのは、何を捨てられるかであり、何も捨てずに［すべて］を手に入れられる人はいない。この点が［まさしく］、自分の欲しいものを手に入れられるかどうかを決定するのである。

**選択肢和訳**

A　とって　明確である　すべて　まさしく　　B　相対する　確実である　いかなる　逆に
C　至っては　確かである　すべて　まさに　　D　対して　精確である　残り　みな

**解説**　1つ目の空欄の少し後に"而言"というのがある。中国語には"対于〜而言（〜にとって）"という表現があるので、1つ目の空欄はAがふさわしい。Bも"相対〜而言（〜と比べて言うと）"という形を作れるが文脈的に不適。2つ目の空欄にはその後の"想法"を修飾する形容詞を入れる。Dだけは「精密な・誤差がなく正確な」というような意味なので"想法（考え・意見）"とそぐわない。また文脈を考えると、「何が欲しいか」はその人に「適切で確実な意見」というよりは「明確な意見」があることを示すと思われるので、BよりもAがふさわしそうである。3つ目の空欄は"得到"の目的語となっていることを考えるとBは排除できる。Bは単独で名詞的に使われることはなく、必ず何かの名詞の前に置かれるので、ここでは不適。4つ目の空欄の選択肢はいずれも副詞。Bは予想や願望に反して「逆に・あいにく」というニュアンスを添える副詞なので、ここでは不適。Dも意味から排除できる。Dは口語の"都"と同じような意味だが、主語"这点"は"你能放弃什么"という問題を指しているが、これは複数ではないのでDの単語で受けるのは難しい。以上を総合するとAが正解と分かる。

## 66  正解 A

**問題文和訳**

顔真卿は唐代の有名な書家であり、歴代の書の精華を［吸収し］、勇敢に新たな創作に取り組み、独特の［風格］を形成し、その書体は「顔体」と称される。彼は人徳が［高尚］で、公正で率直な人柄であった。さらに書の芸術に［絶えず進歩を求めた］ので、後の人から尊敬され続けている。

**選択肢和訳**

A　吸収する　風格　高尚　絶えず進歩を求める
B　募集する　構成　優れ　手抜きなく行う
C　摂取する　書式　崇高　興味が尽きない
D　徴収する　気風　ずば抜けている　大切にして手放さない

**解説**　1つ目の空欄では「（歴代の書の精華を）吸収し」としたい。するとAとCに絞られる。Bは学生や従業員を募集する時に使う動詞なので不適。Dは税金などを徴収する時に使う動詞なので不適。2つ目の空欄は、「書道のスタイルを作り上げた」というような意味にすると自然なので、芸術作品のスタイルや風格を示すAがふさわしい。Bは建物や文章の造りを指すので不適。Cは公文書などの書式などを指すので不適。Dは社会の風潮や気風を指すので不適。3つ目の空欄は前に"品德"があるので、これを形容する言葉を探す。するとAとCは入りうるがBもDも「見解・技術・腕前」などが「優れている・卓越している」ことを指すので、ここでは不適。4つ目の空欄を見ると、顔真卿の書道に対する態度が四字成語で表現されているようだが、CとDは芸術に対する姿勢としてはふさわしくない。以上を総合するとAが正解と分かる。

## 67 正解 B

**問題文和訳**

ある種の花は環境を美化するだけでなく、天気の予報もできる。シーサンパンナにはある［珍しい］花が生長しており、毎回［まもなく］暴風雨が起こりそうになると、大量の花を［咲かせる］。人々はこの特徴を頼りに天気の変化を［あらかじめ］知ることができるので、この花を「風雨花」と呼んでいる。

**選択肢和訳**

A　うるわしい　すぐさま　満開になる　以前には
B　珍しい　まもなく　咲かせる　あらかじめ
C　美しい　早めに　開発する　事前に
D　不思議な　近い　開く　まず

**解説**　1つ目の空欄は「天気予報もできる」として紹介される「花」ということを考えると、見た目の美しさだけを形容するAとCは排除できる。Bは日本語の「奇妙」とは少しニュアンスが違って「珍しい・見事だ」というプラス評価の言葉なのでここでは入りうる。Dも「珍しい・不思議だ」という意味なので入りうる。2つ目の空欄のある文は、この花が天気予報をする様を述べているので、2つ目の空欄には「(暴風雨が) まもなく (やってくる)」という言葉が欲しいので、Bがふさわしい。Dもよさそうに見えるかもしれないが、これは「(ある数量や時間に) 近い・近づく」という意味なのでここでは不適。3つ目の空欄は「(大量の花を) 咲かせる」という意味が予想されるので、AとBが入りうる。4つ目の空欄はその後の"知道"にかかる副詞を選ぶのだが、この花は暴風雨が起こる前にそれを知る花なので、ここは「あらかじめ」というような意味の言葉が欲しい。するとBとCに絞られる。以上を総合するとBが正解と分かる。

## 68 正解 A

**問題文和訳**

大晦日は春節の前夜で、「年三十」とも言う。［言い伝えによると］、昔、「夕」という凶悪な怪獣がいて、毎年年末になると現れて人に危害を加えた。その後人々は「夕」が赤い色と大きな音を怖がることを知り、大晦日の夜、多くの家々は赤い春聯を［貼り］、爆竹を鳴らして「夕」を追い払い、新たな1年の［安寧］を求めた。この［風習］が広く伝わり、大晦日の夜は「除夕」と言われるようになった。

**選択肢和訳**

A　言い伝えによると　貼る　安寧　風習
B　聞くところによると　折る　安穏　風俗
C　聞くところによると　写す　平静　観念
D　～に基づくと　くっつける　静けさ　儀式

**解説**　1つ目の空欄の後から伝説の話が始まるので、1つ目の空欄はAがふさわしいが、BとCも文法的には排除しきれない。Dは介詞として「～に基づくと」という意味で使うか、名詞で「根拠」という意味になるので、ここでは不適。2つ目の空欄の後に出てくる"春联"とは対句になった言葉を書いた2枚の紙のことで、家の門扉や入口に貼るもの。よって「貼る」という意味のAがふさわしい。3つ目の空欄は「新たな1年がどうであってほしいのか」と考えて選択肢を見ると、Aがふさわしいと分かる。Bは人の物腰について言う言葉なので不適。Cは心境や態度について、もしくは波や風などについて言うのでやはり不適。Dは「ひっそり」というニュアンスなのでやはり不適。4つ目の空欄はその前に"这种"とあるので、こういった大晦日に行う風習を指していると思われる。するとAとBが残る。以上を総合するとAが正解と分かる。

## 69　正解 C

### 問題文和訳

人々はよく、「行動は言葉よりも響く」と言う。心を動かすだけで行動しなければ［何事も成し遂げられない］。もしあなたに［夢］があるか、何か1つのことをしようと決めたら、［すぐに］行動すべきである。100回心が動くことは1回の行動には［及ばない］、1人の働き者は100人の空想家に勝るということを知るべきである。

### 選択肢和訳

A　一挙両得　幻想　急いで　耐えられない
B　自力更生　連想　直ちに　同じよう
C　何事も成し遂げられない　夢　すぐに　及ばない
D　何もしてあげられない　妄想　できるだけ早く　彷彿させる

> **解説**　問題文冒頭の"行动比语言更响亮"から、この文章の筆者が言葉より行動を重く見ていることが分かる。それを踏まえて1つ目の空欄の少し前を見ると「気持ちだけで行動がなければ〜」と言っているので、1つ目の空欄には「どうにもならない」という方向の言葉が入る。選択肢ではCがふさわしい。2つ目の空欄は後の方（3つ目の空欄の前後）で「行動すべきだ」と言っているので、何を持って行動すべきなのか考えるとCがふさわしいと分かる。3つ目の空欄には"行动"にかかる副詞が入る。文脈からは「すばやく」というような意味の副詞が欲しいが、B、C、Dは入りうるが、Aは已然の動作や行為の描写に用いるので"应该"とは共起しない。4つ目の空欄は、その前の"一百次心动"と後の"一次行动"を比べているようだが、筆者は行動の方が大事だと考えていることを踏まえると、Cがよい。他の選択肢は意味が合わない。以上を総合するとCが正解と分かる。

## 70　正解 D

### 問題文和訳

6月22日、「食は北京に在り——2012北京観光美食市」がオリンピック公園にて［幕］を開けた。今回の美食市は北京の伝統的な軽食を［テーマ］に、北京の各区や老舗、飲食［協会］が発表した特色ある美食を展示した。［このほか］、市では昔の北京の曲芸や漫才を舞台で演じ、旅行客に美食を楽しんでもらうと同時に昔の北京の伝統文化の魅力を［体験して］もらった。

### 選択肢和訳

A　前景　課題　機構　および　感慨
B　序幕　テーマ　集団　するために　我慢
C　字幕　タイトル　団体　従って　体験
D　幕　テーマ　協会　このほか　体験

> **解説**　1つ目の空欄は直前に"拉开"とあるので「開幕する」という意味にしたい。するとBとDに絞られる。2つ目の空欄の前にある"北京传统特色小吃"が今回のこのイベントの「テーマ」などになると考えると自然なので、2つ目の空欄にはBとDは入りうるが、Bは文章のタイトルや、討論会や講演会のテーマなどに使われるものなのでここではふさわしくない。3つ目の空欄は、前にある"餐饮"につながるものを探すのだが、どの選択肢も入りそうに見えるが、実際に"餐饮"につながる用例は、AやCには見られない。4つ目の空欄の少し後を見ると"还"という副詞が見える。つまりその前に述べたことの上に、さらに情報を付け加えているわけなので、4つ目の空欄はDがふさわしい。5つ目の空欄には"魅力"を目的語として取れる動詞を入れる。Aは一般に目的語を取らない動詞なので不適。Bは意味が合わないので不適。CとDは入りうる。以上を総合するとDが正解と分かる。

## 第3部分 問題 p.92〜p.93

〈問題文〉选句填空。
〈和　訳〉文を選んで空所を埋めなさい。

## 71 - 75

**問題文和訳**

　北宋の大将軍周侗は、戦場を叱咤して勇猛に戦い、輝かしい武勲を立てた。除隊して故郷に帰り、骨董の収集に熱中し、骨董を命のように扱った。

　ある日、友人たちが彼の収蔵品を見に来た。周侗は家宝を数えるように1つ1つ紹介した。一番気に入っている古い壺を紹介している時、わずかな不注意で壺は手から滑り落ちたが、彼はすぐに腰を曲げてしっかり抱きとめ、(71) 幸運にも壺は地面に落ちなかった、しかし彼は驚いて顔面蒼白になり、体中に汗をかいた。

　(72) このことは周侗をしきりに当惑させ、自分は軍隊生活で人生の大半を過ごし、数えきれない血なまぐさい嵐を経験してきた。なぜひとつの壺が自分をこれほど驚かせるのか？彼はまたよく悪夢を見た。壺が地面に落ちて粉々に砕ける夢、壺が盗まれる夢、家が潰れて壺が打ち砕かれる夢……

　この壺のせいで周侗は魂が抜けたようになってしまい、夫人がこの姿を見て心を痛め、無意識のうちに言った、「壺を割ってしまいなさいよ、(73) あなたがそのようにならずに済むかもしれない。」周侗は大いに悟った。夢中になりすぎたがために損得にこだわり、そこから抜け出しにくくしてしまっているのだ。そして彼は歯をくいしばってその壺を割った。その日の夜は、安心して良く眠ることができた。

　周侗は壺による気疲れがなくなり、身軽になった。しかし私たちの生活には、依然としてこのような人がいる。彼らはまだ「壺」のために疲れ、お金や財宝、権力と地位に執着し、(74) 重苦しい荷物を背負って進み、抜け出すのが難しく、しまいには底なしの深い淵に陥ってしまうのだ！

　「疲れは心から起こる、心が安らかであれば疲れはおのずとおさまる」。(75) 私たちが名誉や利益に対して無欲になることができ、シンプルで楽しい生活を送れば、もっと幸せになれるのではないだろうか？

**正解** 71 B　72 D　73 C　74 E　75 A

**選択肢和訳**

A　私たちが名誉や利益に対して無欲になることができ
B　幸運にも壺は地面に落ちなかった
C　あなたがそのようにならずに済むかもしれない
D　このことは周侗をしきりに当惑させ
E　重苦しい荷物を背負って進み

**解説**　空欄71の前では、壺を落としそうになったがなんとか抱え込み、空欄71の後では「しかし、顔面蒼白、全身冷や汗」と言っているので「幸い落ちなかった」と言っているBが正解。次に、第3段落では、周将軍が壺に魅入られてしまったことを反省する様子が描かれている。空欄72はその冒頭に入る言葉なのでDがふさわしいことが分かる。Dの"这件事"は壺を落としそうになって焦ってしまったことを指す。空欄73は、文脈から壺に魅入られてい

る夫のことを心配している夫人の言葉が入るので、Cがふさわしいことが分かる。Cの"这样"は、夫が壺に魅入られている様子を指す。次に、周将軍のように何かに執着する人がどうなるかを言う文脈に空欄74が出てくるので、Eがふさわしいことが分かる。空欄75の後を眺めていると"过简单快乐的生活"には主語がないのでその前の空欄で適切な主語が欲しいこと、また後との関係から「もし〜な生活を送ることができるならば」というふうに後のフレーズとつなげたいことなどを踏まえて選択肢を見ると、Aがふさわしいことが分かる。

## 76 - 80

**問題文和訳**

中国の民間では、冬至の後の81日を9つの段階に分ける。1つの段階は9日間あり、「冬の九九」と呼ばれ、(76) いわゆる「寒の入りの寒空」でもある。そのうち、毎年冬至の後の19日目から27日目までを「三九」と呼ぶ。

1年の中で、冬至の日は昼間が最も短く、太陽光線と地面の夾角が最も小さく、地面が受ける太陽の熱量が最も少なく、(77) 理屈では冬至が最も寒いはずだが、事実はそうではなく、「三九が最も寒い」のである。これはなぜか？

気象の専門家は、地面の気温の高低は、太陽光線の照射の強弱の影響を受けるだけでなく、地面の熱の発散とも関係があると言う。夏至以降は昼が長く夜は短く、太陽光線と地面の夾角も大きくなり、(78) 地面が受ける熱量が多くなる、また夜間の熱の発散が少なく、地面の熱量の備蓄が徐々に増える。冬至になると、太陽の照射時間は短くなり、太陽光線と地面の夾角が小さくなるものの、地面が夏と秋に備蓄した熱量を補充することができるので、(79) それほど寒いと感じない。

「三九」になると、地面が受ける太陽の熱量が少なくなるため、夜間に発散する熱は昼間に吸収する熱量を超え、(80) この時地面に備蓄した熱量ですでに消耗してほとんど尽き、熱量の収支がつりあわず、地面の温度を徐々に下げ、気候がだんだんと寒くなる。もしこの時、寒気の影響を受けると、さらに寒くなる。そのため、「三九」の気候が最も寒いのである。

**正解** 76 **C**　77 **A**　78 **B**　79 **D**　80 **E**

**選択肢和訳**

A　理屈では冬至が最も寒いはずだが
B　地面が受ける熱量が多くなる
C　いわゆる「寒の入りの寒空」でもある
D　それほど寒いと感じない
E　この時地面に備蓄した熱量はすでに消耗してほとんど尽き

**解説**　選択肢Cの"数九寒天"と同じ意味の言葉が本文中にも必ず出てくるはずと思って本文を読み進めると、まさに空欄76の直前に「冬九九」という似たような言葉が出てくるので、ここにCを入れる。次に、空欄77の後で「しかし事実はそうではない」と言っているので、空欄77には、事実ではないが一般にそう思われていることが入る。するとAが"照这样说应该是"といういかにも「本当はそうではない」と言いたげな表現を使っているのでAが正解。次に、空欄78の前の部分から見ると「夏は昼間が長い、太陽光線の角度が大きい」→「空欄78」と続いているので、空欄には「地面がたくさん熱を吸う」というような方向の内容が入るはずなのでBが正解。空欄79直前の話の流れを考えると、空欄には「だから寒くなりすぎない」というような言葉が入るはずなのでDがふさわしい。最後に空欄80の前後を論理的に見ると「三九」の頃は、「地面の吸う熱量が減り」→「夜間発散する熱が昼間に吸収する熱を上回り」→「空欄80」→「寒くなる」というような論理展開になっている。すると空欄には「地面の熱が足りなくなって」のような内容が入るはずなのでEが正解。

## 第4部分 問題 p.94～p.103

〈問題文〉请选出正确答案。
〈和　訳〉正しい答えを選びなさい。

## 81 - 84

**問題文和訳**

　唐代の貞観年間、西域の回紇国は唐への友好の意を表すため、使者の緬伯高に貴重な宝物を持たせて唐の太宗に謁見するよう遣わした。この献上品の中で最も貴重なのが、1羽の珍しい鳥、白鳥であった。

　緬伯高の一番の心配はこの白鳥であった。白鳥にもしものことが起こったら、どのように国王に説明するのか？道中、彼は自ら餌や水をやり、片時もおろそかにできなかった。

　この日、緬伯高は沔陽の河辺に到着し、白鳥が首を伸ばしくちばしを開け、ぜいぜいと息をしているのを見た。緬伯高はかわいそうに思い、かごを開けて白鳥を水辺まで連れて行き、心ゆくまで水を飲ませた。白鳥は水を満足するまで飲むと、あろうことか、翼を広げてパタパタと空へ飛び上がった！緬伯高は跳びかかったが、白鳥を捕まえられず、数本の羽毛を引き抜いただけであった。緬伯高は真っ白な羽毛を手にしたまましばらく呆然とし、頭の中でぐるぐると考えた。「どうしよう？貢ぎ物を献上するか？何を持って太宗に謁見するのだ？戻ろうか？戻っても回紇国の王に謁見できようか！」。あれこれ考え、緬伯高は引き続き唐へ向かうことに決めた。彼は純白の薄絹を1枚取り出し、慎重に羽毛を包み、薄絹に詩を1首したためた。「天鵝唐朝に貢ぐ、山重く道はさらに遥かなり。沔陽河で宝を失い、回紇の情篤て難し。唐の天子にお願い申し上げる、緬伯高をお許しください。物軽く人の意重く、千里鵝毛を贈る！」と。

　緬伯高は宝物と白鳥の羽毛を持って、昼夜兼行で旅路を急ぎ、労をいとわず、間もなく長安へ到着した。太宗は接見し、緬伯高は宝物と羽毛を献上した。太宗はその詩を読み、緬伯高の訴えを聞いた。宝物と比べて羽毛は大して貴重なものではないが、緬伯高がこれほど大切にして遠方から慎重に持ってきた、その情の深さに感動させられた。そして太宗は緬伯高を咎めなかっただけでなく、使命を軽んじることのない彼を誠実な人間だと思い、たくさんの褒美を与えた。

　「千里鵝毛を贈る」という故事は、ここから伝わったのである。

## 81　正解 B

**設問和訳**
緬伯高はなぜ自ら白鳥に餌をやったのですか？

**選択肢和訳**
A　白鳥に興味があったから
B　白鳥が死ぬのを心配したから
C　白鳥を飼ったことがあるから
D　国王の命令だから

**解説**　第2段落に"万一它有个三长两短，可怎么向国王交待呢？"と書いてあるのでBが正解。"三长两短"とは予想外の災いや事故のこと。

324

## 82 正解 A

**設問和訳**
沔陽の河辺で何が起こりましたか？

**選択肢和訳**
A 白鳥が飛んで行った　　B 緬伯高が道に迷った
C 緬伯高が水に落ちた　　D 白鳥が奪われた

**解説** 第3段落で"谁知白天鹅喝足了水，展开翅膀，"扑喇喇"一声飞上了天！"と言っているのでAが正解。


## 83 正解 A

**設問和訳**
太宗は緬伯高をどのように思いましたか？

**選択肢和訳**
A 誠実である　　B 忍耐強くこまやか
C 機知に富んでいる　　D 人のことを考えられる

**解説** 第4段落で"唐太宗非但没有怪罪缅伯高，反而觉得他忠诚老实"と言っているのでAが正解。


## 84 正解 B

**設問和訳**
「千里鵝毛を贈る」という故事が主に我々に伝えようとしているのは：

**選択肢和訳**
A 羽毛は貴重である　　B 贈り物はわずかでも気持ちは重い
C 人として寛容であるべきである　　D 物事は慎重になすべきである

**解説** 第4段落の"鹅毛算不得什么贵重的东西，但是缅伯高如此珍视它，不远万里小心翼翼地送来，其中的深情让人感动"という辺りを読めば、礼儀というのはモノではなくココロなのだということに太宗が感動したことがうかがえる。それを踏まえて選択肢を見ると、Bがふさわしいと分かる。

## 85 - 88

**問題文和訳**

多くの人は、気分が落ち込んだ時、仲の良い友達を探して自分の悩みや苦しみを吐き出すことは、マイナスの感情を解き放つ良い方法であると思っている。ところが、最近発表された研究報告は、挫折した時友人に苦しみをぶちまけるのは、ストレスを和らげるばかりか、特に完璧主義者にとってはかえって悩みを増やすことになる、という伝統的な観点と相反するものであった。

ある大学教授が指導する研究チームが、校内で149名の学生を集めた。これらの学生は、生活の中で挫折することが普通の人より多いと思い、生活の満足度が低い。これが完璧主義者の典型的な特徴である。研究員は彼らに、1日の中で最も悩んだ失敗の経験、失敗に対応するための対策、その日の生活全体の満足度を記録させ、毎日レポートを提出させた。分析を通して、学生たちの失敗への対処法には、社会的な助けを求める、友人に話す、注意をそらす、自分を責める、現実逃避する、などがあることが分かった。この中で、「注意をそらす」という項目を除いて、他の方法をとった場合、学生にさらに失敗したと感じさせた。つまり、彼らは頻繁に自分を責め、逃げ、友人に話すほど、生活の満足度も低くなるのだ。

友人に話すことは、その人にもう一度失敗を回顧させるのと同じことで、失敗した経験について繰り返し考えることは、人を深みに陥れるだけである、と教授は説明した。挫折にぶつかった人、特にどれほどの成果を手にしても容易に満足しない完璧主義者にとって、失敗とストレスに対応する時は挫折がもたらす積極的な要素を探すよう努力し、楽観的な姿勢で起こったことのすべてを考えるべきである。自分を調節し、正面から向き合い、なるがままに、一笑に付してこそ、高い生活満足度を得ることができる。

誰にとっても、人に訴えることはストレスを発散する有効な方法ではない。ある社会心理学者は研究に参加していないものの、彼もまた人に話すとかえってストレスを増やすと考えている。人に話すことは、警戒心を高めた状態にさせ、同時に敵意と憤怒の感情を引き起こす。人々はよく、悩みを話した後は爽快だと言うが、この爽快感は長くは続かないのである。

## 85 正解 B

**設問和訳**

上の文章で触れている伝統的な観点とは：

**選択肢和訳**

A 悩みが多いほどストレスも大きくなる
B 話すことでマイナスの感情を発散することができる
C 話すことは関係を深めるのによい
D 気持ちが落ち込んでいる時ほど友人が必要である

**解説** 第1段落冒頭で"很多人一直认为，当情绪低落的时候，找一个好朋友，将自己的烦恼和痛苦倾吐出来，是一种释放负面情绪的好方法"と言っており、まとめるとBの言っていることと同じになるので、Bが正解。

## 86 正解 C

**設問和訳**
失敗への対処法の中で、以下のどの項目が学生の気持ちを悪化させ**ない**ですか？

**選択肢和訳**
A 自己批判
B 友人から離れる
C 注意をそらす
D 他人に助けを求める

**解説** 第2段落に"除了"转移注意力"这一项外，采用其他策略都让学生感觉更糟"と書いてあるのでCが正解。

## 87 正解 C

**設問和訳**
第3段落で、分かるのは：

**選択肢和訳**
A 完璧を求めるべきだ
B 失敗は怖くない
C 楽観的に挫折に向き合うべきだ
D すぐに経験を総括すべきだ

**解説** 第3段落に"用乐观的姿态去思考所发生的一切"とあるので、Cが正解。

## 88 正解 A

**設問和訳**
上の文章のタイトルとするのに最も適切なものは：

**選択肢和訳**
A 話すことが良い方法とは限らない
B 感情管理の妙策
C 友多ければ道多し
D 完璧主義者の苦悩

**解説** 一般的には落ち込んだ時に苦しみを吐露するのがいいと言われているが、それが実は違うのだということをこの文章では説いているので、Aが最もふさわしい。

327

## 89 - 92

**問題文和訳**

昔、すべての民族は皆、動物や植物を選んでトーテムとし、民族の象徴、希望とした。

中華民族のトーテムである龍は、実在の動物ではなく芸術的に具現化された、古代の中国人が想像で創り出したものである。

昔、人々は大自然の多くの現象を科学的に説明できず、自然をコントロールする力もなかった。連綿と続く山並み、逆巻く大波、稲光と轟く雷鳴、すさまじい暴風雨、これらは皆人々を驚かせ、崇拝させた。そこで、人々は自分たちのトーテムに風雨雷電のようなパワー、山並みや大河のような雄姿があり、鳥のように雲に昇って霧に乗ることができ、魚のように水中を泳ぎ回ることができ、馬のように飛ぶように速く走ることができるようなものを望んだ。そのため、たくさんの動物の特徴が龍の体に集められ、駱駝の頭、鹿の角、蛇の首、亀の目、魚の鱗、虎の掌、鷹の爪、牛の耳を持った姿が次第に形作られた。このような複合的な構造は、龍が万能の獣、万能の神であることを意味している。

龍は中国人にとって、吉祥を表し、神聖さを象徴するものであり、エネルギーの化身でもある。多くの建築物や生活用品に龍の装飾が施され、人々は龍を部屋の垂木や橋や舟に彫り、胡弓や杖や刀に彫った。祭日や祝賀の儀式では、舞龍（蛇踊）が最も盛大な活動である。両親が子供の出世を願うことを「望子成龍（子が龍になるのを望む）」と言う。「生龍活虎（元気はつらつ）」、「龍騰虎躍（沸き立つような活気に満ちる）」、「龍鳳呈祥（めでたいこと）」などの「龍」がつく言葉も、「龍」が中国人にとっての文化的象徴であることを表している。

## 89 正解 C

**設問和訳**

トーテムについて、分かるのは：

**選択肢和訳**

A 権力を代表する　　　B 植物が中心である
C 民族の象徴　　　　　D 富への渇望

**解説** 第1段落で"以它作为自己民族的象征和希望"と言っている。この中の"它"とは"图腾"を指すので、Cが正解。

## 90 正解 B

**設問和訳**
中華民族が龍をトーテムにした理由は：

**選択肢和訳**
A 龍が万物を創造したから
B 龍はパワーを象徴するから
C 龍の姿が美しいから
D 龍は人間の願望を叶えられるから

**解説** 最後の段落で"龙在中国人的心目中，代表着吉祥，象征着神圣，又是力量的化身"と言っているのでBが正解。

## 91 正解 B

**設問和訳**
「望子成龍」には何が込められていますか？

**選択肢和訳**
A 学生に対する教師の励まし
B 子供に対する両親の願い
C 年配者に対する子供の孝行心
D 若者の夢の追求

**解説** "父母希望孩子有所作为也被称作"望子成龙"。"と言っているのでBが正解。

## 92 正解 C

**設問和訳**
上の文章が主に述べているのは：

**選択肢和訳**
A トーテムの発展史
B 龍の装飾的価値
C 中華民族の龍のトーテム
D トーテムと民族の関係

**解説** 第1段落ではトーテムの一般的な話をしているだけだが、その後は中華民族のトーテムである龍の話に絞られている。よってCが正解。

## 93 - 96

**問題文和訳**

　木の葉はなぜ色が変わるのか？これは植物の葉の構造から話さなければならない。植物の葉には、葉緑素（クロロフィル）、カロチン、アントシアニンなど、多くの天然色素が含まれている。葉の色はこれらの色素の含有量と、割合の違いによって決まる。これらの色素はどの細胞にもあるのではなく、細胞の中に等しく散布されているわけでもなく、ある種のタンパク質、脂肪と1つになって小さな顆粒になり、これを葉緑体という。

　葉の中の最も普遍的かつ重要な色素は葉緑素である。葉緑素は太陽光を吸収し、二酸化炭素と水を有機化合物に転化し、植物そのものに供給する、これが光合成である。葉緑素と同時に存在する葉黄素（キサントフィル）とカロチンの色は黄色かオレンジ色に見える。比較してみると、葉緑素はとても不安定でよく破壊され、よく光合成をする。光線が強く、温度が低い時、強烈に破壊され、合成が止まり、葉緑素は徐々に消失し、葉黄素とカロチンが現れてくる。秋になると多くの葉が黄色く変わるのは、このためである。

　葉が赤く変わるものは、別のアントシアニンという色素によるものである。アントシアニンは水に溶け、細胞の中のサイトゾル（細胞質ゾル）に分散し、酸性の溶液の中にある時は赤く、アルカリに触れると青くなる。一般的に花弁の中の色素は皆このタイプで、葉の中にはあまりない。若芽や若葉にこの色素が含まれていることがあるが、生長すると消え、葉緑素に覆われる。秋になると、多くの植物の葉が大量にこの色素を作り、その時葉緑素はすでに消えているので葉は鮮やかな赤に変色する。これはカエデやナンキンハゼなどによく見られる。

　アントシアニンが形成される過程はいまだ明らかにされていないが、アントシアニンの出現と葉の糖の含有量が関係していることははっきりしている。寒い気候の時、葉の中に貯蔵されている物質が糖に転化し、糖分が多くなるとアントシアニンの形成に有利となる。このほか、強い光、低温、日照りによる乾燥は皆アントシアニンの形成に有利である。特に山では、秋に天気がからりと晴れ渡り、夜が急激に寒くなり霜が降りると、木の葉の色が大変鮮やかになる。昔の人が「霜葉は二月の花より紅なり」という詩を詠んだのも、このためである。

## 93　正解 C

**設問和訳**

葉緑素について、分かるのは：

**選択肢和訳**

A　かなり安定している　　B　葉緑体とも呼ぶ
C　光合成ができる　　　　D　葉黄素に転化できる

**解説**　第2段落で"它能吸收太阳光，把二氧化碳和水转化成有机物质，供给植物本身，这就是光合作用"と書いてある。最初の"它"は直前の"叶绿素"を指すので、Cが正解。

## 94 正解 D

**設問和訳**

秋に多くの葉が黄色くなる理由は：

**選択肢和訳**

A 太陽光の照射が少ないから
B アントシアニンの含有量が増えるから
C 葉に貯蔵される物質が糖に転化するから
D 葉黄素とカロチンの割合が増えるから

**解説** 第2段落最後のところに"叶绿素就会逐渐消失，而叶黄素和胡萝卜素就显露出来了"とある。これは言いかえると葉黄素とカロテンの比率が葉緑素より高くなるということである。よってDが正解。

## 95 正解 B

**設問和訳**

アントシアニンについて、下のどの選択肢が正しいですか？

**選択肢和訳**

A 青く見える
B 水に溶ける
C 木の葉を枯れさせる
D 秋にしか合成されない

**解説** 第3段落に"花青素能溶于水"と書いてあるのでBが正解。

## 96 正解 B

**設問和訳**

上の文章が主に述べているのは：

**選択肢和訳**

A 葉の構造
B 木の葉が変色する原理
C 秋の木の葉の特徴
D 植物の生存環境

**解説** この文章の始まりが"为什么树叶会变颜色呢？"という問いかけで始まり、最後まで葉の変色について語っているので、Bが正解。

## 97 - 100

**問題文和訳**

　宇宙空間に入る宇宙飛行士は、いつも快適な気密室にいられるわけではない。例えば、軌道飛行中は、宇宙船の外での取り付け、メンテナンス、器械設備の改修、宇宙船の修理、大型宇宙船の組み立てなどが必要になる。他の天体に到達した時は、気密室から出て科学調査や科学実験などを行わなければならない。この時、どのように宇宙飛行士の生命の安全を守るのだろうか？もう1つ、体に合う小型の気密室を造るのである。このような体に合う小型の気密室を「船外活動ユニット」といい、気密室の中で着るのに便利な一般的な宇宙服とは異なる。これは潜水艦の中で着る一般的な水兵服と、潜水の時に着る潜水服とが異なるのと同じことである。

　船外活動で着る宇宙服が、気密室での生命の安全を守るすべての機能を備えていなくてはならないことは、容易に理解できるだろう。例えば、流星塵の衝突を防ぐ、輻射を防ぐ、酸素を供給する、気圧、温度、湿度を一定に保つ、二酸化炭素とその他の有害な気体を処理できる、長時間着用する船外活動ユニットは、さらに宇宙飛行士が飲食や排泄ができる機能を備えていなければならない。

　実際、船外活動ユニットに求められる機能は、気密室よりも多い。まず、宇宙飛行士は船外活動ユニットを着て活動する時、頭、体、四肢をすべて動かすので、関節にあたる部分を曲げて動かせなければならない。次に、船外活動ユニットは他の服と同様に着脱ができ、上着、ズボン、ヘルメット、手袋、靴と靴下は連結と分離が楽にできなければならない。第3に、真空の宇宙空間と、ある天体においては音を伝える空気がなく、すぐそばでの会話も聞こえないので、無線の通信設備が必要となる。第4に、広々とした宇宙空間では地面に接している部分がなく、少しも動くことができないので、ジェット設備による反動を使って位置を移動する。他の天体では、引力の大きさが地球と異なるので、歩くことが不便で、歩行を補助する設備が必要となる。

　船外活動ユニットの背部には3つのバッグがあり、水、二酸化炭素と食物を保存するライフバッグ、通信に使う通信バッグ、位置を移動するためのジェットバッグに分かれている。このような船外活動ユニットが非常に重いことは明らかである。宇宙船でトラブルが発生した時、船外活動ユニットは緊急救命用の設備として使用できる。ロケットが宇宙船を発射する時と、地球に戻る時が最もトラブルが発生しやすく、宇宙飛行士は宇宙船が発射されて空へ昇る時と地球に戻る時は、いつも船外活動ユニットを着用しているのである。

## 97　正解 C

**設問和訳**

船外活動ユニットと気密室が共に備えているのはどれですか？

**選択肢和訳**

A　殺菌　　　　　　　　B　抗アレルギー
C　酸素の供給　　　　　D　騒音の軽減

**解説** 第2段落で、宇宙服の備えているべき機能が列挙されているが、その中に"供氧"というのがあるのでCが正解。

## 98 正解 B

**設問和訳**
第3段落で述べているのは、船外活動ユニットの：

**選択肢和訳**
A 使用方法　　　　　　　　B 特殊機能
C 通信機能　　　　　　　　D 制作技術

**解説** 第3段落の冒頭で"舱外活动航天服的功能要求比密封座舱还多"と言っている。つまりこの後書かれているのは宇宙服の特殊な部分についてなので、Bが正解。

## 99 正解 B

**設問和訳**
宇宙船が空に発射される時、宇宙飛行士はなぜ船外活動ユニットを着用するのですか？

**選択肢和訳**
A 柔軟性を高める　　　　　　B 不意の事故を防ぐ
C 設備をコントロールするのに便利　D 重力を軽減させる

**解説** 最後の段落で"在飞船发生意外时，舱外活动航天服可作为紧急救生设备使用"と言い、さらに"在火箭发射飞船和飞船返回地球时最容易发生意外"と言っているので、Bが正解。

## 100 正解 A

**設問和訳**
船外活動ユニットについて、分かるのは：

**選択肢和訳**
A 着脱が便利　　　　　　　B ライフバッグが最も大きい
C 関節部分が曲げられない　　D 内部の温度は体温よりも高い

**解説** 第3段落の中盤で"它的衣，裤，头盔，手套和鞋袜需要方便地连接和分离"と言っており、連結と分離が楽にできるわけなので、Aが正解。

333

## 3 书 写  問題p.104〜p.105

〈問題文〉缩写。
〈和　訳〉要約しなさい。

### 101

> **問題文和訳**
>
> 　　昔、斉国の君主、宣王は音楽を好み、中でも竽の演奏を聴くのが好きだった。王は人を派遣して至る所で演奏の上手な楽師を探させ、大規模な楽隊を組織した。その楽隊には300名の竽の演奏に長けた楽師がいた。宣王はにぎやかかつ豪勢であることを好み、人前で国の君主としての威厳を見せつけようとし、毎回竽の演奏を聴く時は、300名の楽師に一緒に演奏させた。
> 　　南郭先生という正業に就かず、ぶらぶら遊んでばかりいる者がいた。宣王がこの趣味に夢中になっていることを聞き、乗ずる隙のある金儲けのよい機会だと思った。彼はまったく竽の演奏ができなかったが、宣王がすべての楽師を一緒に演奏させるのが好きだと知り、自分がその中に混ざって体裁を飾り、人数合わせをすれば、誰にも見破られないと思った。そこで、彼は宣王のもとへ赴き、「大王様、私は有名な楽師です。私の竽を聴いた人で感動しない人はいません。鳥や獣が聴いても颯爽と躍り出し、草花が聴いてもリズムに合わせて揺れます。私はこの特技を大王様に献上しとうございます。」と吹聴した。宣王はこれを聞くと喜び、腕前も試さずあっさりと彼を受け入れ、300名の竽の楽隊の中に入れた。
> 　　この日から、南郭先生は300名の楽師と共に宣王のために合奏し、皆と同じように厚遇を得て得意になった。
> 　　南郭先生は実は真っ赤な嘘をついたのであり、始めから竽を吹くことはできなかった。演奏の度に、南郭先生は竽を持って楽隊に混ざり、人が身体を揺らせば自分も揺らし、人が頭を揺らせば自分も揺らし、気持ちが高ぶり我を忘れたような表情をして、他の人と同じように演奏に没頭しているように見えた。その真似がとても真に迫っていたので、誰からも見破られることはなかった。南郭先生はこうして人を騙しながら1日1日をごまかしながら過ごし、働きもせずに報酬を手にしていたのである。
> 　　しかし、それも長続きしなかった。数年が経つと、合奏を好む宣王が崩御し、息子の湣王が王位を継承した。湣王も竽を聴くことを好んだが、宣王と違って300名が同時に演奏するのはうるさく、独奏の良さには及ばないと思っていた。そして湣王は、300名の楽師によく練習し、しっかり準備をし、楽師たちに一人一人順番で王に竽を聴かせるよう、との命令を出した。楽師たちはこの命令を受けてから皆積極的に練習し、湣王の前で腕を振るいたいと思っていた。ただ偽物として人数合わせをしていた南郭先生だけが焦って、居ても立ってもいられず、びくびくして生きた心地がしなかった。君主をないがしろにするのが大罪にあたると分かれば、彼は罰の苦には耐えられない。もうすぐ化けの皮がはがれようとしている。彼は何度も考えたが、今度ばかりは騙し通せないと思い、その夜のうちに荷物をまとめ、慌てて逃げてしまった。

> 南郭先生は竽が吹けないにもかかわらず、宣王のために演奏すると申し出て王家の楽隊に紛れ込んだ。宣王が亡くなり、継承者の湣王は独奏を好んだため、南郭先生は紛れることができなくなり、さっさと逃げるほかなかった。南郭のような無学無能で、人を騙して飯にありつくような人は、一時は騙せても一生は騙せない。偽物は偽物でしかなく、最後には化けの皮がはがされる。もし成功したいと思うなら、唯一の方法は着実かつ勤勉に、しっかりとした技術を身につけてこそ、試練に耐え抜くことができるのである。

### 解答例

　　古时候，齐国的齐宣王喜欢听人吹竽。他派人找来300个乐师组成了一支规模很大的乐队。齐宣王喜欢热闹，总叫这300个人一起合奏。

　　有个南郭先生，听说了齐宣王的这个癖好，觉得这是个赚钱的好机会，可是他根本不会吹竽。不过他知道齐宣王喜欢听所有人一起演奏，他想只要自己混在里面，装个样子，估计也没有人看得出来。于是他向齐宣王吹嘘自己的演奏很好。齐宣王听后很高兴，也没考察他，就把他编进那支300人的队伍里了。

　　其实南郭先生根本不会吹竽，每逢演奏，他就混在队伍中，学着别人，装出一副吹得很投入的样子。就这样，他不劳而获地拿着薪水。

　　可是好景不长。爱听合奏的齐宣王死了，他的儿子继承了王位。他的儿子也爱听竽，但他只喜欢听独奏。于是他要求乐师一个个轮流吹竽给他欣赏。南郭先生觉得这次再也混不过去了，只好收拾东西溜走了。

　　像南郭先生这样的人，骗得了一时，骗不了一世。假的终有一天会被揭穿。我们想要成功，唯一的办法就是勤奋学习。只有真本领，才能经受住考验。

### 解答例和訳

　　昔、斉の国の斉宣王は人が竽を吹くのを聴くのが好きだった。彼は300名の演奏家を探し出させて、大きい規模の楽団を組んだ。斉宣王はにぎやかなのが好きで、演奏の時にいつもその300名の演奏家を集めて演奏させていた。

　　南郭先生という人は斉宣王のこの趣味を聞き、お金を稼ぐのにいいチャンスだと考えたが、彼は竽を演奏することができなかった。しかし、彼は斉宣王が皆一緒に演奏するのを聴くのが好きだと知っているので、ただ自分がその中に紛れ込んで、演奏しているふりをすれば、誰も分からないだろうと考えた。そこで、彼は斉宣王に自分が演奏するのがうまいとおおげさに言いふらした。これを聞いた斉宣王は大喜びで、彼の腕を確かめもせず、すぐにその300名の楽団に加えた。

　　実は南郭先生は全然竽の演奏ができないので、演奏の度に、楽団に紛れ込んで、ほかの人の真似をして、一生懸命演奏するふりをしていた。それで、彼は何もせずに報酬を得ていた。

　　しかし、良いことは長続きしない。斉宣王は亡くなり彼の息子が後を継いだ。彼の息子も竽の演奏を聴くのが好きだが、独奏だけ好きだった。それで彼は、1人ずつ順番に竽の演奏をして聴かせることを要求した。南郭は今度はもうごまかせないと思い、荷物をまとめて逃げ出してしまった。

　　南郭のような人は一時は騙すことができるとしても、一生は騙せないのだ。偽物はいつか絶対ばれるのだ。私たちは成功したいなら、唯一の方法は努力して勉強することだ。本当の技量こそ、試練に耐えることができるのだ。

# 6級 第4回 解答・解説

聴力試験・・・P.338～P.369
読解試験・・・P.370～P.393
書写試験・・・P.394～P.396

## 正解一覧

### 1. 听力

**第1部分**
1. B　2. C　3. C　4. B　5. D
6. C　7. D　8. A　9. C　10. C
11. D　12. D　13. B　14. B　15. D

**第2部分**
16. C　17. A　18. D　19. A　20. A
21. C　22. C　23. D　24. A　25. A
26. A　27. C　28. A　29. C　30. D

**第3部分**
31. C　32. D　33. C　34. B　35. B
36. D　37. B　38. C　39. C　40. D
41. D　42. A　43. B　44. D　45. C
46. A　47. B　48. D　49. D　50. B

### 2. 阅读

**第1部分**
51. B　52. A　53. B　54. B　55. D
56. B　57. A　58. B　59. D　60. D

**第2部分**
61. C　62. B　63. A　64. A　65. A
66. D　67. D　68. C　69. C　70. B

**第3部分**
71. B　72. C　73. A　74. D　75. E
76. E　77. C　78. D　79. B　80. A

**第4部分**
81. B　82. C　83. A　84. A　85. B
86. C　87. B　88. A　89. D　90. A
91. B　92. C　93. A　94. D　95. A
96. A　97. D　98. C　99. B　100. A

### 3. 书写

※ 解答例は解説ページでご確認ください。

# 第4回

## 1 听力

**第1部分** 問題 p.108～p.109

〈問題文〉请选出与所听内容一致的一项。
〈和　訳〉音声の内容と一致するものを1つ選びなさい。

### 1 正解 B

**スクリプト**

有人问智者："成功对于我们普通人来说是不是很遥远？"智者说："并非如此。成功对于每个人来说其实都只需要两步。""哪两步呢？"智者说道："一步开始，一步坚持，功到自然成。"

**スクリプト和訳**

ある人が、知者に問うた。「成功は、私のような普通の人間にとって遥か遠くのものではないでしょうか？」と。知者は言った。「そうではない。成功は誰にとってもたった2歩の歩みが必要なだけである。」と。「どの2歩ですか？」と。知者は言った。「1歩は始めること、1歩は頑張ること。努力すれば自然に成功するのだ。」と。

**選択肢和訳**

A　成功に近道はない
**B　成功は努力し続けることが必要である**
C　困難を知って退くことを身につけるべきである
D　成功の基準はたくさんある

## 2  正解 C

### スクリプト

危机一方面能够使人对事物的复杂性有更深刻的理解，另一方面也可以磨炼人的意志，从而使人真正成熟起来。因此，个人所经历的危机其实也是一笔财富。

### スクリプト和訳

危機は一方で物事の複雑さをさらに深く理解させ、もう一方で人の意志を鍛え、これによって真に成長させる。そのため、人が経験する危機は、実は財産でもあるのだ。

### 選択肢和訳

A　チャンスと試練は共存している
B　粘り強く挫折に向き合うべきである
C　**危機は人を成長させる**
D　挫折は人の積極性をくじく

## 3  正解 C

### スクリプト

研究显示，不论是短期的还是长期的运动，都会产生显著的心理效果。常运动的人看起来精神比较好，不容易生气，抗压能力强；不运动的人则容易感到劳累，容易情绪低落。

### スクリプト和訳

研究によると、短期か長期かに関わらず、運動には顕著な心理的効果があることが分かった。よく運動をする人は元気があり、あまり怒らず、ストレスへの抵抗力が強い。運動をしない人は疲れを感じやすく、気持ちが落ち込みやすい。

### 選択肢和訳

A　怒るとしわが増える
B　少しの運動は利点が少ない
C　**運動は人の情緒に影響する**
D　長期の運動はダイエットへの効果がより顕著である

## 4  正解 B

### スクリプト
"手绘墙画"是在依照主人的兴趣爱好及家居整体风格的基础上，用环保的绘画颜料在墙面上绘出各种图案的装饰画。它是近年来居家装饰的潮流，不但具有很好的装饰效果，而且能彰显主人的时尚品位。

### スクリプト和訳
「手描きの壁画」は、家主の趣味と家具の全体的な風格に基づいて、環境に配慮した絵画の顔料を用いて壁に様々なデザインを描く装飾画である。これは近年、人気がある室内装飾の一つで、高い装飾効果があるだけでなく、家主のファッションセンスを表すことができる。

### 選択肢和訳
A 手描きの壁画は気の向くままに描ける
**B 手描きの壁画は家主の品位を表すことができる**
C 家の内装工事はますます環境に配慮するようになってきた
D 近年の内装工事はシンプルなものが流行している

## 5  正解 D

### スクリプト
生物学家发现，鲨鱼皮肤表面粗糙的褶皱可以大大减小水流的摩擦力，使鲨鱼能够在水中更快地游动。后来人们模仿鲨鱼皮肤制造了一种新型材料的泳衣，这就是鲨鱼皮泳衣。

### スクリプト和訳
生物学者は、鮫の皮膚の表面にある粗いしわが水の摩擦力を大幅に減少し、鮫が水中で速く泳げるようにしていることを発見した。後に人々は、鮫の皮膚を真似た新素材で水着を作った。それがレーザー・レーサー（鮫肌水着）である。

### 選択肢和訳
A 鮫の知能は高い
B 鮫肌の水着は手触りがなめらかである
C 鮫はいつも深海で活動している
**D 鮫肌の水着は水の抵抗を軽減する**

## 6  正解 C

### スクリプト
真空包装能有效防止食物变质。食品霉腐变质主要由微生物的活动造成，而大多数微生物的生存是需要氧气的，真空包装就是利用这一原理，把包装袋内的氧气抽掉，从而使微生物失去生存的环境。

### スクリプト和訳
真空パックは食物が変質するのを防ぐ効果がある。食物の腐敗や変質は微生物の活動によって起こるが、多くの微生物は生きるために酸素を必要とする。真空パックはこの原理を利用し、パックの中の酸素を抜き出し、微生物が生きられない環境にするのである。

### 選択肢和訳
A  真空パックは原価が高い
B  真空パックは作りが複雑である
C  **真空パックは食品が変質しにくい**
D  真空パックの食品はあまり食べない方がよい

## 7  正解 D

### スクリプト
俗话说："路遥知马力，日久见人心。"衡量一个员工价值的高低，决不能仅看表面，或仅依靠管理者一时的观察，而是应该通过持续不断地观察。只有这样，才能正确评估一个人的价值。

### スクリプト和訳
「道が遠ければ馬の力を知ることができ、日数が長ければ人の心を知ることができる（馬には乗ってみよ、人には添うてみよ）。」という言葉がある。1人の従業員の価値を測るには、うわべだけを見たり、管理者の一時的な観察だけに頼ったりしてはならず、継続して観察すべきである。そうしてこそ、正確に1人の人間の価値を評価できるのである。

### 選択肢和訳
A  第一印象はより信頼できる
B  人は環境の影響を受けやすい
C  管理者は人の意見を多く聞くべきである
D  **正確な評価には長期の観察が欠かせない**

## 8  正解 A

> **スクリプト**
>
> 一位富翁有块儿很大的钻石，但上面有一道很深的划痕。后来有位宝石专家将钻石受损的地方刻成了一朵美丽的花，把裂痕变成了花的茎。有时，换个角度看，缺陷也可以变成一种美。

> **スクリプト和訳**
>
> 1人の裕福な老人が大粒のダイヤを持っていたが、その表面には深いひっかき傷がついていた。後に、ある宝石の専門家がダイヤの傷ついた部分を1輪の美しい花に彫り、ひびの入ったところは花の茎になった。時には違う角度から見ると、欠陥も美しさに変えられるのである。

**選択肢和訳**

A　ダイヤモンドに傷がある
B　宝石の専門家がけちである
C　裕福な老人は収集家である
D　裕福な老人のダイヤモンドは偽物である

## 9  正解 C

> **スクリプト**
>
> 脸红可能是人们为自己的错误行为感到懊悔的标志。通过脸红，我们可以告诉别人我们已经认识到自己做得不对，正为此感到愧疚，而此时看到我们脸红的人则可以了解到我们在那一刻所经历的不快感受。

> **スクリプト和訳**
>
> 顔が赤くなるのは、自分の間違いを後悔したことの表れかもしれない。顔が赤くなることによって、他の人に、自分はすでに過ちを認識し、そのために恥じ入っているのだと伝えることができる。一方この時顔が赤くなっているのを見た人は、私たちがその時経験した不快な気持ちを感じていることを知ることができる。

**選択肢和訳**

A　謝るのも方法にこだわるべきである
B　顔が赤くなるのは怒った合図である
C　顔が赤くなることで詫びる気持ちを表すことができる
D　他人の過ちを許すことを習得すべきである

## 10  正解 C

### スクリプト
人际互动时，从身体语言获取的信息，有时候比话语还多。因此，准确地解读别人的身体语言和善用自己的身体语言，对于我们了解别人、传递信息和做出准确的判断都是极为重要的。

### スクリプト和訳
人と人が交流する時、話す言葉より身体言語から受け取る情報の方が多いことがある。そのため、他の人の身体言語を正確に読み取り、自分の身体言語をうまく使うことは、相手を理解し、情報を伝え、正確な判断をすることにおいてとても大切である。

### 選択肢和訳
A　人の話に耳を傾けることを学ばねばならない
B　話す場をわきまえなければならない
C　**身体言語は重要である**
D　言葉の表現は正確であるべきである

## 11  正解 D

### スクリプト
热情是一种精神特质，代表着一种积极的精神力量。研究表明，热情可以弥补一个人百分之二十的能力上的缺陷。虽然人们表达热情的方式有所不同，但热情是人人都有的，善加利用，它可以转化为巨大的能量。

### スクリプト和訳
情熱は一種の精神特有の性質であり、積極的な精神力を表す。研究によると、情熱は能力の欠陥の20%を補うことができる。情熱を表す方法は人それぞれ異なるが、誰でも情熱を持っており、うまく使えば巨大なエネルギーに転化できるのだ。

### 選択肢和訳
A　友好的に人と接するべきである
B　うまく人を褒めるべきである
C　過度な情熱は良いことがない
D　**情熱は能力の欠陥を補える**

## 12  正解 D

### スクリプト

有一位木匠擅长制作桌子。他不仅把桌面刨得十分平滑，而且连抽屉的背面、底板也都刨得十分光滑。有人劝他说："抽屉背面和底板别人看不见，何必刨得那么光滑？"他说："别人看不见，我却看得见。"

### スクリプト和訳

ある木工職人は机を作るのがうまかった。彼は机の表面をかんなできれいに削るだけでなく、引き出しの裏や底板までつるつるにかんなをかけた。ある人が言った、「引き出しの裏や底板は他の人には見えないのに、どうしてそんなにつるつるに削る必要があるのさ？」と。木工職人は言った、「他の人には見えないが、私には見える。」と。

### 選択肢和訳

A　木工職人はメンツを重んじる
B　木工職人は素材を厳しく選ぶ
C　木工職人は引き出しを作るのが得意ではない
D　**木工職人は仕事が真面目で責任感がある**

## 13  正解 B

### スクリプト

很多人总想着年轻的时候赚钱、存钱，等退休了再去环球旅行。可真到了那时候，很可能因为年龄和身体原因，许多地方都去不了了。所以我的旅行箱，不会放在柜子里面，而是随时可以带着出发的。

### スクリプト和訳

多くの人は、若い時にお金を稼いで貯金し、退職後に世界旅行へ行こうと考えている。しかし退職する頃になると、年と身体が原因で行けない場所がたくさん出てくる。だから私のスーツケースはたんすの中にしまっておかずに、いつでも持って出発できるようにしてある。

### 選択肢和訳

A　年寄りは運動するように心がけるべきである
B　**若いうちに旅行に行くべきである**
C　事前に旅行の計画を立てるべきである
D　外出する時は自分の荷物を大切に保管する

## 14  正解 B

### スクリプト
月球表面的环境与地球大不相同。月球没有大气层，它的表面直接暴露在宇宙空间，导致其温度变化非常剧烈。白天最热时，温度可高达一百五十摄氏度；而夜间最冷时，则下降到零下一百八十三摄氏度。

### スクリプト和訳
月の表面の環境は地球と大きく異なる。月には大気の層がなく、表面は直接宇宙空間にさらされているので、激しい温度変化を引き起こす。昼間、最も暑い時は温度が150℃にもなり、夜間、最も寒い時はマイナス183℃にまで下がる。

### 選択肢和訳
A 月の大気層は厚い
B 月の昼夜の温度差は大きい
C 月の表面は平らである
D 月の環境は地球と似ている

## 15  正解 D

### スクリプト
体内的二氧化碳过多时，人体机能便会受到影响，我们就会感到疲倦，这时身体便会做出保护性反应——打呵欠。打呵欠是一种深呼吸动作，能让我们吸进比平常更多的氧气，排出更多的二氧化碳，从而消除疲劳。

### スクリプト和訳
体内の二酸化炭素が多すぎると、人体の機能は影響を受け、疲労を感じる。この時身体はあくびという保護反応を起こす。あくびは深呼吸の動作であり、いつもより多くの酸素を吸い込み、より多くの二酸化炭素を排出することによって疲労を解消するのである。

### 選択肢和訳
A 朝は深呼吸するのに適している
B あくびは風邪を予防できる
C 深呼吸は緊張を緩和できる
D あくびは疲労を取り除くことができる

## 第2部分　問題 p.110〜p.111

〈問題文〉请选出正确答案。
〈和　訳〉正しい答えを選びなさい。

## 16 - 20

> スクリプト

男：你是如何走上射击这条路的?
女：其实是个意外，正好有教练来挑队员，因为我稳定性好就被挑进队了。而且爸爸特别喜欢体育，他一直都是我坚强的后盾。
男：第一次打枪什么感觉?
女：当时我十四岁，打枪很响，所以很害怕。可我第一次打枪就打出了一个十点九环，所有人都说我很强，一开始练就打得特别好。正是那发子弹给了我自信，让我爱上了射击。
男：你觉得射击对你性格产生了怎样的影响?
女：没有什么改变，我本来就活泼开朗。但我能收得住，平时嘻嘻哈哈的，训练的时候变脸特别快，前一秒还在笑，第二秒就是比赛的状态了。
男：会觉得自己是一个射击的天才吗?
女：会。我觉得每个人都有自己的一种天赋，也都是天才，但也要后天的努力。
男：射击这条路走得顺利吗?
女：比较顺利，可能是因为我碰到了一个好教练。
男：有没有比较大的挫折或比较低迷的时候?
女：亚运会结束后，二零零九年到国家队后，我的成绩一直飙升，世界杯拿冠军，世锦赛拿冠军、破记录。亚运会在自己是东道主的情况下，拿出了最好的水平，决赛一百零五点九环，这是在决赛场上打过的最高水平。打完亚运会之后，心里有点儿飘，不像以前那么实在。教练发现了这个问题，一点一点地把我纠正过来。
男：在你成长的历程中，谁给予你的帮助最大?
女：教练和父亲。父亲在我最困难的时候起到了减压剂的作用。遇到不开心的事情我会给父亲打电话诉说，爸爸会说:"没有关系，你能一路走到现在已经很棒了，家里人都挺你。"他就一直鼓励着我。而教练在训练和做人上都给了我很多指导，她是我最好的教练，最感激的人。

### スクリプト和訳

男：あなたはどうして射撃の道を歩むことになったのですか？
女：意外なことがきっかけでした。あるコーチが選手を選びに来て、私は落ち着きがあったので選ばれました。父もスポーツが好きで、ずっと私の強力な後ろ盾です。
男：初めてライフルを撃った時、どのような気持ちでしたか？
女：当時私は14歳でしたが、ライフルは音が響くので怖かったです。でも初めて撃った時、10点圏に当てたので、皆私が上手だと言い、練習を始めてすぐうまく撃てるようになりました。あの1発が私に自信を持たせ、射撃を好きにさせてくれたのです。
男：射撃はあなたの性格にどのような影響を与えましたか？
女：何も変わりません。私はもともと明るく活発ですが、抑えることもできます。普段は笑っていますが、練習の時はぱっと切り替え、1秒前まで笑っていたのに次の瞬間には試合の状態になっています。
男：自分は射撃の天才だと思いますか？
女：思います。誰にでもそれぞれの才能があり、皆天才ですが、努力も必要です。
男：射撃の道を順調に歩んでいると思いますか？
女：順調な方だと思います。良いコーチに出会えたからでしょう。
男：大きな挫折にぶつかったり、スランプに陥ったりすることはありますか？
女：アジア大会が終わり、2009年にナショナルチームに入ってから、成績はずっと伸び続け、ワールドカップで優勝し、世界選手権では優勝して新記録を出しました。アジア大会ではホスト国である状況のもと、最高のレベルを発揮しました。決勝では105.9点を出し、決勝戦で打ち出した最高点でした。アジア大会が終わると気持ちが浮つき、以前のような落ち着きがありませんでした。コーチはこの問題に気づき、少しずつ直してくれました。
男：成長の過程において、誰からの助けが大きかったですか？
女：コーチと父です。私が一番苦しんでいる時、父はプレッシャーを和らげてくれました。うれしくないことがあると、父に電話をして話しました。すると父は「大丈夫、ここまで来られただけでもすばらしいことだ。家族は皆お前を応援しているよ」と言って、励まし続けてくれました。コーチは練習においてもメンタルの部分でも多くのことを指導してくださり、彼女は私にとって一番のコーチであり、一番感謝している人です。

## 16  正解 C

**設問スクリプト**
女的为什么能进入射击队？

**設問スクリプト和訳**
女性はなぜ射撃チームに入ることができたのですか？

**選択肢和訳**
A  視力が良かったから
B  反応が早かったから
C  安定していたから
D  射撃の基礎があったから

## 17  正解 A

**設問スクリプト**
女的第一次射击，情况怎么样？

**設問スクリプト和訳**
女性の初めての射撃はどのようでしたか？

**選択肢和訳**
A  怖かった
B  嘲笑された
C  手を怪我した
D  成績が思わしくなかった

## 18  正解 D

**設問スクリプト**
女的在亚运会上表现怎么样？

**設問スクリプト和訳**
女性のアジア大会での成果はどうでしたか？

**選択肢和訳**
A  普段の力が発揮できなかった
B  準優勝した
C  チームメイトに負けた
D  最高のレベルを記録した

## 19  正解 A

### 設問スクリプト
关于女的，下列哪项正确?

### 設問スクリプト和訳
女性について、以下のどの項目が正しいですか？

### 選択肢和訳
A 性格が明るい
B 引退を考えている
C 射撃の道は紆余曲折している
D 射撃の才能がない

## 20  正解 A

### 設問スクリプト
女的最感激的人是谁?

### 設問スクリプト和訳
女性が最も感謝しているのは誰ですか？

### 選択肢和訳
A コーチ
B 母親
C ライバル
D 夫

# 21 - 25

> **スクリプト**

女：雷总您好。我们知道您在广告创意方面已经荣获了大大小小很多奖项，我们很好奇当初您是怎么选择踏进创意这个行业来的呢？

男：我在大学里读的专业纯粹是理工科。在校读书期间，我也参加了一些社团活动，如摄影协会、书画协会，在这个过程中，我发现我个人可能对于摄影，包括相关艺术的行业都有一定的兴趣。所以在毕业之后，我的第一份工作就进了广告公司，之后就在这条路上一直走下来了。

女：在构思创意时，您通常会用什么方法来吸引大家的眼球呢？

男：关于创意的点子，以前有一个误区，大家都认为很多好的点子是灵光一现，是某一时刻一个灵感的展现。其实对于我们这些行业内的人而言，大多数情况下都是人家事先产生很多好的点子，你再在这之中精心地慢慢筛选。我们是属于商业创意的行业，你需要做的是把客户的品牌推销出去，把客户品牌的卖点推广出去。这个时候你要对产品有足够了解，足够熟悉，而最重要的是你必须要了解消费者是怎么想的。基本上你要把消费者的兴趣和需求、产品优质的卖点进行捆绑、连接。这个连接，你要借助或通过一些很好玩儿的方式和途径，比如说娱乐的方式，通过一些有趣的创意点子来完成这个过程。

女：您觉得一个广告除了价格以外，还承载了哪些意义？

男：品牌的理想、品牌的价值。广告也罢、其他的营销手段也罢，都在帮助企业打造一个品牌，品牌的核心是一种文化产业，是一个品牌的精神层面。我们选择这个品牌，就是基于我们对这个品牌的理解，知道它、了解它、理解它、喜欢它。我们做的所有的创意都应该以这个角度为出发点。

女：在您看来，未来广告发展会有什么样的流行趋势？

男：今天在创意的很多环节里面都是有跨界创意的概念。以前我们说创意或广告，做电视就是做电视，做广告就是做广告。而如今流行把很多艺术表现形式和创作表现形式全部融合起来，产生更多营销和创意的点子，这样它就变成一个整合的方案。这是一个行业做大的趋势之一。

> スクリプト和訳

女：雷社長、こんにちは。あなたは広告制作において大小数々の賞を受けられました。あなたがはじめどのように広告制作の業界に入るのを選んだのか、興味があります。

男：大学の専攻は純粋な理工学系でした。在学中、写真サークルや書画サークルなどの活動に参加し、そこで自分が撮影や芸術に関係ある仕事に興味があることに気づきました。卒業後最初に就職したのが広告会社で、それからずっとこの道を歩んできました。

女：制作の構想を立てる時、あなたはいつもどのような方法を使って人の目を引き付けようとするのですか？

男：制作のアイディアについて、以前は誤った考え方がありました。多くの優れたアイディアは突然ひらめくもの、ある時起こったインスピレーションを表現したものだと皆は思っていました。私たち業界の人間から言えば、ほとんどの場合、事前に多くの良いアイディアを作ってもらい、それから大切にゆっくりとふるいにかけるのです。私たちは商業的な広告業界に属しているのですが、顧客のブランドを売り出し、顧客のブランドのセールスポイントを売り出すのが仕事です。この時、商品をよく理解し、熟知していなければなりません。また、最も重要なのは消費者の考えを理解することです。消費者の興味と需要、商品の良質なセールスポイントをつなげるのです。このつなげるというのは、ある種の面白い方法と手順を借りて、例えば娯楽の方法や、面白いアイディアを通してつなげる過程を完成させるのです。

女：一つの広告は、価格の他にどのような意義を持たせることができると思いますか？

男：ブランドの理想、ブランドの価値です。広告でも、他のセールスの方法でも、企業が一つのブランドを作ることを手助けします。ブランドの核心は文化産業であり、ブランドの精神の側面なのです。私たちがこのブランドを選ぶのは、このブランドへの理解に基づいています。それを知り、理解し、好きになることです。私たちが行うすべての制作はこの角度から出発すべきです。

女：あなたから見て、将来の広告の発展は、どのような傾向があると思いますか？

男：今日の制作の多くの段階において、クロスオーバー（ジャンルを超えた）の概念があります。以前私たちが制作や広告と言う時は、テレビならテレビ、広告なら広告でした。今流行しているのは、多くの芸術の表現スタイルと創作の表現スタイルを融合させ、さらに多くのマーケティングと制作のアイディアを生み出すことです。こうして1つの総合的なプランになるのです。これが業界の中での大きな傾向の1つです。

## 21　正解 C

**設問スクリプト**
人们对创意有什么错误的认识?

**設問スクリプト和訳**
人々は広告制作についてどのような間違った認識をしていますか?

**選択肢和訳**
A　アイディアはどこにでもある
B　アイディアにひらめきは必要ない
C　良いアイディアの多くは瞬間的に生まれる
D　良いアイディアは知恵の結晶である

## 22　正解 C

**設問スクリプト**
男的认为在推广品牌时，什么最重要?

**設問スクリプト和訳**
男性はブランドを普及させる時、何が最も重要だと思っていますか?

**選択肢和訳**
A　販促活動　　　　　　B　普及の方法
C　消費者の要求を理解する　D　商品を熟知すること

## 23　正解 D

**設問スクリプト**
男的认为广告承载的意义是什么?

**設問スクリプト和訳**
男性は広告が持つ意義は何だと思っていますか?

**選択肢和訳**
A　会社のイメージ　　　B　製品の機能
C　消費者の期待　　　　D　ブランドの理想と価値

## 24 正解 A

#### 設問スクリプト
男的认为未来广告有怎样的发展趋势？

#### 設問スクリプト和訳
男性は将来の広告はどのような発展傾向があると思っていますか？

#### 選択肢和訳
A　アイディアのクロスオーバー　　B　テレビから離脱する
C　新しい企画を重視する　　　　　D　さらに生活に寄り添う

## 25 正解 A

#### 設問スクリプト
关于男的，下列哪项正确？

#### 設問スクリプト和訳
男性について、以下のどの項目が正しいですか？

#### 選択肢和訳
A　撮影が趣味である　　　　　　B　大学では文系であった
C　書画協会を設立した　　　　　D　最初の仕事は広告とは関係がなかった

## 26 - 30

**スクリプト**

男：各位网友大家好，今天我们请到的是五六网创始人周娟。欢迎你！
女：你好，各位观众大家好。
男：作为中国互联网领域为数不多的女性创始人，你认为男性创业者和女性创业者有本质区别吗？
女：还是会有一些的，因为本身男性和女性思考方式和处事方式不同，男性相对来说会在处理事情上比较激进一点儿，而女性思考问题可能会比较理性，比较细腻，更加坚韧一些。
男：在互联网领域创业和传统企业创业，你感觉有什么不一样？
女：我们遇到的竞争和挑战是比传统企业更大的，因为你这个平台服务的人群是和传统企业不同的，互联网企业里面每天可能会有几千万的用户来访问你的平台，如何服务好他们对于我们来说就是一个挑战。
男：你认为自己的性格里有哪些特质在关键时刻起到了决定性作用？
女：可能我的性格里面有坚韧的因素，特别好强。在做五六网的时候，遇到了很多的困难，但是我的这个性格会让我继续坚持下去，尽自己的最大努力做好这件事。
男：刚才你讲到创业过程中遇到很多困难，最难的情形是怎么样的？
女：互联网企业在发展的过程中遇到的比较大的障碍，可能是在资金方面，我们曾经在融资的过程中遇到了一些困难。当我必须要把发展非常快的业务做减缩的时候，是最痛苦的。
男：那作为一个视频网站，你们的盈利模式是什么？
女：五六网视频盈利的模式有两类，一类就是传统的视频广告的模式，电视网络转向视频网站也是非常多的，这是我们的商业机会。其次就是我们的用户增值服务，因为五六网从创办开始，一直以来在用户互动和用户娱乐方面做得是非常深入的，我们的用户更愿意在五六网做一些增值的互动，我们会产生一些用户收费服务。对于未来，可能会在无线互联网方面发展，但抓住这个商业化机会应该还需要一些时间。

> スクリプト和訳

男：ネットユーザーの皆さん、こんにちは。今日は56.comの創始者、周娟さんにお越しいただきました。ようこそ！

女：こんにちは、視聴者の皆さんこんにちは。

男：中国のインターネットの分野において、数少ない女性の創始者として、男性の創業者と女性の創業者とで本質的な違いはありますか？

女：それはやはりあります。もともと男性と女性では考え方や物事を処理する方法が違いますから。男性は仕事の仕方が急進的ですが、女性は問題の考え方が理性的で細やかで忍耐強いかと思います。

男：インターネット分野での起業と、伝統企業の起業とでは、何が違うと思いますか？

女：私が直面した競争と挑戦は伝統企業のそれよりももっと大きかったです。この分野のサービス対象は伝統企業とは異なり、ネット企業のプラットホームには毎日数千万人ものユーザーが訪れます。いかに彼らにサービスを提供するか、これは私たちにとって一つの挑戦です。

男：ご自身の性格のどのような部分が、大事な時に決定的な役割を担うと思いますか？

女：私の性格は忍耐強く、負けず嫌いです。56.comを創設する時、多くの困難に直面しましたが、この性格のおかげで頑張ることができ、最大の努力でこの事業を成し遂げることができたのです。

男：今、創業の際に多くの困難に直面したお話がありましたが、どのような状況が一番苦しかったですか？

女：ネット企業が発展の過程でぶつかる大きな障害は、おそらく資金面についてでしょう。私たちも融資の際に困難にぶつかりました。一番伸びている業務を減らさなければならなかった時は苦しかったです。

男：一つの動画サイトとして、どのような収益モデルがありますか？

女：56.comの動画サイトの収益モデルは2種類あります。1つは伝統的な動画広告のモデルです。ネットテレビが動画ネットに方向転換することも多く、これは私たちにとっての商機です。もう1つは、ユーザーの付加価値サービスです。56.comは創設以来ずっとユーザー・インタラクティブと娯楽に力を入れてきました。私たちのユーザーは56.comでもっと付加価値のあるインタラクティブの活動をしたいと思っているので、私たちも有料のサービスを作るつもりです。将来は、無線ネットにも力を入れたいと思っていますが、この商機を掴むにはもう少し時間が必要です。

## 26 正解 A

**設問スクリプト**
女的认为女性创业者有什么优势?

**設問スクリプト和訳**
女性は、女性の創業者にはどのような利点があると思っていますか?

**選択肢和訳**
A　忍耐強い
B　行動力がある
C　よりエネルギッシュである
D　物事の処理の仕方が過激すぎる

## 27 正解 C

**設問スクリプト**
和传统企业相比，互联网领域有什么特点?

**設問スクリプト和訳**
伝統的な企業と比べて、ネットの分野にはどのような特徴がありますか?

**選択肢和訳**
A　顧客数が少ない
B　運営モデルが固定されている
C　プラットホームの訪問者数が多い
D　オフィスの場所の制限がない

## 28 正解 A

**設問スクリプト**
女的在创业过程中遇到了什么困难?

**設問スクリプト和訳**
女性は創業の過程でどのような困難に直面しましたか?

**選択肢和訳**
A　融資が順調でない
B　人材が不足している
C　業界が独占されている
D　核心的な技術が欠けている

## 29  正解 C

**設問スクリプト**
关于五六网的盈利模式，下列哪项正确？

**設問スクリプト和訳**
56.comの収益モデルについて、以下のどの項目が正しいですか？

**選択肢和訳**
A　動画の版権の売り出し
B　広告収入に頼らない
C　有料サービスの開設
D　無線ネットを中心にする

## 30  正解 D

**設問スクリプト**
关于女的，下列哪项正确？

**設問スクリプト和訳**
女性について、以下のどの項目が正しいですか？

**選択肢和訳**
A　留学経験がある
B　投資に熱中している
C　ネットショッピングが好きである
D　動画サイトを設立した

## 第3部分　問題 p.112〜p.113

〈問題文〉请选出正确答案。
〈和　訳〉正しい答えを選びなさい。

### 31 - 33

> **スクリプト**
>
> 　　抓螃蟹的渔民往往会携带一个有小盖子的竹篓。捉到第一只螃蟹后，他们会把盖子盖严，以防螃蟹逃走。捉到第二只螃蟹后，渔民就不再盖盖子了。
> 　　这是为什么？原来当有两只以上的螃蟹时，每只都会争先恐后地爬向出口。但是，竹篓口很窄，每次只能爬出一只螃蟹。于是当一只螃蟹爬到篓口时，其余的螃蟹会用威猛的大钳子把它拖下来。尽管篓口敞开着，却没有一只螃蟹能够成功逃离。
> 　　这个故事告诉我们：竞争面前固然不必谦让，但竞争规则同样不容践踏。如果破坏了竞争规则，有序变成了无序，每个个体都要面对来自四面八方的不择手段的攻击，就会出现如螃蟹一样苦苦挣扎到篓口却又再度被拖回深渊的状况。规则是约束，更是保护。
>
> **スクリプト和訳**
>
> 　　蟹を捕る漁師は、いつも小さなふたのついた竹かごを持っている。1匹目の蟹を捕まえると、ふたをきっちり閉め、蟹が逃げないようにする。2匹目の蟹を捕まえたら、猟師はもうふたを閉めない。
> 　　なぜか？2匹以上の蟹は、それぞれ先を争って出口に向かう。しかし竹かごの口は狭く、一度に1匹しか出られない。そして1匹の蟹がかごの口まで這い上がると、残りの蟹が勇猛な大ばさみでその蟹を引きずり降ろす。かごの口が開いたままでも、1匹も外に逃げられないのである。
> 　　この話が私たちに伝えたいのは、競争する時は遠慮しなくてもよいが、競争の規則を踏みにじることは許されないということである。もし競争の規則を破ったら、秩序が無秩序になり、それぞれが四方八方からの手段を選ばない攻撃に立ち向かうことになり、蟹のようにもがきながらかごの口にたどり着いても、再び深い淵に引きずり降ろされるような状況になってしまう。規則は制約することであり、さらには保護することでもある。

## 31 正解 C

**設問スクリプト**
抓到第二只螃蟹后，渔民会怎么做？

**設問スクリプト和訳**
2匹目の蟹を捕まえた後、漁師はどうしますか？

**選択肢和訳**
A 塩をふりかける
B 竹かごを傾ける
C 二度とふたをしない
D 蟹を縛る

## 32 正解 D

**設問スクリプト**
为什么两只以上的螃蟹爬不出竹篓？

**設問スクリプト和訳**
なぜ2匹以上の蟹は竹かごから出られないのですか？

**選択肢和訳**
A 酸素不足
B 竹かごが深すぎる
C 打たれて気を失った
D 他の蟹に邪魔されるから

## 33 正解 C

**設問スクリプト**
这个故事主要想告诉我们什么？

**設問スクリプト和訳**
この話は何を伝えようとしていますか？

**選択肢和訳**
A 譲ることを身つけるべきである
B 一番を争うべきである
C 競争の規則を守るべきである
D 協力も競争も必要である

# 34 - 37

## スクリプト

　　近年来，"浅阅读"现象越来越引起人们的关注。所谓"浅阅读"，是一种以轻松、实用甚至娱乐为最高追求的阅读形式。
　　"浅阅读"的出现与社会竞争加剧、工作学习节奏加快以及信息爆炸带来的多样选择有关。近年来，网络、手机等多元化阅读方式，在拓展人们知识面的同时，也使得以快餐式、跳跃性、碎片化为特征的"浅阅读"迅速流行起来。
　　对于这一现象，一些专家认为不必视同洪水猛兽。著名文化批评家王晓渔说："'浅阅读'时代最大的进步，就是选择的自由。每个人都有自己的阅读喜好，于是阅读也就呈现出了多样性。"
　　然而，"浅阅读"的负面影响也不可忽视。一些学者认为，"浅阅读"这种阅读态度加深了整个社会的浮躁。而那些读来显得沉重的文字，往往能够激发起读者的感悟和思考，使人更好地了解社会。不能仅仅因为"浅阅读"的轻松、愉快，而放弃学习积累的机会。因此，他们强调传统式"深阅读"，反对阅读"快餐化"。

## スクリプト和訳

　　近年、「浅読み」の現象が徐々に注目されるようになった。いわゆる「浅読み」は、気軽かつ実用的で、ひいては娯楽を最高の目的とする読書法である。
　　「浅読み」が現れたことは、社会の競争の激化、仕事や勉強の加速化、爆発的な情報量がもたらした多様な選択肢と関係がある。近年、ネットや携帯電話など多様な読書方法は、人々の知識を広く開拓すると同時に、ファストフード式、跳躍性、かけら化を特徴とする「浅読み」を瞬く間に流行らせた。
　　この現象に対して、一部の専門家は危険なものと見なす必要はないと考えている。著名な文化評論家の王暁漁は、「『浅読み』時代の最大の進歩は、選択の自由である。誰にでも自分の好きな読み物があり、読書にも多様性が出てきた。」と言う。
　　しかし、「浅読み」の悪い影響も無視できない。ある学者は、「浅読み」のような読書の姿勢は社会全体の浮つきを深刻化させると考えている。一方、重々しく見える文章は、往々にして読者の理解と思考を刺激し、社会に対する理解を深めることができる。「浅読み」の気軽さ、楽しさだけのために、学びを蓄積する機会を放棄してはいけない。そのため、彼らは伝統的な「深読み」を提唱し、読書の「ファストフード化」に反対するのである。

## 34  正解 B

**設問スクリプト**
下列哪项是"浅阅读"出现的原因?

**設問スクリプト和訳**
「浅読み」が出現した原因は以下のどの項目ですか?

**選択肢和訳**
A　生活のリズムがゆっくり　　B　**社会の競争が激しい**
C　読書の方法が単一である　　D　教育レベルが上がった

## 35  正解 B

**設問スクリプト**
"浅阅读"有什么特征?

**設問スクリプト和訳**
「浅読み」にはどのような特徴がありますか?

**選択肢和訳**
A　体系化　　　　　　　　　B　**ファストフード式**
C　深いレベル　　　　　　　D　低年齢化

## 36  正解 D

**設問スクリプト**
"深阅读"有什么优点?

**設問スクリプト和訳**
「深読み」にはどのような長所がありますか?

**選択肢和訳**
A　より娯楽性がある　　　　B　情報量がさらに多い
C　読者をよりリラックスさせる　　D　**読者の思考を刺激する**

## 37 正解 B

**設問スクリプト**
根据这段话，下列哪项正确？

**設問スクリプト和訳**
この話について、以下のどの項目が正しいですか？

**選択肢和訳**
A 「深読み」はすでになくなった
B 「浅読み」は利点も弊害もある
C 「浅読み」は読者から軽視されている
D 「深読み」は学習の蓄積を軽視している

## 38 - 40

**スクリプト**

　　头脑风暴法是一种集体开发创造性思维的方法，即一群人围绕一个特定的问题或兴趣领域不断产生新观点，使各种设想在相互碰撞中激起脑海的创造性风暴。因此，所有参与讨论的人，都应该不受任何条条框框限制，而应让思维自由驰骋，从而产生很多新观点和解决问题的方法。

　　当参加者有了新想法时，他们就大声说出来，他人在此基础上建立新观点。头脑风暴会议的目标是获得尽可能多的设想，追求数量是它的首要任务。参加会议的每个人都要抓紧时间多思考，多提设想。所有人的观点都会被记录下来，但不立即进行评价。只有当会议结束的时候，才对这些观点和想法进行评估。在某种意义上，设想的质量和数量密切相关，产生的设想越多，其中的创造性设想就可能越多。

**スクリプト和訳**

　　ブレインストーミング法は集団発想の方法である。ひとつのグループがある特定の問題や興味のある分野について次々に新たな観点を生み出し、それぞれの発想を相互にぶつけ合い、脳の中で発想のストーム（嵐）を起こす。そのため討論に参加するすべての人は、いかなる制限も受けてはならず、考えを自由にめぐらせ、多くの新たな観点と問題の解決方法を生み出すのである。

　　参加者は新しい発想を得た時、大声でそれを発表し、他の人はそれをもとに新しい観点を打ち出す。ブレインストーミング会議の目的はできるだけ多くの発想を得ることで、数の多さを追求することが、第一の重要な目的である。会議の参加者は全員、時間を無駄にせずたくさん考え、たくさん発想を提出する。全員の観点は記録されるが、その場ではすぐに評価されない。会議の終わりが近づくと、提出された観点と発想について評価が行われる。ある意味で、発想の質と量には密接な関係があり、発想が多く生まれるほど、創造性のあるものも多くなる。

## 38 正解 C

**設問スクリプト**
当参会者有了新观点时，应该怎么做?

**設問スクリプト和訳**
会議の参加者が新たな観点を得た時はどうしますか？

**選択肢和訳**
A 互いに評価する　　　　　B ペンで書いておく
C 大声で発表する　　　　　D 司会者に教える

## 39 正解 C

**設問スクリプト**
头脑风暴会议的首要目标是什么?

**設問スクリプト和訳**
ブレインストーミング会議の一番の目標は何ですか？

**選択肢和訳**
A 争いを解決する　　　　　B 最も良い提案を探し求める
C 発想の数を追求する　　　D 出席者の自信を高める

## 40 正解 D

**設問スクリプト**
关于头脑风暴，下列哪项正确?

**設問スクリプト和訳**
ブレインストーミングについて、以下のどの項目が正しいですか？

**選択肢和訳**
A 個人の表現を突出させる　　　B 制限や条件が多い
C ビジネスの交渉に多く見られる　D 集団の創造活動である

## 41 - 43

> **スクリプト**

很多人都认为，鸟巢是鸟的家，也是鸟睡觉的地方。但这种说法可能仅仅是想当然。

动物学家在观察鸟类生活习性时发现，许多鸟并不在巢中睡觉，就连狂风暴雨的时候也不到巢中藏身。例如野鸭和天鹅，夜晚时总是弯曲着脖子，将脑袋夹在翅膀之间，身体漂浮在水面上睡觉。而鹤、鹭等长脚鸟类，则喜欢站在地上睡觉。

鸟既然不在巢中睡觉，为什么还要辛辛苦苦地筑巢呢？原来，对大多数鸟类来说，鸟巢是繁殖后代的"产房"。通常情况下，雌鸟在巢中产卵和孵卵，等小鸟孵出后，鸟巢又成为育儿场地。当小鸟长大开始独立生活时，鸟巢的使命便完成了，最终被鸟遗弃。

总而言之，地球上的九千多种鸟类中，大部分建鸟巢仅仅是为了养育后代，而不是为了夜晚睡觉。

> **スクリプト和訳**

多くの人は、鳥の巣は鳥の家であり、鳥が寝る場所だと思っているが、これは思い込みである可能性がある。

動物学者が鳥類の生活習慣を観察した際、多くの鳥は巣の中で寝ることはなく、暴風雨の時でさえ巣に身を隠さないことを発見した。例えば鴨と白鳥は、夜は首を曲げて頭を羽根の間に挟み、水に浮いたまま寝る。鶴、鷺などの脚の長い鳥は、地上で立ったまま寝るのを好む。

鳥は巣の中で寝ないのなら、なぜ一生懸命巣を作るのだろうか？もともと、多くの鳥類にとって、巣は繁殖のための「産室」なのである。通常の場合では、雌は巣の中で卵を産み、孵化させ、ひなが孵化すると巣は子育ての場になる。ひなが大きくなり独立生活を始めた時、巣はその役目を終え、最後には捨てられる。

要するに、地球上の九千種類以上の鳥類のうち、巣を作るものの大部分は子孫を育てるためであって、夜寝るためのものではない。

## 41 正解 D

**設問スクリプト**
动物学家发现了什么?

**設問スクリプト和訳**
動物学者は何を発見しましたか?

**選択肢和訳**
A 鳥の巣が丈夫である　　　B 多くの鳥は巣を作れない
C 雨が降ると鳥は巣に隠れる　**D 多くの鳥は巣の中で寝ない**

## 42 正解 A

**設問スクリプト**
鸟为什么筑巢?

**設問スクリプト和訳**
鳥はなぜ巣を作るのですか?

**選択肢和訳**
**A 子孫の繁殖のため**　　　B 天敵から身を隠すため
C パートナーを探すため　　D 食物を貯めるため

## 43 正解 B

**設問スクリプト**
这段话主要谈什么?

**設問スクリプト和訳**
この話は主に何を述べていますか?

**選択肢和訳**
A 鳥の種類　　　　　**B 鳥の巣の使い道**
C 鳥の休み方　　　　D 鳥の成長過程

# 44 - 47

> **スクリプト**

　　团购，就是消费者联合起来，增强与商家的谈判能力，以求得最优价格的一种购物方式。近年来，团购越来越吃香，购房要团购，装潢要团购，家具要团购，汽车要团购，甚至买零食都要团购。早年的团购还只是限于同一个企业或者单位的人。随着互联网的发展，团购的参与者更多的是素不相识的陌生人，大家通过购物会友，交流消费信息和购物心得。
　　是什么原因促使大家参加团购呢？
　　首先，对折扣的期望值是首要因素。根据薄利多销、量大价优的原理，商家可以给出低于零售价格的团购折扣，提供单独购买得不到的优质服务。
　　其次，参加者还希望通过集体行动，能对商品的质量、观感等有更多的了解，以确定自己的决定是否正确，这里面包含着一种"从众"心态。
　　团购作为一种新型的电子商务模式，虽然还不是主流的消费模式，但它所具有的爆发力已经逐渐显露了出来。现在团购的主要方式是网络团购。在团购的疯狂浪潮中，你不是孤军奋战，这支队伍正在日益壮大。

> **スクリプト和訳**

　　共同購入とは、消費者が集まることによって業者との交渉力を高め、最も安い価格を求める一種の購買方法である。近年、共同購入は徐々に人気が出て、家、装飾、家具、車、おやつに至るまで、何でも共同購入なのである。早期の共同購入は同じ会社か職場の人に限られていた。インターネットの発達に伴い、互いに面識のない人同士でも共同購入に関わるようになり、彼らは共同購入の会員を通じて情報や購入の知識について交流するのである。
　　人々を共同購入に参加させる理由は何か？
　　まず、割引への期待が一番の要素である。薄利多売の原理に基づき、業者は共同購入の割引価格を小売価格よりも安く提示でき、個人購入では受けられない優良なサービスを提供する。
　　次に、参加者は集団行動を通して、商品の質やイメージをさらに理解し、自分の判断が正しいか確認したいと思っていることである。ここには大勢の意見に従う心理がある。
　　共同購入は新型のネットビジネスのモデルとして、まだ消費モデルの主流にはなっていないものの、その爆発力は徐々に表れ始めている。現在は、インターネットが共同購入の主な方法である。共同購入が巻き起こす波の中で、あなたは1人で奮闘するのではない。この集団が今まさに日に日に勢力を拡大してきているからだ。

## 44  正解 D

**設問スクリプト**
现在的团购有什么新特征？

**設問スクリプト和訳**
現在の共同購入には、どのような新たな特徴がありますか？

**選択肢和訳**
A 企業の内部に限られる　　B 消費モデルの主流になった
C 食品の小売りにのみ適用される　　**D 参加者の多くは互いに面識がない**

## 45  正解 C

**設問スクリプト**
下列哪项是人们参加团购的主要原因？

**設問スクリプト和訳**
人々が共同購入に参加する主な理由は、以下のどの項目ですか？

**選択肢和訳**
A 流行を追い求める　　B 荷物の配達が早い
**C 価格が優遇されている**　　D 選択肢が多い

## 46  正解 A

**設問スクリプト**
团购反映了一种什么心理？

**設問スクリプト和訳**
共同購入はどのような心理を反映していますか？

**選択肢和訳**
**A 大勢の意見に従う**　　B 自分を卑下する
C 成功を急ぐ　　D 利に走り害を避ける

## 47 正解 B

**設問スクリプト**
说话人对团购是什么看法？

**設問スクリプト和訳**
話者は共同購入に対してどのような見方をしていますか？

**選択肢和訳**
A 異論が多い
B **発展する潜在力がある**
C 前途を楽観視できない
D まず小さな範囲で普及できる

## 48 - 50

**スクリプト**

　　一直以来，"好孩子是夸出来的"这一观念在教育界十分盛行。不过，现在人们开始对这种教育观念进行反思，因为大量研究表明，轻率的表扬对孩子没有益处，反而会干扰他们的学习。研究显示，用诸如"你太聪明了""你真是个天才"等语句夸奖孩子智力高，通常弊大于利，因为经常被夸聪明的孩子更容易逃避那些可能损害他们"声誉"的困难任务；而被夸很努力、敢于冒风险的孩子则更乐于接受挑战并可能取得更大的成功。
　　心理学家建议教育从业者们使用一些更精确、更科学的"表扬词汇"，以促进孩子们接受更多具有挑战性的任务。

**スクリプト和訳**

　　長い間、「良い子は褒めて育つ」という考え方は、教育界で流行してきた。しかし今、人々はこのような教育思想を反省し始めた。多くの研究が、軽率な称賛は子供にとってよくないどころか、かえって彼らの学習を妨害する、ということを明らかにしたからである。研究によると、例えば「君はとても賢いね」「君は本当に天才だね」というような子供の知力の高さを褒める言葉は、利点よりも弊害の方が大きい。頻繁に賢いと褒められた子供は、彼らの名声を損なう可能性のある、難しい仕事をより避ける傾向がある。努力やリスクを冒す勇気を褒められた子供の方が喜んで挑戦し、さらに大きな成功を収めるのだ。
　　心理学者は提唱する。教育に従事する者は、もっと正確で科学的な褒め言葉を使い、子供がチャレンジ性のある仕事を受け入れるように促すべきだ、と。

## 48  正解 D

**設問スクリプト**
人们为何会反思"好孩子是夸出来的"这一观念？

**設問スクリプト和訳**
人々はなぜ「良い子は褒めて育つ」という考えを反省したのですか？

**選択肢和訳**
A 時代遅れだから
B 多くの親が反対しているから
C 子供は褒められるのが嫌いだから
D 研究では良い効果がないことが分かったから

## 49  正解 D

**設問スクリプト**
经常被夸聪明的孩子有什么表现？

**設問スクリプト和訳**
頻繁に賢いと褒められた子供はどのような態度が見られますか？

**選択肢和訳**
A より冒険が好きになる
B 傲慢になりやすい
C より賢くなる
D 困難を避けやすい

## 50  正解 B

**設問スクリプト**
下列哪项是心理学家给出的建议？

**設問スクリプト和訳**
心理学者が提唱した意見は、以下のどの項目ですか？

**選択肢和訳**
A 子供とたくさんコミュニケーションをとるべきである
B 褒めることは科学的かつ正確であるべきである
C 適切にご褒美を与えるべきである
D 褒めることと批判を合わせて行うべきである

## 2 阅 读

**第1部分** 問題 p.114〜p.116

〈問題文〉**请选出有语病的一项。**
〈和　訳〉語句や文法上の誤った文を選びなさい。

### 51　正解 B

**選択肢和訳**

A　今度のチャンスはめったにないものだから、大切にすべきだ。
B　彼の今日の態度はちょっと異常だよ。何か問題があったに違いない。
C　痩せているのが美しいという現在の審美眼と違い、唐代は太っているのが美しいとされた。
D　昨日のサッカーの試合では、広州恒大が2対1で北京国安に勝った。

**解説**　（訂正例）他今天的表现有点儿反常，肯定出什么问题了。
"一点儿"を形容詞の前に置くことはない。形容詞の前に置いて「少し〜」と言いたい時は"有点儿"を使うとよい。

### 52　正解 A

**選択肢和訳**

A　健康な体は、しっかり働くことの前提である。
B　今日は君の助けがあってよかった、私1人では手が回らなかったよ。
C　読書や執筆以外に、余暇にはラジオ番組を聴くのも好きだ。
D　「ひもじければ好き嫌いはない」という言葉は、人は飢えた時、食べ物の好き嫌いはそれほどなく、満腹になればよいという意味だ。

**解説**　（訂正例）健康的身体，是做好工作的前提。
この文は"是"の文。つまり"X是Y"なら「X＝Y」の関係が成り立つはずである。しかしこの文の場合、Xにあたる部分が「健康な体があるかないか」で、Yは「しっかり働くことの前提」となっており、「X＝Y」の関係になっていない。そうではなく「健康な体」が「しっかり働くことの前提」なわけなので、最初の"有没有"を削除する。

## 53 正解 B

**選択肢和訳**

A 人体の熱の発散は主に皮膚を通して行われる。
B この文章の構成はうまいが、言葉の表現に深みが足りない。
C 本編の上映の前に次の上映作品の予告を流すのは、映画館の慣例である。
D じゃがいもにはビタミンやタンパク質などの栄養素が豊富に含まれ、アンチエイジングに効く食材である。

**解説** （訂正例）这篇文章的构思很巧妙，但是语言表达不够深刻。／这篇文章的构思很巧妙，而且语言表达很深刻。
前半と後半をつなぐ接続詞が適切でない。前半では褒めて、後半ではおとしめているので、逆接の接続詞でつなぐべき。あるいは接続詞はそのままにし、後ろの否定文を"很深刻"と肯定文に変えてもよい。

## 54 正解 B

**選択肢和訳**

A 生命は意外な収穫に満ちた偉大な冒険である。
B 君の傷口は炎症を起こしているみたいだ、やはり病院で処置してもらった方がいいよ。
C 中国では柳の栽培は長い歴史があり、戦国時代の『周礼』にすでに関連する記載がある。
D 一種のパフォーマンス形式として、コントはほとんど毎年の春節聯歓晩会（正月番組）で上演される。

**解説** （訂正例）你的伤口好像发炎了，还是去医院处理一下吧。
前半にある"似乎"と"好像"はほぼ同じ意味なので、どちらか1つがあればよい。また"似乎是好像"の"是"もここでは必要ないので削除する。

## 55 正解 D

**選択肢和訳**

A 多くの人は、始めは夢のために忙しく働くが、その後忙しさのために夢を忘れてしまう。
B おとなしく待っているだけなら、幸せは永遠に窓の外に漂う雲にすぎないのだ。
C 友達を大切にするのは楽しいことであるが、もし見返りを求めたら、その楽しさは大幅に減少してしまうだろう。
D 自分の有利な点を理解し、足りないところを知ってこそ、自分を明確に知ることになる。

**解説** （訂正例）既了解自己的优势，又知道自己的不足，这才是对自己有清醒的认识。
"这样"は「このような・このように」という意味で、「このようにすれば」というような意味にはならない。前半の"既了解自己的优势，又知道自己的不足"を受けるには"这"でよい。また、前半で言っていることを実現するのは難しいことであると思われるので「このようにしてこそ」というように強調するために"才是"を挿入する。あるいは"才能"を挿入して「このようにしてこそ～できる」というふうにしてもよい。

## 56　正解 B

**選択肢和訳**

A　風が吹いた時、田んぼは滔々と流れる黄河のように上下になびいた。
B　**時間は心の傷を治す名人ではあるが、問題を解決するプロではない。**
C　今日の夕方から夜にかけて、市内東部に豪雨があり、1時間の雨量は50ミリメートル以上に達する見込みである。
D　白先勇改編、蘇州昆劇院演出の『牡丹亭』は100回近く巡演し、毎回満席であった。

**解説**　(訂正例) 时间是治疗心灵创伤的大师，但不是解决问题的高手。
"具有"が支配する目的語がない。たとえば「心の傷を治す特技を持つ名人」のように「特技」といった目的語を挿入してもよいが、いっそ"具有"を削除して、"是〜，不是〜"の形にすれば問題なくなる。

## 57　正解 A

**選択肢和訳**

A　**これらのデータは皆公式サイトからダウンロードしたものなので、信頼できるはずだ。**
B　この店で一度に2点以上商品を購入した人は、すべて半額の優遇を受けられる。
C　アモイは今年のメーデーの人気の旅行先で、コロンス島の最高訪問客数は1日に10万人を突破した。
D　この世で生きることは、1隻の船が大海を航行するようなもので、進むべき方向をはっきりさせることが重要である。

**解説**　(訂正例) 这些数据都是在官方网站上下载的，应该比较可靠。
前半の文は"是"の文なので、"X是Y"なら「X＝Y」の関係が成り立つはずである。この文の場合、Xは"数据（データ）"、Yは"信息（情報）"だが、データと情報では異なっているので、"信息"を削除してしまうとよい。

## 58　正解 B

**選択肢和訳**
- A　1人の成功したセールスマンとしてまずすべきことは、自分の製品と競争する製品を熟知することである。
- **B　ジェット機が上空を飛行している時、機体の後ろに1本か複数の長々とした白い気体が残り、これを飛行機雲と呼ぶ。**
- C　杭州はその美しい山紫水明の景色と、多くの名所旧跡によって国内外に知られ、中国の有名な景勝地である。
- D　大寒は二十四節気のうちの最後の節気であり、大寒の到来は中国の大部分が1年で最も寒い時期を迎えることを意味する。

**解説**　(訂正例) 喷气式飞机在高空飞行时，身后留下一条或数条长长的白色气体，称为飞机尾迹。
"长长"は副詞として動詞を修飾することもできるが、ここでは"气体"を修飾する言葉として使うのが適切。また、"长长的白色的气体"とすると"的"が2回出てきてしまうので、後の方の"的"を省略するとさらに良い。

## 59　正解 D

**選択肢和訳**
- A　低温と積雪の影響を受け、高山の野生動物は低地へ行って食べ物を探さなければならない。
- B　「心配するのを先にして、楽しむことは後にすべきだ」とは、北宋の文学者范中淹の『岳陽楼記』の名言である。
- C　収益とリスクの最も良い組み合わせは、一定のリスクがある前提のもとでできるだけ収益を最大化させるか、もしくは一定の収益がある前提のもとでリスクを最小化させることである。
- **D　他の人とトラブルが起きた時や、人を批判し責める時、温和な口調に変え、同情と理解の言葉を多く使えば、問題もそれほど複雑で激しくならないだろう。**

**解説**　(訂正例) 与他人发生矛盾、甚至批评指责他人时，换一种温和的语气，多一些体谅和理解的话语，也许问题就没那么复杂和尖锐了。
「～とトラブルが起きる」と言いたい時は"与""和""跟"などの介詞を用いる。

## 60 正解 D

**選択肢和訳**

A 中国の神話伝説において、龍は一種の神秘的な動物であり、古代王室のマークと中華民族のシンボルである。

B 頭角を現すのは大切であるが、チームの一員として仲間と力を合わせてこそ、共通の目標を達成できるのである。

C ひょうは一種の深刻な自然災害であり、通常夏と秋に発生し、降る時に多くの農作物を傷め、建物にダメージを与える。

D 牛乳を飲んですぐにみかんを食べてはいけない。牛乳のタンパク質はみかんの酒石酸と混ざると固まってしまい、牛乳の消化と吸収に影響を与える。

**解説** （訂正例）喝完牛奶后不应该立即吃桔子，因为牛奶中的蛋白质一旦与桔子中的果酸相遇，就会凝固，从而影响牛奶的消化与吸收。

最後の部分に注目してみると、動詞が"影响"で目的語の最後の言葉が"吸收不良"となっている。つまり「吸収不良に影響する」と言っているわけだが、日本語でもこれはおかしい。「吸収に影響する」というべきである。よって最後の"不良"を削除する。

## 第2部分　問題 p.117～p.119

〈問題文〉选词填空。
〈和　訳〉語句を選んで空所を埋めなさい。

### 61　正解 C

**問題文和訳**

友情は、人生の［取り尽くせない］宝である。苦難の中では有り金をはたいて役立ててくれる、誤った道では耳に痛い戒めの言葉となり、つまずいた時に［誠意をもって］手を貸してくれる、苦しい時に涙を［ぬぐって］くれる春風である。

**選択肢和訳**

A　とりわけ恵まれている　忠実である　選ぶ　　B　根が深い　真摯に　すくう
C　取り尽くせない　誠意をもって　ぬぐう　　　D　一日一日と増える　心から　まく

**解説**　1つ目の空欄は"宝藏"を修飾するのにふさわしい四字成語を入れる。Aは環境や人の素質などについて言う言葉なのでここでは不適。Bは何らかの勢力や思想、習慣などについて言う言葉なのでやはり不適。Cは「いくら取っても尽きることのない」という意味なので、宝物にかかる言葉として使える。Dは物事の数量が増えていくことを表すのでこれも排除しきれないが、A、B、Dは直接に動詞を修飾しにくい。2つ目の空欄はいろいろな場面における友情の役割を列挙する中に出てきており、つまずいた時には助け起こしてくれるというのだが、その「助け起こす」という動作を修飾する言葉を選ぶ。どの選択肢も排除しきれない。3つ目の空欄は、涙をどうするのか考えつつ選択肢を見る。これも友情の果たす役割を述べる文なので、「涙をぬぐい去る」のような動詞が欲しい。それを踏まえて選択肢を見るとCが最もふさわしい。以上を総合するとCが正解と分かる。

### 62　正解 B

**問題文和訳**

商機はどこにでもある。問題はあなたがそれを発見［できるかどうか］だ。眼力の［鋭い］人は、いつも洞察して商機を掴む。商機を掴むことは、［富］の扉を開く金の鍵を掴むことである。

**選択肢和訳**

A　限らない　敏感　財産　　　　　　B　できるかどうか　鋭い　富
C　必ず　鋭敏　利潤　　　　　　　　D　もしかしたら　すばやい　福利

**解説**　1つ目の空欄の前には"关键在于～（鍵は～にある）"とあるが、多くの場合この後は「～かどうか」という言葉が入るので、Bがよい。2つ目の空欄は直前に"眼光"とあるので「どういう眼力の人が商機を掴めるのか」と考えて選択肢を見るとよい。意味からは確定しにくいかもしれないが"眼光"との組み合わせとして適切なものを選ぶ。3つ目の空欄は、商機を掴むことが何の門を開く鍵となるのかと考える。商機を掴むとお金が儲かるわけなので、A、B、Cは入りうるが、AとCはそれが豊富であることまでは意味しないので不自然。Dは、商機とは直接関係ないのでここでは不適。以上を総合するとBが正解と分かる。

## 63 正解 A

**問題文和訳**

宣紙は紙質が柔軟で強く、模様が［はっきりし］、色つやのもちがよく、吸水性が高く、「紙の王」の［美名］がある。世界には［数えきれないほど］の紙の種類があるが、宣紙は今でも毛筆書画に使われる独特な手製の紙である。

**選択肢和訳**

A　はっきりしている　美名　数えきれない　　B　透き通っている　栄誉　名実相伴う
C　清らかである　信用　往来が絶えない　　　D　純粋である　名誉　品がよく価格が安い

**解説**　1つ目の空欄は直前に"紋理（筋目）"があるので、筋目がどうなのかと考えて選択肢を見ると、Aが適切ではないかと分かる。Bは表記は似ているが、主に水や空気が「透き通っている」ことを表す。2つ目の空欄は、その前で宣紙のことを褒めた"紙中之王"という言葉を述べているので、「名声・美称」といったような意味の言葉が入ると予想できる。それを踏まえて選択肢を見ると、Cは「信用・信義」というニュアンスが強いのでここでは不適。他は排除しきれない。3つ目の空欄は「世界では紙の種類はどうなのか」と考えて選択肢を見るとAが「数え切れない」という意味で最もふさわしい。BとDは、もし「宣紙」について言っているのであれば排除しきれないかもしれないが、ここは「紙の種類」について言っているので不適。Cは「多い」ということを表す言葉ではあるが、主に交通量について言うので不適。以上を総合するとAが正解と分かる。

## 64 正解 A

**問題文和訳**

もし失血量が血液全体の10%を超えていなければ、人体は神経と体液の調節を通じて、血液の総量を素早く［回復］でき、明らかな心血管機能の［障害］やそのほかの悪い結果は起こらない。健康な成人にとって、毎回の献血の200ミリリットルは、血液の総量の4%から5%を［占める］だけであり、人体はこれを［完全に］調節できるので、健康に影響を及ぼすことはない。

**選択肢和訳**

A　回復する　障害　占める　完全に
B　返済する　故障　基づく　ちょうど良い
C　復活する　障壁　達する　いつものように
D　還元する　保障　擁する　異常に

**解説**　1つ目の空欄は文脈から考えて「回復する・元通りにする」というような意味の言葉が入ると思われる。するとAとDに絞られる。次に2つ目の空欄には文脈から考えて「異常・障害」といった言葉が入ると考えられる。するとCとDは明らかに意味が違うので不適。またBも機器などの故障に使われるので不適。3つ目の空欄は後に割合を示すパーセントが出てくるので、Aがふさわしい。4つ目の空欄は「200ミリリットル献血するとしてもそれは血液の全体量からするとほんの少しなので調節できる」という文脈の中にある。この文脈で「調節できる」を修飾する副詞を探すわけなので、AとCが残る。Bは「折よく・幸いに」というニュアンスがあるので、この文脈ではふさわしくない。Dは"可以"にかかることはあまりなく、ここにもしDが入ると「人体の異常」となり、文脈的におかしくなるので不適。以上を総合するとAが正解と分かる。

## 65  正解 A

### 問題文和訳

人は生まれつき新しい物事に好奇心を持つものである。異なるのは、ある人は興味の火花が数日続くだけですぐに［消えて］しまうのに対し、別のある人は興味の火花が炎に変わり、炎が火種に変わり、数年にわたって［安定］するということである。彼らの［違い］は興味の有無ではなく、性格の中に興味の火種をずっと［維持］して燃やし続ける燃料があるかどうかである。

### 選択肢和訳

A　消える　安定している　違い　維持する
B　消滅する　ゆるぎない　差別　守る
C　滅亡する　落ち着いている　区別　見守る
D　壊滅する　固定している　格差　愛護する

**解説**　この文章では興味を火に例えている。1つ目の空欄ではその「興味の火花」がすぐに「消える」と言いたいので、Aがふさわしい。Bは災害や戦争や細菌や差別や犯罪などが無くなることを言うのでここでは不適。Cは国や民族などが「滅亡する」ことが入るのでやはり不適。Dは国や町、人間や動物、理想や名声などがすっかり「壊滅する」ことを指すのでやはり不適。2つ目の空欄直後に"地"があり、その後には動詞"燃烧"があるので、2つ目の空欄には"燃烧"を修飾する言葉が入る。"燃烧"の後には"很多年（数年にわたって）"があるので、Aが意味的には最もふさわしいと言える。Bは立場、主張、意志などについて言う言葉だが、この文の主語は「火種」であり立場や主張や意志などを持たないのでBは不適。Cは気持ちや態度、表情、振る舞いなどが「落ち着いている」という意味なので、やはり不適。Dも安定しているような意味が出ることがあるのでよさそうに見えるかもしれないが、Dは「強固である・固まっている」というニュアンスが強いので、ここでは不適。3つ目の空欄は、興味の火花が消える人と燃える人との「違い」というような意味の言葉が入る。そうするとAがふさわしい。BやDも入りうるが「違う」ということよりも「差がある」ということに重点が置かれる。Cは動詞なので不適。4つ目の空欄は、この空欄から"的"の直前までの意味を考えてみよう。「興味の火種がずっと燃え続けるようにどうするのか」と考えて選択肢を見ると、Aがふさわしいと分かる。Bは名誉、利益、権利、平和、自由などを「守る」というように使うのでここでは不適。Cは「警備する」というようなニュアンスが入るので不適。Dは生物や事物が損害を受けないように大切に保護することなので、やはりここでは意味が合わない。以上を総合するとAが正解と分かる。

## 66 正解 D

#### 問題文和訳

山東料理は略称を魯菜ともいい、その歴史は長く、影響は［広範囲］に及び、中国飲食文化を構成する重要な一部分である。魯菜の［形成］と発展は、山東地区の豊富な物産や、［便利な］交通と関係している。山東は野菜の種類が多く、［品質］が良く、「世界三大菜園」の一つである。

#### 選択肢和訳

A 巨大である　落成　心地よい　本質
B 広大である　合成　滞りなく通じる　実質
C 広々としている　構成　鋭利である　素質
D 広範囲である　形成　便利だ　品質

**解説**　1つ目の空欄は前に"影响"があるので"影响"を主語として持てる形容詞を選ぶとAとDが残る。Bは面積が広いイメージ。Cは範囲やスケールが大きいイメージなので使えそうに思うかもしれないが、日本語でも「影響を及ぼす範囲が広い」なら言えても「影響が広い」とは言いにくいのと同じでBとCは不適。2つ目の空欄に入る言葉は、その前に"鲁菜的"とあり、後には"发展"が並列されていることを考えて「魯菜の何（と発展）なのか」と考えつつ選択肢を見る。AとBは日本語と同じ語感で考えても入らないことが分かる。Cは入りうるが「山東料理の構成」というと現在の山東料理というものについて言っているように見える。ここはその後の「発展」があるところを考えると、「山東料理の始まりと発展」というように山東料理の歴史を感じさせる言い方がよいのでCもあまりふさわしくないだろう。Dならば「形成と発展」となり、山東料理の歴史を感じられる表現になるので、Dがふさわしい。3つ目の空欄は、その前後を見ると「豊富な物産やどんな交通と関係があるのか」と考える。するとAとBとDは入りうる。ただAは人の気持ちを表す言葉なので、文脈的にはあまりふさわしくない。Cは刃物や言論が鋭いことを言うのでここでは不適。4つ目の空欄は野菜のことを述べている。野菜の何が"优良"だと言っているのか考えつつ選択肢を見ると、Dがふさわしいことが分かる。以上を総合するとDが正解と分かる。

## 67 正解 D

### 問題文和訳

できれば毎日時間をつくって、次の日の仕事のための準備をするとよい。[例えば]、退社前に机の上を片づけ、明日すべき仕事をリストにして机に[貼れ]ば、次の日にすべきことが[一目瞭然]であり、乱雑な[仕事]に心を乱されずにすむ。

### 選択肢和訳

A 例えば 拡げる 一挙両得 事項
B 例えば 塗る きちんとする 事態
C 例えば 貼りつける すべて今まで通り 事業
D 例えば 貼る 一目瞭然 仕事

**解説** 1つ目の空欄の選択肢はいずれも「例えば」という意味で使う言葉だが、Cは単独では使えない。2つ目の空欄は、前後を読んで「明日やることリストを机の上にどうしておくのか」と考える。Aは布団などを広げることを表すのでふさわしくない。Bはペンキなどを塗ることなのでこれもふさわしくない。Cは糊などでくっつけることなので、入りうる。Dも紙などを貼りつけることなので、入りうる。3つ目の空欄は、その前の部分を読んで「明日やることリストを机に貼っておけば、翌日すべきことがどうなるのか」と考える。するとDがふさわしいと分かる。4つ目の空欄は、前後から「乱雑な何に心を乱されずにすむ」のか考える。するとAとDが残るが、Aは語の結びつきから考えても不自然であり、もう少し具体的な要素が必要である、また、明日やることリストの話などについて語っている文章なので、4つ目の空欄に入るものは日々行っている小さな作業のことを主に指していると思われるため、BやCは話が大きすぎるので不適。以上を総合するとDが正解と分かる。

## 68 正解 C

### 問題文和訳

喬家大院は清代の有名な金融家喬致庸の住宅である。家全体は[密閉]式の建築群であり、全部で6つの邸宅がある。全体を見ると、家はすべて厳密に[配置]され、設計は精巧で、清代北方の民家の独特な風格を[十分に]表している。そのため[民間]には「皇室には故宮がある、民家は喬家を見よ」という言葉がある。

### 選択肢和訳

A ふさがる 構え 充足 田舎町
B 閉鎖 局面 満ち足りる 故郷
C 密閉 配置 十分 民間
D 密封 情勢 充実 この世

**解説** 1つ目の空欄は建築様式を表しているようである。Aは「ふさがる・つまる」というニュアンスなので建築様式にはふさわしくない。Bは「戸や窓を閉める」「スイッチを切る」「施設が閉鎖する」ような時に使われるので、やはり建築様式にはふさわしくない。Cは「建物などの入口を閉鎖する」ような時に使え、建築様式としても用例があるので、これがふさわしい。Dは「瓶や入れ物の蓋などを密封する」ことなので、やはりふさわしくないであろう。2つ目の空欄は「家の何が厳密なのか」と考えて選択肢を見ると、AとBとCは入りそうであるが、AとBは語の組み合わせとして不自然である。Dは政治情勢や軍事情勢について使う言葉なのでここでは不適。3つ目の空欄は動詞の前にあるので、副詞的なものが入ると考えられる。それを踏まえて選択肢を見ると、Cだけが副詞的に使われ得る。4つ目の空欄の後にある"皇家有故宮，民宅看乔家"は、人々がよく口にする決まり文句のような言い方として紹介されているのでAだと都市部では使われない言い方ということになるのであまりふさわしくない。Bだと筆者の故郷だけの言い方のようになるのでやはりふさわしくない。Cは「人民の間・人々の間」という意味があるので、入りうる。Dは「この世・世間・社会」という意味だが、「あの世」との対比でよく用いられるので、ここでは少々ふさわしくない感じもするが完全に排除はできない。以上を総合するとCが正解と分かる。

## 69 正解 C

**問題文和訳**

「もし人の一生が機械のように止まらずに［動き］続けていたら、人生は意義を［失って］しまう。」私たちは、歩きたい時は歩き、止まりたい時は止まって、生活の中の［楽しみ］を発掘し続けることを身につけるべきである。運よくこの彩り豊かな世界に生まれたからには、旅行家のように［困難な長旅をして］旅行の道のりを歩き終えるだけでなく、［道中］の風景を楽しむことを知るべきである。

**選択肢和訳**

A 運行する　損失　ユーモア　山を登り峰を越す　前途
B 回転する　見失う　喜び　世の移り変わりを経る　長距離
C 動く　失う　楽しみ　困難な長旅をする　道中
D 回転する　喪失する　面白み　力の限りを尽くす　経路

**解説**　1つ目の空欄は、その前で「機械のように」といっているので、機械が動く時に使われる動詞を入れる。選択肢を見ると、機械が稼働することを表すCがふさわしいことが分かる。Aは乗り物などが規定のコースを「運行する」ことを指すのが一般的な用法だが機械などが動くことを表す時に使われることもあるので排除しきれない。Bは資金が「回転する・資金をやりくりする」ことなので不適。Dは「回転する」ことなのでやはり不適。2つ目の空欄の選択肢はいずれも「失う」というような意味である。空欄の直後には目的語"意義"があるので、「意義を失う」という場合にふさわしい動詞は何かと考えるとCとDがふさわしいと分かる。Aは物資や財産や名誉などを失うことなので、あまりふさわしくない。Bは方向などを見失うことなので、不適。3つ目の空欄の選択肢はいずれも「楽しさ・面白さ」というような意味である。空欄の前に"生活中的"とあるので、「生活の中の面白さ・楽しさ」という場合にふさわしい単語を探すのだが、いずれも訳を見ると排除しにくいが、実際にはAもBも語の組み合わせとしては成立しにくい。4つ目の空欄の辺りでは、筆者は人生を旅に例えている。それを念頭に四字成語を選ぶと、AとCがふさわしい。BとDも完全には排除しきれないが、人生を旅に例えていることを考えると、ACには敵わないであろう。5つ目の空欄では、どんな風景を楽しむべきなのかと考える。ここは人生を旅にたとえて、周りの風景を楽しむことも必要と言っているわけだから、Cがふさわしい。BとDは"风景"の修飾語としては意味が合わないので排除できる。Aはこれから先の風景ということになり、少し意味が合わないので排除できるであろう。以上を総合するとCが正解と分かる。

## 70 正解 B

**問題文和訳**

ホタルが光るのは、腹部の先に発光器があり、中にリンを含んだ発光物質と発光酵素が［充満］しているからである。ホタルが光るのは、照明の他にもつがいを求め、警戒し、（虫を）おびき出すなどの目的がある。光ることはホタルの一種の［コミュニケーション］の方法でもある。異なる種類のホタルは発光方法、発光［頻度］と色が異なり、これによって異なるメッセージを［伝える］のである。

**選択肢和訳**

A 存在する　進化　レベル　散布する
B 充満する　コミュニケーション　頻度　伝える
C 拡充する　交際　部位　送り伝える
D 担当する　流通　幅　宣伝する

**解説**　1つ目の空欄には、文脈から「存在する・詰まっている」というような言葉が入るはずなのでAとBに絞られる。さらに2つ目の空欄を考えるために文章を最後まで読むと、最後の文で「ホタルはこれにより様々なメッセージを伝えている」というようなことが書いてある。つまりコミュニケーションを取っているということになるので、2つ目の空欄はBがふさわしいと分かる。3つ目の空欄は、前後を見ると、ホタルの「発光方法」「発光の（3つ目の空欄）」「（光の）色」が違う、と言っている。発光の何が違うのか考えつつ選択肢を見ると、AとDは「発光」と意味が合わないため不適。BとCは入りうる。4つ目の空欄は動詞が入るようだが、後の目的語が"讯息（メッセージ）"であることを踏まえて選択肢を見ると、BとCがふさわしい。Aはよくない情報などをまき散らすというようなニュアンスなのでここでは不適。Dは広く宣伝するニュアンスなので、ホタルたちのメッセージのやり取りという時にはあまり合わない。以上を総合するとBが正解と分かる。

## 第3部分 | 問題 p.120～p.121

〈問題文〉选句填空。
〈和　訳〉文を選んで空所を埋めなさい。

### 71 - 75

**問題文和訳**

　例えば、2人の容疑者が窃盗の共犯で嫌疑を受け、警察は2人を別々に拘留し、尋問を行うと仮定する。警察は2人に以下の同じ選択肢を与える。もし1人が罪を認め、証言し、相手を告発し、相手が黙秘すれば、(71) その人はすぐに釈放され、黙秘した方は禁錮10年の判決を受ける。もし2人とも黙秘すれば、2人とも禁錮1年の判決を受ける。もし2人とも互いを告発すれば、2人とも禁錮5年の判決を受ける。

　では、2人の容疑者はどのような選択をするだろうか？見て分かるように、(72) 2人とも得をする選択は、疑うまでもなく2人とも黙秘することで、そうすればもともと5年から10年の服役が、1年刑務所にいるだけでよいということになる。しかし問題は、(73) もし相手が自分のことを供述したら、自分の黙秘で軽い刑に変えられないばかりか、かえって十年刑務所に服役する災いを自ら招くことになる。また、もし相手のことを供述すれば、自分は無罪放免となり、自分にとってこれが最も良い選択であることは疑う余地もない。

　これは赤裸々に利益に関わる切実な問題であり、別々の部屋に収容されている容疑者は、すぐに相手への猜疑心を持つ。(74) 彼らは話し合って供述を一致させることができないので、相手を疑うのは当然の心理である。では、最も確実な方法とは、相手が供述する前に相手を告発することなのである。それで、(75) 2人揃って5年の判決を受ける可能性が最も高いのである。

**正解** 71 **B**　72 **C**　73 **A**　74 **D**　75 **E**

**選択肢和訳**

A　もし相手が自分のことを供述したら
B　その人はすぐに釈放され
C　2人とも得をする選択は
D　彼らは話し合って供述を一致させることができないので
E　2人揃って5年の判決を受ける可能性が最も高い

> **解説**　空欄71の前の部分は"者（もし）"があり、条件節になっているので空欄71にはその条件が整った場合にどうなるかということが述べられる。よってBがよい。Bの"那么"は条件節の後によく使われ、条件節全体を受けて「もしそうならば」というようなニュアンスを添える。次に、空欄72の後の部分には主語がないので、空欄の言葉全体が主語になると考えると、Cが形の上でも名詞的成分になっていて主語らしい形であり、また意味の上でも問題ないのでCが正解。空欄73の後を見ると"那么"があるので、空欄73は条件節と考えて選択肢を見るとAに「假如（もし）」という言葉があるのでAが正解。空欄74の後を見ると、「相手を疑うのも当然」ということが書いてあるので、空欄には「相手を疑うのも当然」となってしまう状況が述べられている。よってDが正解。最後に、第2第3段落で

は、様々な場合を1つ1つ検討し、最後の空欄75で結論を述べるという文章スタイルをとっている。そこで空欄75は、最終的な結果を述べているEが正解。

## 76 - 80

**問題文和訳**

人類と動物だけが愛と恨みを知っているわけではなく、植物にも「愛と恨み」がある。もちろん、植物の「愛と恨み」は感情の表現ではなく、(76) 生長状況で表現する：ある植物は仲睦まじく、ある植物は共生が難しい。

科学者は実験を通して証明した。玉ねぎとニンジンは仲良しである。(77) これらの放つ香りは互いの害虫を駆除できる；ブドウ畑にストックを植えると、より甘いブドウの実ができる。バラとユリは仲良しで、これらを一緒に植えると花をたくさん咲かせることができる。ノウゼンハレンは単独で植えると花は1日しかもたないが、柏の樹を伴侶にすると、花の命を3、4日に延ばすことができる。コウシンバラの鉢の土にニンニクかニラを数本植えると、ウドンコ病にかかるのを防いでくれる。

逆に、(78) ある植物は「かたき同士」になり、火と水のように互いに相入れない。例えばライラックとスイセンは一緒に植えてはならない。ライラックの香りがスイセンに大きな危害を加えるからだ。アルビノとモクセイは、小麦、トウモロコシ、ヒマワリと一緒に育ててはいけない。(79) さもなくばこれらの作物はまったく実らなくなってしまう；このほか、キュウリとトマト、ソバとトウモロコシ、コーリャンとゴマなども一緒に植えてはいけない。

植物同士の相互作用の研究は、生物化学群落学という一つの新興の学問分野である。この科学分野は、より効果的な都市の緑化計画を助け、農作物を合理的に配置する際に役立つ。植物を栽培する時、(80) 互いに有利なものを一緒に植えるよう注意し、「かたき同士」を同じ場所に植えるのを避け、共倒れになるのを防ぐべきである。

**正解** 76 **E**　77 **C**　78 **D**　79 **B**　80 **A**

**選択肢和訳**

A　互いに有益なものを一緒に植えるよう注意し
B　さもなくばこれらの作物はまったく実らなくなってしまう
C　これらの放つ香りは互いの害虫を駆除できる
D　ある植物は「かたき同士」になり
E　生長状況での表現である。

**解説**　空欄76の少し前に"不是"とあるので、空欄は"而是"で始まるのではないかと思いつつ選択肢を見るとEがまさに"而是"で始まっている。意味も問題ないのでEが正解。空欄77の前が"，"で、空欄77の後が"；"なので、玉ねぎとニンジンの話は空欄のところまで続いていることが分かる。ということは、空欄には玉ねぎとニンジンは相性がいいことを示す事実などが述べられているはず。よってCが正解。次に、第2段落では相性のいい植物を述べていたが、第3段落は"相反"で始まっているので相性の悪い植物を述べている。そこで空欄78はDが正解。空欄79も後に"；"があるので、ここまではその直前に述べている話が続く。そこには、「〜してはいけない」というふうに禁止事項が述べられているので、空欄79は「さもなくば〜」というようなことが述べられているはず。そこで"不然（さもなくば）"という言葉が見えるBが正解。空欄80の直前に「植物を栽培する時には」という言葉があり、これに続く空欄80には、文脈から「〜しなければならない」という言葉が入る。そこで、Aが正解。

| 第4部分 | 問題 p.122～p.131 |

〈問題文〉请选出正确答案。
〈和　訳〉正しい答えを選びなさい。

## 81 - 84

### 問題文和訳

　ドキュメンタリー番組『舌の上の中国』が近頃のテレビを盛り上げている。この全7部のドキュメンタリーは、中国全土の飲食文化について語るもので、多くの視聴者を深夜にもかかわらずテレビの前に釘付けにしている。視聴者は番組を見ながら微博（ウェイボー：中国語版ツイッター）に投稿し、「舌の上の中国」というキーワードはすぐに新浪微博の話題ランキングに挙がった。この番組への関心度は、瞬く間に最近のすべてのテレビドラマを超えた。なぜこうも簡単にドキュメンタリー番組の話題性と口コミが、人気ドラマを打ち負かすことができたのだろうか？

　このドキュメンタリーが「人の腹の虫をぐうぐういわせる」ことにおいて非常に優れていたことは否定できない。多くのネットユーザーは、言う。「この番組を見終わったら、よだれが止まらなくなった。」と。有名なプロデューサー于生も言う、「この番組は、見たら必ず食べたくなる。痩せたい人は見る前によく考えて！」と。

　目に見える宴会の豪華さと比べて、ドキュメンタリー全体を通して描かれる人の感情は、より視聴者の共感を呼んだ。『舌の上の中国』は、調理に焦点を合わせる時間はそれほど多くなく、より多くの画面は労働者がどのように自然の贈り物である食材を捕り、採掘し、加工し、作るかを見せている。この番組は伝統的なドキュメンタリーのような、科学を理屈っぽく語る方法をやめ、また中身もなくただ飲食文化の豊かさを宣伝するだけのものでもない。美食の裏にある生産の過程と加工の方法から着手し、庶民の生活に合わせ、レンズを通して視聴者の飲食文化と伝統的な価値観への注目をダイレクトに引き起こし、視聴者の食欲を刺激し、同時に食に関する知識を増やし、感情面での共感を引き起こしたのである。

　『舌の上の中国』は各地のグルメを包括し、多くの視聴者に「田舎の味」を思い出させた。あるネットユーザーは、「『舌の上の中国』を見て、番組の中でお国訛りが聞こえてきて、故郷が懐かしくなった。」と言う。また、番組に感謝の気持ちを見出す視聴者も少なくない。「一番印象深かったのは、家族経営の小さな工場で働く労働者たちの満足げな、輝くような笑顔だ。彼らは自然に対して感謝しているが、私たちはこのような美食を提供してくれる人に感謝するべきだ。」と。

## 81　正解 B

### 設問和訳
第1段落で、『舌の上の中国』について分かるのは：

### 選択肢和訳
A　続編の撮影を計画している　　B　注目されている
C　人気のあるテレビドラマである　D　中国料理のレシピの変化を記録している

**解説** 第1段落の最後の方で"该片受关注度瞬间超越近期所有电视剧"と書いてあったり、その他の部分からも非常に注目されていたことが読み取れるのでBが正解。

## 82 正解 C

**設問和訳**
第2段落の下線部の言葉が説明しているのは：

**選択肢和訳**
A この番組は深く考えさせられる　　B よくドキュメンタリーを見る人は太りやすい
C この番組は食欲を出させる　　D 痩せたい人はこの番組を見るべきである

**解説** "三思"の意味が分からなければ正解するのは難しいかもしれない。これは「熟考する」というような意味。つまり、ダイエットしている人が見てしまうとダイエットを放棄してしまいかねないということを示している。また下線部の直前にも"此片看后必然让你垂涎三尺"と言っており、この番組が非常に食欲をそそるものであることがうかがえる。よってCが正解。

## 83 正解 A

**設問和訳**
『舌の上の中国』は以前のドキュメンタリー番組と比べてどのような特徴がありますか？

**選択肢和訳**
A （内容が）空虚ではない　　B より教育的な意義がある
C 画面の美しさを重視している　　D 科学技術の手法を多用している

**解説** 第3段落で"没有空洞地宣扬饮食文化的博大精深"と言っているのでAが正解。

## 84 正解 A

**設問和訳**
上の文章によると、感情面での共感が主に表しているのは：

**選択肢和訳**
A 故郷の懐かしさと感謝　　B 孝行と反省
C 自然に対する崇敬　　D すばらしい生活へのあこがれ

**解説** 最後の段落の前半で"让不少观众想起了"家乡的味道""と言っており、また後半では"还有不少观众从片中看出了感恩之情"と言っているので、Aが正解。

385

## 85 - 88

**問題文和訳**

秦の始皇帝陵の兵馬俑博物館で、私たちは「鎮館の宝」と呼ばれる跪射俑を見ることができた。ガイドの紹介によると、「跪射俑は兵馬俑の中の精華であり、中国古代彫刻芸術の傑作」であるという。この跪射俑を細かく観察してみると、交差した襟のついた膝丈の長衣を身につけ、黒い鎧をまとい、すね当てを付け、先が反り上がった四角い靴を履き、頭は丸い髷を結っている。左足を曲げて、右足を地面に付けてひざまずき、つま先を地面に立てている。上半身はわずかに左に傾き、両手は身体の右側に回して片方は上に、もう片方は下に、弓を持つ型をし、両目はいきいきと輝き、左前方を見つめている。

紹介によると、跪射の姿勢は、古代では座る姿勢と言われた。座る姿勢と立つ姿勢は、弩を射る時の2つの基本的な姿勢である。座る姿勢で弓を射ると重心が安定し、力を節約でき、狙いを定めやすい。同時に、隠れやすく、守備や伏兵を置く時の理想的な射撃の姿勢である。これまでに秦兵馬俑坑で発掘され、適切に処理された各種の陶製の人形は1000体以上あり、跪射俑以外は皆異なる程度の損傷があり、手作業での修復が必要である。この跪射俑は最も完璧な状態で保存されており、衣服の模様や髪の毛まではっきりと見ることができる、唯一の未修復の陶製の人形である。

跪射俑はどうしてこのような完全な状態で保存されたのか？ガイドは跪射俑の低姿勢のおかげだと言う。まず、跪射俑の高さは120センチしかなく、普通の立ち姿の兵馬俑は高さが180センチから197センチの間である。兵馬俑坑は、地下坑道式の土木構造の建築であり、天井と土木が皆落ちた時、背の高い立ち姿の兵馬俑に最初にぶつかるので、跪射俑の受ける損傷が比較的軽い。次に、跪射俑はひざまずく姿をしており、右ひざ、右足、左足の3つの支点と腰で上半身を支え、重心は低く、安定性が高く、両足で立っている立ち姿の兵馬俑と比べて倒れにくく、壊れにくい。そのため、2千年以上厳しい環境にさらされても、なお完璧な形で私たちの目の前にその姿を見せてくれるのである。

## 85 正解 B

**設問和訳**

第1段落で主に述べているのは：

**選択肢和訳**

A 跪射俑の年代　　　　　　B 跪射俑の外形
C 兵馬俑の歴史的な地位　　D 博物館の建築スタイル

**解説** 第1段落は「跪射俑」の姿形の説明を子細に行っているのでBが正解。

## 86 正解 C

**設問和訳**
座って弓を射る姿勢の良い所は：

**選択肢和訳**
A 遠くまで弓を飛ばせる
B 筋肉を傷めにくい
**C 狙いを定めるのと防御をするのに便利**
D 広い範囲を攻めるのに有利

**解説** 第2段落の前半に"坐姿射击时重心稳，较省力，便于瞄准"と書いてあり、その後のところで"是防守或设伏时比较理想的一种射击姿势"とあるのでCが正解。

## 87 正解 B

**設問和訳**
跪射俑が完璧に保存された原因は：

**選択肢和訳**
A 材料の質が良く、支点が多いから
**B 姿勢が低く、重心が安定しているから**
C 体積が大きく、保存が適切であった
D 質量が大きく、倒れにくいから

**解説** 最後の段落の前半で"这得益于它的低姿态"と言っているし、後半では"重心下下，增强了稳定性"と言っているのでBが正解。

## 88 正解 A

**設問和訳**
上の文章のタイトルとするのに最も適切なものは：

**選択肢和訳**
**A 跪射俑の低い姿勢**
B 彫刻の傑作、兵馬俑
C 古代の製俑技術
D 跪射俑の感動伝説

**解説** この文章は一貫して「跪射俑」の話だけを扱っているのでBとCは不適。また、「跪射俑」に関する伝説などは文章中に出てこなかったので、Aが正解。

## 89 - 92

**問題文和訳**

　第26回国際天文学連合会大会において、新たな惑星の定義に基づき、冥王星を惑星の列から除外し、「矮星」に入れる、という1つの議案が評決された。投票に参加したおよそ2500名の天文学者のうち、80%を超える人がこの決議に賛成した。

　数年来科学者は、太陽系には9大惑星があると考えていたが、冥王星はずっと苦しい立場に置かれ、70年前に発見されたその日から、惑星一家における冥王星の地位はずっと疑われてきた。まず、冥王星が発見された過程は1つの誤った理論に基づいたものであったこと。2つ目に、冥王星の質量は間違って推定されたため、大惑星の列に誤って入れられたこと。冥王星の直径は地球の直径のおよそ6分の1の2300キロメートルしかなく、質量も地球の0.2%しかない。太陽系のその他8つの惑星が冥王星よりずっと大きいだけでなく、冥王星より大きい衛星が7つあるほどである。3つ目に、冥王星は他の惑星と異なる公転軌道があること。他の惑星の軌道平面は、皆地球の軌道平面と基本的に一致するが、冥王星の軌道平面は地球の軌道平面と大夾角を呈している。他の惑星の軌道はほとんど完璧な円形であるが、冥王星の軌道は離心率が大きい楕円形である。そのため、冥王星の「名分」を明らかにするかどうかが、今回の大会の焦点となった。

　新たな定義によると、「惑星」が指すのは、太陽の周りを公転し、流動体の静力学平衡を維持できる十分な質量があること、球形を呈していること、軌道上の他の物体を排除できる天体である。太陽系の他の8大惑星は皆新たな惑星の定義を満たしていたが、冥王星は「格下げ」される運命から逃れることはできなかった。

　今後、この太陽系の周辺を回っている天体は、他の同じような大きさの「兄弟」たちと一緒に「矮星」と呼ばれるしかない。いわゆる「矮星」とは、十分な質量があり、球形を呈しているが、軌道付近の他の天体を排除できない天体を指す。「矮星」は惑星とは異なる、別の種類の天体なのである。

## 89　正解 D

**設問和訳**

第26回国際天文学連合会大会について、分かるのは：

**選択肢和訳**

A　空前の盛況であった
B　1つの惑星に新たに命名した
C　惑星の新たな定義が全会一致で採択された
D　冥王星の地位の問題が焦点となった

**解説**　第1、第2段落を通して、冥王星を惑星の列から除外するということが書かれており、第2段落の最後で"是否要给冥王星 "正名" 成为此次大会的焦点"と言っているのでDが正解。"正名"とは「名を正す」という意味で、ここでは「惑星」と言われていた冥王星を「矮星」というカテゴリーに「正す」ことを指す。

## 90  正解 A

**設問和訳**
地球と比べて、冥王星は：

**選択肢和訳**
A　直径が小さい
B　体積が大きい
C　自転できない
D　7つの衛星がある

**解説**　第2段落の中盤で"冥王星的直径大约只有地球直径的六分之一"と言っているのでAが正解。


## 91  正解 B

**設問和訳**
上の文章で、分かるのは：

**選択肢和訳**
A　惑星は楕円形を呈している
B　矮星は惑星ではない
C　太陽系は現在10個の大惑星がある
D　冥王星は最も早く発見された惑星である

**解説**　最後の段落の最後に""矮行星"是与行星不同的另一类天体"と書いてあるのでBが正解。


## 92  正解 C

**設問和訳**
上の文章が主に述べているのは：

**選択肢和訳**
A　矮星の特徴
B　惑星の新たな定義
C　冥王星が格下げされた原因
D　冥王星が発見される過程

**解説**　この文章は冥王星が惑星ではなくなったことが書かれているのでCが正解。

## 93 - 96

**問題文和訳**

紀元前2世紀前後、中国の大地には3つの国が共存していた。それぞれ魏、呉、蜀である。この時代は、歴史上では「三国時代」と呼ばれている。3つの国の間では、よく戦争が起きた。

諸葛亮は蜀の軍師であり、戦争を指揮するのがうまいことで有名であった。ある時、魏は蜀の戦略の要地である西城の兵力が弱く、1万人足らずの兵士しかいないことを知り、大将軍司馬懿に十数万の軍隊を率いて攻め入らせた。魏の軍隊が迅速に西城に向かっているという情報を得ると、蜀は上から下まで緊張が走った。1万の兵士で10数万の敵軍に抵抗するのは、<u>卵で石を打つよう（な身の程知らずのこと）</u>で、負けることは疑う余地もないが、他の場所から軍隊を集めて増援するのも間に合わない。西城の危険は目の前に迫っている。皆は知謀に長けた軍師諸葛亮に希望を託した。

諸葛亮は知恵を絞って考え、ついに1つの妙計を思いついた。諸葛亮は場内の平民と兵士を全員撤退させ、しばらく安全な場所に隠れているよう命じ、それから城門を開き、敵の到来を待った。間もなく、司馬懿が兵を率いて西城を取り囲んだ。司馬懿は驚いた。西城の警備は厳重なはずだと思っていたが、城門が大きく開かれ、城壁の上に守衛の兵士が1人も見えず、20数名の老人が城門の前を掃除しているだけであったからだ。さっぱりわけが分からずにいると、城門のやぐらに人が1人現れた。この人こそ司馬懿の古くからの好敵手である諸葛亮だった。諸葛亮が落ち着いて自分の服を整え、1面の古琴の前に座ると、すぐに悠揚な音楽が城門のやぐらから聴こえてきた。魏の将軍たちはみなあっけにとられた。大軍が城を囲んでいる緊迫した時に、蜀の軍師諸葛亮は琴を弾いている。彼らはいったいどういうことだか分からなかった。

大きく開いた城門と琴を弾く諸葛亮を前に、老獪な司馬懿はどうすればよいか、すぐには分からなかった。彼は諸葛亮が智謀に長けていることはとっくに知っていたが、諸葛亮が城門を開け、十数万の大軍を出迎えようとしているのははるかに予想外であった。そのため司馬懿は、城の中には必ず大勢の部隊が待ち伏せているだろうと思った。この時、やぐらから聴こえてくる琴の音が徐々に早まり、暴風雨の到来を彷彿させる激しさとなった。司馬懿は聴けば聴くほどおかしいと思い、諸葛亮が軍を動かして、反撃に出る合図だと疑い、急いで撤退を命じた。こうして、蜀の西城は1人の兵士も使わずに守ることができたのである。

## 93 正解 A

**設問和訳**

第2段落の下線部の "以卵击石（卵で石を打つよう）" が説明しているのは：

**選択肢和訳**

A 双方の兵力がかけ離れている　　B 蜀は危険を恐れない
C 兵士は犠牲の精神がある　　　　D 蜀は三国の中で最も強大である

> **解説** この四字成語は卵のような壊れやすいもので石のように硬いものを攻撃するということから、無謀なことをすることを指すのだが、意味が分からなくとも下線部の直前に"以一万士兵抵挡十几万敌军"とあるので、両者の兵力に差がありすぎることが分かる。よってAが正解。

## 94 正解 D

**設問和訳**
第3段落で、分かるのは：

**選択肢和訳**
A 諸葛亮は降参するつもりであった
B 司馬懿は人より機知に富んでいる
C 西城の兵士は皆逃げた
D 蜀の戦術は予想外だった

> **解説** 第3段落の最後で"他们不知道这是怎么回事"と言っているのでDが正解。

## 95 正解 A

**設問和訳**
司馬懿はなぜ城に入らなかったのですか？

**選択肢和訳**
A 伏兵を恐れた
B 琴の音に魅了された
C 間もなく大雨が降るから
D 蜀の援軍が来た

> **解説** 最後の段落の中ほどに"他想，城里必定埋伏了大量兵马"とあるのでAが正解。

## 96 正解 A

**設問和訳**
上の文章のタイトルとするのに最も適切なものは：

**選択肢和訳**
A 空城の計
B 苦肉の策
C おごる軍隊は必ず敗れる
D 机の上で兵法を語る（机上の空論）

> **解説** 諸葛亮は西城を空っぽのように見せて（兵士がいないように見せて）かえって相手を不安に思わせて攻めてこないようにしむけた。これは有名な「空城の計」である。知っていれば難なくAを選べるが、知らない場合は話の内容とよく照らし合わせて慎重に選ぶようにしよう。今回は城の話なので、この話を知らなくとも、比較的正答を選びやすいであろう。

## 97 - 100

**問題文和訳**

　湖南省吉首市の西、およそ20キロの所に、景色の美しい苗族の山村、矮寨がある。矮寨は苗族の風情が濃厚であるだけでなく、「天下三絶（絶景）」の名にふさわしい風変わりな景観をしている。

　まずは矮寨にある珍しい家屋である。一般的に、苗族の家屋はみな木材構造であるが、矮寨へ入ってみると、大通りも小道も壁も屋根も、皆石灰石の板でできている。これらの石板は厚みが均等で、青々とした山や川の風景にうまく溶け込み、簡素な中にも古風な趣があり、都会の喧騒で疲れた心を静めてくれる。もし、このような家の中で、数人の友人と峒河の特産「桃花虫」を食べ、苗族特有の米酒を飲んだら、きっとこの上なく楽しいだろう！

　次に、矮寨の外にある風変わりな道路である。矮寨は山あいに位置しており、辺りは断崖絶壁に囲まれている。昔、地元の人が山を出るために、絶壁に石段を掘り出した。この石段は回旋ばしごのように崖に垂直に立っていて、そこを通る人は少しでも気を緩めると崖の底まで落ちてしまう危険があり、出かけるのも一苦労であった。20世紀30年代に造られた湘川道路の一部は矮寨の北の大山の上まで通っていた。この山の勾配はおよそ70度から90度あり、このような険しい山の上に道路を造るには、道路を「之」の字の形にするのが唯一の方法であった。そして施工主は、山の斜面に一端は高く、もう一端は低い「大石段」を掘り出してから、上下2つの石段をつなげた。この山の垂直の高度はおよそ440メートルしかないが、そこに曲がりくねって旋回するように造られた道路には、26の「石段」と13のカーブがあり、長さはおよそ6キロある。車でこの道を走っている時、上を見ると、上の車が頭のてっぺんを押さえつけているように見え、下を見ると、自分の車が下の車の上を走っているように見え、とてもはらはらする。山頂の道路の端に着いて、下の景色を見回すと、太陽の光の下で、道路は山の間に折り重なった純白の玉の帯のように見える。

　矮寨にはもう1つ見どころがある。特大のつり橋である。このつり橋は矮寨の大峡谷に横たわり、渝湘高速道路の大動脈の一部である。橋の全長は1176メートル、地面からの距離はおよそ330メートルある。橋に立って谷底を俯瞰すると、矮寨の石板の家が1つ1つ小さな積み木の家のように、きれいに揃って山水の間に並んでいるのが見える。もし霧が出た日に橋の下を見下ろせば、矮寨が霧の中に見え隠れし、あたかも仙境のようである。

## 97　正解 D

**設問和訳**

矮寨の家屋の珍しいところは：

**選択肢和訳**

A　壁が薄い　　　　　　　　B　屋根が高い
C　渓谷に建てられている　　D　石灰石の板で造られている

**解説**　第2段落の前半で"无论是大街还是小巷，无论是墙壁还是房顶，全部都是青石板"と言っているのでDが正解。

## 98 正解 C

設問和訳
第3段落の下線部の言葉は（～を説明するためである）:

選択肢和訳
A 景色が美しい　　　　B 車が多い
C 道が危険　　　　　　D 山道が広い

解説　この四字成語"惊心动魄"は「ひどく驚いて恐れる」様子を表すことをまず覚えておこう。だとするとAとBとDは不適であることが分かる。よってCが正解。またこの四字成語を知らなかったとしても、下線部の前で"抬头看，上面的车辆仿佛压在头顶，低头看，又仿佛自己的车行驶在下面车辆的顶上"と言っており、危険だということが言いたいのは予想できる。

## 99 正解 B

設問和訳
上の文章で、分かるのは：

選択肢和訳
A 矮寨の道路には26のカーブがある
B つり橋は矮寨の峡谷に横たわっている
C 霧の中の美しい風景は矮寨三絶の1つである
D つり橋は湘川道路の一部である

解説　最後の段落の前半に"这座桥横跨矮寨大峡谷"とあるのでBが正解。第3段落の後半で"蜿蜒盘旋其上的公路却有26个"台阶"，13个转弯，长约6公里"と言っており、26あるのはカーブでなくて石段であることが分かるのでAは不適。また矮寨の三絶とは「珍しい家屋（第2段落冒頭）」と「風変わりな道路（第3段落冒頭）」と「特大のつり橋（第4段落冒頭）」のことであり、霧の中の風景については第4段落最後に書かれているが、これは特大のつり橋の風景が霧の日にどうなるか書かれているだけでこれが三絶の一つではない。よってCも不適。さらに第4段落前半でこのつり橋が"渝湘高速公路"の一部であることが書かれているのでDも不適と分かる。

## 100 正解 A

設問和訳
上の文章が主に述べているのは：

選択肢和訳
A 矮寨の三大奇観　　　　B 矮寨の苗族の風情
C 矮寨の交通発展　　　　D 矮寨の地理環境

解説　この文章には矮寨の3つの絶景について書かれている。石灰石でできた家屋の並ぶ風景、つづら折りの道路、大きなつり橋の3つである。よってAが正解。

## 3 书写 問題p.132〜p.133

〈問題文〉缩写。
〈和　訳〉要約しなさい。

### 101

> **問題文和訳**
>
> 　大昔、賢く庶民から敬愛される国王がいた。この国王はすでに老いていたが、子供がいなかった。このことはずっと国王の心にのしかかり、頭を悩ませていた。ある日、国王はある方法を思いつき、大臣に言った。「私自ら、全国から子供を1人選び、私の養子とし、王位を継承させる。」と。そう言いつけると、全国の子供全員に花の種を配布し、宣言した。「この種から世界で最も美しい花を育てることができたら、その子供が私の後継者である。」と。
>
> 　花の種を手に入れると、すべての子供は種をまき、朝から晩まで自分の植木鉢を守り、水をやり、肥料をやり、土をほぐし、心を込めて世話をした。
>
> 　豆豆という名の男の子がいた。彼もまた、一日中丹精込めて花の種を世話した。ところが、10日が過ぎ、半月が過ぎ、1か月が過ぎ…、2か月が過ぎたが、植木鉢の種は依然として元のままで、芽が出なかった。
>
> 　「おかしいな！どうして何も変わらないんだ？」。豆豆は訝しがった。ついに、彼は母親に、「お母さん、どうして僕が植えた種は芽が出ないの？」と聞いた。
>
> 　母親もまた、同じようにこのことを心配して、「植木鉢の土を換えて、どうなるか見てごらん。」と言った。
>
> 　豆豆は母親の意見を聞いて、庭へ行って土を掘り、新しい土に再び種をまいてみたが、1か月経っても依然として芽は出なかった。
>
> 　国王が定めた花を見る日がやってきた。子供たちはきれいな服を着て、街に押し寄せ、皆手には美しい花が咲いた植木鉢を捧げ持ち、誰もが自分が王位を継承できることを望んでいた。ところが、一人一人子供の前を通り過ぎ、1つ1つ鮮やかな花を見ても、なぜか王は少しもうれしそうな表情を見せなかった。
>
> 　国王はふと、ある店のそばで泣いている豆豆を見つけ、この子供が空っぽの植木鉢を持って一人ぼっちでそこに立っているのに気づいた。国王は彼を自分の前に呼び寄せ、優しく聞いた。「君はなぜ空っぽの植木鉢を持っているの？君の花は？」と。
>
> 　豆豆は泣きじゃくりながら、種をまいて心を尽くして世話をしたが、種は一向に芽を出さなかった、と事の次第を国王に話し、全力を尽くしたと言った。国王は豆豆の答えを聞くと、喜んで彼の両手をとり、大声で皆に宣言した。「この子こそ、私の誠実な息子だ！私の国はこの子に託そう！」と。
>
> 　国民はわけが分からず、あれこれと議論を始めた。「なぜ空っぽの植木鉢を持ってきた子供を選び、彼に王位を継承させるのですか？」と。
>
> 　国王は、「子供たちに配布した種は、本当は煮てある種だから、芽が出て花が咲くわけ

がないのだ。この子だけが空の植木鉢を持ってきた。だから彼が最も誠実で、このような子供に国を預けてこそ、私たちの国は希望が持てるのだ。」と言った。
　国王がこのように言うのを聞いて、鮮やかな花を捧げた子供たちは耳まで真っ赤になり、恥ずかしさのあまり頭を下げた。彼らの鮮やかな花は、後から自分で新たに種を探してきたものだったからだ。
　誠実さは人として最低限の道徳であり、根本である。国家を治めるにはさらに道徳と良識が必要である。豆豆は一番美しい花を咲かせることはできなかったが、彼には誠実な心があり、この心が彼に美しい未来を勝ち取らせたのである。

### 解答例

　很久以前，有位国王年纪已经很大了，但是他没有子女。有一天，他说要亲自挑选一个孩子来继承他的王位。他给全国的每个孩子发了一些花种，并宣布谁能用这些种子种出最美丽的花，那么那个孩子就是他的继承人。
　所有孩子都种下了花种，精心护理。
　有个叫豆豆的孩子，他也很用心培育花种。可是他和他妈妈尝试了很多方法，花种还是没有发芽。
　国王观花的日子到了。所有的孩子都捧着漂亮的花来到国王面前。可是国王看到那些花并不高兴。直到他发现了正在哭泣的豆豆。他问豆豆："你为什么捧着空花盆呢？你的花呢？"豆豆告诉国王，他已经尽力了，可是花种就是不发芽。
　国王听了很高兴，宣布让豆豆继承他的王位。
　原来，国王发给大家的种子根本不可能种出花来。只有豆豆端来了空花盆，所以他是最诚实的。国王说只有把国家交到诚实孩子手中，国家才有希望。
　听了国王的话，孩子们都很惭愧。
　诚实是做人的根本。豆豆虽然没有种出最美丽的花，但是他有一颗诚实的心，这为他赢得了美好的未来。

### 解答例和訳

　昔、ある国王がだいぶ年を取ってしまったが、子供がいなかった。ある日、彼は自ら1人の子供を選んで自分の後継者にすると言った。彼は全国のすべての子供にいくつかの花の種を配った。これらの花の種を使って美しい花を咲かせることができれば、その子供が後継者になると宣言した。
　すべての子供が花の種を植えて、心を込めて世話をしていた。
　豆豆という子供がいて、彼も心を込めて花の種を世話していた。しかし、彼と彼の母親は様々な方法を試してみたが、花の種は芽が出なかった。
　国王の花を見る日が来た。すべての子供がきれいな花を捧げるように持って国王の前にやってきた。しかし、国王はそれらの花を見て全然喜ばなかった。泣いている豆豆に気づくまでは。「何で空の植木鉢を持っているんだい？あなたの花は？」と彼は豆豆に聞いた。すでに力を尽くしたが、花の種は芽が出ないと豆豆は彼に言った。
　国王は（これを）聞いてとても喜んだ。彼は豆豆が彼の後継者だと宣言した。
　なんと、国王が皆に配った種はそもそも花を咲かせることができないものだったのだ。豆

豆だけが空の植木鉢を持ってきた。だから、彼は一番誠実な人だということだ。国王は国を誠実な子供に渡してこそ、希望があると言った。
　国王の話を聞いて、子供たちは皆恥ずかしがった。
　誠実は人間としての根本だ。豆豆は一番きれいな花を咲かせることはできなかったが、彼は誠実な心を持っているため、それで美しい未来を勝ち得たのだ。

# 6級 第5回 解答・解説

聴力試験・・・P.398～P.429
読解試験・・・P.430～P.453
書写試験・・・P.454～P.456

## 正解一覧

### 1. 听力

**第1部分**
| 1. C | 2. D | 3. D | 4. B | 5. A |
| 6. A | 7. C | 8. C | 9. B | 10. C |
| 11. C | 12. C | 13. D | 14. D | 15. C |

**第2部分**
| 16. C | 17. C | 18. B | 19. C | 20. B |
| 21. D | 22. A | 23. D | 24. D | 25. A |
| 26. C | 27. A | 28. A | 29. C | 30. D |

**第3部分**
| 31. C | 32. B | 33. B | 34. C | 35. B |
| 36. D | 37. B | 38. A | 39. D | 40. C |
| 41. D | 42. B | 43. C | 44. C | 45. B |
| 46. D | 47. A | 48. A | 49. B | 50. C |

### 2. 阅读

**第1部分**
| 51. A | 52. D | 53. B | 54. C | 55. D |
| 56. B | 57. B | 58. D | 59. B | 60. D |

**第2部分**
| 61. B | 62. A | 63. C | 64. D | 65. C |
| 66. D | 67. A | 68. C | 69. D | 70. A |

**第3部分**
| 71. E | 72. C | 73. B | 74. A | 75. D |
| 76. C | 77. D | 78. B | 79. E | 80. A |

**第4部分**
| 81. A | 82. D | 83. B | 84. B | 85. D |
| 86. B | 87. A | 88. B | 89. C | 90. D |
| 91. A | 92. D | 93. A | 94. B | 95. A |
| 96. A | 97. A | 98. B | 99. A | 100. A |

### 3. 书写

※ 解答例は解説ページでご確認ください。

# 第5回

## 1 听力

### 第1部分 問題 p.136～p.137

〈問題文〉请选出与所听内容一致的一项。
〈和　訳〉音声の内容と一致するものを1つ選びなさい。

#### 1　正解 C

**スクリプト**

古人常说："读万卷书，行万里路。"经常出去走走，看看外面的世界，对年轻人的成长是非常关键的。如果一直生活在同一个地方，对外面的世界充耳不闻，视野就会变得狭窄，人生就会变得无趣。

**スクリプト和訳**

昔の人はよく、「万巻の書を読み、万里の路を行く。」と言った。よく外に出かけ、外の世界を見ることは、若者の成長にとって大切である。もしずっと1つの場所で生活を送り、外の世界に耳を傾けなければ、視野は狭くなり、人生がつまらないものになるだろう。

**選択肢和訳**

A　生活には冒険が必要である
B　読書は人を成長させる
C　旅行は人の視野を広げる
D　道中の美しさを楽しむべきである

## 2  正解 D

### スクリプト

一只小兔子去池塘钓鱼，钓了很久都没有钓到。第二天，小兔子又去钓鱼，钓了一天还是一无所获。第三天，小兔子又去池塘钓鱼，一条鱼蹦出水面对着小兔子咆哮道："你能不能不用胡萝卜当鱼饵啊？"

### スクリプト和訳

1匹のウサギが池に行って釣りをしたが、長いこと待っても釣れなかった。次の日、ウサギはまた釣りに行き、一日中待ったがやはり何も釣れなかった。3日目、ウサギは再び池に行って釣りをすると、1匹の魚が水面に跳びはね、ウサギに向かって叫んだ。「ニンジンを餌にするのはやめてくれないか？」と。

### 選択肢和訳

A　ウサギは辛抱強くない
B　池にはもともと魚がいない
C　ウサギは池に落ちた
D　ウサギの釣りの方法が適切でない

## 3  正解 D

### スクリプト

中国象棋有着悠久的历史，属于二人对抗性游戏，以先"吃掉"对方将帅为胜。它不仅用具简单，趣味性强，而且有助于开发智力，锻炼辩证分析能力和培养顽强的意志，因此成为非常流行的棋艺活动。

### スクリプト和訳

中国将棋は長い歴史がある、2人で対戦するゲームであり、先に相手の将軍を「食べた（駒を取る）」方が勝ちである。用具がシンプルで面白いだけでなく、知力の開発を助け、弁証分析能力を鍛え、強い意志を養うことができるので、人気のある対局式のボードゲームとなった。

### 選択肢和訳

A　将棋は用具が複雑である
B　将棋は4人でするゲームである
C　将棋はチームワークを重んじる
D　将棋は意志を鍛えられる

## 4  正解 B

### スクリプト
向日葵生长相当迅速，通常种植约两个月即可开花，花朵外形酷似太阳。它的种子具有很高的经济价值，不但可炒制成人们喜爱的葵花瓜子，还可制成低胆固醇的食用葵花油。

### スクリプト和訳
ヒマワリの生長は早く、通常、種をまいてから2か月ほどで開花し、花の形は太陽とよく似ている。ヒマワリの種は高い経済的価値があり、炒めると皆が好んで食べる瓜子（ヒマワリの種）になるだけでなく、コレステロールの低い食用ヒマワリ油を作ることもできる。

### 選択肢和訳
A　ヒマワリは成育率が低い
**B　ヒマワリは経済的価値が高い**
C　ヒマワリ油はコレステロールが多い
D　ヒマワリは生長周期が長い

## 5  正解 A

### スクリプト
倾听别人的建议，固然可以让自己少走很多弯路，但是如果一味地征求别人的意见，而没有任何主见，就可能在纷繁复杂的环境中不知所措，从而迷失自己。

### スクリプト和訳
人の意見に耳を傾ければ、もちろん回り道をせずに済むが、ひたすら人に意見を求め、自分の意見を持たなければ、煩雑な環境の中ではどうすべきか分からなくなり、自分自身を見失ってしまうだろう。

### 選択肢和訳
**A　自分の意見を持つべきである**
B　人の話を傾聴することを知るべきである
C　ごまかしがうまくなるべきである
D　他人の評価を気にしてはいけない

## 6  正解 A

### スクリプト

有个农夫家里被偷，朋友写信安慰他。他回信说："谢谢你，我现在很平静。因为第一，窃贼只偷了财物，并没有伤害我。第二，他只偷了部分东西，而非全部。第三，最值得庆幸的是：做贼的是他，而不是我。"

### スクリプト和訳

ある農夫の家に泥棒が入り、友人が手紙を送って慰めた。農夫は返事を書いた。「ありがとう、今はもう落ち着きました。第1に、泥棒は金品を盗んだだけで、私を傷つけなかった。第2に、泥棒は一部の物を盗んだだけで、すべての物をとったのではない。第3に、最も喜ぶべきは、盗人になったのは彼であり、私ではないことだ。」と。

### 選択肢和訳

A 農夫は楽観的である
B 農夫は怪我をした
C 泥棒は何も盗めなかった
D 泥棒は警察に捕まった

## 7  正解 C

### スクリプト

宋代的文明水平达到了前所未有的高度。中国古代的"四大发明"，除了造纸术，其余三项——指南针、火药、活字印刷术均出现在宋代。另外，宋代的数学、天文学、冶炼和造船技术当时也都在世界上处于领先地位。

### スクリプト和訳

宋代の文明は、これまでにない高度なレベルに達した。中国古代の「四大発明」は、製紙の技術を除く他の3項目——羅針盤、火薬、活字印刷の技術はみな宋代に誕生した。この他、宋代の数学、天文学、冶金と造船技術も当時では世界のトップクラスに位置していた。

### 選択肢和訳

A 宋代の文学はあまり成果がない
B 製紙技術は宋代に生まれた
C 羅針盤は宋代の人が発明した
D 四大発明は宋代に海外へ伝わった

## 8  正解 C

### スクリプト
寓言一般短小精悍，其主人公可以是人，也可以是拟人化的动植物或其他事物。无论是哪个国家或哪个时代的寓言故事，都总结了人们的生活经验和做人处世的道理，具有鲜明的哲理性。

### スクリプト和訳
寓言は一般的に短く、力がこもっている。主人公は人間でも、擬人化した動植物でも、他の物質でもよい。どの国のどの時代の寓言故事も、人々の生活の経験と世渡りの道理をまとめたもので、はっきりとした哲理がある。

### 選択肢和訳
A 寓言の文章は長い
B 寓言は古代の物語である
C 寓言には深い哲理がある
D 寓言は人間の主人公が少ない

## 9  正解 B

### スクリプト
物以稀为贵，越是供不应求的东西，人们越喜欢抢购。排队购买的人多，自然说明该商品的人气旺。限量供应就是抓住这一特点，商家有意把购买规模变小，制造出供不应求的局面，以保持旺盛的人气。

### スクリプト和訳
物は希少なものが尊ばれる。供給が需要に追いつかない物ほど、人々は争って買おうとする。行列に並んで買う人が多ければ、おのずとその商品の人気が高いことを表す。数量限定はこの特徴を利用し、業者はわざと購入規模を縮小して供給が追いつかない状況をつくりだし、旺盛な人気を維持するのである。

### 選択肢和訳
A 企業はより薄利多売を重視する
B 数量限定は消費を刺激する
C 供給が追いつかないことは販売促進に不利である
D 消費者はコストパフォーマンスを追求する

## 10  正解 C

### スクリプト
一位教授平时总是丢三落四，特别是经常丢雨伞，他太太几乎每个月都得替他买把新的。一天，教授回家后，拿着伞得意洋洋地对太太说："看，我今天可把伞带回来了。"太太说："可是，你今天没有带伞出去啊！"

### スクリプト和訳
ある教授はよく忘れ物をし、特に雨傘をよくなくすので、奥さんはほとんど毎月新しい傘を買わなければならなかった。ある日、教授が家に帰ると、傘を持って奥さんに得意げに言った、「見ろ、今日は傘を持って帰ってきたぞ。」と。奥さんは言った、「でも、あなた今日は傘を持たないで出かけたじゃない！」と。

### 選択肢和訳
A 教授は記憶力が良い
B 奥さんは教授を褒めた
C 教授は他人の傘を持ってきた
D 教授はまた傘をなくした

## 11  正解 C

### スクリプト
汉语中常用人体的各个器官来比喻不同身份的人，比如用"手足"比喻兄弟，用"骨肉"比喻亲生儿女，用"首脑"比喻国家的领导人。还可以用器官来比喻抽象的事物，例如用"手腕"比喻办事的本领和手段。

### スクリプト和訳
中国語では、よく人体の器官を使って異なる身分の人を喩える。例えば、「手足」は兄弟を、「骨肉」は実の子供を、「首脳」は国家のリーダーを表す。また、器官を使って抽象的な事柄を喩えることもでき、例えば「手腕」は仕事の能力と手段を表す。

### 選択肢和訳
A 「骨肉」は健康であることを表す
B 「首脳」は才能があることを表す
C 「手足」は兄弟の喩えである
D 「手腕」は人の正直さを表す

## 12 正解 C

### スクリプト

研究表明，零到六岁是儿童的行为习惯、情感等形成的重要时期，也是儿童养成良好的人格品质的关键时期。这一时期儿童的发展状况具有持续性，会影响并决定儿童日后人格的发展方向。

### スクリプト和訳

研究によると、0歳から6歳は子供の行動習慣や感情を形成する重要な時期であり、子供が良い人格を身につける大事な時期でもある。この時期の子供の発育状況は持続性があり、将来の人格の発展方向に影響し、また決定づける。

### 選択肢和訳

A　子供を溺愛してはならない
B　親は子供を尊重すべきである
C　健全な人格は子供の頃から養うべきである
D　外向的な子供はより知能が高い

## 13 正解 D

### スクリプト

爱听表扬是人类的天性。赞美他人会使别人愉快，而被赞美者的回报也会使自己感到愉快，这样就形成了人际关系的良性循环。养成乐于赞美他人的习惯，将会使你的人际交往变得更加愉快。

### スクリプト和訳

褒められるのを好むのは人の天性である。人を褒めれば相手は愉快になり、褒められた相手の反応は自分をも愉快にさせ、人間関係の好循環が生まれる。喜んで他人を褒める習慣を身につければ、あなたの人間関係もより楽しいものになる。

### 選択肢和訳

A　褒めるにはテクニックが必要である
B　状況に合わせて褒めなければならない
C　人を褒めるのは人間の天性である
D　褒めることは人間関係に役立つ

## 14  正解 D

### スクリプト
一名优秀的射箭运动员不仅要有过人的心理素质，还要有超人的力量。据统计，一次世锦赛中，运动员需要搭弓射箭三百一十二次，男选手用力累计将近八吨，女选手用力累计超过五吨。

### スクリプト和訳
優秀なアーチェリーの選手は、人より優れた心理的素質が必要なだけでなく、人並み外れたパワーも必要である。統計によると、1回の世界選手権で選手は312回矢を射るが、男性選手は合計8トン近くの力を使い、女性選手は5トンを超える力を使う。

### 選択肢和訳
A　アーチェリーは高い聴力が求められる
B　女性の選手の方がより心理的素質がある
C　男性の選手はより姿勢を重視する
D　**力はアーチェリーの大事なポイントである**

## 15  正解 C

### スクリプト
心理学家认为，色彩对人的思维、情绪、行为等有强烈的控制与调节作用。人们如果长期生活在色彩不和谐的环境中，就会变得焦躁不安，容易疲乏，注意力不集中，自控力差，导致健康水平下降。

### スクリプト和訳
心理学者は、色彩には、人の思考、情緒、行為等をコントロールし、調節する強い効果があると考えている。もし、色彩の調和がとれていない環境の中で長期間生活すると、焦りと不安を感じ、疲れやすく、集中力が欠け、健康水準の低下を招く。

### 選択肢和訳
A　騒音は注意力を散漫にさせる
B　多くの人は色を組み合わせられない
C　**色は人の健康に影響を及ぼす**
D　生活にはいつも困難な時がある

## 第2部分　問題 p.138〜p.139

〈問題文〉请选出正确答案。
〈和　訳〉正しい答えを選びなさい。

## 16 - 20

> **スクリプト**
>
> 女：观众朋友们大家好，今天我们很荣幸请到了当代画坛泰斗吴冠中先生。吴老，您好！我们知道，您刚上大学的时候学的不是艺术，是工科，后来为什么走上艺术的道路了呢？
>
> 男：我刚上大学时，有一次去参观杭州艺术专科学校，第一次看到了那么多油画，那么美，我一辈子也没有见过那么美的艺术品。正因为过去没有见过，我当时就坚定了信念：我要放弃工科的学习，我一定要学艺术。
>
> 女：当时学工科是很有前途的，您不觉得可惜吗？
>
> 男：是，学了工科将来的生活就有保障了。可是我当时深深地爱上了艺术，我可以为了学艺术放弃一切，我一定要学艺术，选定了就不能改了。
>
> 女：在您创作的过程中，是一种怎样的心理状态？
>
> 男：创作任何一部作品，都是忘我的，必须什么功利都不考虑，眼里心里只有作品。这就像猎人打猎，你想去追猎物，在追的过程中你什么都忘了，哪怕地上有个坑都管不了，只要把猎物打到。创作作品的时候也是一样，一定要把心中的灵感表现出来以后，才能够放下心来，这时候胃才开始工作，才能够吃东西喝水。在这之前，什么都停下来了。
>
> 女：到了今天，您身边的学生也好，或者是业界的人也好，还是对您的赞誉多，您觉得自己今天还能够听到真正的批评吗？
>
> 男：我很想知道，但是不大容易听到。我现在活动也不大多，学生都是讲好话的多，我说你一定要把真正的声音告诉我。
>
> 女：假设一个年轻人站在您的画面前，说我一点儿也看不懂您这画，我一点儿也不喜欢，您能接受吗？
>
> 男：能接受，我完全愿意听到这样的。因为这是我的对象，我就是来为他们服务的，同他们交流的。他这样的反感能使我反思。我往往听别人讲，你的画很好，可惜我不懂。我心里很难过，你不懂不是你的问题，是我的问题。一件好的作品，应该很容易抓住读者。所以他一看说我不懂，我觉得这是骂我了。

> スクリプト和訳

女：皆さん、こんにちは。今日は当代画壇の泰斗、呉冠中さんをお呼びすることができました。呉さん、こんにちは！あなたは大学に入ったばかりの頃学んでいたのは芸術ではなく、工科でした。その後、どうして芸術の道を歩むようになったのでしょうか？

男：大学に入ったばかりの頃、一度杭州芸術専科学校に見学に行ったことがあります。あれほどたくさんの油絵を見たのは初めてで、なんと美しかったことか。人生であんなに美しい芸術品は見たことがありませんでした。これまでに見たことがなかったものですから、その時すぐに決意しました。工科の勉強を捨てて、必ず芸術を勉強するんだ、と。

女：当時の工科は将来有望でした。惜しいと思いませんでしたか？

男：はい、工科を出れば将来の生活は保障されていました。しかし私は当時芸術を深く愛していたので、芸術を学ぶためにすべてを捨てても構わない、必ず芸術をやると決めたので、そうと決めたら変えられません。

女：創作の過程では、どのようなお気持ちでおられるのですか？

男：どの作品を創る時でも、我を忘れています。いかなる利益も考えてはならず、作品のことだけを考えます。猟師が狩りをするのに似ています。猟師は獲物を追い、追いかける時はすべてを忘れ、地面に穴が開いていてもかまわずに、ただ獲物を捕らえることだけを考えます。創作の時も同じで、心の中のインスピレーションを描き出すことができて、やっと安心できるのです。この時やっと胃も動き出し、飲んだり食べたりできるようになります。それまでは、すべてがストップします。

女：今ではあなたの周りの学生も、業界の人も、やはりあなたを称賛する声が多いですが、今でも本当の批評を聞くことができると思いますか？

男：知りたいと思うのですが、耳にすることは容易ではありません。今の活動もそれほど多くありません。学生はいいことしか言わないので、必ず本当の話を私にするように言っています。

女：例えば一人の若者があなたの絵の前に立って、あなたの絵はまったく分かりません、少しも好きではありませんと言ったら、受け入れられますか？

男：受け入れられます。私は本当にそのような言葉を聞きたいのです。これが私の対象であり、私は彼らのために働き、彼らと交流するのです。彼のような反感は私を反省させます。私はよく、「あなたの絵は良いが、残念ながら理解できない」と言う言葉を耳にします。とてもつらいです。分からないのはその人の問題ではなく、私の問題です。良い作品は、簡単に読者の心を掴みます。だから絵を見て分からないと言われると、私は怒られたと感じるのです。

## 16  正解 C

**設問スクリプト**
参观杭州艺术专科学校后，男的做了什么决定？

**設問スクリプト和訳**
杭州芸術専科学校を見学した後、男性はどのような決断をしましたか？

**選択肢和訳**
A　画廊を開く　　　　　　　　　B　教師を志す
C　芸術を学ぶ　　　　　　　　　D　工科を受験することを決める

## 17  正解 C

**設問スクリプト**
男的举打猎的例子想说明什么？

**設問スクリプト和訳**
男性は狩りの例を挙げて、何を説明しようとしましたか？

**選択肢和訳**
A　長期的な目標を立てるべきである　　B　独立すべきである
C　創作の時は集中すべきである　　　　D　普段の蓄積を重視すべきである

## 18  正解 B

**設問スクリプト**
男的怎样看待别人说"你的画很好，可惜我不懂"？

**設問スクリプト和訳**
男性は、「あなたの絵は良いが、残念ながら理解できない」という言葉をどのように見ていますか？

**選択肢和訳**
A　反感を持つ　　　　　　　　　B　つらい気持ちになる
C　まったく理解できない　　　　D　このような言葉を聞きたくない

## 19 正解 C

### 設問スクリプト
男的认为好的作品是什么样的？

### 設問スクリプト和訳
男性は、良い作品とはどのようなものだと思っていますか？

### 選択肢和訳
A　議論される
B　少なくとも賞を取ったことがある
C　容易に読者の気持ちを掴むことができる
D　専門家に認められる

## 20 正解 B

### 設問スクリプト
关于男的，可以知道什么？

### 設問スクリプト和訳
男性について、何が分かりますか？

### 選択肢和訳
A　小動物が好きである
B　画壇の泰斗である
C　学生と議論するのが好きである
D　子供の時から油絵が好きである

## 21 - 25

> **スクリプト**
>
> 女：我觉得这个展厅布置得很有特色，请您给我们简单介绍一下？
> 男：我们展厅主要是展示雕刻工艺的产品，都是纯手工做的，这些是我们重点推荐的产品，也是我们今年的一个新的概念，来这里做一个尝试，想看看市场的接受度怎么样。如果市场有比较好的反响的话，明年我们会在这个系列上做得更加丰满，可能会不止一个系列，会有两三个系列的。
> 女：你们品牌最大的特色是什么呢？
> 男：我们的特色还是设计，我们一直致力于将好的设计，世界上领先的设计灵感，引入到我们的产品上，引入到我们的设计中，推荐给国内的用户。
> 女：现在国外也有很多家具品牌进入中国市场，怎样面对这种激烈的竞争呢？
> 男：首先我们很欢迎他们来到中国市场，这证明我们的市场是有活力的、有吸引力的。当然我们作为民族的品牌，作为本地的企业，首先我们更了解客户的需求，我们更了解中国人的审美，更了解中国人的消费习惯。可能国外的产品，工艺上做得很精致，但中国人更需要的是温馨感，一种家的感觉，在这方面，我们的设计和东方人更为贴近，所以我觉得我们的产品在这个氛围的营造上，更能为国人所接受。
> 女：那我们这个品牌的消费者定位在什么层面上？
> 男：现在我们做的都是中高端产品，主要是针对别墅和高端公寓的市场，还有精品的会所市场。
> 女：今年原材料等都在上涨，这对于我们产品的销售有什么影响吗？
> 男：我觉得这个是整个行业面对的问题，我们之所以一开始致力于高端，就是希望能从价格和成本的竞争中跳出来，更多地以设计来吸引客户。原材料价格的增长总是会有一些影响，但对我们来讲，影响会比其他的品牌小一些。

> スクリプト和訳

女：この展示室の装飾は特徴的ですが、簡単に紹介していただけますか？
男：私たちの展示室は主に彫刻工芸の製品を展示しており、すべて手作業で造ったものばかりです。これらは私たちがお勧めする製品の主要なもので、今年打ち出した新たな概念です。ここで試してみて、市場でどれだけ受け入れられるか見てみたいと思いました。もし市場での反響が良ければ、来年はこのシリーズをもっと充実させ、1つのシリーズだけでなく2つか3つのシリーズにすると思います。
女：このブランドの最大の特徴は何でしょうか？
男：私たちの特徴はやはりデザインです。優れたデザイン、世界をリードするデザインのインスピレーションを私たちの商品に取り入れ、デザインに取り入れ、国内のお客様にお勧めすることに力を入れてきました。
女：現在、国外の多くの家具メーカーが中国の市場に参入していますが、このような熾烈な競争にどのように向き合っていますか？
男：まず彼らが中国の市場に参入することは歓迎します。これは私たちの市場が活気があり、魅力があることを証明しています。もちろん私たちは民族（独自）のブランドとして、地元の企業として、より顧客のニーズを知っており、中国人の審美眼、中国人の消費習慣を理解しています。国外の商品は、技術は精巧かもしれません。しかし中国人は温かみや、家の感覚を求めています。その点、私たちのデザインはより東洋人に親しみやすいものなので、雰囲気作りにおいて、より中国人に受け入れられやすいと思います。
女：では、このブランドの消費者はどの層に位置付けられますか？
男：現在私たちが造っているのは、すべてミドルからハイエンドの製品で、主に別荘と高級マンション、高級な施設をターゲットとしています。
女：今年は原材料などの価格がすべて高騰しました。これは商品の販売に何か影響がありますか？
男：これは業界全体が直面している問題です。私たちが初めからハイエンドに力を入れてきたのは、価格とコストの競争から飛び出し、デザインで顧客を引きつけたかったからです。原材料の価格の高騰は何らかの影響がありますが、私たちの場合は、他のブランドよりは影響が少ないです。

## 21 正解 D

**設問スクリプト**
关于这次展览的产品，下列哪项正确？

**設問スクリプト和訳**
今回展示された商品について、以下のどの項目が正しいですか？

**選択肢和訳**
A 輸出する商品
B 撮影に使われる
C 市場の反響が良い
**D すべて手作業で造られている**

## 22 正解 A

**設問スクリプト**
男的认为他们品牌最大的特色是什么？

**設問スクリプト和訳**
男性は、自身のブランドの最大の特徴は何だと思っていますか？

**選択肢和訳**
**A 優れたデザイン**
B 行き届いたサービス
C 低廉な価格
D 優れた機能

## 23 正解 D

**設問スクリプト**
面对国外产品，男的认为他们的优势是什么？

**設問スクリプト和訳**
男性は、国外の商品と比べて、自身のブランドは何が有利だと思っていますか？

**選択肢和訳**
A 技術がより先進的である
B より品質が優れている
C 宣伝広告がより行き届いている
**D 本国の顧客の需要をより理解している**

## 24 正解 D

**設問スクリプト**
该品牌主要针对哪个人群？

**設問スクリプト和訳**
このブランドの主なターゲットはどのような人々ですか？

**選択肢和訳**
A 女性
B 子供
C 若者
D ミドルからハイエンドの消費者

## 25 正解 A

**設問スクリプト**
男的怎么看原材料价格上涨问题？

**設問スクリプト和訳**
原材料の価格の高騰について、男性はどのように考えていますか？

**選択肢和訳**
A それほど影響はない
B 重大なダメージを受ける
C 価格競争をするつもりだ
D 大いに利益がある

## 26 - 30

> **スクリプト**

男：我们知道你出演了传记电影《萧红》中萧红这个角色，你平时就很爱看人物传记类电影吗？
女：对，像《铁娘子》《时时刻刻》，这一类我都很喜欢。
男：萧红这个角色吸引你的地方在哪儿？
女：看完剧本，我觉得我就是萧红。我觉得这个角色让我来演，对我来说就像一个责任似的。她的很多作品，比如像《呼兰河传》，我小时候就读过。接演这个角色后，我当然又做了大量的功课，买了一堆书在家看，想看她的文字，想接触她的内心。
男：看她文字有什么样的感觉？跟你后面拍戏的感觉契合吗？
女：我觉得她的文字有一些笔触，特别像一个孩子，特别干净，特别纯粹。她的文字不是很华丽，也不是很漂亮，但就是特别地干净，特别地朴素，特别地打动人。
男：你对她这种干净朴实的印象会不会带到电影《萧红》的表演里面？
女：我去感受她的一些文字，看她的作品，其实不见得对我的表演有多么明确的帮助。我觉得这是一种潜移默化的感受和影响，就是通过她的一些文字去试图想到她整个人的一个感觉。但就这个电影来说，依靠更多的是剧本，剧本本身呈现的是什么样的东西，什么样的故事。我们这个戏，表现更多的还是萧红的情感。
男：在演绎萧红的时候，有什么样的情节，或者片段，或者心态，跟你自己是相通的？
女：我不会太刻意地去寻找我跟她相似的地方。因为我是一个专业的演员，我从学习表演的这一刻开始，相信的就是"塑造"。就是让我自己努力地去变成她，而不是说我一定去找到这个地方跟她相似，就怎么样表演。
男：出演人物传记会有什么表演上的不同吗？
女：完全不同。拍现代戏可能更随意、轻松，我怎么都不会出错，因为可以创造角色。但是出演人物传记，我有自己的一个尺度，我希望这个戏是准确一点儿的。这种准确性的自我要求会让我更加小心翼翼，如履薄冰。

> スクリプト和訳

男：あなたは、伝記映画『蕭紅』で、蕭紅役を演じられました。普段から人物の伝記ものの映画をよくご覧になるのですか？

女：はい、『マーガレット・サッチャー——鉄の女の涙』や、『めぐりあう時間たち』など、このタイプの映画はどれも好きです。

男：蕭紅の役のどのような部分に魅かれましたか？

女：台本を読み終わって、私こそが蕭紅だと思いました。この役を私が演じることは、私の責任のように思えました。彼女の作品の多く、例えば『呼蘭河伝』のようなものは、子供の頃に読んだことがあります。蕭紅の役を引き受けてからは、たくさん勉強しました。彼女の文章を読みたい、彼女の内心に触れたいと思い、山のように本を買って家で読みました。

男：彼女の作品を読んで、どのような気持ちになりましたか？その後の撮影の時の気持ちとぴったり合いましたか？

女：彼女の文章のタッチは子供のようです、ピュアで、純粋なのです。彼女の文章は華やかでも美しくもありませんが、とてもピュアで、素朴で、心に響きます。

男：蕭紅のピュアで素朴な印象は、映画『蕭紅』の演技に表れていますか？

女：蕭紅の作品を読んで感銘を受けましたが、私の演技に明らかに役立ったとは思いません。これは知らず知らずのうちに感化され影響されるものだと思います。彼女の作品を通して、彼女という一人の人間全体を感じてみた、ということです。この映画に関して言えば、台本をより頼りにしました。台本がどのようなものを、どのような物語を表しているか。この作品がより多く表現しているのは、蕭紅の感情なのです。

男：蕭紅の人物像を表現する時、どのようなプロット、場面、心理状態が、あなたと共通していると思いましたか？

女：彼女と似ている部分を無理に見つけようとはしませんでした。私はプロの俳優なので、演技の勉強を始めた時から「イメージを描き出すこと」を信じてきました。努力して自分を彼女に変えるのであり、彼女と似ている部分を見つけて、そのように演じなければいけないというわけではありません。

男：人物の伝記を演じることは、演技の上で何か違いがありますか？

女：まったく違います。現代劇ではもっと思い通りに、リラックスして、間違えることはありません。自分で役を創造できるからです。しかし人物の伝記を演じることについては私自身の尺度があり、この芝居は正確に演じたいと思いました。自分自身にこのような正確さを求めることで、より薄い氷の上を歩くかのように慎重になりました。

## 26  正解 C

### 設問スクリプト
接拍电影后，女的做了什么准备工作？

### 設問スクリプト和訳
映画の撮影が決まってから、女性はどのような準備をしましたか？

### 選択肢和訳
A　監督と話し合った　　　　　　B　図書館へ行って資料を調べた
C　蕭紅の作品を読んだ　　　　　D　蕭紅の友人に意見を聞いた

## 27  正解 A

### 設問スクリプト
女的觉得萧红的文字怎么样？

### 設問スクリプト和訳
女性は蕭紅の文章をどう思っていますか？

### 選択肢和訳
A　ピュアで素朴　　　　　　　　B　華やかで感動的
C　簡潔であっさりしている　　　D　想像力に富んでいる

## 28  正解 A

### 設問スクリプト
《萧红》这部戏主要表现主人公的哪方面？

### 設問スクリプト和訳
映画『蕭紅』は主人公のどの部分を主に表現していますか？

### 選択肢和訳
A　感情　　　　　　　　　　　　B　理想
C　世渡りの態度　　　　　　　　D　文学の成果

## 29 正解 C

**設問スクリプト**
与现代戏相比，女的认为演人物传记有什么不同？

**設問スクリプト和訳**
現代劇と比べて、女性は人物の伝記を演じるのは何が異なると思っていますか？

**選択肢和訳**
A　より気軽である
B　自由に（演技を）発揮できる
C　**より正確性を重んじる**
D　人物のイメージ作りがしやすい

## 30 正解 D

**設問スクリプト**
关于女的，可以知道什么？

**設問スクリプト和訳**
女性について、何が分かりますか？

**選択肢和訳**
A　監督をしたことがある
B　見た目が蕭紅に似ている
C　演技を専門的に学んだことがない
D　**伝記映画を観るのが好きだ**

# 第3部分 問題 p.140～p.141

〈問題文〉请选出正确答案。
〈和　訳〉正しい答えを選びなさい。

## 31 - 33

### スクリプト

　　成语"昙花一现"比喻事物出现后不久就消失了。可是为什么用昙花来比喻呢？
　　昙花属于仙人掌科植物家族，它和家族中的大部分成员都有个特点，就是开花时间极短。尤其是昙花，从开放到凋谢仅仅四五个小时，而且总爱在半夜开放。为什么昙花开花时间那么短呢？原来，昙花生长在热带沙漠地区，沙漠中白天和晚上的温差很大，白天非常热，而晚上气温较低。昙花选择在晚上开花，翌日清晨就凋谢，这样，娇嫩的花朵就不会被强烈的阳光晒焦。这种特殊的开花方式，使它能在干旱炎热的严酷环境中生存，繁衍后代。久而久之，这种习性便一代一代地遗传下来了。

### スクリプト和訳

　　「朝顔（ゲッカビジン）の花一時」ということわざは、物事が現れてからすぐに消えてしまうことを喩えているが、なぜゲッカビジンで喩えるのだろうか？
　　ゲッカビジンはサボテン科の植物であり、同属の大部分の植物は、開花時間がとても短いという特徴がある。特にゲッカビジンは、開花からしぼむまでたったの4、5時間しかなく、しかも夜中に開花する。なぜゲッカビジンの開花時間はこんなに短いのか？実は、ゲッカビジンは熱帯の砂漠で生長し、砂漠は昼と夜の温度差が大きく、昼は暑く、夜は寒い。ゲッカビジンは夜に開花し、翌日の明け方にはしぼんでしまうため、か弱い花は強烈な太陽の光にさらされずにすむ。このような特殊な開花方法によって、ゲッカビジンは乾燥した灼熱の苛酷な環境の中でも生存でき、子孫の繁殖ができる。長い歳月をかけて、この習性は一代一代受け継がれてきたのである。

## 31 正解 C

### 設問スクリプト
成语"昙花一现"是什么意思?

### 設問スクリプト和訳
「朝顔の花一時」ということわざは、どのような意味ですか?

### 選択肢和訳
A 何をするにも根気がない　　B 願いを実現させるのは難しい
C 物事の存在する時間が短い　　D 物事はたった一度だけ現れる

## 32 正解 B

### 設問スクリプト
关于昙花,下列哪项正确?

### 設問スクリプト和訳
ゲッカビジンについて、以下のどの項目が正しいですか?

### 選択肢和訳
A 日にさらされるのを恐れない　　B 夜に開花する
C 開花の時間がきわめて長い　　D 寒い地域に生長する

## 33 正解 B

### 設問スクリプト
这段话主要谈什么?

### 設問スクリプト和訳
この話は、主に何について述べていますか?

### 選択肢和訳
A 砂漠の気候　　B ゲッカビジンの特性
C サボテンの植え方　　D 温度差が植物に与える影響

## 34 - 36

> **スクリプト**
>
> 多数人在自己不熟悉的领域会不自信，容易羡慕别人。当对这个领域相当熟悉了，羡慕的情绪就会消失，取而代之的是一种平静。
>
> 举个例子来说，一个人懂得一些基本的电脑维护知识，他并不会觉得自己的电脑水平有多高，但对那些不熟悉电脑操作和维护的人来说，他可能会被认为是电脑牛人。而一个电子城的老板却不会因此就羡慕他，只会觉得那样也只是个初学者而已。
>
> 所以，羡慕别人是一种正常的心理，但如果只是羡慕别人而丢掉了自信心和追求，那是相当愚蠢的。羡慕只是因为我们对涉及到的这个领域不熟悉而已，和自己的能力没有直接的关系。所以重要的是去熟悉，去掌握。

> **スクリプト和訳**
>
> 多くの人は、自分の不案内な分野には自信がなく、容易に他人をうらやむ。その分野に詳しくなると、うらやむ気持ちは消え、落ち着きを取り戻す。
>
> 例えば、コンピューターの基本的なメンテナンスの知識のある人は、自分ではレベルが高いとは思っていない。しかしコンピューターの操作とメンテナンスについて詳しくない人にとっては、彼はすごい人である。ところが、電子城（大型家電販売店）の店長となるとそのために彼をうらやむことはなく、初心者だと思うだけである。
>
> したがって、人をうらやむのは正常な心理ではあるが、他人をうらやむだけで自信をなくし努力しないのは愚かなことである。うらやむのは、私たちが関連する分野について詳しくないからであり、自分の能力と直接関係はない。大事なのは、詳しくなろう、把握しようとすることである。

## 34 正解 C

**設問スクリプト**
在自己不熟悉的领域，多数人会怎样？

**設問スクリプト和訳**
自分の不案内な分野において、多くの人はどうですか？

**選択肢和訳**
A より謙虚になる　　　　　　B より冷静になる
C 自信がない　　　　　　　　D とても保守的である

## 35 正解 B

**設問スクリプト**
在电子城老板看来，懂得基本电脑维护知识的人怎么样？

**設問スクリプト和訳**
電子城の店長から見て、コンピューターの基本的なメンテナンスが分かる人はどうですか？

**選択肢和訳**
A 能力がある　　　　　　　　B 初心者にすぎない
C 革新の精神がある　　　　　D 営業職に向いている

## 36 正解 D

**設問スクリプト**
根据这段话，下列哪项正确？

**設問スクリプト和訳**
この話について、以下のどの項目が正しいですか？

**選択肢和訳**
A 他人に嫉妬すべきではない　　　B 軽々しく試すべきではない
C 絶えず進歩を求めるべきである　D 他人をうらやむのは正常なことである

## 37 - 39

> **スクリプト**

　　天气晴朗时，蚂蚁常要外出寻找食物，有时它们得走很远的路。从很远的地方再回到自己的"家"，可不是一件简单的事，但小小的蚂蚁却有着杰出的认路本领，不会轻易迷路。
　　科学家在研究蚂蚁时发现，它们的视觉非常灵敏，不但陆地上的景致能被用来认路，甚至连天空中的景致也能被用来认路。太阳的位置和反射到地面的日光，对于蚂蚁来说，都可以用来辨认方向。除了依靠眼睛，蚂蚁还能根据气味来认路。实验证明，有些蚂蚁在它们爬过的地面上会留下一种气味，在归途中只要沿着这种气味走，就不会"误入歧途"。
　　由于蚂蚁具有上述认路的本领，即使天空乌云密布或者地面上的气味被其他动物破坏了，只要还保留一些可利用的线索，它们仍旧可以找到蚁巢，只不过要多走些弯路而已。

> **スクリプト和訳**

　天気が良い時、アリはよく外に出て食べ物を探し、時には遠くまで歩いて行くこともある。遠くから自分の「家」に戻るのは簡単ではないが、小さなアリでも道を識別する優れた能力があり、簡単には迷わない。
　科学者がアリを研究した際に、アリの視覚がとても敏感で、陸地の景色だけでなく、空の景色からも道を識別できることを発見した。太陽の位置と地面に反射した光は、どちらも方向を識別するのに使える。目に頼る以外に、アリはにおいで道を識別することもできる。実験によると、あるアリが通った地面には一種のにおいが残され、帰りにこのにおいに沿って歩いてくれば、「誤って道を外すことはない」ということが証明された。
　アリは上述のような道を識別する能力があることにより、空が雲に覆われていても、地面のにおいが他の動物によって消されても、他に少しでも手がかりが残されていれば、やはりアリの巣を見つけることができ、多少遠回りするだけなのである。

## 37 正解 B

**設問スクリプト**
除了依靠眼睛，蚂蚁还根据什么来辨识方向？

**設問スクリプト和訳**
目に頼る以外に、アリは何を頼りに方向を識別しますか？

**選択肢和訳**
A 音
B におい
C 月の光
D 風向き

## 38 正解 A

**設問スクリプト**
根据这段话，"误入歧途"是什么意思？

**設問スクリプト和訳**
この話の中で、「誤って道を外す」とはどのような意味ですか？

**選択肢和訳**
A 方向を失う
B 誤解を生む
C 時間を無駄にする
D 意見が一致しない

## 39 正解 D

**設問スクリプト**
这段话主要谈蚂蚁的什么？

**設問スクリプト和訳**
この話は主にアリの何について述べていますか？

**選択肢和訳**
A 食べ物を探す行為
B 身体の構造
C 群棲の特徴
D 道を識別する能力

## 40 - 43

> **スクリプト**

　一位知名作家接管了一家报社，结果没几天就主动辞职了。原因不是他没有能力写稿子，而是他不懂怎样把报纸办好，他自己也感觉办报纸比写小说还累。
　管理者们有时也会遇到像作家这样的人才，他们的确很出众，但是由于他们对某些事务不擅长，工作起来不仅显得吃力，也显得被动。有的人适合搞科研，有的人适合做管理，有的人喜欢习文，有的人酷爱练武。一个优秀的领导，应该清楚地了解其下属的所长，让他们各就各位，各司其能。
　就像那位作家，报纸没办好，既浪费了自己的时间，又给报社带来了经济损失。在这种情况下，报社老板最明智的做法，就是让作家做他能够做好的事情。如果继续让他办报纸，也只会是"赔了夫人又折兵"。所以，一个管理者需要具备以下素质：明白全局的工作目标、了解整个团队的需要、对每一位下属的能力了如指掌。这样，管理者才能做到"人尽其才，物尽其用"。

> **スクリプト和訳**

　ある著名な作家が新聞社を接収管理したが、幾日も経たないうちに自ら辞職してしまった。原稿を書く能力がなかったからではなく、どのように新聞を編集すればよいか分からず、小説を書くより疲れると感じたからである。
　管理者も時にこの作家のような人材に出会うことがある。彼らは確かに傑出しているが、不得意な仕事をする時は大変そうに見えるだけでなく、受け身にも見える。ある人は科学研究に向き、ある人は管理に向く。文章を練習するのが好きな人もいれば、武術を練習するのが好きな人もいる。優秀な指導者は、部下の優れたところを明確に知り、彼らをそれぞれ合う部署に配属し、それぞれに適した仕事をさせるべきである。
　この作家のような、新聞の編集がうまくできず、自分の時間をむだにしただけでなく、新聞社に経済的損失をもたらしたような状況において、作家の得意な仕事をやらせることが、新聞社の社長がとるべき最も賢い方法である。もし作家に編集の仕事を続けさせれば、「夫人は取られ兵は打たれ（利益を得ようとしたが得られなかっただけでなく、さらに別の面で損をした）」となるだけである。そのため、管理者は以下の素質を備えていなければならない。全体の仕事の目標を知り、チーム全体の需要を知り、部下一人一人の能力をよく知る。そうすれば、管理者は「人それぞれの才能を尽くし、物それぞれの用途を尽くす」ことができるのである。

## 40 正解 C

**設問スクリプト**
作家为什么辞职?

**設問スクリプト和訳**
作家はなぜ辞職したのですか？

**選択肢和訳**
A 徹夜が多いから
B 原稿が書けないから
C 新聞の編集がうまくできないから
D 小説を書くのが下手だから

## 41 正解 D

**設問スクリプト**
这段话中"赔了夫人又折兵"是什么意思?

**設問スクリプト和訳**
この話の中で、"赔了夫人又折兵（夫人は取られ兵は打たれ）"とはどのような意味ですか？

**選択肢和訳**
A 会社が倒産した
B 奥さんと離婚した
C 戦場で戦に負けた
D 2つの面で損失を被った

## 42 正解 B

**設問スクリプト**
根据这段话，下列哪项正确?

**設問スクリプト和訳**
この話について、以下のどの項目が正しいですか？

**選択肢和訳**
A 作家は辞職すべきではない
B 自分に合った仕事をすべきだ
C 新聞社の社長は作家の給料を上げた
D 万能な人の方が社会のニーズに合っている

## 43  正解 C

**設問スクリプト**

这段话主要谈什么?

**設問スクリプト和訳**

この話は主に何を述べていますか?

**選択肢和訳**

A 同僚とどのようにコミュニケーションをとるか
B 指導者は知識が豊富で経験が豊かであるべきだ
C 管理者は人を理解してうまく任用すべきだ
D 作品の販売量をどのように増やすか

## 44 - 47

**スクリプト**

一个人在漫漫长路上开车总是寂寞的,这时,听点儿音乐或许可以为你的旅途"加油"。有调查显示,与沉闷的环境相比,音乐能让司机达到最佳反应状态。音乐能刺激神经系统并使其保持适当兴奋,缓解驾车疲劳,增强警惕性,降低车祸发生率。但并不是所有的音乐都适合在驾车时收听,劲爆的乐曲和过于情意绵绵的乐曲都会在你的驾驶中"帮倒忙"。在驾驶中,舒缓的音乐是最好的选择,它能让司机心情愉快,集中注意力。

但在听音乐的过程中,不要一边开车一边操控车内音响,比如想换张碟或者想快进、快退到想听的歌曲,这些操作都是不安全的。你不妨选择在等红灯时换碟。另外,开车时也不要戴耳机听音乐,这样后果更严重,不仅会使耳朵对外界声音不敏感,长此以往还会造成耳部血管弹性失调,引发神经紊乱。在车多人多的市区道路上开车时,由于突发事件较多,注意力需要高度集中,所以最好也不要听音乐。

**スクリプト和訳**

長い道のりを1人で運転するのは寂しいものである。こんな時は、音楽を聴くことで元気づけられるかもしれない。ある調査によると、音楽を聴くことは、重苦しい環境と比べて、運転手の反応を最も良い状態にできることが明らかになった。音楽は神経系統を刺激し、適当な興奮状態を維持し、運転による疲労を和らげ、警戒心を高め、事故の発生率を抑えることができる。しかし、すべての音楽が運転中に聴くのに適しているわけではない。激しすぎる曲や極端なラブソングは、かえって運転の邪魔になる。運転中は緩やかな音楽が最もふさわしく、運転手の気分を楽しくさせ、注意力を高めることができる。

ただ、音楽を聴く時には、運転しながら車内の音響を操作してはならない。ディスクを替えたり、聴きたい曲まで早送りや巻き戻しをしたりする、これらの操作は皆危険である。信号待ちの時にディスクを替えると良いだろう。このほか、運転中にイヤホンを

して音楽を聴いてはならない。これはさらに重大な結果を招くことになり、外の音に対して敏感でなくなるだけでなく、長い間続けると耳の血管の弾力が失われ、神経の乱れを引き起こす。車も人も多い市街地の道路での運転は突発的な事故が多く、高い注意力が必要になるので、できれば音楽は聴かない方がよい。

## 44 正解 C

**設問スクリプト**
开车时听音乐有什么好处？

**設問スクリプト和訳**
運転中に音楽を聴くことはどのような利点がありますか？

**選択肢和訳**
A　記憶力を高める　　　　　　　B　道路の状況を理解する
C　運転の疲労を和らげる　　　　D　突発的な状況に対処できる

## 45 正解 B

**設問スクリプト**
下列哪种音乐适合开车时听？

**設問スクリプト和訳**
運転中に聴く音楽として適しているのは以下のどれですか？

**選択肢和訳**
A　激しいもの　　　　　　　　　B　緩やかなもの
C　悲しげなもの　　　　　　　　D　騒々しいもの

## 46 正解 D

**設問スクリプト**
开车时为什么不能戴耳机听音乐？

**設問スクリプト和訳**
運転中なぜイヤホンをして音楽を聴いてはいけないのですか？

**選択肢和訳**
A　視線を邪魔するから　　　　　　　　　　　B　気持ちをいらだたせるから
C　全身をリラックスさせるのに邪魔になるから　D　外の音に敏感でないから

## 47 正解 A

**設問スクリプト**

根据这段话，下列哪项正确？

**設問スクリプト和訳**

この話について、以下のどの項目が正しいですか？

**選択肢和訳**

A 運転中にディスクを替えるのは危険だ
B 市街地では運転中に音楽を聴くことを禁止している
C 信号待ちの時は音楽を聴かない方がよい
D 運転中に音楽を聴くと事故を起こしやすい

## 48 - 50

**スクリプト**

　　田径是世界上普及最广的体育运动之一，也是历史最悠久的运动项目。田径与游泳、射击一起被视为"奥运金牌三大项目"，五十一枚金牌使其当之无愧地成为了奥运金牌最多的项目，也由此产生了"得田径者得天下"的说法。
　　田径赛，顾名思义是田赛和径赛的合称，它们都是根据场地特点来命名的。最早并没有像现在这样的标准田径场，那时一些跳跃和投掷项目的比赛，都在一块儿空地上进行，而一些赛跑的项目，都在一段平坦的道路上举行，"田"和"径"的命名就由此而来。"田"指广阔的空地或原野，田赛是在一定的区域内进行的各种跳跃和投掷项目的比赛的统称。"径"指跑道或道路，径赛是在田径场的跑道上或场外规定的道路上进行的，是不同距离的竞走和各种形式的赛跑的统称。

**スクリプト和訳**

　陸上競技は世界で最も広く普及しているスポーツの1つで、最も歴史のあるスポーツの種目でもある。陸上競技は、水泳、射撃とともに「オリンピック金メダル3大種目」と見なされ、陸上競技の51個の金メダルは、陸上競技を堂々オリンピック最多の金メダル数の種目とし、「陸上競技を制する者は、天下を制する」と言われるようになったのである。
　陸上競技はその名の通り、フィールド競技とトラック競技を合わせたもので、競技が行われる場所の特徴から命名された。昔は現在のような標準化された競技場がなく、当時は跳躍と投てきの種目は皆1つの空地で行われ、競走の種目は平坦な道路で行われていた。「フィールド」と「トラック」はここから命名された。「フィールド」は広々とした空地や原野を指し、フィールド競技は一定の区域内で行われる各種の跳躍と投てきの種目の総称である。「トラック」はコースか道路を指し、トラック競技はコースのあるトラックか、場外の規定の道路で行われ、距離別の競歩と各種スタイルの競走の総称である。

## 48  正解 A

**設問スクリプト**
为什么说"得田径者得天下"？

**設問スクリプト和訳**
"得田径者得天下（陸上競技を制する者は、天下を制する）"と言われるのはなぜですか？

**選択肢和訳**
- **A 陸上競技の種目が最も多いから**
- B 陸上競技が最も人気があるから
- C 陸上競技が最も広く普及しているから
- D 陸上競技が最も歴史があるから

## 49  正解 B

**設問スクリプト**
田径赛是根据什么来命名的？

**設問スクリプト和訳**
陸上競技は何に基づいて命名されたのですか？

**選択肢和訳**
- A 発祥地
- **B 場所の特徴**
- C 技術の難度
- D 使用する機械

## 50  正解 C

**設問スクリプト**
根据这段话，下列哪项正确？

**設問スクリプト和訳**
この話について、以下のどの項目が正しいですか？

**選択肢和訳**
- A トラック競技はより競争が激しい
- B フィールド競技はトラックの上で行われる
- **C 投てき種目はフィールド競技に属する**
- D フィールド競技とトラック競技は同時には参加申し込みができない

## 2 阅読

> 第1部分　問題 p.142～p.144

〈問題文〉请选出有语病的一项。
〈和　訳〉語句や文法上の誤った文を選びなさい。

### 51　正解 A

**選択肢和訳**

A　彼は褒めるべきところが多い。
B　浙江省、江蘇省の2つの省は中国の米の重要な産地である。
C　言葉が流暢かどうかは、文章がうまいか下手かを測る基準の1つである。
D　風景が美しいことで有名な陽朔県は、広西壮族自治区にある。

**解説**　(訂正例) 他这个人有不少值得表扬的地方。
"有"の目的語としての名詞がないのがおかしい。そこで最後に"的地方"を付け加えた。ほかに"不少"の後に"优点(長所)"などの言葉を挿入し"他这个人有不少优点值得表扬。"としてもよい。

### 52　正解 D

**選択肢和訳**

A　失敗は忘れろ。しかし失敗の中の教訓は覚えておくべきである。
B　中国では、虎は昔から「百獣の王」の美名がある。
C　人生の道のりは長いが、大事なのは数歩だけである。
D　夏の仙島湖は、人々が暑さを避け涼を取ったり、読書や学習をするのによいところである。

**解説**　(訂正例) 夏天的仙岛湖, 是人们避暑纳凉、读书学习的好地方。
これは"是"の文なので、"X是Y"なら「X＝Y」の関係が成り立たなければならない。しかしこの文の場合Xにあたるものが"夏天的仙岛湖"という「場所」なのに、Yにあたるものが"～好时候"、つまり「時」に変わってしまっている。これでは前後のバランスが取れないので、"好时候"を"好地方"と修正する。

## 53 正解 B

**選択肢和訳**

A このメールはシステムが自動で送信したものなので、返信しないでください。
B この本の価格は、豪華版と平装本の定価に十数元の差がある。
C 統計によると、ミツバチは500グラムの蜜を醸造するのにおよそ50万輪の花の蜜を採集する必要がある。
D 突然の大雨に、グラウンドで芝居を観ていた学生たちは慌てふためいた。

**解説** （訂正例）这本书，精装本和平装本的定价相差十几块钱。
コンマより前に"价格"という言葉が出ているのに、コンマより後にも"定价"という言葉が出ていて、重複している。この文は主述述語文と呼ばれる構文（日本語の「象は鼻が長い」にあたる、主語が2つあるように見える文）だが、最初の主語は話の大きなテーマを提示し、後の主語で細かいテーマを提示する。よって、最初の主語は「この本の価格」と細かく取るよりは「この本」と大きく捉え、次の主語で定価の話をしていることを示せばよい。

## 54 正解 C

**選択肢和訳**

A この薬の説明書をよく読み、医師の指導のもとで使用してください。
B 皖南にある多くの独特な風格の徽派の民家村落の中で、宏村は最も代表的なものである。
C ハルビン国際貿易協議会の開催の成功により、ハルビンの知名度はますます高まった。
D 勉強の最大の利点は、知を求める人に知を与え、無知な人を知識のある人に変えることである。

**解説** （訂正例）哈尔滨国际贸易洽谈会的成功举办，使哈尔滨的知名度越来越高。
コンマの前の部分が名詞フレーズになっているので、文全体として主語が2つになってしまっている。すなわち"～的成功举办"と"哈尔滨的知名度"である。このままではおかしいので、コンマの前を全体の主語とし、そのことが「ハルビンの知名度を高くした」という流れにしたい。そこでコンマの後に"使"を入れて使役の文にすればよい。

## 55  正解 D

**選択肢和訳**

A 考察の結果、ここの自然環境はパンダの成長に適していることが分かった。
B すみません。該当する（あなたがお探しの）ホームページが存在しません。入力したアドレスが正しいか確認してください。
C 8年間の努力を経て、北京大学古典文学研究所はついに『全宋詩』の編纂を完成させた。
D 挫折は美しい。苦痛をもたらしはするが、意志を鍛え、闘志をかき立てる。

**解説**（訂正例）挫折是美丽的，虽然它会给自己带来痛苦，但也能磨炼毅力和激发斗志。
3つのフレーズを上手くつながなければならないので、フレーズの内容を簡単に確認すると、1つ目は逆接的なことを書いて人の目を引き付け、2つ目と3つ目でその謎解きをするという構成になっている。つまり2つ目と3つ目でワンセット。3つ目には"但"という接続詞があるので2つ目と3つ目の関係は「逆接」である。ただここは謎解き部分なので、逆接関係であることをもっと際立たせたいので2つ目冒頭に"虽然"を入れる。"至于"は「～に至っては・～といえば」という意味で、ここには合わないので削除する。


## 56  正解 B

**選択肢和訳**

A この新型センサーカメラは被験者が嘘をついているか調べることができる。
B 206番のオペレーターです、ご利用ありがとうございます。何かお困りですか？
C 壁際の書棚には、文学、法律等様々な分野の700冊以上の書籍がきっちり並んでいる。
D この老芸術家の演技は、真に迫り、神業の域に達していると言える。

**解説**（訂正例）我是206号客服，很高兴为您服务，请问有什么可以帮您的？
"为"は介詞なので"为您"という介詞フレーズは"服务"という動詞の前に入らなければならない。


## 57  正解 B

**選択肢和訳**

A 漢方の煎じ薬は苦味が多いことから、民間には「良薬口に苦し」という言葉がある。
B 祖父はよく、足るを知り常に楽しんでいて、感謝の気持ちがある人は、人生における幸福をより簡単に感じ取ることができるのだと言っている。
C 親子旅行が人気なのは、親と子供の交流の機会を増やすことができるからである。
D ある人は創造力を1つの職種とするが、実際は、創造力はどこにでもある生活態度なのだ。

**解説**（訂正例）爷爷常说知足常乐，心怀感恩的人更容易感受到人生的幸福。
"受到"は「受ける」という意味。「人生における幸福を受ける」は少し舌足らずな表現である。そこで訂正例では"感受到（感じ取る）"とした。動詞を"得到"にして「人生における幸福を手に入れる」としてもよい。

## 58 正解 D

**選択肢和訳**

- A 過去にしがみつけば、現在と未来を失う。頻繁に後ろを振り向く人は、遠くまで歩けない。
- B 麦芽糖（水あめ）は小麦ともち米で造られ、甘くておいしく、栄養が豊富で、胃を丈夫にし、消化を助ける効果があり、幅広い年齢層に適した食品である。
- C 「嶺南の才子」と呼ばれる劉斯奮は、長編小説『白門柳』によって中国当代文学の最高の賞である茅盾文学賞を受賞した。
- D 4年間商業に従事した経験は、彼女に様々な思いを舐め尽くさせたが、彼女の視野を広げ、鋭い観察力と正確な判断力を養った。

**解説** （訂正例）4年的从商经历，使她尝尽了酸甜苦辣，也使她开阔了眼界，培养了她敏锐的观察力和准确的判断力。
3つ目のコンマの前までは問題ない。3つ目コンマの後は、そのまま前から続いていく文なのか独立した文なのかがはっきりしない。続いている文と解釈するなら、"4年的从商经历"が「彼女の観察力と判断力を養った」とすると自然な流れとなる。独立した文だとすると、前半の文と後半の文に関連性があまりなく不自然なので、やはり前から続いていると解釈した方がいい。なお、最後の"显得非常重要"は、訂正例の文の中には入れられないので省いたが、もしどうしても入れたいのであれば、一度文を切って"这一点非常重要。"等とする。

## 59 正解 B

**選択肢和訳**

- A 南方のある種の草花は、北方で植えても育ちにくく、開花しにくい。土のアルカリ性が強すぎるからである。
- B セロリは炒めると血圧を下げる効果がはっきりしなくなる。生のまま食べれば栄養を最大限保つことができ、血圧を下げる効果をより発揮できる。
- C 旅行は人を謙虚にさせ、世界の大きさを知らせることができる。世界にはあなたとまったく違う人が存在し、経験したことがないことがたくさん起きる。
- D 古人はよく「覆水盆に返らず」と言った。話すことは水をまくようなもので、一度まかれた水は元には戻せない。だから言葉は発する前に慎重に考えなければならない。

**解説** （訂正例）芹菜炒熟后降压作用并不明显，所以最好凉拌吃，这样可以最大限度地保留营养，更好地起到降压作用。
"著名"は「著名である・有名である」という意味で、ここではまったく意味が合わない。ここは「際立っている」「明らかである」という意味の"显著"や"明显"などの形容詞がふさわしいだろう。

## 60  正解 D

**選択肢和訳**

A 今回の技術交流会において、どのように販売経路を開拓するかという問題について、皆は次々に自分の意見を発表した。

B 真正面から冷たい風が吹いてきたので私は思わず身震いし、急いでコートのボタンを閉め、早足で近くの駅まで歩いて行った。

C 家事をすることは子供に自信をつけさせる1つの方法であり、家事は実社会で生きる技能を習得させ、子供に人生の道理を教えることができる。

D 黄永玉は中国の著名な画家で、幼い頃から絵画を好み、少年時代には木版画で画壇に名を馳せ、「中国三神童の1人」と称された。

**解説**（訂正例）黄永玉是中国著名的书画艺术家，他自幼喜爱绘画，少年时期便因木刻作品蜚声画坛，被称为"中国三神童之一"。
"称他为~"だと、「~と称したのは誰なのだろう」と気になってしまう。ここは受け身の形にして「~と称された」とすると、自然な流れとなる。

## 第2部分　問題 p.145 〜 p.147

〈問題文〉选词填空。
〈和　訳〉語句を選んで空所を埋めなさい。

## 61　正解 B

### 問題文和訳

戦争中、白旗を［挙げる］ことは和議を求め、降参を表す。なぜか？１つの［解釈］としては、「我々は負けを認め、我々の旗にあなたたちの色を［塗って］もよい」ということを表している、というものがある。

### 選択肢和訳

A　持ち上げる　推論　刺繍する　　　　B　挙げる　解釈　塗る
C　ほじる　疑い　刺す　　　　　　　　D　触れる　条項　（アイロンなどを）かける

**解説**　１つ目の空欄は、戦争において白旗をどのようにすれば投降することになるかを考えるとBが入りうる。Aも何かを高く持ち上げるような意味だが、「降参する」というような場合はよく"挙白旗"というので覚えておこう。２つ目の空欄の前後を読むと、"这是为什么呢？"と白旗を挙げることがなぜ降参の意味になるか尋ね、空欄の後でその理由を述べているが、空欄の直前に"有一种"と言っているので、「こういった種類の考え方がある」というふうなニュアンスで理由を紹介している。つまりこの空欄には「考え方・解釈」といったような言葉が入るのでBが残る。３つ目の空欄を見ると後に"颜色"があるので、"颜色"を目的語として取ることのできる動詞をここに入れたい。選択肢を見るとAとBが残るが、文脈から考えてBの「塗る」の方が自然である。以上を総合するとBが正解と分かる。

## 62　正解 A

### 問題文和訳

指は人体で最も敏感な［部位］の１つである。指先には一千万個もの神経細胞があり、触った物を［識別］できる。冷たいか熱いか、柔らかいか固いかはもちろん、大きさや［形］まで、少し触ればすぐに分かるのである。

### 選択肢和訳

A　部位　識別する　形　　　　　　　　B　部門　分析する　形式
C　局部　見分ける　事情　　　　　　　D　位置　区別する　形態

**解説**　人体などの部位を表す言葉は中国語でも"部位"がふさわしい。よって１つ目の空欄にはAの"部位"がよい。２つ目の空欄は「神経細胞が物体に何を行うか」と考えると、A、Cがふさわしいと分かる。３つ目の空欄の前後を見て、指が触るとすぐに分かるのは触った物の温度と固さと大きさと何なのかと考えると、選択肢の中ではAとDが残る。Bは主に芸術作品や組織などの「形式・様式」というような意味なので、指で触って分かるようなたぐいのものではないから不適。Cは主に物事の進行中の状況や様子を指すので、やはり指で触って分かるようなものではないから不適。またDは「形状」という意味もあり、絵に描かれたものなどには使えるが、触って確かめるようなものには使えない。以上を総合するとAが正解と分かる。

## 63 正解 C

**問題文和訳**

広霊の剪紙は中国民間剪紙の3大流派の1つであり、［いきいきとした］構図、真に迫る表現力、細やかな切り方、こだわりの材料、手が込んだ包装によって［独自の一派を成し］、「中華民間芸術の一絶（優れた技）」と［讃え］られている。

**選択肢和訳**

A　深刻な　世に知られている　かじる
B　沸き立たせる　人々に歓迎される　縦にする
C　いきいきとした　独自の一派を成す　讃える
D　奥深い　重要な立場にある　折る

**解説**　1つ目の空欄の後のところに"构图"があるので、これを修飾する形容詞を探すと、Cがふさわしい。Aだと「深い構図」となり何が深いか分かりにくいので不適。Bは動詞で、もし名詞の前に置くなら目的語を入れるか"轰动性的"などとしなくてはならない。伝統的な剪紙の構図が"轰动（センセーショナルを巻き起こす）"とは考えにくいので、あまりふさわしくないであろう。Dは「奥が深くて分かりにくい」という含意があるので、この文脈ではあまりふさわしくない。2つ目の空欄を考えるにあたり、そのかなり前（1つ目の空欄の直前あたり）の"以"と2つ目の空欄の直前の"而"に注目しよう。"以～而…"で「～により…だ」というような意味になる。つまり、構図や表現力、切り方や材料によりどうなのか、ということを考えて選択肢を見ると、意味は、D以外は入りそうである。しかし、Bは誰が「喜んで聞き、楽しんで見る」のかを示さないと使えないので不適。3つ目の空欄は直前に"被"があり、直後に"为"とあって、どのように称されているかがその後に書いてあるので、空欄には「称する・呼ぶ」もしくは「称賛する」といった類の言葉が入ると予想される。選択肢を見るとCが「讃える・称賛する」という意味で使われる動詞なので、これがふさわしい。以上を総合するとCが正解と分かる。

## 64 正解 D

**問題文和訳**

ネット時代にはよく以下のような現象が現れる。人々は容易にネット上の見知らぬ人に心の扉を［開き］、ネット友達とお互いのことを知り尽くし、［何でも話す］。しかし現実生活においては、人はだんだんと［冷淡］になり、長い間隣人でも、誰だか知らないということもある。ネットは結局人を［親密］にしたのだろうか、それとも疎遠にしたのだろうか？

**選択肢和訳**

A　表す　はっと悟る　残酷　親しみがある
B　陳述する　意気盛んに　冷酷　密接
C　伝える　各々の意見を述べる　冷淡　厳密
D　開く　何でも話す　冷淡　親密

> **解説** 1つ目の空欄の後に出ている単語 "心扉（心の扉）" は比喩的に使われる単語なので使われる動詞も比喩的に「(心の扉を)開く」というふうにしなければならない。選択肢ではDがよい。2つ目の空欄の少し前ではネット友達と "知根知底（お互いを知り尽くす）" となるとあり、2つ目の空欄はこの "知根知底" と並列の関係になっている。それを踏まえて選択肢を見ると、CとDが入りうると分かる。3つ目の空欄は、現実の生活では人々の関係がどうなっているか考える。空欄の後の「長い間隣人でいても誰だか知らない」という記述をもとに考えると、AやBのような大袈裟な表現よりもCとDがふさわしいだろう。4つ目の空欄は文脈から、ネットにより人々の関係がよりどうなったのか、と考える。またヒントとして、空欄の後ろ部分に使われている "疏远" が空欄に入るはずの言葉の対義語であることにも注目である。すると人と人の関係が近いことを表すDがふさわしいことがわかる。Bの場合、"人的长系" としないと使えない。以上を総合するとDが正解と分かる。

## 65  正解 C

**問題文和訳**

昔、貧しい和尚が裕福な和尚に言った。「南海の聖地に行きたいのだが、[どう]思うか？」と。裕福な和尚は聞いた。「君はそんなに貧しいのに、どうやって行くのだ？」と。貧しい和尚は答えた。「1本の水筒と鉢を持っている。」と。裕福な和尚はそれを聞くと[軽蔑]して言った。「私はずっと、十分お金を貯めて、船を雇って行きたいと思っているが、[今になっても]まだ実現できずにいるのに、君にできるものか。」と。次の年、貧しい和尚が南海から戻って来ると、裕福な和尚は[依然として]同じ場所で準備をしていた。

**選択肢和訳**

A　必ずしも　辱める　今に至るまで　もとより
B　まして　軽視する　少なくとも　ためらうことなく
C　どうであるか　軽蔑する　今になっても　依然として
D　どうしたものか　ばかにする　今のところ　思いがけず

> **解説** 1つ目の空欄は普通の話し言葉ならば "你看怎么样?（どう思うか）" というところで、少し書き言葉的だが同じ意味のCがよい。他は動詞の後ろに目的語として置けないので不適。2つ目の空欄は直後に "地" があるので、その次の "说" を修飾する言葉を探す。すると、Aは「辱める・中傷する」というような意味だが、主に言葉で相手を攻撃することを示す動詞なので、この単語の中に "说" の意味が含まれていると言える。"说" の意味の入っている言葉で "说" という動詞を修飾すると意味が衝突してしまうので、Aは不適。それ以外は意味では排除しきれないが、BやDは後ろに "地" を伴って動詞を修飾する用法はふだんあまり見られないので覚えておこう。3つ目の空欄は文脈から「今になっても（実現しない）」という言葉が欲しい。そうするとAとCが入りうる。Bは意味がまったく違うので不適。Dは一見入りそうだが、文脈的に「これからは分からないが今のところ〜である」という意味を表す "目前" を使うのはおかしい。4つ目の空欄は、文脈から「いまだに」というような意味の言葉が入るはずである。選択肢ではCがふさわしい。以上を総合するとCが正解と分かる。

## 66  正解 D

**問題文和訳**

水は人体を組織する重要な物質であり、水を飲むのが身体に良いことは［疑うまでもない］。たくさん水を飲むことは、身体の水分の十分な［含有量］を保障し、［これによって］血液循環の速度を速め、より多くの酸素を身体の器官のすみずみに行き渡らせ、一日中［顔色が良く］、元気いっぱいにしてくれる。

**選択肢和訳**

A　広く深い　数　その上　（事業などが）活気にあふれる
B　取るに足らない　重量　却って　はつらつとする
C　不思議である　エネルギー　このほか　憂いも心配もない
D　疑うまでもない　含有量　これによって　顔色が良い

**解説**　1つ目の空欄は、「多く水を飲むことの利点はどうであるか」と考えながら選択肢を見ると、Dがふさわしいと分かる。2つ目の空欄は「人の体内の水分の何が十分なのか」と考えつつ選択肢を見る。するとAとCは明らかに意味が合わないので不適。またBは"水分"自体が構成成分として含まれている水のことを指すので"重量"と入れなくても文が成り立つので不適。よって含まれている量と言っているDが適切。3つ目の空欄は、それより前の部分と後ろの部分との関係をよく見てみる。前が「多く水を飲むと体内に水分が十分となる」で後ろが「血液の循環速度を速め、…」となっている。つまり、前のことが原因で後ろのことが起こるという「因果関係」となっているので、それに見合った言葉を選ぶと、Dがふさわしい。4つ目の空欄は少し前に"让人～（人に～させる）"があるので、「人をどのような状態にさせるか」と考えて選択肢を見る。Aは草木の伸びる様子、もしくは比喩的に事業や生産の様子がどんどん発展する様子を述べる四字成語なのでここではあまりふさわしくない。Bは人（特に若者）が生気はつらつとしている様子を表す四字成語なので入りうる。Cは「憂いも心配もない」という意味なので入りうると思うかもしれないが、「水を多く飲むと血液の循環が良くなる」という文脈から考えると、ここは「憂い」や「心配」といった精神状態は直接は関係ないはずなので、あまりふさわしくない。Dの"神采"とは顔つきや表情を表す。つまり「顔色が生き生きしている」ような意味なので、入りうる。以上を総合するとDが正解と分かる。

## 67  正解 A

**問題文和訳**

何をするにも、すべての人を満足させることは不可能である。人はそれぞれ問題を見る基準と［角度］が異なるからである。他の人から支持を得るために、［できるだけ］相手の要求に合わせてもよいが、すべての人があなたに満足するのを［期待］してはならず、すべての人があなたに満足するように［試み］てはいけない。

**選択肢和訳**

A　角度　できるだけ　望みをかける　試みる
B　視線　しだいに　予期する　試す
C　立場　できるだけ早く　待ち望む　必死になる
D　観点　だんだんと　伺う　頑張る

> **解説** 1つ目の空欄には"看问题的"という修飾語がかかっている。それを踏まえて選択肢を見ると、Aは「着眼点」という意味で使われることがあるので入りうる。Bは「視線」もしくは比喩的に「(人の)目・注意」というような意味しかなく、ここではあまり合わない。Cには「立場・見地」という意味があるので入りうる。Dにも「見地・観点」という意味があるので入りうる。2つ目の空欄は"迁就"という動詞にかかる修飾語。Aは意味的にも文法的にも問題ないだろう。Cは「できるだけ早く」という意味だが、"迁就"は「相手に合わせる・我慢する・妥協する」というような意味なので、早さの問題ではなく「我慢や妥協の度合についてできるだけ合わせる」とすべきなので、Cはふさわしくないだろう。BとDはいずれも「次第に・だんだんと」と同じような意味だが、Bは意図的な行動について言うのに対し、Dは自然な変化について言うので、どちらかといえばBの方がふさわしい。3つ目の空欄は、文脈や選択肢の単語を見ると「期待する・希望する」というような方向の単語が入ると思われるのでAとCがよいが、「期待」は「そうなったらよいと思う」よりも「～を楽しみに待つ」というニュアンスが強いので、CよりAの方が自然である。Bも「前もって期待する」という意味があるが、多く連体修飾語として用いるのであまり合わない。Dはまったく意味が違うので不適。4つ目の空欄も文脈や選択肢の単語から「～しようとする」というような意味の単語が欲しいが、どの選択肢も入りうる。以上を総合するとAが正解と分かる。

## 68 正解 C

**[問題文和訳]**

値幅制限制度は証券市場において株価の取引価格の急騰急落を防ぎ、[過度の]投機現象を抑制し、各証券ごとの1日に変動できる騰落の範囲に適切な制限を[与える]一種の取引制度である。すなわち、取引価格の1営業日内の最大の変動幅は前営業日の終値の上下数％と[規定さ]れており、それを超えると取引が[ストップ]する。

**[選択肢和訳]**

A 定額を超えた　授与する　起草して原案を決める　やめる
B 度を超えた　賦与する　制定する　阻止
C 過度の　与える　規定する　ストップ
D 十分な　与える　確定する　制止

> **解説** 1つ目の空欄には文脈と選択肢の単語から「行きすぎた・過度の」というような意味で、空欄直後の"投机"にかかる言葉を探す。するとBとCに絞られるが、Bは語や行為が行きすぎてひどいという時に使い、現象には使いにくい。Aは限度額を超えるようなニュアンスがあるが、"投机"という言葉自体は「チャンスを狙う」というような意味で、限度額などとは無関係の単語なのでここでは合わない。Dは意味が合わないので不適。2つ目の空欄の直後には"适当限制"という目的語があるので空欄には動詞が入る。また文脈からここには「(適切な制限を)する・加える」というような動詞が欲しい。Aは「(勲章・学位・称号などを)授与する、与える」という意味なのでここでは不適。Bは「(任務や使命を)与える」という意味で不適。Cはその後に動詞を置いて「～する・～してやる」というような意味になるので入りうる（ここでは"限制"という動詞を置いて「制限する」という意味になる）。Dもその後に動詞を置いて「～する」という意味で使うことができるので入りうる。3つ目の空欄の選択肢はいずれも「決める」という意味の単語だが、Aは「起草して原案を決める」ようなニュアンスがあり、本格的な決定ではないので不適。また、Bは目的語に法律・計画・規則といった言葉がないと使いにくい。また、AもBもDも"制度"を主語として文が作れず、誰かあるいは機関などを主語として「決める」というように使うので、ここには入らない。4つ目の選択肢はいずれも「やめさせる」といった意味だが、Dは戦争など無法な行為をやめさせる意味なのでここでは不適。他は完全には排除できない。以上を総合するとCが正解と分かる。

## 69 正解 D

#### 問題文和訳

湿地は独特な機能を持った生態系であり、地球の表面の6％を［覆って］いるだけだが、地球上のすでに知られている種の20％に［生存］環境を提供している。湿地は人類に多くの食物と水［資源］を提供するだけでなく、生態系のバランスを維持し、［希少］種を保護し、洪水防止や干ばつ防止等の役割も果たしている。

#### 選択肢和訳

A 取り囲む 子供を生む 源泉 貴重
B 取り巻く 貯蔵 エネルギー 高い
C 覆い隠す 存在 出どころ 貴重
D 覆う 生存 資源 希少

**解説** 1つ目の空欄は「（湿地は地球の表面の6％を）占める（のみである）」というふうな単語が入ると考えて選択肢を見ると、AやBのように「取り囲む・取り巻く」というような動詞はふさわしくないことが分かる。CとDはいずれも「覆う」というような意味なので、どちらもこの空欄に入りそうだが、Cは「都合の悪いものを覆い隠す」というニュアンスがあるのでDの方がふさわしい。2つ目の空欄は「生物の生存環境を提供する」という意味にするのが自然なのでDがふさわしい。3つ目の空欄は直前に"水"という字が見える。空欄に入る単語はこの"水"と並べて使える単語ということになる。また、文脈から考えると、「湿地は人類に食物と何を提供したのか？」と考えつつ選択肢を見るとDがふさわしいことが分かる。"水资源（水資源）"という言い方もあるし、意味のうえでも問題ない。4つ目の空欄は、「どんな種を保護する役割を果たしているのか」と考えつつ選択肢を見ると、B以外は「貴重な・希少な」というような意味なので入りうるが、Aは抽象的なものに使われるのでここでは使いにくい。Bは「値段が高い」という意味なので不適。以上を総合するとDが正解と分かる。

## 70 正解 A

**問題文和訳**

太極拳の歴史は古く、「太極」の2文字は道教の［経典］である『易経』からきている。太極拳は陰陽五行と中国医学の［理論］を武術の中に取り入れ、動作は［ゆっくり］でリズムがある。太極拳の流派は多く、中でも河南の陳式太極拳が最も広く［伝えられて］いる。2006年、太極拳は中国第1［回］国家非物質文化遺産（無形文化遺産）リストに入れられた。

**選択肢和訳**

A　経典　理論　ゆっくり　伝えられる　批（量）
B　伝統　真理　遅い　流通する　串（量）
C　奥義　原理　ためらう　伝播する　番（量）
D　精華　推理　疑う　伝える　副（量）

**解説**　1つ目の空欄のすぐ後に《易经》という経典の名前が出てくるので、ここの空欄はAがふさわしいが、Dでも意味は通じる。2つ目の空欄は、「中国医学の何を取り入れたのか」と考えつつ選択肢を見ると、AとCに絞られる。Bだと「中国医学の真理」となり、いささか話が大きすぎるのであまりふさわしいとは思えない。Dに至っては意味がまったく合わないので不適。3つ目の空欄は太極拳の動作がどうだと言っているか考える。選択肢を見るとCとDは意味がまったく合わないので排除できる。AとBはいずれも「遅い・ゆっくりだ」という意味なのでいずれも入りうるが、Bは「のろのろしている・ぐずぐずしている」というように悪い意味で使われる傾向にあるのであまりふさわしくない。4つ目の空欄の選択肢はいずれも「伝わる・広まる」というような意味だが、太極拳の1つの流派のようなものが伝わる場合はAが最もふさわしいだろう。Bは空気や情報、もしくは商品や貨幣などが流通することなのでここでは不適。Cは経験やニュースなどが広まることなので不適。Dは郵便物やニュースなどを手渡したり伝達したりすることなので不適。5つ目の空欄の選択肢はいずれも量詞である。Aは多くの物の中から同時に行動したり移動したりするものを時間や順番によってグループ分けして、そのグループを数える時の単位である。国家非物質文化遺産は1回につき複数のものが選ばれ、定期的に増えていくものと思われるので、Aがふさわしい。Bは一つながりになったものを数える単位なので不適。Cはすばらしい景観や言葉や心情、また時間や労力をかけた行為などを数えるので不適。Dは2つ一組、もしくは複数で一組になっているものを数えるので不適。以上を総合するとAが正解と分かる。

## 第3部分　問題 p.148～p.149

〈問題文〉选句填空。
〈和　訳〉文を選んで空所を埋めなさい。

### 71 - 75

**問題文和訳**

　「茶馬古道」は唐宋時代の「茶馬互市（貿易）」が起源である。康藏（甘粛とチベット）は高地寒冷地区に属し、チベット人は乳製品、バター、牛肉羊肉を主食にしている。高地寒冷地区では、(71)<u>人々はカロリーの高い脂肪を摂取しなければならないが</u>、野菜がなく、ハダカムギ粉もぱさぱさしているので、余分な脂肪が人の体内で分解されにくい。一方で茶葉は脂肪を分解し、熱っぽさと乾燥を防止できるので、チベット人は長期にわたる生活の中でバター茶を飲む習慣を身につけた。チベット地区では茶葉は生産しておらず、内陸部で大量のラバを必要としていたので、(72)<u>補完関係をもつ茶と馬の取引</u>、「茶馬互市」が生まれたのである。このように、チベット自治区、四川、雲南の辺境地域で生まれたラバ、毛皮、生薬等と、四川、雲南、内陸部で生産された茶葉、布、塩、日用の食器等は、山あいを横断する深い谷を行ったり来たり休むことなく移動し、(73)<u>社会経済の発展に伴って日に日に繁栄し</u>、今日まで続く「茶馬古道」を形成したのである。
　今、茶馬古道は特殊な地域の呼称となり、世界中で自然風景が最も壮観で、文化風習が最も神秘的な旅行ルートの1つとなった。茶馬古道に沿って旅をすると、道中の民家様式、民族情緒、服装や装飾、言葉が始終走馬灯のように変化し、(74)<u>目まぐるしく思うことだろう</u>。この地方にはイメージを一言で表した「五里で言葉が違い、十里で風習が違う」という、ことわざがある。(75)<u>このような多様な文化の特徴は</u>、茶馬古道を魅力に富んだ、多種多様な民族文化の回廊にしたのである。

**正解**　71 **E**　72 **C**　73 **B**　74 **A**　75 **D**

**選択肢和訳**

A　目まぐるしく思うことだろう
B　社会経済の発展に伴って日に日に繁栄し
C　補完関係をもつ茶と馬の取引
D　このような多様な文化の特徴は
E　人々はカロリーの高い脂肪を摂取しなければならないが

> **解説**　空欄71の後には野菜や脂肪といった言葉があり、高地寒冷地区に住む人々の食物について話していることが分かる。そこでEがふさわしいと分かる。空欄72の少し前で、「チベット地区ではお茶がなく、内地ではラバが必要だ」という話が出ている。それを受けて空欄が来るのでCが最もふさわしい。空欄73の少し前では、チベット地区と四川や雲南との間でモノの行き来が止むことがない、と書かれている。そこで、その動きがさらに発展していくことを述べたBが正解。空欄74の少し前に「走馬灯のようだ」という比喩が出ている。つまり、走馬灯のようにクルクルと変化していることを言っているので、"目不暇接"という四字成語が出てくるAが正解。"目不暇接"とは「ものが多すぎていちいち見ている暇がないほどだ」というような意味。空欄75は直後に使役動詞の"使"があるので、空欄75には以下の文の主語が入ることが分かる。すると、Dだけが名詞的成分となっていて主語になりやすく、また意味的にも合致する。よってDが正解。

# 76 - 80

> 問題文和訳

　一般的な風邪でも、インフルエンザでも、くしゃみや鼻づまり等の症状が出る。また、これらの症状が出るからこそ、自分が風邪をひいたと思うのである。では、これらの症状はどのように現れるのだろうか？

　ウイルスが上部呼吸器に感染すると、(76) 有機体の免疫システムが動き始める。これは大量の白血球を生み出してウイルスを消滅させようとし、同時に血管を拡張させ、より多くの免疫細胞を患部へ送る。また鼻腔に鼻水を分泌させ、くしゃみを引き起こし、ウイルスを身体の外へ出そうとする。この一連の動作が鼻づまりと鼻水等の症状を引き起こすのである。

　(77) もしさらに重症であれば、すでに存在する免疫細胞ではウイルスを消滅させるのに足りず、有機体は体温を上げてウイルスの生長を抑制する。体温を上げることも、人体が外からのウイルスの侵入に抵抗する有効な方法だからである。この状況は、免疫システムが感染をくい止めるのに十分な白血球を生み出すまで続く。(78) 免疫システムが適用できる白血球を見つけた時、リンパ腺は充血し始め、のどの痛みを感じるのである。

　つまり、風邪の時に現れる大部分の症状は、免疫システムがウイルスを消滅させる時に起こすもので、(79) ウイルスそのものがもたらしたものではない。

　人によっては風邪をひいた時に症状が出ないが、回復の状況は症状が出る人と違いはない。(80) これはつまり、なぜ健康に見える人がいったん病気になると重症化するのか、ということである。小さな病気は症状がなく、症状を引き起こすのは皆大きな病気だからである。

**正解** 76 **C**　77 **D**　78 **B**　79 **E**　80 **A**

> 選択肢和訳

A　これはつまり、なぜ健康に見える人が
B　免疫システムが適用できる白血球を見つけた時
C　有機体の免疫システムが動き始める
D　もしさらに重症であれば
E　ウイルスそのものがもたらしたものではない

> 解説

空欄76の後に句点がありここで文が終わっているので、選択肢の中から文が終わっているようなものを探すとCとEに絞られる。Eはこの位置だと意味が通らないのでCが正解。空欄77の後を見ると、今ある免疫細胞では不十分だという話になっている。そこでDがふさわしいことがわかる。空欄78の後を見ると急にリンパ腺が出てくるので、空欄78ではリンパ腺が充血し始める条件等について述べていると思われる。そこでBが正解。空欄79も空欄76と同じく文がここで終わっているので、選択肢の中から文が終わっているようなものを選ぶ。するとCとEに絞られるが、意味的に合致するのはEなので、Eが正解。空欄80では、その前の部分で、風邪をひいた時は症状が出ないのに回復する時は症状が出る人と大差ない状況になる（つまり回復時になって症状が出る）と言っている。それを踏まえて選択肢を見ると、Aが意味的にふさわしいことが分かる。

# 第4部分 問題 p.150～p.159

〈問題文〉请选出正确答案。
〈和　訳〉正しい答えを選びなさい。

## 81 - 84

**問題文和訳**

「人は見かけによらない、海水は升では量れない。」ということわざがある。実際は、容貌は人の内心をある程度反映し、容貌、気質、能力などの間には一定の関連性がある。

人は歳月の練磨の中で、習慣的な表情の繰り返しにより、隠しきれない痕跡が顔に残る。このようなめぐり合わせは、人の見た目に影響し、容貌の有利不利をより強めるのである。見た目のイメージを表す成語がたくさんある。例えば、慈悲深い顔つき、穏やかで親しみやすい、晴れやかな笑顔、氷のように冷ややか、ぎょろぎょろした目つき、凶暴さをすっかりさらけ出す、等がある。『世説新語・容止篇』にはある物語が収録されている。魏王の曹操は匈奴からの使者に接見することになったが、曹操は自分の容貌が醜く、遠方からの使者の前で威厳を見せるのが難しいと思い、体格が堂々として男前な崔季珪を自分の代わりに座らせ、本人は刀を握ってその隣に立った。接見が終わると、曹操は人を遣わせその使者に「魏の王はどうだったか？」と聞かせた。匈奴の使者は「魏の王は優雅なお姿で、ただ者ではないが、その横で刀を握って立っていた者こそ、本当の英雄である。」と答えた。曹操は英雄豪傑として志が高いので、衛兵に扮したにもかかわらず、その容貌からにじみ出る英気は隠すことができなかったのである。

簡単に人を見た目で判断するのは不公平だが、どのような心を持っているかはある程度容貌に現れる。私たちは生まれつきの容貌を変えることはできないが、その後の努力で気持ちを変えることはできる。身なりや化粧をすることで、苦心しながら外見に磨きをかけるより、知識、智恵、美徳、教養によって内面に磨きをかける方が良い。内側から出てくる優雅で高貴な気質が、あなたを魅力的な人にするのである。

## 81　正解 A

**設問和訳**

第2段落の「このようなめぐり合わせ」が指している可能性が最も高いのは：

**選択肢和訳**

A　人生経験
B　性格の特徴
C　内心の情緒
D　うれしくないこと

**解説**　第2段落の冒頭で"人在岁月的磨砺中"と言っている。つまり、人生での積み重ねの中で、ということを示しているのでAが正解。

## 82 正解 D

**設問和訳**

文中で曹操の例を挙げたのは（～を説明するためである）：

**選択肢和訳**

A　曹操の志が遠大である
B　第一印象は重要だ
C　見た目は変えられる
**D　容貌は気質を反映する**

**解説**　第2段落の最後で"但其眉宇间流露的逼人英气，仍然无法遮掩"と言っている。つまり、内面的なものが外面にもあふれてくるものだということなのでDが正解。


## 83 正解 B

**設問和訳**

次のどれが作者の観点ですか？

**選択肢和訳**

A　内心を磨くことは外見を磨くことには及ばない
**B　内面の修養を重視すべきだ**
C　見た目で人を判断するのは理屈に合わない
D　見た目が突出している人はより成功しやすい

**解説**　最後の段落で"不如用知识、智慧、美德、教养来修心"と言っている。つまり、心を鍛えろ、言いかえれば内面を鍛えろ、と言っているので、Bが正解。


## 84 正解 B

**設問和訳**

上の文章のタイトルとするのに最も適切なものは：

**選択肢和訳**

A　性格が運命を決める
**B　人は見た目で判断してもよい**
C　あばたもえくぼ
D　美を愛する心は誰にでもある

**解説**　この文章では、人間の内面が容貌にも表れるということを説いているので、Bがふさわしい。

## 85 - 88

**問題文和訳**

　6世紀の初め、梁（南朝）の武帝の時代に出版された『千字文』は、世界で最も長い間使われ、最も影響力のある、子供に文字を教えるための教科書であると認められており、唐代の『百家姓』、宋代の『三字経』よりも古い。『千字文』は千年以上にわたって、販売量が最も多く、読者層が最も幅広い読み物の1つと言える。明清時代以降、『三字経』、『百家姓』、『千字文』は「三百千」と呼ばれ、多くの人に読まれ、昔の諧謔詩は私塾の様子を「学童数名並んで座り、「天地玄黄」を1年叫ぶ」と詠い、その光景をいきいきと描写している。

　『千字文』は四言長詩の形式をとり、首尾一貫し、美しい音律となっている。「天地玄黄、宇宙洪荒」で始まり、「謂悟助者、焉哉手也」で結ばれている。全文は250の短句から成り、4字を1句とし、重複する文字はなく、一句一句韻を踏み、前後の意味が通じ、天文、自然、地理、歴史、園芸、飲食、日常生活、人道等の分野について整然と紹介している。

　言い伝えによると、武帝の一生は軍務ばかりであったため、自分の後世の人々が平和な世の中で十分学べるよう願っていた。当時はまだ啓蒙に適した読み物がなかったので、武帝は文官の殷鉄石に命じ、晋代の大書家である王羲之の筆跡から千字の異なる文字の拓本をとらせ、紙1枚ごとに1文字写し、それを1文字ずつ教えたが、乱雑で覚えにくかった。その後、武帝は、もしこの千字を使って文章を作れば、より分かりやすくなるのではないか？と考えた。そこで、武帝は最も信頼している文官の周興嗣を呼び、自分の考えを話した。周興嗣は家へ帰ると、一晩中脳みそを絞って考え、やっとのことで構成が思い浮かんだ。周興嗣はそれを吟じながら書き出し、ついに千字をつなげて一篇の内容豊かな四言韻書（韻によって分類した字引）を作り上げた。武帝はそれを読むと机を叩いて絶賛し、すぐに印刷させ、世に送り出した。

## 85　正解 D

**設問和訳**

第1段落の下線部が言いたいのは：

**選択肢和訳**

A　古代の教授方法は単調である
B　明清時代は就学前の教育が発達していた
C　「三百千」は難しい
**D　『千字文』が広く学ばれていた**

> **解説**　下線部の後に"正是其真实写照（そのことを実によく描写している）"と言っている。この「そのこと」とは《三字经》《百家姓》《千字文》という3つの書物が広く勉強されていたことなので、Dが正解。

## 86 正解 B

**設問和訳**

『千字文』について、分かるのは：

**選択肢和訳**

A 内容が単一である
B 児童を啓蒙する読み物である
C 全篇が五言詩でできている
D 『百家姓』より刊行が少々遅い

**解説** 第1段落前半に"《千字文》，被公认为是世界上使用时间最长、影响最大的儿童启蒙识字课本"とあるので、Bが正解。

## 87 正解 A

**設問和訳**

第3段落の"拍案叫絶（机を叩いて絶賛し）"とはどのような意味ですか？

**選択肢和訳**

A 力の限り称賛した
B 激怒した
C 驚いた
D 意外に思った

**解説** 下線部の後で、これをすぐに世に出したというようなことが書いてあることから、下線部の4文字が悪い意味であるはずはない。むしろ褒めたたえているはずなので、Aがよい。字の意味からも「机を叩き、素晴らしいと叫ぶ」という意味なのでAがふさわしいと分かる。

## 88 正解 B

**設問和訳**

第3段落で主に述べているのは：

**選択肢和訳**

A 周興嗣の才能
B 『千字文』の由来
C 『千字文』の内容
D 梁の武帝の文化的な品位

**解説** 第3段落ではどのように《千字文》ができたかを述べているのでBが正解。

## 89 - 92

**問題文和訳**

　バーコードは一次元バーコードと二次元バーコードに分けられる。

　一次元バーコードは、今日ではよく知られている普通のバーコードであり、情報は白黒のしまの幅だけで表され、平面上に1つの方向に並べられている。一次元バーコードは数十個のキャラクター（文字）と数字をコーディングできるだけで、データベースから離れられないが、バーコードの使用はコンピューターのデータ収集や、情報処理の速度を高め、管理の科学化と現代化を促進した。

　二次元バーコードは、一次元バーコードが大容量の情報をストックできないという問題から発展してできたものである。一次元バーコードとの違いは、縦と横、2つの方向から同時に情報を表すことができる点である。キャラクターと数字を保存できるほか、図形や音声等、デジタル化できるすべての情報を保存でき、メモリーのデータ量が大きい。同時に、情報メモリーのコストが低く、携帯式のバーコードスキャナを使って直接内容を読み取ることができ、データベースに接続する必要がなく、一度データがその中へ取り込まれると変更できず、汚染された情報は修復して元へ戻せる、といった特徴がある。

　二次元バーコードは「質」においてバーコードの応用レベルを高め、「量」においてバーコードの応用領域を広げた。身分証、パスポート、免許証などの重要な証明書類に二次元バーコードが応用されると、個人の写真、声、指紋、虹彩、遺伝子等の総合的な情報を保存することができるので、なりすましがしにくくなった。二次元バーコードは「鋭い眼力で人を見抜く」ことができる以外にも、「正確に物を認識」することもできる。二次元バーコードが薬物、高級家電等に応用されると、産地、製造工場、ブランド、品質指標、製品番号、安全性能などの情報が保存されるので、偽物の商品はごまかすことができなくなった。ネットと接続していない時は、携帯式のバーコードリーダーで読み取った内容を関連するデータベースにアップし、1つの物資の行方を追跡できる。

　今のところ、二次元バーコードの応用は、一次元バーコードほど普及していない。1つに、現在使われている各種の二次元バーコードは情報の密度、コードの言語、読み取りコスト等において技術的な欠陥があること。もう1つは、世界でわずか数か国の科学技術が発達した国だけが、二次元バーコードの核心技術と知的財産権を持っているからである。

## 89　正解 C

**設問和訳**

一次元バーコードについて、分かるのは：

**選択肢和訳**

A　すでに淘汰された
B　データベースに頼らない
C　**しまの幅によって情報を表す**
D　キャラクターと図形をコーディングできる

**解説**　第2段落の前半で"它的信息仅靠黑白条纹的宽窄来表达"と出ており、Cが正解と分かる。

## 90 正解 D

**設問和訳**

一次元バーコードと比べて、二次元バーコードの利点は：

**選択肢和訳**

A 複数のデータベースに接続できる
B 情報は保存した後変更できる
C 単一の方向に情報が配列される
**D 各種のデジタル化された情報を保存できる**

**解説** 第3段落中盤で"除了可以存储字符，数字以外，它还可以存储图形，声音等一切可以数字化的信息"と言っているのでDが正解。

## 91 正解 A

**設問和訳**

第4段落の「鋭い眼力で人を見抜く」とは、二次元バーコードが（〜できるということである）：

**選択肢和訳**

**A 身分を識別できる**   B 人の気持ちを読み取れる
C 知力を開発できる       D 個人情報の漏えい防止を保障できる

**解説** 下線部の少し前で"二维条形码可以存储个人照片，声音，指纹，虹膜，基因状况等综合信息，假冒分子就很难得逞"と言っている。これは要するに人間を識別することができるということにつながるので、Aが正解。

## 92 正解 D

**設問和訳**

上の文章が主に述べているのは：

**選択肢和訳**

A バーコードの分類基準       B バーコードの経済効果
C バーコードの適用範囲       **D バーコードの機能と発展**

**解説** この文章では、一次元バーコードから二次元バーコードへの発展や、それぞれのバーコードの機能などについて語っているのでDがふさわしい。

## 93 - 96

**問題文和訳**

　中国のハニ族の多くは、向陽の山の中腹に居住しており、山並みに沿って村を作っている。村には普通30～40戸、多い所では数百戸ある。村の後ろには草木が青々と茂る古木の林があり、周囲は竹林に囲まれ、棕櫚の樹が高くそびえ、その間には桃や梨の樹が植えられ、村の前の棚田は谷まで続いている。村から近いところには透き通って冷たい水の出る井戸がある。

　言い伝えによると、昔、ハニ族は山の洞穴に住んでいたが、山道が険しく、外へ出て仕事をするのが不便であった。その後、彼らが「惹羅」という場所へ移り住んだ時、至る所に大きなキノコが生えているのを見つけた。キノコが雨風を恐れず、アリと虫をその下の窪みで休ませているのを見て、彼らはキノコの姿を真似して「キノコ（型）の家」を建てた。

　ハニ族の「キノコの家」は土の壁、竹と木の骨組み、茅葺きで造られている。部屋は層に分かれ、1階には家畜を入れ、農具を保管する。屋根は平屋根、切妻屋根、寄棟屋根の3種類がある。地形が険しく、平地が少ないので、平屋根の家が多い。このようにすることで防火に役立ち、屋根で穀物を干すことができ、空間を十分に利用できる。真ん中の床板の層は家主が住む場所で、食事を作ったり、寝たり、客人との面会はすべてこの層で行われる。この層は「キノコの家」の主要部分であり、その設備は特色がある。中でも部屋の中央にある長い間炊煙が絶えることのない長方形の暖炉が特徴的である。暖炉はハニ族の火のような性格、火のような情熱を象徴している。もしあなたがハニ族の家を訪問すれば、親切な主人があなたを暖炉のそばに座らせ、あつあつの「もち米茶」や、香り高い「悶鍋酒」を振る舞ってくれる。酒席の余興では、主人が歌を歌ってハニ人の美声を披露し、客人の幸福と健康を祝ってくれる。

　「キノコの家」はその特殊な構造のおかげで、保温と放熱に優れている。たとえ、寒さが身に染みる厳冬でも室内は暖かい。灼熱の太陽が照りつける夏でも室内は涼しい。そのため、ハニ人には「キノコの家を建てられない人は本物のハニ人ではない」という言葉があるほど、「キノコの家」は彼らにとっての自慢なのである。

　昔から、ハニ族は移動したところへ「キノコの家」を建てる。長年の発展と改良を通して、現在の「キノコの家」は伝統的な特徴を残しつつ、日に日に完全な形となり、雄大な山脈、うっとりするような雲の海、多様な棚田と相まって、絶妙な絵巻となっているのである。

## 93　正解 A

**設問和訳**

第1段落で主に紹介しているのはハニ族の：

**選択肢和訳**

A　居住環境　　　　　B　分布範囲
C　生活習慣　　　　　D　農業の発展

**解説**　第1段落では、最初にハニ族が山のどの辺りに居住しているかを述べているものの、その後は村の戸数や周囲の植生などハニ族の住む場所の様子が述べられているので、Aが正解。

## 94 正解 B

**設問和訳**
なぜハニ族の家屋は多くが平屋根なのですか？

**選択肢和訳**
A 防湿のため
B 地形の欠陥を補うため
C 家屋をより強固にするため
D 空気を通すのに役立つ

**解説** 第3段落の前半で"因地形陡斜，缺少平地，平顶房较为普遍"とあるのでBが正解。

## 95 正解 A

**設問和訳**
ハニ族はどのように客人をもてなすのですか？

**選択肢和訳**
A 客人のために歌を歌う
B キノコのスープを飲ませる
C 民族衣装を贈る
D 客人を暖炉から離れたところに座らせる

**解説** 第3段落の後半で"趁着酒兴，主人还会敞开嗓子，向你展示哈尼人美妙的歌喉"と書いてあるのでAが正解。

## 96 正解 A

**設問和訳**
「キノコの家」について、下のどの選択肢が正しいですか？

**選択肢和訳**
A 冬暖かく、夏涼しい
B 1階に暖炉がある
C すべて竹で造られている
D 客間と寝室の階が分かれている

**解説** 第4段落に"即使是寒气袭人的严冬，屋里也会暖融融的；而在赤日炎炎的夏天，里面却十分凉爽"とあるのでAが正解。

## 97 - 100

**問題文和訳**

　大気層は大気圏とも言い、地球はこの分厚い大気層に覆われている。大気層の主要な成分は窒素と酸素であり、この2つの気体が99％を占め、残りは少量の二酸化炭素、希少気体と水蒸気である。大気層全体は高度の変化に伴って異なる特徴が現れ、対流圏、成層圏、中間圏、熱圏、外気圏に分けられる。

　対流圏は大気層の一番下の層で、地球の表面にほど近く、その厚さは10～20キロメートルある。この層の空気対流がはっきりしているため、対流圏と呼ばれる。対流圏の大気は地球から受ける影響が大きく、雲、霧、雨等の現象は皆この層から発生し、水蒸気もほとんどこの層に集中している。この層の気温は高度の増加にしたがって下がり、およそ1キロメートル上昇するごとに温度は5～6℃下がる。動植物の生存、人類の大部分の活動は、皆この層の中で行われる。

　対流圏の上の成層圏は、地球の表面から20～50キロメートル離れている。この層の大気は平穏に流動しているので、平流層（「成層圏」の中国語）と呼ばれる。その中で30キロメートル以下は等温層であり、温度は基本的に変わらず、マイナス55℃前後を保持し、30～50キロメートル以内の温度は高度の上昇に伴いわずかに上がる。この層は水蒸気とほこりが少なく、雲もなく晴れ渡り、天気の変化も少ないので、飛行機の航行に適している。

　成層圏より上は中間圏であり、地球の表面からは50～85キロメートル離れている。この層の空気は薄く、高度の上昇に伴って気温が急速に下がり、空気の鉛直対流が強烈であることが、顕著な特徴である。

　中間層より上は熱圏であり、地球の表面からはおよそ85～800キロメートル離れている。熱圏の顕著な特徴は、太陽光が照射する時、太陽光の中の紫外線がこの層の酸素原子に大量に吸収され、そのため温度が上昇するので、熱圏と呼ばれる。外気圏は熱圏の上にあり、荷電粒子で構成されている。

　このほか、もう1つ特殊な層—オゾン層がある。オゾン層は成層圏の中にあり、地面から20～30キロメートル離れている。この層は主に酸素分子が紫外線を吸収して光解離し、オゾンとなって作られる。オゾン層はバリアーのように、地球上の生物を紫外線と太陽エネルギー粒子線からのダメージから守ってくれるので、「地球の保護傘」と呼ばれている。

## 97　正解 A

**設問和訳**

人類の生活と最も密接に関わる大気圏は：

**選択肢和訳**

A　対流圏　　　　　　　　B　成層圏
C　中間圏　　　　　　　　D　外気圏

**解説**　対流圏について説明している第2段落の最後のところで"动植物的生存、人类的绝大部分活动，也都在这一层内"と書いてあるのでAが正解。

## 98 正解 B

**設問和訳**

成層圏はどのような特徴がありますか？

**選択肢和訳**

A 基本的に温度が変わらない　　B 空気が平穏に流動している
C 天気が頻繁に変わる　　　　　D 大量の水蒸気がある

**解説** 第3段落の前半に"因为这一层的大气是平稳流动的，故称为平流层"とあるので、Bが正解。


## 99 正解 A

**設問和訳**

上の文章で、分かるのは：

**選択肢和訳**

A 中間層の空気は薄い　　　　　B 熱層は荷電粒子で構成されている
C 外気圏は地球の表面に近い　　D 曇りや雨はオゾン層で多く発生する

**解説** 中間圏について説明している第4段落に"这一层的空气稀薄"と書いてあるのでAが正解。


## 100 正解 A

**設問和訳**

上の文章が主に紹介しているのは：

**選択肢和訳**

A 大気圏の構造　　　　　　　　B 気候が変化する原因
C 空気の主要な成分　　　　　　D 温度と大気の関係

**解説** この文章は第1段落で大気圏の全体的な構造の説明をし、その後それぞれの部分について特徴を解説していっている。そこでAが正解。

## 3 书 写  问题p.160～p.161

〈問題文〉縮写。
〈和　訳〉要約しなさい。

### 101

**問題文和訳**

　猟師は森林の中を通り、数日前に掘った落とし穴を調べたが、何もかかっていなかった。灌木の林に入った時、わずかに緊張を覚えた。それが最後の落とし穴だったからだ。

　カムフラージュの樹の枝が見当たらず、落とし穴の入り口が露わになっていたので、猟師は興奮し、銃を持ってこっそりと穴の入り口に近づいた。獲物は大人の雄の狼で、黄金色の毛が金属のように輝いていた。狼は穴の底で吠え、焦りながらぐるぐると回っていた。

　猟師がすべての神経を集中させて銃を取り狙いを定め、足を前に動かした。突然、足が滑り、目の前が真っ暗になり、耳には土や落ち葉の落ちる音が聞こえ、猟師は自分の掘った落とし穴に落ちたのだと気づいた。猟師は、なぜ昨晩大雨が降ったことを見落としていたのだろうと、後悔しきりだった。

　今、猟師と凶暴な狼は共に狭い落とし穴に閉じ込められている。落とし穴の回りは3メートル以上の高さがあり、垂直で滑りやすい泥壁だったので、這い上がることができない。猟師は心の中で苦笑した。報いを受けたのだ。一生狩りをして、その結果自分で掘った落とし穴の中で、自分で捕った獲物の口の中で死ぬのだ。

　猟師が落とし穴に落ちた時、狼は突然の落下物に驚いた。狼は振り向き、恐ろしい目つきですぐそばにいる猟師を睨みつけ、真っ白な牙をむき出し、鼻の中で威嚇の音を鳴らした。素手の猟師は、どうあがいても目の前の凶暴な狼にはかなわないと分かっていた。長年の狩猟経験から、猟師はすぐに落ち着きを取り戻し、動かない狼をじろりと睨みつけていた。

　人と狼はどちらも軽率な行動をとることができず、互いに対峙し、時間が止まったようであった。何分過ぎたのか、はたまた何時間過ぎたのだろうか。狼は目の前の人間が自分にとって脅威ではないと感じたのか、逃げて命を守る方が大事だと思ったのか、猟師を気にする余裕がなかった。狼は探るように数歩下がり、猟師が反応しないのを見ると振り向き、二度と後ろの猟師を気にすることなく、もう後戻りはできないと言わんばかりに、鋭い前足の爪で素早く落とし穴の壁を掘り始めた。

　雨の後の土はとても軟らかく、狼はすぐにひと塊の土を掘り、その土は足もとへ落ち、落とし穴の底に積もり、一層ほど高くなった。狼は後ろ足で土を盛り上げた台に跳ね上がり、前足の爪を立て、続けて高い所を掘った。猟師はすぐに狼の考えが分かり、すぐさま狼の後ろで崩した軟らかい土を踏み固め、平らに広げ、足場のような形にした。狼と人間はその時、同じ舟で川を渡る協力者となったのだ。人間と狼は生き延びるため、このように暗黙の了解で協力し合った。

　ほんの2時間ほどで、狼と猟師は頭のてっぺんの地面が見えた。狼は反動をつけて飛び上がり、地面へ跳ね出て、前に数歩歩いたが立ち止まり、向きを変えて座り、穴の入

り口をまっすぐに見つめた。しばらくして、猟師もやっとのことで穴から這い出した。猟師は狼が自分を睨んでいるのを見て、慌てて地面に落ちていた銃を拾い、持ち上げて狼の前胸に狙いを定めた。

狼は猟師が這い出てきたのを見て、危険が目の前にあるとはまったく思わず、頭を傾け、猟師に向けてまばたきし、ゆっくり体を起こして、ゆるゆると森の深い所へ歩いて行った。

猟師は銃を持ったまま、徐々に遠ざかっていく狼に狙いを定めていたが、引き金は引かず、獲物が遠くの林の中へ消えていくのに任せた……

### 解答例

　　猎人在树林中检查他前几天挖下的陷阱，可惜一无所获。他走到他挖的最后一个陷阱，发现里面有一只狼。猎人十分兴奋，他边举起枪，边往前移动脚步。突然脚一滑，他掉进了自己挖的陷阱里。他后悔自己怎么就忽略了昨晚的大雨。

　　现在，猎人和狼一起困在陷阱里。猎人知道他空手肯定斗不过狼，但他很快就镇定下来，瞪着狼不动。

　　人和狼都不敢轻举妄动，互相对峙着。时间似乎静止了。狼感觉不到猎人的威胁，觉得救命要紧，也没时间顾及猎人了。狼开始扒陷阱壁。因为刚下过雨，土很松，狼轻松地把扒下的土踩在脚下，把陷阱底部垫高一层，又继续往高处扒土。猎人明白了狼的意图，也和狼一起合作。

　　很快，他们就看见头顶的地面了。狼爬出来后，并没有走，它看着猎人爬出陷阱。猎人发现狼盯着自己，赶忙捡起掉在地上的枪瞄准狼。

　　狼完全没感觉危险就在眼前。它对着猎人眨眨眼，慢慢地朝着森林深处走去。

　　猎人拿着枪，看看渐渐远去的狼，也没有开枪，任由它消失在远处……

### 解答例和訳

　　猟師は森林の中で何日か前に掘った落とし穴をチェックしていた。しかし何も得られなかった。彼は最後の落とし穴まで来て、1匹の狼がいると気づいた。猟師はとても興奮していて、銃を掲げながら、前に足を動かした。突然、足が滑って、彼は自分が掘った穴に落ちてしまった。なぜ昨晩の大雨のことを見落としていたんだろうと彼は後悔した。

　　今、猟師と狼が落とし穴に閉じ込められている。猟師は手に何も持たないまま絶対に狼に勝つ手がないと分かっているが、彼はすぐに落ち着いて、狼をじろりと睨みつけていた。

　　人も狼も軽はずみな行動をとる勇気がなく、お互い対峙していた。まるで時間が止まっているようだった。狼は猟師の威嚇を感じず、命の方が大事だと考え、猟師を気にする余裕がなかった。狼は落とし穴の壁の土を前足でかき集め始めた。雨が降ったばかりで、土が軟らかいので、狼は楽にかき集めた土を足の下で踏みつけて、穴の底を埋めて高くして、また高いところの土をかき集めた。猟師は狼の意図を理解し、狼と協力した。

　　頭上の地面がすぐに見えるようになった。狼は穴から這い出た後も、去ることもなく猟師が穴から這い出てくるのを見ていた。猟師は狼が自分を見つめているのに気づき、急いで地面に落ちた銃を拾って狙いを定めた。

　　狼は目の前に危険があるとはまったく気づいていなかった。彼は猟師に向かってまばたきをして、ゆっくり森林の奥へ去っていった。

　　猟師は銃を掲げ、徐々に去っていく狼を見て、銃も撃たず、彼が遠いところへ消えていくのに任せた……

# HSK合格をサポートする

## 公認テキスト ①級 ②級 ③級 ④級
CD付き

## これ1冊でHSK対策ができる。

○ 過去問を徹底分析。
○ 各級に必要な文法事項を凝縮。
○ 音声付きの豊富な例文でリスニング試験に完全対応。
○ 出題頻度が分かる単語表付きで直前の対策にも最適。

**ポイント1** 出題傾向がよく分かる解説

**ポイント2** 全ての例文・単語をCDに収録

**ポイント3** 出題頻度の分かる単語表掲載

### 著者はNHKラジオ講座「まいにち中国語」の 宮岸雄介先生

略歴：宮岸 雄介（みやぎし ゆうすけ）　防衛医科大学校専任講師、東京生まれ。専門は中国思想史。早稲田大学大学院文学研究科博士課程単位取得満期退学。2001年より北京師範大学中文系博士課程（中国古典文献学専攻）に留学。著書に『とらえどころのない中国人のとらえかた』（講談社＋α新書）、中国語教科書に『中国語文法トレーニング』（高橋書店）、『30日で学べる中国語文法』（ナツメ社）、『作文で鍛える中国語の文法』（語研）などがある。翻訳に孟偉哉著『孫子兵法物語』（影書房）などがある。

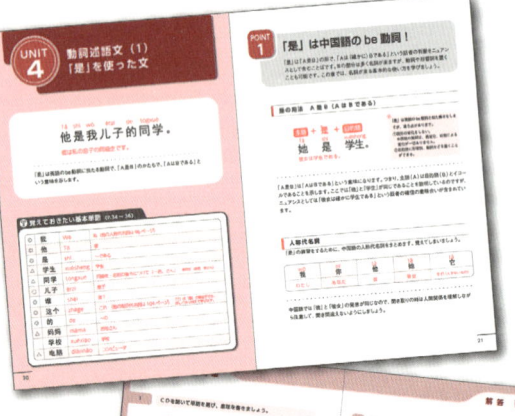

**全国書店、ネットストアで好評発売中！**

# 公認シリーズ　書籍　アプリ　映像教材

## 公認 単語トレーニング
### HSK合格に必要な単語を手軽に学べる！

- 出題範囲の単語すべてに過去問から抽出した例文をつけて収録。
- すべての単語・例文・日本語訳の音声を収録。
- テスト機能は「読解問題」「リスニング」の対策にも。

**1～5級 好評発売中！**

Android版ダウンロード　ANDROIDアプリ Google play

iPhone版ダウンロード　App Store からダウンロード

＊推奨環境などについては各ストアでご確認ください。(タブレットは含まれません)

## 公認 映像講座 1～4級
### これだけでHSKに合格できる！

- 公認教材の内容をさらに分かりやすくネイティブが授業形式で解説。
- 学びながら発音も確認できるからリスニング対策にも。
- 練習問題は1問1解説だから、分からない問題を繰り返し見られる。
- 通勤・通学中、家、学校でも、インターネット環境さえあればどこでも見られる。

詳細はHSK公式サイトから
www.hskj.jp　HSK 検索

お問い合わせ窓口：株式会社スプリックス　中国語教育事業部
Tel:03-5927-1684　Fax:03-5927-1691　E-mail:ch-edu@sprix.jp

本書は、株式会社スプリックスが中国国家汉办の許諾に基づき、翻訳・解説を行ったものです。日本における日本語版の出版の権利は株式会社スプリックスが保有します。

## 中国語検定 HSK公式過去問集 6級　[2013年度版]

2014年2月10日　　初版　第1刷発行

著　　　者：問題文・音声 孔子学院総部 / 国家汉办
　　　　　　翻訳・解説　株式会社スプリックス
編　　　者：株式会社スプリックス
発　行　者：平石 明
印刷・製本：株式会社インターブックス
発　行　所：株式会社スプリックス
　　　　　〒171-0021 東京都豊島区西池袋1-11-1
　　　　　　　　　　メトロポリタンプラザビル12F
　　　　　TEL 03(5927)1684　FAX 03(5927)1691
落丁・乱丁本については、送料小社負担にてお取り替えいたします。

©SPRIX  Printed in Japan　ISBN978-4-906725-15-1

本書および付属のディスクの内容を小社の許諾を得ずに複製、転載、放送、上映することは法律で禁止されています。
また、無断での改変や第三者への譲渡、販売（パソコンによるネットワーク通信での提供なども含む）は禁じます。

HSK日本実施委員会 公認

SPRIX